新时代教育学进展丛书

主编：崔景贵

U0500464

新型职业农民职业教育和培训支持体系及模式构建研究

马建富　马欣悦　等◎著

知识产权出版社

全国百佳图书出版单位

—北京—

图书在版编目（CIP）数据

新型职业农民职业教育和培训支持体系及模式构建研究/马建富等著. —北京：知识产权出版社，2023.12

ISBN 978 - 7 - 5130 - 9069 - 8

Ⅰ.①新… Ⅱ.①马… Ⅲ.①农民教育—职业教育—教育培训—研究—中国 Ⅳ.①G725

中国国家版本馆 CIP 数据核字（2023）第 233102 号

策划编辑：蔡　虹　　　　　　　　　　责任校对：潘凤越

责任编辑：王海霞　　　　　　　　　　责任印制：孙婷婷

封面设计：邵建文

新型职业农民职业教育和培训支持体系及模式构建研究

马建富　马欣悦　等著

出版发行：	知识产权出版社 有限责任公司	网　　址：	http：//www.ipph.cn
社　　址：	北京市海淀区气象路 50 号院	邮　　编：	100081
责编电话：	010 - 82000860 转 8790	责编邮箱：	93760636@qq.com
发行电话：	010 - 82000860 转 8101/8102	发行传真：	010 - 82000893/82005070/82000270
印　　刷：	北京中献拓方科技发展有限公司	经　　销：	新华书店、各大网上书店及相关专业书店
开　　本：	787mm×1092mm　1/16	印　　张：	20.5
版　　次：	2023 年 12 月第 1 版	印　　次：	2023 年 12 月第 1 次印刷
字　　数：	388 千字	定　　价：	98.00 元

ISBN 978-7-5130-9069-8

前　言

　　乡村振兴战略是党的十九大报告提出的七大战略之一，为了推进乡村振兴战略的全面实施，自党的十九大以来，每年的中央"一号文件"都涉及乡村振兴问题。2022 年国务院印发的《"十四五"推进农业农村现代化规划》进一步提出：到 2025 年，梯次推进有条件的地区率先基本实现农业农村现代化；到 2035 年，农业农村现代化基本实现，乡村全面振兴取得决定性进展。乡村振兴需要培育多类型多层次的新型职业农民，而实现农业农村现代化关键在于高素质新型职业农民的培育。新型职业农民是农村基层干部、家庭农场主、农民合作社带头人等队伍的重要组成部分，是乡村治理和乡村产业振兴的核心力量。2022 年 1 月农业农村部印发《"十四五"农业农村人才队伍建设发展规划》提出，要重点培育农村基层组织负责人、家庭农场主、农民合作社带头人三支队伍，到 2025 年，培育乡村产业振兴带头人 10 万人的发展目标。

　　新型职业农民是乡村振兴人才的主体，其素质的提升有赖于高质量职业教育的支持。因此，有必要主动探索职业教育培育高素质新型职业农民的规律，以适应乡村振兴和农业农村现代化对高素质人才的需求。目前，关于新型职业农民培育的研究已引起学术界的广泛关注，研究内容日益丰富，研究成果日益增多，相关研究涉及经济学、社会学以及职业教育和培训等多个领域。然而，关于乡村振兴与新型职业农民培育及其支持体系的研究成果较少，特别是基于职业教育视域开展的相关研究更是凤毛麟角。在此背景下，江苏理工学院农村职业教育研究团队由笔者牵头申报并成功获批了全国教育科学"十三五"规划 2019 年度国家一般课题"乡村振兴背景下新型职业农民职业教育和培训支持体系及模式构建研究"（项目批准号：BJA190094）。项目获批后，课题组以乡村振兴背景下新型职业农民培育需求侧的特点为研究的逻辑起点，以人力资本理论为研究的理论基点，以新型职业农民人力资本积累及其社会支持体系现状调研为切入点；在此基础上，将新型职业农民培育模式创新、现代职业教育培训支持体系构建作为着力点，把促进新型职业农民培育的制度配置和政策创新的研究作为落脚点，进行了为期四年的研究。在研究过程中先后产出一些重要的阶段性成果，其中《乡村振兴与农村职业教育变革》（专著）获评江苏省第十七届哲学社会科学优秀成果奖二等奖,"现代职教体系框架下'高校—职校'协同培育乡村振兴人才范式的研究与实践"(教学成果)获评江苏省教学成果奖二等奖。与此同时,课题组根据研究设计完成了系列研究报告,并在一些重要刊物上发表了相关论文,本书正是以这些成果为基础撰写而成。

全书共分七章,第一章主要探讨了乡村振兴与新型职业农民职业教育和培训的内在逻辑关系,认为乡村振兴的关键在于通过农村职业教育和培训路径促进农民人力资本的积累。第二章主要就职业教育和培训在培育新型职业农民中的价值,包括"元本价值""核心价值""特殊价值""战略价值"等进行历史的、现实的、未来的探讨。第三章主要是通过实证研究的方法,对职业教育和培训培育新型职业农民的现状进行审视,揭示了职业教育和培训在新型职业农民培育中的应然定位以及与供给侧的吻合度,指出了未来职业教育和培训在新型职业农民培育中应然的改革方向。第四章列举了新型职业农民职业教育和培训的典型模式,包括嘉兴模式、湖州模式、溧阳模式和常州模式,并对各种模式进行了比较。第五章主要是对德国、澳大利亚、加拿大、韩国四个国家的新型职业农民职业教育和培训情况进行国际比较,提出了值得我国开展新型职业农民培育借鉴的建议。第六章是本书的重点,主要是对新型职业农民来源构成及其培育模式进行系统研究,深入分析了如何基于留守农民、返乡农民工、农村籍退役士兵、涉农专业大学生以及残障人员开展新型职业农民培育。第七章主要是从新型职业农民培育保障层面进行职业教育培养体系、培训体系和政策支持体系的创新建构。

本书是课题组成员集体研究成果的结晶,笔者负责全书体系结构的设计以及统稿等工作,参加本书撰写的人员包括:江苏理工学院马建富、马欣悦、陈东勤、孙健、陈春霞、吕莉敏、陈朝阳;苏州城市学院杨海华;南京师范大学邹心鋆;江苏省溧阳中等专业学校李丹晴;江苏省大丰高级中学张弘;四川电子机械职业技术学院谭宝仪;淮安市洪泽区农业干部学校金玲。

本成果在研究和撰写过程中,参阅、引用了其他学者和单位的研究成果及案例,有些未能在书中一一注明。这些研究成果对本成果的完成具有重要作用,在此表示诚挚的谢意!

2023 年 12 月 16 日

CONTENTS

目 录

第一章 乡村振兴与新型职业农民职业教育和培训的内在逻辑关系

全面建设社会主义现代化国家，最艰巨最繁重的任务仍然在农村。党的二十大报告专门提出，要全面推进乡村振兴，坚持农业农村优先发展，加快建设农业强国。乡村振兴的主要目标就是实现农民的共同富裕，关键在于乡村人力资本的积累，新型职业农民❶的缺乏已经成为乡村振兴的主要桎梏，大力发展农村职业教育和培训，是赋能乡村振兴的主要路径。

第一节 乡村振兴的目标：实现农民的共同富裕

习近平总书记指出："我们始终坚定人民立场，强调消除贫困、改善民生、实现共同富裕是社会主义的本质要求，是我们党坚持全心全意为人民服务根本宗旨的重要体现，是党和政府的重大责任。"❷《中华人民共和国国民经济和社会发展第十四个五年规划和2035年远景目标纲要》（以下简称"十四五"规划）中明确提出，要使人的全面发展、全体人民共同富裕取得更为明显的实质性进展。2020年，我国城乡居民收入倍差为2.56，江苏省城乡居民收入倍差为2.19，均高于发达国家的平均值（1.50）和发展中国家的平均值（2.00），城乡居民收入差距较大。由此可见，我国发展不平衡不充分的问题仍然存在，城乡区域发展和收入分配差距较大，成为制约全体人民共同富裕的主要因素。解决城乡收入差距问题，需要多管齐下，而要从根本上持续地缩小这种城乡收入差距，需要大力开发农村人力资源，大力培育新型职业农民，构

---

❶ 新型职业农民是指以农业为职业、具有相应的专业技能、收入主要来自农业生产经营并达到相当水平的现代农业从业者。研究中不同模式所涉及的"新农人""高素质农民"等现代农业从业者都属于新型职业农民。

❷ 促进全体人民共同富裕是一项长期任务：在高质量发展中促进共同富裕 [EB/OL]. （2021 - 10 - 12）［2022 - 11 - 10］. http：//cpc. people. com. cn/n1/2021/1012/c64387 - 32250375. html.

建相关培训支持体系，这也是乡村振兴战略的应然要求和必然选择。

一、乡村振兴战略的基本表征

（一）坚持融合发展理念，促进城乡关系跃升

党的十九大报告提出了城乡融合发展的理念和目标。在我国新农村建设的实践中，先后提出了"城乡统筹"发展、"城乡一体化"发展、"城乡融合"发展的目标，这绝不是简单的文字置换，而是代表着我国城乡关系的跃升，既反映了在我国城镇化建设过程中城乡空间关系的必然转化，也体现了在我国政府主导下的"以城统乡"发展理念的转变。可以说，实施乡村振兴战略是社会主义新农村建设的升级版，也是从根本上解决我国"三农"问题的行动纲领。城乡融合发展意味着在未来基于融合理念的城乡发展体制机制和政策体系将会逐步出台，这些变化都会对包括农村职业教育、成人教育（社区教育）等在内的管理体制和政策体系、发展规划等产生重大影响，以使城乡职业教育发展与经济社会发展保持较高的吻合度和适应性。

（二）以农业农村为主体性实体，突出农业农村优先发展

乡村振兴战略大大拓宽了农村发展思路，党的十九大报告要求在继续推进新型工业化、城镇化、信息化和农业现代化同步发展的同时，坚持农业农村优先发展，其主要目的和任务就是要尽快补齐农业现代化的短板。乡村振兴战略还提升了农村的发展目标：从原来的农业现代化转变为农业农村现代化。同时提出农业农村现代化目标，意味着我们要建设的现代化是人与自然和谐共生的现代化，是基于满足人民日益增长的美好生活需要和优美生态环境需要的现代化。农业农村优先发展地位的确定，昭示着未来我国政府在顶层设计中会有更多支持农业农村发展的政策，同时也要求解决制约农业农村发展的关键问题——人的发展问题，这就要建立促进农业农村发展的人力资源开发支持体系。

（三）培育新的农业经营主体，注重农村产业融合发展

1. 巩固和完善农村基本经营制度：核心是完善土地"三权分置"制度

"三权分置"是我国继家庭联产承包责任制后农村土地改革的又一重大制度创新。所谓"三权分置"，就是将土地的所有权、承包权、经营权分置并行。我国农村土地已经呈现出加速流转和新的农业经营主体规模化生产的趋势。近年来，我国在农村土地归农民集体所有的前提下，建立起了长期稳定的

土地承包关系，并极具创新性地实现了农地制度由"两权分离"到"三权分置"的变迁，其目的是在稳定农户承包权的同时放活土地经营权，推动土地有序流转，以期实现农业规模经营和农民收入增加。截至 2020 年，全国农户家庭承包地流转面积达 53218.92 万亩（1 亩 ≈ 666.67 平方米），约为 2010 年流转面积的 3 倍，土地流转规模不断扩大，说明土地流转是农村土地资源配置方式的重要演进方向。❶ 2021 年 3 月 1 日，《农村土地承包经营权流转管理办法》开始实施，该文件进一步健全了农村土地流转交易规则，旨在提高农户参与土地流转的积极性，形成更加稳定的农村土地流转市场秩序，保障农户持续增收，为全面推进乡村振兴注入活力。

家庭农场主、农业能人、专业大户以及农业合作社负责人等是目前最主要、最重要的新的农业经营主体。培育新的农业经营主体，从根本上说就是要提高其自身的生产经营和管理素质，提升其胜任现代农业产业的能力。

2. 加快构建现代农业产业体系：核心是农村一二三产业融合发展

实施乡村振兴战略的一个重要路径是转换农业发展动能，鼓励和支持农民创业就业，促进农村一二三产业融合发展。农业农村现代化的重要标志是，不仅有发达的现代农业，还有发达的非农产业体系。近年来，各地以休闲农业、旅游农业、农村电商、现代食品产业等新产业新业态为引领，使农村一二三产业融合发展。我国农业与乡村二三产业融合、现代农业与乡村现代化融合发展的时代正在来临，这必然会对支持或服务于农村产业融合发展的职业教育和培训体系，如专业设置提出新的要求。

（四）升级新农村建设目标，创新乡村振兴路径

关于新农村建设，早在党的十六届五中全会上就提出了明确的目标，即"生产发展、生活宽裕、乡风文明、村容整洁、管理民主"。党的十九大报告在实施乡村振兴战略方面进一步提出了"产业兴旺、生态宜居、乡风文明、治理有效、生活富裕"的目标。比较一下不难发现，同样是 5 句话 20 个字，其中有 4 句话表述有变化，这是党中央基于实施乡村振兴战略总要求而提出的新的更高的目标和要求。这个总目标意味着乡村振兴必须让社会主义核心价值观成为农民的主流意识，要求乡风文明；必须健全乡村治理体系，将自治、法治和德治有机地结合起来；要求满足人民日益增长的美好生活需要，让农民过上现代化的、有尊严的生活，实现从"生活宽裕"到"生活富裕"的目标。

---

❶ 黄祖辉. 农户土地流转有助于农户群体"提低扩中"吗？[J]. 西北农林科技大学学报（社会科学版），2022（6）：87-99.

有关统计显示，2005 年前后，我国农村居民生活水平刚刚从温饱转向小康，消费支出的恩格尔系数高达 46.0% 左右，处于联合国划分的 40.0% ~ 50.0% 的小康标准范围内，总体上刚刚温饱有余。2016 年全国农村居民消费支出的恩格尔系数为 32.2%；全国农村有贫困人口 4335 万人，占农村人口的 4.5%。❶ 1978 年以来，我国恩格尔系数平均值达 60.0%，吃饱成为生活中对食物的普遍要求。截至 2022 年，我国的恩格尔系数平均值已经下降到 29.3%。《中国农村发展报告（2022）》显示，近年来，我国农村恩格尔系数逐渐下降，2021 年农村居民人均可支配收入达到 18931 元，农民农村共同富裕是全体人民共同富裕的重要组成部分，是实现全体人民共同富裕的重点、难点所在。一方面，要全面推进乡村振兴，努力满足农村居民对美好生活的需要；另一方面，要缩小城乡差距和农村内部差距，让农村居民全面共享经济社会发展成果。这既是新发展阶段一项重大而紧迫的战略任务，也是构建新发展格局的内在要求和践行新发展理念的重要体现。该报告还发布了对 2035 年和 2050 年农民农村共同富裕的情况预测。一是农村居民生活富裕情况预测。从消费上看，农村居民恩格尔系数将持续下降，2035 年将下降至 26.5%，2050 年将进一步降至 20.3%。二是城乡居民收入差距情况预测。中国城乡居民收入差距主要源于工资性收入差距，目前其占全部城乡居民收入差距的比例达到 70% 以上，而城乡居民人力资本差异与非农就业率差异是导致城乡居民工资性收入差距的主要原因。农村居民缺乏市场价值较高的财产使城乡居民财产性收入差距不断加大，目前其占全部城乡居民收入差距的比重为 15.0% 左右。进入 21 世纪以来，政府同时扩大了对城乡居民的转移支付力度，在一定程度上抑制了城乡居民转移性收入差距的继续扩大，2020 年，其占全部城乡居民收入差距的比例为 16.0%。报告预测结果表明，在保持现有的城乡居民收入差距改善速度的条件下，中国有望实现逐步缩小城乡居民收入差距的各个阶段目标，最终实现农民农村共同富裕。

实现乡村振兴目标，可以有多种路径，包括重振乡村产业活力、重塑乡村文化魅力、重组乡村治理结构、重构乡城平等互补格局及重建乡村政策保障机制。❷ 但从根本上说，乡村振兴更需要注重乡村人力资源的开发，提升农民人力资本积累水平，如此才能铸就乡村振兴的内生动力。

---

❶ 叶兴庆. 新时代中国乡村振兴战略论纲［J］. 改革，2018（1）：68.

❷ 张强，张怀超，刘占芳. 乡村振兴：从衰落走向复兴的战略选择［J］. 经济与管理，2018，32（1）：6 – 8.

（五）提升实践主体人力资本，注重乡村精英培育

实施乡村振兴战略，产业兴旺是基础，而乡村精英是乡村振兴实践和行动的主体，因此，在推进乡村振兴的过程中，必须紧紧抓住产业和乡村精英这两个关键。2018年的中央一号文件《中共中央　国务院关于实施乡村振兴战略的意见》重点指出，要培育优良家风、文明乡风和新乡贤文化。新乡贤、乡村精英在乡村振兴中扮演着特殊的、不可或缺的角色。"乡贤"一词始于东汉，是国家对有所成就的官员或者为社会发展做出重大贡献、在社会上具有崇高威望的社会贤达去世之后赋予的荣誉称号。在古代，这些贤达人士之所以被称为"乡贤"，主要是因为其品德、才学为乡人所推崇和敬重，因而在乡村社会中具有一定威望和良好群众基础。在我国几千年的社会变迁中，乡贤群体虽然一度退出乡村社会，但由于其深植于乡村社会土壤，在我国乡村社会发展中始终起着或隐或显的作用，因而，乡贤文化作为我国优秀儒家传统文化的重要表现形式得以传承。乡贤文化源远流长，正是因为这个群体所具有的特殊品质，在乡村社会发展中，乡贤一直都发挥着极为重要的作用。

在乡村振兴背景下，人们对乡贤及其文化的研讨也越来越多，其作用也进一步得到确认。2017年，第十三届中国农村发展论坛就将论坛主题确定为"新乡贤与新农村发展新动能"。这里的"新乡贤"就是本书所指的"乡村精英"。精英原本是社会分层概念，社会学家帕累托认为，可将社区精英定义为社区中具有特殊才能、在某一方面或活动领域具有杰出能力的社区成员。关于乡村精英这个名称及其定义，学者们有多种表述，例如，有学者将乡村精英称为"村庄精英"，并将其定义为：有素质、有抱负、有见识，有志于按自己的设计去改变乡村面貌，做事有明确目标和计划，在村民中有威信，且具有一定号召力和组织力的村民。有学者认为，所谓乡村精英，是指个体能力强且能够在村民中发挥影响力的那部分村民，他们大多拥有优势资源、成功经历和社会影响力。有学者认为，乡村精英作为乡村社会中出类拔萃的群体，一般具有一种超群禀赋、一定程度的受教育经历，对农民有比较深刻的认识，对村庄发展有独特愿景；有较强的凝聚力和较高的威信、较为丰富的社会资本，能够向外界拓展社会关系和社交网络。❶ 这些定义的本质大同小异。首先，就组成结构来看，乡村精英主要是由家庭农场主、专业合作社负责人、村集体经济负责人、农村种养殖大户等组成，他们是新型职业农民的典型代表。乡村精英所经

❶ 陈春霞. 乡村精英再造：农村职业教育的作用场域与策略［J］. 中国职业技术教育，2020（36）：47－52.

营兴办的家庭农场等各种类型的企业能够有效吸纳农村剩余劳动力，既能带动村民致富，也能在较大程度上有效维护乡村社会的稳定。其次，相对来说，乡村精英往往拥有更多的社会资本。他们中的留守精英或者乡贤有良好的群众基础，具有相当大的号召力和影响力；而那些"城归精英"原本出身、成长于乡村，发展、成功于城市，他们中的大部分人既了解城市的发展状态，也清楚乡村的实际现状，可以利用自己长期积累的社会资本和物质资本进行创业，或者吸引、利用外部资源，积累更多的社会资本。最后，就总体而言，我国仍处于"要富裕农民就必须减少农民"的发展阶段，即需要继续促进部分乡村人口进城，或向非农产业转移。然而，从我国农村劳动力转移的现实状态和特征来看，向城镇转移的农村人口往往具有"精英移民"的特征。也就是说，能够转移进城或者到非农产业就业的更多的是那些年轻的、具有较高文化程度和综合能力的乡村精英，尤以"80后""90后"以及部分"70后"为代表，而留守在农村的更多的是各种资本处于劣势状态的老、幼、妇等弱势群体。所以，要化解我国在实现乡村振兴中劳动力总量剩余、需要转移与留守在农村的优质劳动力不足之间的矛盾，就必须注重优化乡村留守人口的结构，提高乡村存量人口的人力资本质量。一句话，就是要培育以新型职业农民为代表的乡村精英，加快培养造就一支懂农业、爱农村、爱农民的"三农"工作队伍。

二、农民共同富裕的特征与现实基础

（一）农民共同富裕的内涵解读

共同富裕的想法由来已久，马克思和恩格斯设想了一个未来的社会，提出生产将以所有人的富裕为目标，以私有财产为基础的资本主义雇佣劳动制度必然是剥削性的，不能为实现共同富裕提供条件。❶恩格斯在《反杜林论》中宣称，通过社会化生产，不仅可能保证所有社会成员过上物质丰富和日益充实的生活，而且可能保证他们的体力和智力得到充分的自由发展和运用。❷马克思的分配理论还指出，特定的生产体系决定了分配体系，分配的性质由生产的性质决定，最终由生产资料的所有权性质决定。生产关系决定分配关系，能用于分配的东西实际上就是人类创造的社会生产成果。因此，共同富裕首先是一个

---

❶ 马克思，恩格斯. 马克思恩格斯全集：第46卷（下）[M]. 北京：人民出版社，1980：222.

❷ 刘长明，周明珠. 共同富裕思想探源 [J]. 当代经济研究，2020（5）：37－48.

收入分配关系的问题，其实现程度在现实中表现为在社会生产力水平提高到一定程度、创造更多物质和精神财富的基础上，对社会生产的产品进行合理分配，从而创造人民的精神和物质财富。

从字面上看，共同富裕有两个层面："共同"和"富裕"。"共同"意味着"所有"，而不是"一些"或"少数"；"富裕"是指整个社会的生产力得到强有力的发展，社会的物质财富由所有劳动者创造和享受，主要是以物质和知识财富的形式，但也以自由支配的时间的形式。"农民共同富裕"作为全体人民共同富裕的一个重要维度，不仅是指一般意义上的共同富裕，而且有其自身的内涵。首先，农民的总体富裕程度与农村生产力的发展水平密切相关。只有当社会生产力提高到一定水平，农村产业发展到一定程度时，才能为农民创造更充分的就业条件，提高收入水平，从而实现农民的普遍富裕。其次，实现农民共同富裕，需要发挥农村公有制经济的重要作用，发展壮大新型农村集体经济，增加农民的财产性收入，从而为实现共同富裕提供保障和支持。最后，农民共同富裕还需要推进"后扶贫时代"贫困治理，增强贫困群体的自我发展能力。要实现"生活富裕"之目标，必须解决的一个最基本也是最现实的问题就是消灭贫困。在"后扶贫时代"，贫困的特征、表现形式将呈现出新样态，贫困的主要表征将以相对贫困为主。相对贫困几乎是一个永恒的话题，所以在乡村振兴过程中，要扫除乡村振兴的绊脚石，就更需要农村职业教育发挥作用，激发贫困群体的内生动力，提高其自我发展能力。

（二）农民共同富裕的特征

习近平总书记曾提出，"共同富裕是一个长远目标，需要一个过程，不可能一蹴而就，对其长期性、艰巨性、复杂性要有充分估计"❶。农民共同富裕主要有以下三个特点。第一，农民共同富裕具有时序性。农民共同富裕，是实现全体人民共同富裕道路上"最困难、最繁重"的任务。只有实现了农民的共同富裕，才能最终实现全体人民共同富裕。在这个过程中，农民除了自身要努力奋斗，也需要先富起来的人和各地区的带动与支持，体现了一定的时序性。第二，农民共同富裕具有相对性。农民共同富裕的"具体标准"并非绝对的，主要是指同一时期城乡之间、不同地区之间居民的收入水平、生活水平和精神状态是相对而言的。第三，农民共同富裕具有时代性。在人类进入资本主义社会之前，社会生产力普遍落后；进入资本主义社会以后，尽管生产力得到了发展，但其固有的剥削本质也使其难以实现全体人民共同富裕。只有进入

---

❶ 习近平. 扎实推动共同富裕 [J]. 中国民政，2021（20）：4－6.

社会主义社会，废除剥削关系，实现经济社会的高质量发展，特别是在扎实推进共同富裕的历史时期，才能为农民共同富裕创造条件，使农民共同富裕成为现实。

（三）农民共同富裕的现实基础

党的十九大报告提出的乡村振兴战略的内涵及要求集中体现在"产业兴旺、生态宜居、乡风文明、治理有效、生活富裕"20个字上，这一发展要求与早先提出的新农村建设"20字方针"，即"生产发展、生活宽裕、乡风文明、村容整洁、管理民主"，不是简单的字词的更换或形式的转换，而是人们对乡村振兴战略发展目标和发展理念的转换与升华，是基于乡村场域统筹推进乡村产业发展、社会治理、人民群众生活全面改善和幸福目标实现的必然要求。

然而，要从根本上解决"三农"问题以及由此衍生出来的日益严重的"新三农"问题，关键在于人才。因为只有解决了人才问题，农村的有效治理、现代农业的发展以及农民自身的发展问题才能真正得以解决，"谁来种地""谁来治理"等问题也才能迎刃而解。

从乡村振兴战略的实现目标看，乡村振兴"三步走"目标的实现都与人才培养息息相关。《中共中央　国务院关于实施乡村振兴战略的意见》要求："到2020年，乡村振兴取得重要进展，制度框架和政策体系基本形成；到2035年，乡村振兴取得决定性进展，农业农村现代化基本实现；到2050年，乡村全面振兴，农业强、农村美、农民富全面实现。"❶ 2020年乡村振兴"取得重要进展"的一个决定性因素是能否预期实现所有贫困线以下的人口全部脱贫。人们坚信，在精准扶贫政策的推动下，在职业教育和培训的人才支持下，能够实现预期目标。然而，进入"后扶贫时代"，即2020年消灭绝对贫困以后，针对以相对贫困为主要类型、具有隐性贫困特点的扶贫时代，要实现到2035年乡村振兴取得"决定性进展"的目标，还是要继续做好精准扶贫工作。在这一过程中，职业教育不可或缺。到2035年，"农业农村现代化基本实现"同样取决于作为"三农"核心的"农民"问题的解决。只有农民自身现代化了，才能为"农业农村现代化"提供保障，而农民现代化的根本是其自身人力资本的积累。毫无疑问，这同样有赖于农村职业教育和培训实现农民自身人力资源的开发。到2050年，乡村"全面振兴""农业强、农村美、农民富全面实现"，不仅需要有多种类型的人才支持，还需要全面提升人才培养的

---

❶ 中共中央国务院关于实施乡村振兴战略的意见［Z］．2018－01－02．

层次。这一目标的实现，从根本上来说更需要教育，尤其是多类型、多层次、高水平的职业教育和培训的发展，所有这些问题的解决、目标的实现，归根结底需要现代职业教育和培训体系的支持。

从乡村振兴战略的实施策略来看，必须培养以新型职业农民为主体的乡村实用人才。《中共中央　国务院关于实施乡村振兴战略的意见》指出："实施乡村振兴战略，必须突破人才瓶颈。要把人力资本开发放在首要位置，畅通智力、技术、管理下乡通道，造就更多乡土人才，聚天下人才而用之。大力培育新型职业农民"；"扶持培养一批农业职业经理人、经纪人、乡村工匠、文化能人、非遗传承人等"。❶ 由此不难看出，实现乡村振兴最重要、最为有效的策略就是要抓住"人"这一关键要素，其中必须特别关注农村人口的结构性问题，即"农村空心化""农民老龄化""农业边缘化"问题。这三个问题集聚为以新型职业农民和乡村精英为主体的实用人才培育问题。所以，职业教育和培训任重道远，未来应基于乡村振兴战略全面实现的需要，一方面，面向现代农业发展、乡村有效治理以及人们生活品质提高的需要，开展诸如农业职业经理人、现代青年农场主等新型职业农民的培育，进行乡村党员干部的培训，为乡村振兴提供全面的人才支持；另一方面，要鼓励农民返乡创业，支持大学生回乡创业，并基于职业教育和培训，提升这些有识之士的技术技能素质、创业素质、管理素质等。

三、实现农民共同富裕的职业教育机会

实现农民共同富裕，要求对作为供给侧的农村职业教育进行变革，要根据乡村振兴战略实施的需要，提供相应的人才支持。这些既对农村职业教育的供给现状构成挑战，同时更可以看作给予农村职业教育发展新的机遇。❷

（一）城乡融合发展，促进县域职业教育发展规划和政策的变革

从"城乡统筹"到"城乡一体化"再到"城乡融合"发展的转变，不仅对我国农村经济社会发展产生了革命性的影响，对于给予人才支持的职业教育也必将产生深刻的联动影响，要求农村职业教育供给侧进行全面的改革。

"融合发展"意味着原有的城乡二元发展体制将逐步瓦解，必将形成或者

---

❶ 中共中央国务院关于实施乡村振兴战略的意见 [Z]. 2018 – 01 – 02.
❷ 马建富. 乡村振兴战略实现的职业教育机会与应对策略 [J]. 中国职业技术教育，2018，670 (18)：5 – 11.

制定新的基于融合发展理念与要求的体制、机制以及相关的支持政策。具体落实到职业教育领域，其影响表现为：一是必须以融合理念和思维，对城乡职业教育发展进行整体规划，城乡教育要素必须充分流动与互通。二是必须将城乡作为一个区域系统，进行顶层设计、整体布局，包括必须统筹考虑城乡职业院校的布局及功能定位，不能以狭隘的城域或乡域思维培养人才；专业设置必须基于城乡一二三产业融合发展的需要进行整体考虑，既要考虑为一二三产业发展构筑合理的人才结构，又要考虑涉农专业集群的建设与发展。三是必须基于城乡融合发展的特点和要求，构建县域职业教育体系，其目的是提升服务效能和使教育资源得到集约化使用。这个职业教育体系应该具有县、乡（镇）、村三个层次，不同层级的职业教育既具有整体性服务功能，又有不同的侧重点；这一体系应该包括发达的城乡职业培训体系的构建，能满足终身教育的需要；这个体系还必须具有教育资源共享性，发展水平具有现代性，能体现"互联网＋教育"的优越性等特点。

（二）"三农"优先发展，促进涉农专业的现代化建设

党的十九大报告指出，实施乡村振兴战略必须始终把解决好"三农"问题作为全党工作的重中之重，确立农业农村优先发展的地位，必须集中力量加快补齐"三农"这个短板。推进"三农"发展有多种路径和措施可供选择：通过采取积极的政策，促进资源要素在城乡间流动；吸引农民工和大学生返乡创业；大力发展乡村旅游、创意农业，实现"科技＋""教育＋""健康＋"等新业态，促进一二三产业融合；等等。然而，无论是各种要素的流动还是农村新业态的发展等，都离不开人才的有力支撑，尤其是需要培养各层次的涉农专业人才。所以就职业教育而言，基于未来乡村振兴的需要和视角，必须主动进行职业教育供给侧人才培养结构的改革。这一改革的核心是：一方面，中高等职业院校要注重涉农专业的设置，建立起多层次的涉农专业体系；另一方面，要基于农村一二三产业融合，以及新业态发展的需要，进行专业的现代化改造和涉农专业集群的建设，从而满足现代农业和农村发展对新型职业农民培育的需要。

（三）乡村精英培育，促进多层级职业教育体系的发展

第一，发展现代农业是乡村振兴的主要内容，而现代农业发展的一个基本特征是农业的规模化经营。"三权分置"等土地制度的改革，为规模农业的发展创造了条件，进而又催生了新的农业经营主体，促进了家庭农场主、农业能人等新型职业农民的诞生。现代农业发展的另一个显著特征是，现代经营主体

以其掌握的现代科技和社会资本改造传统农业，一旦技术和资本聚集形成规模优势，与土地、资本、技术、劳动力等现代生产要素有机融合，将最大限度地提升农业的规模效应和科技附加值。❶ 然而，如何才能改造传统农业，促进现代农业发展？著名经济学家西奥多·W.舒尔茨认为：改造传统农业的根本出路在于引进新的生产要素，不仅要引进农作物良种、农业机械这些物的要素，而且要引进具有现代科学知识、管理能力和适应市场新要素的农民。❷ 所以，无论是规模农业的发展还是传统农业的改造，其重要前提都是培育新型职业农民。

第二，党的十九大之所以将农村与农业作为优先发展的对象，一个很重要的原因是要为乡村聚人气、添活力，就是要改变日益严重的"空心村""荒凉村"现象。所以，优先发展农村，一方面要求将目前留守农民中的一部分培育成新型职业农民，鼓励部分农民工返乡创业和大学生到农村就业；另一方面是要培养一支热爱乡村的带头人、领路人和管理者队伍。一句话，就是要培育乡村精英，具体来说：一是培养乡村干部，为实现乡村"有效治理"打下组织基础；二是培养乡村信息人才队伍，使乡村居民能够基于"互联网＋"了解新政策、掌握新技术、捕获新商机，促进农村新业态的发展；三是培养乡村科技人才队伍，促进农村一二三产业融合发展；四是培育乡村管理干部；五是培育乡土文化人才，促进乡村文化的传承和发展，形成文明乡风。

无论是新型职业农民培育、乡村管理干部培养，还是其他各种技术管理人才的培养，都对农村职业教育和培训的发展提出了要求，要求各类职业院校尤其是涉农中高职院校能够基于不同类型乡村精英培育的需要，开展多层次的职业教育和培训，开设涉农专业，提供系列化的涉农培训菜单。所有这些，都将促进县域职业教育和培训体系的发展。

（四）乡村秩序重建，促进农村社区教育大发展

法治是乡村振兴的重要依赖路径，法治也确实能够有效规范和调节农村社区日益复杂的各类关系。但法治是有成本的，如果能够提升乡村干部队伍的素质、提高乡村自治能力，如果能够以德化人，促进乡村文明的发展，使乡村社区民众都能够自觉遵守共同行为准则，那么，就可以大幅度降低农村社会的治理成本。因此，在未来乡村社会治理中，应根据农村社会的新变化以及实现乡

---

❶ 何晓琼，钟祝. 乡村振兴战略下新型职业农民培育政策支持研究［J］. 中国职业技术教育，2018（3）：78－83.

❷ 舒尔茨. 改造传统农业［M］. 梁小民，译. 上海：商务印书馆，2010.

村治理能力现代化的新要求，建立健全自治、法治、德治相结合的乡村治理机制，而这就需要通过适当的教育教化乡民，使农村社区的所有民众能够在"法治"的轨道上，具有"自治"的能力和"德治"的素养。

"生活富裕"是乡村振兴的重要目标。生活富裕不只是农民物质生活水平的提高，更多的是农村民众对高品质生活的追求、对高质量精神生活的期望。所以，随着农村经济的发展，必须将提升农民生活品质作为乡村振兴的重要内容，这就需要建立相应的教育场所和提供更多的机会，让他们学有所教，老有所乐。

由此看出，在未来乡村振兴战略推进过程中，必将更加重视农村社区教育的发展，可以预料，在未来，社区教育和成人教育将是我国新时期教育发展的另一个新的战略重点。社区教育的发展，必将真正承担起促进"乡村文明、治理有效、生活富裕"的职责和使命。

第二节　乡村振兴的关键：乡村人力资本的积累

中国拥有数亿计的农村人口，21 世纪初，稳定农村社会和增加农民收入两项工作取得了良好成效，中国农业和农村经济发展进入新的阶段，[1] 但同时也面临着农村人力资本问题。国内工业经济快速发展、城市落户制度等限制性因素放开，导致农村劳动力大量流出，农民工数量逐年增加，威胁到粮食安全，并出现"空村""空巢老人"和"留守儿童"等一系列问题。[2] 农村人口大量流失，致使治理与发展农村所必需的人才资源开始匮乏、后继无人，[3] 农村人力资本培养积累的重要性逐渐得到国家的重视。2008 年中央一号文件提出在农村人力资本培育积累层面作出指导，扎实推进社会主义新农村建设。在乡村振兴战略规划中提出"强化乡村振兴人才支撑""以人才汇聚推动和保障乡村振兴""挖掘培养乡土文化本土人才"等要求。[4] 2021 年中央一号文件作出"将乡村人才振兴纳入党委人才工作总体部署""健全适合乡村特点的人才

❶ 中央农村工作会议在京闭幕 [EB/OL]. (2009 – 10 – 29) [2021 – 08 – 25]. http：//www. gov. cn/test/2009 – 10/29/content_1451522. htm.

❷ 彭巨水. 农村劳动力转移对农村经济负面效应的分析 [J]. 经济问题探索, 2008 (8)：141 – 145.

❸ 颜德如. 以新乡贤推进当代中国乡村治理 [J]. 理论探讨, 2016 (1)：17 – 21.

❹ 中共中央国务院印发《乡村振兴战略规划（2018—2022 年）》[EB/OL]. (2018 – 09 – 26) [2021 – 08 – 27]. http：//www. gov. cn/zhengce/2018 – 09/26/content_5325534. htm.

培养机制，强化人才服务乡村激励约束"等方面的要求。❶

一、人力资本理论

人力资本理论的代表人物是西奥多·W. 舒尔茨和罗伯特·E. 卢卡斯，其中舒尔茨被学术界公认为人力资本理论的建构者，是最早提出"人力资本"这一概念的经济学家。舒尔茨从经济学的角度对第二次世界大战后迅速崛起的德国、日本与其他陷入"自然资源窘境"的国家进行分析与对比，发现人力资本是促进经济增长的主要原因。此后，舒尔茨出版了《论人力资本投资》等专著，并对人力资本理论进行了详细的阐述。舒尔茨认为经济增长主要取决于人的质量，而不仅仅是自然资源或者资金。舒尔茨认为人力资本是体现在劳动者身上的知识程度、技术水平、工作能力以及健康状况，人力资本、土地和资金在社会生产中具有同等重要的作用。人力资本的积累，才是社会经济增长的真正源泉。舒尔茨还对美国 50 多年的经济进行统计分析，发现美国经济增长中物质资本投资增加 3.5 倍，收益增加了 4.5 倍；人力资本投资增加 3.5 倍，收益却增加了 7.5 倍。❷ 通过总结前人的研究成果，可以将人力资本理解为通过劳动力转移、医疗保健投资与教育投资等活动，人们所获得的健康、能力、技术与知识等具有经济价值的质量因素的总和。人力资本理论具有以下特征：一是人力资本并非指人本身，具体指代的是健康、技能与知识等因素；二是人力资本并不是先天拥有的，而是后天投入时间或者经济成本获得的；三是人力资本可被看作能够创造经济类收入的生产能力。❸ 农村人力资本是基于人力资本概念而提出的，是指农村劳动力借助劳动力流动转移、医疗保健投资和教育投资等活动获得的技能、健康与知识等方面的资本存量。衡量农村人力资本时，主要通过农村劳动者的质量与数量，投资农村劳动力后可以促进农业系统与农村经济发展。❹

---

❶ 中共中央国务院关于全面推进乡村振兴加快农业农村现代化的意见 [EB/OL]. (2021 – 02 – 21) [2021 – 07 – 26]. http://www. moa. gov. cn/ztzl/jj2021zyyhwj/2021nzyyhwj/202102/t20210221_6361867. htm.

❷ 谭崇台. 发展经济学 [M]. 上海：上海人民出版社，1993：183.

❸ 郭智琼，阚大学. 中部地区农村人力资本对农民收入的影响 [J]. 科学咨询（科技·管理），2018，(11)：6.

❹ 胡芸娜. 试论乡村振兴战略下农村人力资本对农民收入增长的影响 [J]. 智慧农业导刊，2022，2 (13)：113 – 115.

二、人力资本对乡村振兴的现实意义

党的十九大报告指出，乡村振兴战略是我国全面建成社会主义现代化强国的重要历史任务，而实施乡村振兴战略要始终将"三农"问题作为总抓手。党中央提出到 2020 年，乡村振兴取得重要进展，乡村振兴的制度框架和体系基本形成；到 2035 年，乡村振兴取得决定性进展，农业农村现代化基本实现；到 2050 年，乡村振兴战略全面完成，达到农业强、农村美、农民富的局面。在我国乡村振兴战略逐步推进的过程中，不可避免地会出现挫折和问题，其中我国实施的非农化发展战略不断加速"三农"问题凸显，对逐步实现乡村振兴战略造成消极影响。那么，什么是非农化发展战略？

为了保证工业快速发展，国家提出了非农化发展战略，就是通过行政手段，利用现有的资源促进和支持工业化与城市化发展，这种城市偏向政策的实施完成了工业资本的积累，促进了工业的现代化。但是农村"失血"过多，在收益驱动的作用下，农村发展要素、农村资源要素向城市单向流动的格局有加深之势，农村要素存量濒临枯竭，乡村凋敝景况日益呈现。国家资源偏向投入城市的政策，使城乡二元结构不但得不到松动，反而会愈加强化，城乡发展失衡成为必然，这导致城乡居民在教育、培训、健康、就业、迁移等人力资本投资方面严重失衡。城市较好的生活和工作条件、较多的创业机会、完善的社会保障体系产生了极大的"拉力"和"推力"，吸引大量人才涌入城市，进一步加剧了农村人力资本的流失。高校毕业生返乡率低、农村青壮年劳动力大量外流，加之农业生产经营主体接受的科学教育层次较低，这势必影响农民对现代科技的接受和利用，降低农业科技的普及率、转化率和使用率，制约了乡村振兴战略的推进。由此可见，农村人力资本成为乡村振兴所面临的重大难题。《中共中央　国务院关于实施乡村振兴战略的意见》中强调，实施乡村振兴战略，必须突破人才瓶颈，要把人力资本开发放在首要位置。[1] 习近平总书记在 2018 年"两会"期间，再次强调要推动乡村人才振兴，把人力资本开发放在首要位置，强化乡村振兴人才支撑，打造一支强大的懂农业、爱农村、爱农民的乡村振兴人才队伍，[2] 这为突破乡村人才瓶颈、加快乡村振兴提供了思想指引。党中央将乡村人力资本开发放在乡村振兴的首要位置，那么农村人力资本

---

[1] 中共中央　国务院关于实施乡村振兴战略的意见 [EB/OL]．(2018－02－04) [2022－03－05]．http：//www. gov. cn/zhengce/2018－02/04/content_5263807. htm.

[2] 十三届全国人大一次 7 会议在京闭幕 习近平发表重要讲话 [EB/OL]．(2018－03－21) [2023－04－01]．http：//www. npc. gov. cn/npc/c2/c238/201905/t20190521_282309. html.

对乡村振兴有何现实意义呢？

（一）加强农村人力资本开发是"强农业"的需要

农村只有产业兴旺了，才能聚人气、引人才；农业只有成为有奔头的产业，才能有人干农业。加强农村人力资本开发必须围绕产业兴旺这个重点来开展。在我国快速工业化的进程中，一些粗放的生产模式进入农村，对农村的自然环境造成了严重的破坏，而在互联网和大数据技术迅速发展的今天，乡村振兴战略下的农业生产模式一定是集约式、高效率、综合型的现代模式。在实现"农业强"的过程中，需要通过技术创新和制度创新改变农业生产投入模式，在现代经济社会，技术进步是偏向智能化的，新技术的发明、推广和使用，都需要较高的劳动者技能与之相匹配。因此，通过农村人力资本开发使这些科技成果能够行之有效地被运用到农业生产中，在提高农业生产效率的同时，改善农民的生活环境，提高农民的科技能力。

（二）加强人力资本开发是"美农村"的需要

乡村美是外在美和内在美的结合，不仅表现为产业兴旺、环境美丽、生活宜居等村容村貌的外在形式，更表现为村民的文化素养、道德风尚、精神境界等方面的内在要求。传统农民要实现向新型职业农民的转变，只改变外在形象而不改变内在素质是远远不够的，必须加强精神文明建设。目前，传统农民实现向新型农民转型存在两方面问题：一是传统的小农意识强。很多农民没有意识到人力资本提升的重要性，部分农民认为只要种好自家田地、照顾好子孙即可。虽然这种现象在较发达地区已有很大的改善，但不排除在一些落后地区仍然存在。二是自主培训意愿弱。新型城镇化、新农村建设造就了一大批农场主、农业技术能人、农村干部，他们对职业教育与培训有着极强的需求，也带动了许多留守农民接受培训，但是，部分普通留守农民接受培训的意愿仍不强。部分农民看重的是农产品带来的价值，因为这些物质产出是可以衡量并实实在在看得见的。对于看不见的人力资本投入所带来的经济效益，农民往往视而不见。要提高留守农民的整体素质，改善农民的人力资本存量，最有效的方法就是提高农民的积极性，使农民主动提升自身的人力资本，自主参与职业教育与培训，增强培训意愿，只有从思想上转变，才能更好地突破实现农村"内在美"所面临的困境。

（三）加强人力资本开发是"富农民"的需要

《中共中央　国务院关于做好 2022 年全面推进乡村振兴重点工作的意见》

中提出要高度重视农民素质提升，对乡村振兴人才培养进行部署，这对于推进乡村振兴战略具有重要意义。第三次全国农业普查主要数据公报（第五号）显示，全国农业生产经营人员中接受过高中或中专教育的只有 7.1%，接受过大专及以上教育的只有 1.2%。❶ 农村劳动力人口受教育水平整体偏低，不仅成为乡村振兴的"阻力"，也成为农民个人发展的"阻力"。我国农民数量庞大，人力资本存量不低，但质量不高，这既打消了农民工市民化的积极性，也使其难以适应现代社会对知识技能的要求。因教育水平的限制，农民就业或创业的机遇少，导致农民的收入与城市居民的收入差距逐渐加大。因此，只有通过文化教育和职业技能培训，提高农民的文化知识水平、技能水平、科技素养和精神境界，增加就业机会，才能提升他们致富的能力。

三、乡村人力资本积累存在的问题

（一）优质务农农民总量相对不足，影响农业劳动力资源的可持续开发利用

目前，我国农业基础地位薄弱，劳动生产率水平低，农民收入少，大批青壮年农民向城市和非农产业转移，使农村优质劳动力数量不断减少。优质务农农民数量的减少，影响了农业劳动力资源的可持续开发利用。国家统计局发布的《2021 年农民工监测调查报告》显示，农民工总量增加，本地农民工人数增速高于外出农民工。2021 年全国农民工总量 29251 万人，比上年增加 691 万人，增长 2.4%。其中，外出农民工 17172 万人，比上年增加 213 万人，增长 1.3%；本地农民工 12079 万人，比上年增加 478 万人，增长 4.1%。从输出地看，中部地区跨省流动农民工占外出农民工的 56.6%，西部地区占 47.8%，东部和东北地区外出农民工以省内流动为主。从年龄结构看，40 岁及以下农民工所占比重为 48.2%，比上年下降 1.2 个百分点；50 岁以上农民工所占比重为 27.3%，比上年提高 0.9 个百分点。从农民工的就业地看，本地农民工平均年龄 46.0 岁，其中 40 岁及以下农民工所占比重为 32.6%，50 岁以上所占比重为 38.2%。外出农民工平均年龄为 36.8 岁，其中 40 岁及以下农民工所占比重为 65.8%，50 岁以上农民工所占比重为 15.2%。相关数据显示，务农农

---

❶ 国务院第三次全国农业普查领导小组办公室，中华人民共和国国家统计局. 我国公布第三次全国农业普查主要数据公报（第五号）［EB/OL］.（2017－12－18）［2018－06－21］. http：//news. cnwest. com/content/2017－12/18/content_15562595. htm.

民尤其是高素质青壮年农民数量急剧减少，2021 年农民工的平均年龄为 41.7 岁。青壮年农村劳动力外流，使留守在农村的务农劳动力以老人、妇女为主。从国家统计局提供的数据来看，以四川省为例，2022 年四川农村常住人口中 65 岁及以上人口占比达 21.9%，相当于超老龄化社会，劳动力短缺，与前些年相比，解决"谁来种地"的问题越发迫切。因为缺乏劳动力，一些老龄农户自发对粮食种植结构进行了调整，"种近不种远，耕沃不耕贫"。机械化对基础设施要求更高，种地从人力到机器遭遇规模化瓶颈。优质务农农民总量相对不足，将来"谁来种地"的问题令人担忧。❶

（二）务农农民文化程度偏低，农业生产率水平难以提高

农民是农业的主体，是农村的主人，农民文化素质的高低直接关系到农业现代化建设和新农村建设的成败。正因为如此，发达国家都很重视农民文化水平的提高，将提高农民文化水平，提高农民人力资本摆在极其重要的位置。例如，日本农民中初中及以下学力占 19.4%，高中及同等学力占比达 74.7%，大学及以上学历占 5.9%；❷ 美国大部分农场主是农学院的毕业生；荷兰 80.0% 的农民受过中等教育，12.0% 的农民毕业于高等农业学院。而抽样调查显示，我国留守在农村的劳动力中，高中及以上文化程度的只占 8.0% 左右，从事农业为主的劳动力只有 5.0%；❸ 2011 年《江苏省农村统计年鉴》显示，江苏省现有农村农业劳动力中大专及以上文化程度的有 11.11 万人，中专文化程度的有 4.51 万人，高中文化程度的有 70.34 万人，初中文化程度的有 353.81 万人，小学文化程度的有 301.38 万人，文盲或半文盲 118.68 万人，小学及以下文化程度占到了 50% 左右。❹

（三）农民接受培训比例低，农业科技成果难以转化和推广

我国农民培训工作任重而道远，要提高农民整体素质及科技运用水平，促进粮食增产、农业增效、农民增收，唯有通过培训来实现。但就目前而言，我国农民培训覆盖面很小，持证农民比例偏低，农民科技素质不高，生产技术单

---

❶ 六部门研究将来"谁来种地"问题：培养职业农民让农民过上体面有尊严的生活 [N]. 中国青年报，2012 – 3 – 26（11）.

❷ 曲文波，栾兆乾，刘涛. 国外农民教育与培训经验给我们的启示 [J]. 科技资讯，2006，(17)：198 – 199.

❸ 农业部官员：我国农村劳动力素质总体结构性下降 [EB/OL]. (2008 – 04 – 25) [2022 – 11 – 05]. http://finance.qq.com/a/20080425/002461.htm.

❹ 许浩. 培育新型职业农民：路径与举措 [J]. 中国远程教育，2012 (11)：70 – 73.

一，难以适应现代农业发展以及农村产业结构调整的需求。相关资料显示，从劳动力供给数量看，农业劳动力非农化就业迅速增长。截至 2016 年，我国农业劳动力为 3.14 亿人，比 2006 年第二次农业普查时减少近 3000 万人。[1] 农业劳动力受教育水平近十年来并没有显著变化，农业从业人员仍以小学、初中教育水平为主。2016 年第三次农业普查数据显示，两者占农业生产经营人员的比重高达 85.4%，而 2006 年这一比例是 86.2%；高中或中专教育程度的比重为 7.1%，比 2006 年提高 3.0 个百分点；大专及以上教育程度的比重仅为 1.2%，比 2006 年提高 1.0 个百分点。相比之下，美国 2017 年接受大学及以上教育的农业劳动力占比高达 60.0%。2020 年我国高素质农民为 1700 万人，仅占农民总数的 3.0%；[2] 我国农业劳动力有 2.46 亿人，每年能接受系统培训的仅有 1000 万人左右，覆盖面还不到 5.0%。[3] 受过职业技术教育和培训的农业劳动力占全部农业劳动力的比重不到 20.0%，平均 1000 名农业劳动力中仅有农业技术人员 6.4 人。[4] 另有数据显示，一年之内不到 1/3 的农民只接受过一次科技培训，不足 3.0% 的农民接受过三次以上技术培训。[5] 就江苏省而言，2010 年全省农业劳动力总数在 850 万人左右，持证农民在 35 万人左右，持证农民比例仅为 4.1%，到 2020 年全省持证农民比例要达到 35% 的目标，即使去除向非农产业和城镇转移的农民，每年也得有近 20 万农民接受教育培训。[6] 由此可见，目前农民培训的规模和速度远不能满足现代农业生产的要求，随着农业现代化步伐的加快，对农民的素质也将提出越来越高的要求，这就要求我们必须进一步加大农民培训的力度与规模，加强新型职业农民的培养。

（四）农民增加闲暇学习时间，农民收入得以增加

就农村而言，农民闲暇学习能够促进农村经济发展，净化农村社会风气，

---

[1] 杨翠红，林康，高翔，等．"十四五"时期我国粮食生产的发展态势及风险分析 [J]．中国科学院院刊，2022（8）：1088－1098．

[2]《2021 年全国高素质农民发展报告》发布 [EB/OL]．（2022－05－19）[2022－12－19]．http：//www. crnews. net/zl/fz/947412_20220519110751. html.

[3] 六部门研究将来"谁来种地"问题：培养职业农民让农民过上体面有尊严的生活 [N]．中国青年报，2012－3－26（11）．

[4] 成汉高．农业现代化呼唤新型农民 [EO/OL]．（2012－10－16）[2022－12－19]．http：//js. xhby. net/system/2012/10/16/014912672. shtml.

[5] 农业部官员：我国农村劳动力素质总体结构性下降 [EB/OL]．（2008－04－25）[2022－11－05]．http：//finance. qq. com/a/20080425/002461. htm.

[6] 齐乃敏，吴建坤，田玉斌，等．加大农业职业技能培训力度加快培养现代职业农民 [J]．吉林农业，2012（2）：15.

带动农村社会建设；就农业而言，农民闲暇学习能够节约时间，大大提高劳动生产率；就农民而言，闲暇学习能够让其脱离单调、枯燥的闲暇活动，使其闲暇生活丰富起来。❶ 农村社区是指聚居在一定地域范围内的农民在农业生产的基础上所组成的社会生活共同体。随着农民生活水平的提高和闲暇时间的增多，他们对闲暇教育的需求越来越迫切。开展闲暇教育对于农村社区发展来说具有十分重要的意义，有利于农民自我完善、提高综合素质，营造文明乡风、构建和谐社区，构建学习化社会、促进终身学习。❷

农民收入问题是党中央一直以来高度关注的问题，是"三农"问题的核心。农民收入水平关系到国民经济能否持续、快速、健康发展，关系到新农村建设的成败，而农村人力资本是制约农民收入增长的内在因素。教育培训作为人力资本的重要影响因素，已被世界许多经济学家证实对农民收入有着明显的促进作用。因此，可以通过教育培训提高农民的文化程度，增强农民的学习意识，提高农民接受和运用新技术的能力，帮助农民养成定时查看农业科技资料的习惯，提高农民的学习水平，使其能够不断地获取知识，不断积累自身的人力资本存量，从而提高农民的生产经营及就业创业能力，解决农业生产、经营或转移就业中技术缺乏的问题，增加农民的收入。

四、职业教育语境下的乡村人力资本积累

2020 年，我国如期实现脱贫攻坚目标，在全国范围内消灭了绝对贫困和区域性整体贫困，创造了人类减贫史上的奇迹。当前，我国已经进入乡村振兴的新阶段，乡村振兴的本质就是要实现我国农业农村现代化，而实现农业农村现代化关键在于人的现代化，在于对我国传统农民的改造。通过人力资本的开发与再开发，促进农民人力资源能力建设，增强其内生发展动力，实现农村农业农民现代化。农民人力资源开发有多种途径，但最根本的还是职业教育路径，通过职业教育赋能新型农民，使农民真正具有担当乡村振兴使命的能力。那么，在乡村振兴的新时代，需要厘清两个问题：一是职业教育与乡村振兴以及人力资本存在怎样的内在逻辑关系，二是如何助力乡村人才振兴的职业教育发展理念与策略。

---

❶ 李素芳. 农民闲暇教育研究 [D]. 杭州：浙江师范大学，2014.

❷ 韩倩. 闲暇教育：农村社区发展的重要途径 [J]. 当代继续教育，2016，34（5）：18–21.

（一）职业教育与乡村振兴以及人力资本的内在逻辑关系

在乡村振兴的诸多议题中，"谁的乡村振兴""谁来振兴乡村"毫无疑问是核心问题。这既是乡村振兴的出发点，又是乡村振兴的归宿，其实质是"人"的问题：乡村要成为吸引人生活的地方，有了人的生活，才有乡村的振兴。❶鉴于当前乡村发展的现实困境，人、人才以及人才振兴在乡村振兴中具有独特的地位，承担着不可或缺、不可替代的功能和使命。人的要素及其衍生的人才资源既是全面推进乡村振兴的起始点和基础性条件，也是其落脚点和评判标尺，更是关乎其现实样态与发展走向的关键变量。❷为此，要重新审视人的要素在乡村发展和振兴中的价值与功能，并寻求更合适的研究视野。

乡村振兴的关键是人才振兴，乡村振兴是实现中华民族复兴的必由之路。我国农村正在进行以互联网、大数据、人工智能以及物联网技术等为特征的科技革命，实现产业结构的转型与升级，探寻现代农业发展的新动能。这种现代技术与农业的结合，必将助推传统农业的改造与升级，催生现代农业、电子商务、涉农旅游、康养休闲、"互联网＋"等新产业、新业态、新模式的产生，促进一二三产业大融合，形成新的"六次产业"。然而，无论是哪种农业产业或者农业模式的经营与发展，关键是要实现人的现代化与之相适应，乡村要振兴，人才必振兴。2021年2月，中共中央办公厅、国务院办公厅印发的《关于加快推进乡村人才振兴的意见》（以下简称《人才振兴意见》）提出，到2025年，乡村人才振兴制度框架和政策体系基本形成，乡村振兴各领域人才规模不断壮大、素质稳步提升、结构持续优化，乡村人才初步满足实施乡村振兴战略的基本需要。❸实现农村人力资源资本化有多种途径，而职业教育是最主要的途径之一，原因在于以下三点：首先，正规职业教育机构能担负起培养一般专业化人力资本的任务；其次，在教学体制上，现代职业教育强调与生产实践的紧密结合，符合农民这一群体的学习特征，有利于高质量专业化人力资本的形成；最后，职业学校进行的人力资源开发具有高效性，能够在短时间内培养出各种技能人才，而且能够更好地适应农村社会经济发展对各类人才的需

❶　王晓毅. 乡村振兴与乡村生活重建［J］. 学海，2019（1）：51－56.
❷　李海金. 全面建成小康社会与解决相对贫困的扶志扶智长效机制［J］. 中共党史研究，2020（6）：17－23.
❸　中共中央办公厅　国务院办公厅关于加快推进乡村人才振兴的意见［EB/OL］.（2021－02－23）［2022－05－21］. https://zj.zjol.com.cn/news/1622778.html.

求。❶ 在乡村振兴新时代，农业劳动者所面临的新产业新业态新模式，其高而复杂的技术含量特征，更要求基于现代职业教育实现人力资源的开发与再开发。

（二）助力乡村人才振兴的职业教育发展理念与策略❷

1. 重新认识和定位农村职业教育的价值与功能，夯实乡村振兴的人力资本基础

与经济社会发展保持动态适应性的职业教育，应顺应时代变化与要求，考量自己存在与发展的价值，不断审视、调整自身功能定位。学者们也都基于我国经济社会发展的阶段性特征对职业教育给予了定位。例如：基于我国农村剩余劳动力转移的需要，提出了农村职业教育必须为农村劳动力转移服务；基于我国新型城镇化发展的趋势，提出了职业教育应为农民工市民化服务；基于我国消灭绝对贫困的发展目标，强调职业教育的"精准扶贫"功能。在进入"后扶贫时代"乡村振兴的当下，一方面，农村职业教育在继续发挥以上服务功能的同时，应进一步为巩固脱贫成果，加强为相对贫困人口人力资源能力建设服务；另一方面，应基于乡村振兴的目标任务，培养乡村振兴人才。基于乡村振兴的新时代特征，我国农村职业教育功能应实现以下三个重要转变：第一，从着重为促进农村劳动力转移服务，向同时为返乡人员创业提供服务转变。改革开放以后，我国农村生产力获得解放，促进了农村剩余劳动力的快速增长。职业教育在满足提升农村剩余劳动力素质、技能的需要方面发挥了积极作用，其在促进农村剩余劳动力转移中的功能得到广泛认可。然而，在乡村振兴的大背景下，越来越多的农民工、转业军人、大学生返乡创业。虽然他们或有一定的职业技能，或文化教育程度比较高，但是，依然需要对他们进行创业素质以及相关职业技能的补偿培训。职业教育理应承担起新的职业教育和培训的使命。第二，从主要注重为促进农民工市民化服务，向同时为"乡风文明""治理有效"的乡民和乡干部素质提升服务转变。社会主义新农村建设以及我国正在积极推进的新型城镇化，使大量农村剩余劳动力涌进城市，职业教育应及时承担促进剩余劳动力转移、农民工市民化的责任，而且应进一步强化促进农民工市民化的功能。同时，根据"产业兴旺，生态宜居，乡风文明，治理

---

❶ 马建富. 舒尔茨反贫理论与农村职业教育反贫策略的选择［J］. 河北师范大学学报（教育科学版），2006（4）：109－113.

❷ 马建富，蔡巧燕. 助力乡村人才振兴：职业教育发展的理念、作为与策略［J］. 职业技术教育，2021，42（18）：7－12.

有效，生活富裕"的乡村振兴目标要求，职业教育还应承担促进乡村留守农民文明素养以及乡村干部治理能力提升的职责。在未来，无论是职业学校还是乡村社区教育中心等，都应该积极发挥其对村民进行"教化"和"熏陶"的作用，促进乡村文明建设；同时，应通过专门的职业教育和培训，提升乡村基层组织队伍的治理能力。第三，从主要注重为促进新生劳动力人力资源开发服务，向同时为留守农民人力资源再开发服务转变。我国职业教育与普通教育发展基本保持了大体相当的比例和规模，然而，长期以来人们往往更关注正规的学校职业教育，关注对新生劳动力的职业准备教育、就业能力提升教育，而忽视了对农村留守人员的职业教育和培训。我国虽然实现了大量农村人口向城镇的转移，但目前留守人口数量依然庞大。其中，除了尚未上学或者正在上学的未成年人，主要就是留守妇女、留守老人，他们既需要接受职业技能的开发与再开发教育，又需要"老有所学""老有所乐"的生活教育，而职业教育是他们更为理想的、可行的选择。

2. 重塑城乡关系，构建以县域职教中心为主体的大职教体系

我国城乡关系经历了"城乡统筹—城乡一体—城乡融合"的过程。在乡村振兴背景下，城乡职业教育融合，是我国县域职业教育发展的目标。为此，应重塑县域城乡职业教育之间的关系，构建新的大职教体系，以提升职业教育服务区域经济社会发展的功能，这个体系应具有以下主要特征。

一是以县域职教中心为主体，形成县、乡、村三级乡村人才培育网络体系。随着乡村振兴事业的不断推进，城乡融合化、一体化是必然趋势。因此，未来应建立以县域职教中心为主体和辐射中心，以乡社区教育中心为重要节点，以村办学点为基础的县域职业教育体系。在这一体系中，县域职教中心应发挥主体作用、引领作用，与乡镇社区教育中心和村办学点形成人力资源开发共同体，并共享师资、设施设备等资源；乡镇社区教育中心主要应根据自身在人力资源开发中的定位以及县域职教中心的统筹组织安排，协同进行人力资源开发工作，并与村办学点共同构成县域职业教育人力资源开发的重要节点。

二是强化政府和企业的"在场"作用，形成政府、职校、企业人才培育共同体。长期以来，人们在讨论、构建职业教育体系时，往往更多地从教育、学校、职前职业教育等层面进行考虑。笔者认为，在未来乡村振兴背景下，构建县域职业教育体系，开发农村人力资源，政府和企业也不可"缺场"。农村人力资源开发实践表明，如果政府和涉农企业的"在场"作用缺失，游离于职业教育人才培养"场域"之外，则职业教育开发农村人力资源的功能将难以奏效，甚至丧失。其原因有三：首先，职业教育体系原本就是经济社会大体系的一个重要组成部分，其作用的发挥离不开各方的协同；其次，人力资源开

发过程涉及方方面面的工作，需要政府去协调，需要涉农企业协作；最后，乡村各层面人力资源开发，无论是农民职业技能的培训还是乡村干部的培养，无不具有公共产品属性，作为具有公益性的职业教育，政府自然不可缺位。所以，在乡村振兴背景下进行农村人力资源开发，必须形成由政府、学校和涉农企业共同组成的多主体参与、相互补充的职业教育和培训体系，从而使农村人力资源开发能够顺利、高效地进行。

三是延伸职业教育跟踪服务功能，形成集培养、培训、服务于一体的乡村人才培育链。按照传统的办学思维和理念，职业教育主要是为乡村振兴培养、培训人才，因此，在实际办学过程中，一般都更为重视人才培养、培训方案的制订，以及在教学过程中如何落实人才培养、培训方案。从农村职业教育人才培养对象特点以及涉农人才从业特点来看，未来既要重视和抓好人才培养、培训过程各环节的工作，又必须延伸职业教育的人才培育功能，形成职前培养、在职培训、跟踪服务的职业教育人才培养链。具体来说，在涉农专业人才培养中，一方面要在培养、培训方案中增加为毕业生以及培训后农民服务的内容；另一方面要对所培养、培训的人才提供持续的跟踪服务，包括专业教师跟踪指导、提供涉农信息、及时收集和反馈培养培训成效，以及了解农民从业过程中的新需求。只有形成完善的职业教育服务链，才能倍增人才培养、培训效益，也才能提升涉农职业院校、涉农专业的吸引力，使农村职业教育成为受农民欢迎的职业教育。

3. 加强新农科建设，重构涉农人才培养体系

第一，加强新农科建设，解决乡村振兴人才供给难题。乡村振兴需要大量的、多层次的高素质涉农人才，更需要培养"后继新农人"，然而，目前我国涉农职业院校发展不尽如人意，为"农"服务功能没有得到充分体现。涉农院校专业设置中"界限分明""分块隔离""学科割裂"等问题依然是人才培养模式的"顽症"，信息技术、设施工程、农业物联网技术、智慧农业等新学科新知识在农科类专业的"融合度"很低，这在很大程度上难以实现专业与产业的对接、能力与岗位的对接。[1] 为了改变这种现状，顺应数字化、规模化等现代农业发展趋势，顺应农村新产业、新业态、新模式发展要求，建设新农科、培育新农人、服务和发展新产业，可谓是科学、可行的明智选择。为此，职业院校一是应充分理解"新农科"建设的精神，对涉农专业知识体系进行解构和重构，赋予其新的内涵，同时要全面加强涉农高校耕读教育；二是要基

---

[1] 赵一鹏，李自刚. 乡村振兴背景下地方农业院校人才培养的现实困境与对策思考 [J]. 教育管理，2021（9）：6-8.

于生物技术、信息技术、智慧农业等，对传统涉农专业进行改造和升级，还要引导和鼓励涉农职业院校适时、动态地拓宽现有涉农专业边界，增设涉农学科专业；三是要利用政策杠杆，鼓励涉农职业院校，尤其是涉农高职院校加大涉农专业招生力度，为乡村振兴培育足量的掌握现代科学技术的专业化、技术化、智能化的高素质农业人才。

第二，积极推动涉农骨干高职院校层次"高移"以及中高职院校涉农专业"衔接"。根据乡村振兴的目标以及现代农业发展对高素质人才的要求，在建设现代职业教育体系过程中，首先，应将涉农职业教育体系的重心适度上移，以对接现代产业发展以及乡村治理对高层次、高素质管理人才的需求。为此，应根据《人才振兴意见》的要求，优先支持涉农高水平高职院校发展本科层次职业教育，根据各地乡村人才振兴规划，结合本地高等教育发展基础，将我国现有"双高计划"中部分涉农高职院校升格为职业本科院校，并逐步加大本科涉农专业招生数量；而对于乡村发展中急需的高层次人才，则应采取更大力度的支持政策。其次，应积极鼓励和支持涉农专业实施中高职衔接。经过多年的实践，我国职业教育的中高职衔接模式已经相对成熟，涉农专业人才培养走中高职衔接之路，一方面有利于建立相对有吸引力的、稳定的涉农专业人才培养体系；另一方面基于中高职衔接模式培养涉农专业人才，其毕业生专业素养更高，职业心态更好，也更有利于培养懂农业、爱农村、善经营的高素质新型职业农民。

4. 瞄准重点人群，精准、高效地培育乡村振兴人才

乡村振兴需要多层次、多类型的应用型人才。笔者认为，这类人才主要应由中高等职业院校来培养。从目前我国中高等职业院校发展现状来看，已基本具备培养这类人才的基础。据统计，2018 年，全国开设涉农专业的中职学校有 3222 所、高职院校有 237 所，分别占全国中职学校总数的 41.0%、高职院校总数的 17.0%。截至 2018 年年底，全国农业中高职院校招生达 297.1 万人，在校生达 868.3 万人。❶ 从乡村振兴对各类人才的需求特点以及紧迫程度来看，涉农中高等职业院校在涉农人才培养上，要瞄准如下重点人群，做到精准培育。

一是返乡就业创业人员。返乡就业创业人员是助推乡村振兴的重要力量。这些返乡人员大多眼界开阔，具备一定的技术和能力，相当一部分人具有管理经历；以文化教育程度相对较高的中青年为主；他们在多年的城市职业经历中

---

❶ 赵一鹏，李自刚. 乡村振兴背景下地方农业院校人才培养的现实困境与对策思考 [J]. 教育管理，2021 (9)：6-8.

积累了较为丰厚的社会资本，这些资本可以为其日后的成功创业奠定良好基础。有调查显示，创业青壮年中返乡大学生、农民工、企事业单位人员、转业军人比例达 65.3%，而传统农民仅为 24.7%，75.3% 的创业青壮年具有在外学习或工作的经历；接受过大专及以上教育的创业青壮年占 51.8%，受过高中（中专、技校）教育的创业青壮年占 26.8%，接受过初中或小学教育的创业青壮年仅占 21.4%。❶ 另据农业农村部提供的数据，2018 年返乡下乡创业创新人员达 780 万人，其中农民工 540 万人，占 70.0%，平均年龄为 45 岁，高中及以上学历占 40.0%。利用信息技术创业创新的占 54.0%，多人联合创业的比例高达 89.0%，创办实体的 82.0% 都是农产品加工流通、休闲旅游和电子商务等新业态，涵盖农村一二三产业融合领域。❷ 近年来，我国大学生就业压力越来越大，迫使许多大学生选择到农村就业创业；与此同时，国家出台的许多支持到农村广阔天地就业创业的政策也正在吸引部分大学生、农民工以及城市人口回流农村或"上山下乡"大展宏图。面对返乡人员就业创业的趋势，职业教育应当有所作为。首先，要为返乡人员创造提升就业创业能力的培训机会。返乡大学生、转业军人、返乡农民工等虽然具备部分返乡就业创业的优势，但是，他们总体缺乏创业素养，缺乏涉农知识、政策或者技能等，职业院校要根据他们的需要，分类进行职业教育和培训。其次，要与其共同进行创业设计和规划，使其创业之路走得更加顺畅。最后，要为其提供长期的培训后跟踪服务，使其在就业创业过程中遇到技术难题或陷入创业困境时能够得到来自职业院校的支持。

二是乡村治理人才。乡村振兴既需要大量的生产经营型、专业技能型、社会服务型职业农民，也需要从事乡村治理的管理型人才。从目前我国农村人才状况来看，一方面，要基于"产业兴旺"、三产融合发展的趋势，重点抓紧对现有的农业生产经营人员进行素质全面提升培训；另一方面，要基于农村基层组织薄弱的状态，根据乡村"治理有效"的目标和任务，高度重视乡村基层管理干部的培养和培训。在培训过程中，一方面，要更加重视发挥涉农高职院校在乡村治理人才和现代农业带头人培养培训中的作用。相对来说，高职院校在这类人才培养中更具比较优势：①办学条件更好；②高职学生综合素质基础相对较好，毕业以后能够从事现代高端农业生产，或者成为乡村

❶ 旷宗仁，左停，等. 乡村产业与人才如何振兴？[J]. 江苏海洋大学学报（人文社会科学版），2021（3）：131-139.

❷ 彭瑶. 农业农村部：780 万人返乡下乡创业创新农民工占 7 成 [EB/OL]. (2019-01-10) [2021-05-21]. http://news.sina.com.cn/o/2019-01-10/docihqfskcn5899328.shtml.

治理人才。他们中的大多数都有从事现代农业的心理指向，更具创业激情，因而，通过三年的专业培养，更有可能成为从事现代农业经营服务的"领头雁"或治理乡村的"父母官"。另一方面，要重视将通过扩招的非传统生源培养成高素质职业农民或者乡村治理人才。这一人群有一定的从业经历，具有明确的职业发展方向，他们中的大多数来自农村，有着浓厚的乡情，具有成为乡村治理人才的情感基础。为此，要按照《人才振兴意见》，鼓励各地遴选一批高等职业学校，根据乡村振兴需求开设涉农专业，支持村干部、新型农业经营主体带头人等就地就近接受高等职业教育，培养一批在乡大学生、乡村治理人才。❶

三是后继"新农人"。在我国推进乡村振兴战略的过程中，不仅面临着现实的人力资源不足、劳动者素质不高等问题，更为重要的是还面临着后继农民数量严重不足的危机。主要问题在于：一方面，乡村留守青壮年中愿意务农的比例极低，他们生于农村，却不懂农事，更缺乏对土地的感情；另一方面，在涉农专业毕业大学生群体中，真正愿意到农村发展的人数并不多。因此，涉农中高等职业院校必须积极施策，挖掘潜在的人力资源，尤其是将青年大学生培养成乡村社会发展的后继"新农人"。首先，要加强对农科类专业大中专学生的职业生涯规划引导，使之转变轻视农业的观念，充分认识到乡村振兴对大学生就业创业的价值和机会；要与其共同进行未来职业生涯发展规划的设计，使之在毕业时就具有初步的、可行的创业发展规划。其次，要恢复并完善定向招生制度。在当前的就业形势下，基于对未来新农村发展的积极、乐观预期，高职院校可根据区域经济社会发展对后继"新农人"以及"乡村治理人才"培养数量及质量的要求，实施定向招生，定制课程教学或者培训方案，定向实习，为乡村社会培养一批懂农业、爱农村、乐做"新农人"的乡村振兴人才。最后，要着眼现实，对农村留守人员中具有较高文化素质基础的年轻人，尤其是青年妇女开展培训，培育其成为未来的后继农民。基于留守青年农民培育后继"新农人"，是对乡村人力资源的再开发，有利于将这些潜隐在农村的人力资源通过职业教育和培训转化为新的人口红利。在留守农村人口中，要特别关注对青年妇女的职业教育和培训，她们中的许多人愿意通过接受职业教育和培训成为创业者，成为推动现代农业发展的重要力量。为此，要针对青年妇女年轻、有活力、文化教育程度高，但是家庭负担重、心理压力大、学习时间不集中等特点，科学制订课程方案，采取线上线下混合教学模式等开展集中与分散

---

❶ 中共中央办公厅、国务院办公厅关于加快推进乡村人才振兴的意见 [EB/OL]. （2021－02－23）[2021－05－21]. https://zj.zjol.com.cn/news/1622778.html.

的职业教育和培训活动。

四是乡村工匠。在我国广大农村有着众多的乡村工匠，他们或是技艺高超的手工业者，或是身怀绝技的民间传统艺人，抑或非遗传承人。他们都是乡村文明的创造者、传承者。为此，一方面，可以通过设立名师工作室、大师传习所等，传承传统技艺；另一方面，通过职业院校开展传统技艺传承人教育，从而在传承乡村文明的同时，通过对传承人的教育培训，支持与鼓励传统技艺人才创办特色企业，带动发展乡村特色手工业。

第三节　乡村振兴的桎梏：新型职业农民的缺乏

《中共中央　国务院关于实施乡村振兴战略的意见》指出："实施乡村振兴战略，必须突破人才瓶颈，要把人力资本开发放在首要位置。"人才振兴是关键，是乡村全面振兴的基础和根本保障。如果没有以新型职业农民为主体的"新农人""乡村精英"，新的农业经营主体将难以高质量发展，实现乡村有效治理也将只是一句口号。正因为如此，"各级人民政府应当完善扶持政策，鼓励和支持社会各方面提供教育培训、技术支持、创业指导等服务，加强农村人力资源开发，促进农业农村人才队伍建设""各级人民政府应当采取措施培养有文化、懂技术、善经营、会管理的高素质农民和农村实用人才"。❶ 乡村振兴战略实现的关键是人、钱、地，然而，无论是现代农业的发展，还是乡村社会的有效治理，最为关键的还是人才，都需要培育新型职业农民。❷

一、新型职业农民的内涵及基本特征

2012 年中央一号文件提出要"大力培育新型职业农民"，这是中央统筹城乡协调发展、推动农业现代化的又一战略决策，标志着我国农民开始由身份型向职业型转变。这一转变对农村经济社会的转型和农业发展方式的改进必将起到积极的推动作用。❸

---

❶ 马建富，李芷璇. 乡村振兴背景下农村职业教育的价值取向与改革框架 [J]. 职业技术教育，2020，41 (33)：7 - 14.

❷ 马建富. 乡村振兴战略实现的职业教育机会与应对策略 [J]. 中国职业技术教育，2018 (18)：5 - 11.

❸ 魏学文，刘文烈. 新型职业农民：内涵、特征与培育机制 [J]. 农业经济，2013 (7)：73 - 75.

（一）新型职业农民的定义

关于什么是新型职业农民，大部分学者认为，新型职业农民应符合以下条件：第一，必须从事农业领域的生产经营，且主要收入来源于农业；第二，新型职业农民是市场主体，传统农民追求的是维持生计，而新型职业农民则充分进入市场，并利用一切可能的选择追求效益最大化；第三，新型职业农民具有高度的稳定性，把农业规模化经营作为其追求的事业；第四，新型职业农民具有高度的社会责任感、事业心和开拓能力。本书中的"新型职业农民"指的是以农业为职业、具有相应的专业技能、收入主要来自农业生产经营并达到相当水平的现代农业从业者。[1] 简而言之，新型职业农民就是有文化、懂技术、善经营、会管理，把务农作为其终身职业的农业从业人员。[2]

（二）新型职业农民的类型

研究者们认为，新型职业农民主要由三种类型的群体构成[3]：第一种是生产经营者，主要发展对象是专业种养大型户主、小有规模的家庭农场主或者承包商，当前要让他们习得更多的经验管理知识、市场营销知识，提高生产技能，从而把他们培养成为现代农业的"领头羊"，以期带动整个产业链的发展。第二种属于专业技能型人才，他们主要学习和掌握农业技能知识、专业农作知识，如熟练操作机械收割机、使用机械化灌溉设备等，他们是整个农业运作过程中的"好手"。第三种是社会服务型人才，主要针对农村信息员、农产品经纪人等进行重点培养，他们就像桥梁或纽带，有效衔接起生产经营者与专业技能型人才，及时发布和传播最新的科技政策、服务消息，或提供最新的销售渠道以及营销手段，在农产品产前、产中以及产后的销售过程中起着不可替代的作用。新型职业农民融合了职业农民和新型农民的基本特征，对农业从业者的认知更加规范、具体。

（三）新型职业农民的特征

新型职业农民是与传统农民相对而言的，他们具有自身的特征。在新时代，新型职业农民不断以"新"的素质、能力、观念、身份去应对农村和农

---

[1] 陈春霞. 新型职业农民胜任素质模型构建及培育路径研究 [D]. 上海：华东师范大学，2019.

[2] 杨海华. 农民职业认同的历史变迁与现实行动的探究：以江苏太仓市新型职业农民培育的实践为例 [J]. 职教论坛，2017 (16)：32 - 36.

[3] "新型城镇化进程中留守农民职业教育与培训研究"课题组. 为了大地的微笑：针对江苏新型职业农民培养开展的调研成果综述 [J]. 江苏教育，2016 (24).

业现代化发展的需要。

第一，较高的综合素质。综合素质是指人们自身所具有的各种生理的、心理的和外部形态方面以及内部涵养方面比较稳定的特点的总称。新型职业农民的综合素质大体包括文化素质、技能素质、身心素质、法律素质等。新型农民应当具备"有文化、懂技术、会经营、晓政策、有组织、守法纪"等特征。"有文化"，不仅要求农民掌握文化知识，提高文化水平，还要求农民具有实践能力和学习能力，具备现代化的思维方式、主体意识和价值观念。"懂技术"不仅限于掌握现代的和先进的农业技术技能，还包括对先进农业技术成果的应用能力、转化能力以及研发能力。"会经营"不仅是经营管理能力的提高，还包括观察能力、应变能力、风险承担能力、组织能力、企业创新能力、科技信息和市场信息获取能力。"晓政策"是对新型职业农民的新要求。新型职业农民应该知晓有关农业、农村、农民的政策，充分利用这些政策，增强自身发展和致富的能力。同时，新型职业农民知晓"三农"政策还可以起到监督各级政府依法行政的作用。"有组织"中的组织是农民发挥主体能动性的重要平台。在市场经济不断深入发展的背景下，我国农民面临着诸多风险和挑战，如农业生产面临突发气候灾害、农户生产规模下交易成本高、小规模生产和大市场无法有效对接等。要解决这些问题，要求新型职业农民参加各种农村合作组织，抱团发展、规模经营，以抵御风险。"守法纪"是指要求新型职业农民具有较强的法律观念和维权意识，能够通过学法、用法，来提高自身的法律素质。古人云："国无法不治，民无法不立"❶，作为新时期的新型职业农民，需要知晓国家法律法规，尤其是与农民切身利益相关的法律法规。"有文化、懂技术、会经营、晓政策、有组织、守法纪"这十八个字是对新型职业农民综合素质的概括，也是培育新型职业农民的目标和方向，六个方面彼此紧密相连、相互作用。"有文化"是基础和前提；"懂技术""会经营"是从事农业工作中能力的展现，有了前者的基础，才能更好地掌握和运用技术；"晓政策"和"守法纪"是新型职业农民摆脱"封闭、落后、愚昧、被动"状态的重要标志；"有组织"是新型职业农民发挥主观能动性和主体作用的场所与渠道。"有文化、懂技术、会经营、晓政策、有组织、守法纪"是新型职业农民主体观念、基本素养和职业能力的展现。

第二，较高的经济收入。职业农民应当具有较高且稳定的收入，这是其作为理性经济人的特点。从西方发达国家的经验来看，这些国家职业农民的收入基本都能与城市居民齐平。例如，在1973年后，日本农民的收入就一直高于

❶ 《论语·颜渊》。

城市居民，美国农民的收入也略高于城市居民。❶ 我国未来的新型职业农民定位就是一种职业身份，其具有理性经济人的一般特点，在市场经济下，以利润最大化为目标，同时随着农业现代化的发展，农业不再是一个独立产业，从生产、流通到销售都与其他产业紧密联系，从事农业工作更具复杂性和专业性。农业从业者职业稳定、收入较高将是比较普遍的事情。中国未来的新型职业农民不但要比传统农民、兼业农民收入高，与城市居民的收入差距也将不断缩小，甚至高于城市居民收入。

第三，平等的社会地位。新型职业农民将破除社会对传统农民"身份"的歧视，真正从社会成员阶层转为经济产业职业，并且能得到与其他职业一样的社会认同与尊重。新型职业农民的平等社会地位可以这样描述：一是想当农民不容易。未来新型职业农民从事的农业不再被看作农民与生俱来的、无法选择的生存方式。想成为新型职业农民，要经过选择、培训和教育，不能轻易获取，新型职业农民与其他职业一样，从事这项职业需要具备一定的文化知识和执业资格。二是农民不只是农民。农民不再是从事自给自足的农业活动的固定角色，而是充分融入市场经济当中，从事商品生产经营活动。农民也可以在第一、第二、第三产业间自由流动，而不是终身固定的职业。三是新型职业农民彻底摆脱了传统偏见，职业化了的农民在社会地位、身份和观念上已达到与其他人确实平等的水平。❷

（四）培养新型职业农民的必要性

"强国必先强农，农强方能国强。"党的十九大报告提出乡村振兴战略，正式开启了农村现代化发展新征程；党的二十大报告中再次强调乡村振兴的重要性，提出"全面推进乡村振兴，加快建设农业强国"。2019 年中共中央办公厅、国务院办公厅印发的《数字乡村发展战略纲要》明确将数字乡村作为乡村振兴的战略方向；2021 年印发的《中华人民共和国国民经济和社会发展第十四个五年规划和 2035 年远景目标纲要》进一步强调要加强数字技术与农业农村的深度融合，加快推进数字乡村建设。作为全新战略理念下的创新型发展，乡村振兴需要选择新思路，启用新方法。数字乡村是乡村振兴的战略方向，也是建设数字中国的重要内容。❸ "十四五"规划中提出"加快推进数字

---

❶ 朱启臻，闻静超. 论新型职业农民及其培育［J］. 农业工程，2012（3）：2.
❷ 韩娜. 我国新型职业农民培育问题研究［D］. 大连：大连海事大学，2013.
❸ 韩国莹，刘同山. 信息通信技术能否促进农村产业结构升级：来自北京市第三次全国农业普查的证据［J］. 农业现代化研究，2023（1）：108－118.

乡村建设",2022 年中央一号文件强调"大力推进数字乡村建设"。大力推进数字乡村建设,以数字技术赋能乡村振兴,有利于充分发挥信息化对乡村振兴的驱动作用,提升农业农村现代化水平。❶

人才是乡村振兴的第一要素。培养大批合格的、高质量的新型职业农民,既是我国实施乡村振兴战略和实现农业农村现代化的根本途径,又能改变我国现在的农业相关人员素质整体偏低的现状。❷ 只有在有发展前景的乡村,培育出大批优秀的新型职业农民,才能落实好乡村治理规划,带动产业兴旺,优化乡村风气,形成景美、民富的新农村风貌。❸ 随着数字技术的迅猛发展,全球正在步入数字化时代。如今,大数据、人工智能(AI)、云计算、5G 等数字技术新业态层出不穷,各行各业都积极地响应,并与之深度融合,这为数字农业的发展和创新提供了有利的契机。尤其是近些年我国农村电商数字化、乡村治理数字化等技术的成功运用,为我国乡村振兴提供了便利和基础。因此,数字农业是推动乡村振兴的重要举措,也是实现农业农村振兴的必由之路。"十四五"规划中提出加快发展智慧农业,推进农业生产经营和管理服务的数字化改造。2021 年 6 月农业农村部印发的《关于加快农业全产业链培育发展的指导意见》中指出要加快培育发展农业全产业链,促进数字化转型升级。因此,加快农业农村数字化发展进程是繁荣我国农业农村数字经济的重要基石,也是推进乡村振兴战略中产业振兴实施的有效途径。❹

首先,培养新型职业农民能够有效促进农业农村现代化发展。随着我国对农业发展重视程度的不断提高,我国农业发展正处于结构调整的重要阶段,如何调整农业发展方向,促进农业供给侧结构性改革,已经成为当下农业工作的重要任务之一。而新型职业农民培育工作对于农业农村现代化发展有重要作用和意义,能够有效地引导当代农民树立正确的发展意识,从而提升自身的专业技能水平,有效地建立系统化发展体系,从而使农业朝着规模化、新型农业经营主体化的方向发展;通过新型职业农民培育工作的实施,能够在未来的发展过程中,为农业发展培育一批会经营、懂技术、有文化的新型职业农民,并将

---

❶ 田甜,谢中清. 乡村振兴视阈下长江经济带农业信息化对农民收支的影响研究[J]. 长江流域资源与环境,2023(2):1 – 30.

❷ "新型城镇化进程中留守农民职业教育与培训研究"课题组. 为了大地的微笑:针对江苏新型职业农民培养开展的调研成果综述[J]. 江苏教育,2016(24);唐智彬. 新型职业农民培养课程开发探究[J]. 江苏教育,2015(16).

❸ 刘合光. 乡村振兴的战略关键点及其路径[J]. 中国国情国力,2017(12).

❹ 马行智. 基于乡村振兴视角的我国农业数字化发展刍议[J]. 现代化农业,2023,523(2):85 – 88.

其作为农业发展的中坚力量。由此可见，新型职业农民培育工作至关重要，能够有效地满足未来的现代化农业发展需求。对此，有效地建立高素质、现代化、懂技术的农民队伍，对于我国发展现代化农业有重要作用和意义，能够为农业现代化发展提供有效的保障。

其次，培养新型职业农民能够有效地缓解当下国内农业人才紧缺的局面。特别是在农村人口老龄化、青壮年劳动力数量不断减少的前提下，通过新型职业农民的培育，能够有效提升农村地区发展的积极性，从而吸引更多青壮年劳动力回乡发展，有效地填补农业发展的人力资源空缺。与此同时，这也能够进一步地促进农业人才队伍的建设，从而为农业的发展奠定坚实的基础。

最后，通过新型职业农民的培养，能够进一步保障广大农民的切身利益。新型职业农民的培养能够进一步提升其生产技能水平，通过各项扶持政策和财政资金满足农民的发展需求，使其生产效率得到提升，帮助其更好地在市场经济环境下提升竞争力，从而实现收入的提高。对此，新型职业农民培育工作在实施过程中，通过各项激励政策的扶持，能够吸引广大农民群众参与其中，以此来吸引更多的青壮年劳动力回村发展，帮助其更好地适应新型职业农民的角色，促进其由外出打工者转化为新型职业农民，在提升其经济收入的基础上，解决相应的家庭问题，如留守孤寡老人养老问题、家庭矛盾问题、留守儿童抚养问题等，从而保障其切身利益。❶

二、乡村振兴对新型职业农民的诉求

2022年的中央一号文件对"三农"工作提出了更高的要求，制定了实施乡村振兴战略目标任务的时间表，即到2020年、2035年、2050年分别达到基本形成制度框架和政策体系，基本实现农业农村现代化，全面实现农业强、农村美、农民富的目标任务。但是，随着城镇化的快速发展，农村人口大量流失，尤其是农村青壮年劳动力的外流使新农村建设缺人手，现代农业发展缺人才。因此，乡村振兴战略实施的关键是培育新型职业农民，促进农村人力资源的开发。

（一）发展现代农业需要培育新型职业农民

实施乡村振兴战略的目标是实现农业农村现代化。产业兴旺是乡村振兴的

❶ 李莹，闫广芬. 乡村振兴背景下新型职业农民的定义与培养［J］. 江西社会科学，2021（12）：219－225.

基石，而发展现代农业是产业兴旺的重要内容，只有加快现代农业的发展，才能逐步实现乡村振兴战略。农业是我国现代化进程中的短板，这就要求通过技术和管理创新，提高农业的机械化和科技化水平，推动农村从以农业生产为主的单一产业向农产品生产、加工和服务三产融合发展，促进农业的转型升级。与传统农业相比，现代农业是技术、人才和资本密集型产业，这就要求从业人员具备较高的素质。然而，第三次全国农业普查数据显示：截至 2016 年年底，我国从事农业生产经营的人员文化素质依旧偏低，高中及以上文化程度仅占 8.3%，接受过农业技能培训的仅占 8.7%。因此，要实现农业现代化发展，首先要实现农民的现代化，这就需要加强对农民人力资本的投资，使其更新思想和观念，掌握必要的知识和技能，促进其生产方式和生活方式的转变，实现从传统身份人向现代职业人的转变。❶

（二）建设现代化新农村需要培育新型职业农民

实施乡村振兴战略是对新农村建设的超越与升华，从"农业现代化"到"农业农村现代化"，体现了乡村振兴战略的目标是不断加强农村基础设施建设，提高农村公共服务水平，发展农村生产力，不断缩小甚至消除城乡差距、地域差距，使城乡居民能够享有平等的生活环境和公共服务。但是，随着城镇化的进程和农村青壮年劳动力的大量外流，农村空心化问题日益严重，农村生产发展活力遭到削弱。因此，要建立法治、自治和德治的乡村新格局，建设美丽乡村，实现乡村振兴，关键在于人，着力点就是加快培养造就一批会经营、善管理的乡贤、家庭农场主、农业企业负责人等新型职业农民，由他们带动农村经济发展。农民的素质决定着乡村振兴的质量，新型职业农民是建设新农村的中坚力量，能有效推进乡村振兴战略的实施。

（三）职业分类的细化要求培育新型职业农民

长期以来，我国一直没有把农民当作职业看待，农民更多的是身份和社会地位的体现。事实上，农民与其他任何职业一样，是社会分工的产物。随着城镇化与农业现代化的发展，对农业从业者的要求越来越高，其分类也越来越细，便出现了生产型、技能型、服务型等不同类型的职业农民。要实现农业的转型升级和农村的发展，需要一批既有专业知识，又有生产技能，还懂经营管理的新型职业农民，他们以从事农业生产、加工、经营获取的利润作为主要的收入来源，并以此作为自身长期奋斗的事业。因此，随着社会分工越来越细，

❶ 吕莉敏. 乡村振兴背景下新型职业农民培育策略研究 [J]. 职教论坛，2018（10）：38－42.

职业种类越来越多，需要根据农业分类的细化培养具有不同知识、技能和素质的不同类型的新型职业农民。❶

三、乡村振兴缺乏高素质"新农人"

中共中央、国务院印发的《乡村振兴战略规划（2018—2022年）》为我国乡村振兴战略描绘了清晰的行动路线图，2021年开始实施的《中华人民共和国乡村振兴促进法》（以下简称《乡村振兴促进法》）也将为乡村振兴目标的实现提供有力保障。然而，最美好的理想、最完美的发展图景，还是需要人去实现，人才是乡村振兴的根本。就我国农村目前的人才状态而言，仍存在一些问题，特别是"新农人"（即以从事现代农业生产的新型职业农民、从事乡村治理的乡村精英和返乡创业农民工等为主体的知农、懂农、具有乡村情怀的高素质农民群体）短缺，人力资本积累不足，难以承担乡村振兴的重任。

（一）存量农民不足，农民后续增量堪忧

有足够数量的职业农民是实现乡村振兴战略的基础和前提。然而，2020年1月国家统计局发布的数据显示：从城乡结构看，我国城镇常住人口84843万人，比上年末增加1706万人；乡村常住人口55162万人，比上年末减少1239万人；城镇人口占总人口比重（城镇化率）为60.60%，比上年末提高1.02个百分点。这意味着我国农村绝对劳动力数量继续呈现下降的趋势。与此同时，具有一定基础素质的农村应用型人才比例偏低。据统计，目前我国农村各类实用人才只有1690多万人，仅占农村劳动力的3.3%。❷这部分人才是我国当下乡村振兴最基本的依靠力量，也是现代农业发展最为基础和稳定的人力资本。

另外，我国乡村振兴必须面对的一个现实问题是："80后"不愿种地，"90后"不会种地，"00后"不懂种地，由此导致了关键农时缺"人手"，现代农业缺"人才"，乡村振兴缺"人力"的局面。这是我国乡村振兴的后顾之忧，也是专家、学者和基层干部一再担心"未来谁来种地"的重要原因。

---

❶ 吕莉敏. 乡村振兴背景下新型职业农民培育策略研究［J］. 职教论坛，2018，698（10）：38－42.

❷ 王浩. 农民培训更要接地气［N］. 人民日报，2018－01－14（04）.

（二）"新农人"亟待培育，职业农民队伍整体素质有待提高

近些年来，在我国相关政策的有效推动下，新的农业经营主体快速发展。截至2016年年底，我国农业产业化组织数量达41.7万个，其中，农业产业化龙头企业达13.0万个，年销售收入约为9.7万亿元，增长了5.9%。截至2018年年底，全国依法登记的农民专业合作社达217.3万家，是2012年的3.2倍、2007年的82.3倍；实有入社农户超过1亿户，占全国农户总数的49.1%。❶ 这些新的农业经营主体的快速发展，急需高素质新型职业农民来引领。然而，事实却是，一方面，家庭农场、农业合作社等新的农业经营主体发展所需要的新型职业农民缺乏；另一方面，现有职业农民素质亟待提升，现代农业发展严重受抑。全国第三次农业人口普查数据显示，2016年全国农业生产经营人员中，35岁及以下的青年农民只占19.2%，而55岁及以上的占比达33.6%；小学及以下文化程度的占比达到43.4%，具有高中及以上文化程度的只占7.1%。尤其值得注意的是，从事规模农业生产经营的人员中35岁及以下的占21.1%，具有高中及以上文化程度的只占10.4%。正因为如此，我国的智慧农业、田园综合体、农村特色小镇的发展，以及农村一二三产业融合发展出现的新产业、新业态、新模式发展，在很大程度上受制于新型职业农民的数量和素质。为了改变这种状态，我国提出了加快培养乡村振兴发展人才的计划。2018年4月发布的《关于大力实施乡村就业创业促进行动的通知》指出：要依托返乡创业培训五年行动计划、新型职业农民培育工程、农村实用人才带头人和大学生"村官"示范培训、农村青年创业致富"领头雁"计划、贫困村创业致富带头人培训工程、农村创业致富女带头人等项目，开展创业创新人才培训。

第四节　乡村振兴的路径：农村职业教育的发展取向

农村职业教育必须"姓农""为农"，这是由农村职业教育的本元功能决定的。然而，"农"是一个动态的概念，其内涵和定义会随着时代的发展、社会的变迁而不断演变和丰富。乡村振兴是我国当今社会发展的主旋律，而其战略目标的实现需要职业教育基于乡村振兴需求侧的要求，反思自己固有定位的

---

❶ 杨久栋，纪安，等. 2019年中国新型农业经营主体发展分析报告：二［N］. 农民日报，2019－02－23（07）.

适切性，要求对乡村振兴背景下农村职业教育的应然价值取向有新的认识，以更好地规划和指导未来农村职业教育的发展，使农村职业教育与经济社会发展保持良好的吻合性，真正成为经济社会发展的推动力。❶

一、发展理念：城乡等值统整，以人为发展中心

城乡融合理念下的城乡等值观是对我国既往城乡统筹发展、城乡一体化发展思想的重要突破，而以人的发展为中心，则是对职业教育终极功能回归的正确认识。这些职业教育理念和发展观具体体现在以下四个方面。

（一）促进个体职业发展的工具性与自身发展的人本性相统一

无论是当初职业教育的产生，抑或长期发展，其改革和发展的动力主要来自社会生产力的发展以及科学技术的发展，所以，职业教育是为个人谋生之准备，是为个人服务社会之准备。然而，随着经济社会的发展与进步，随着人们对职业教育终极功能认识的深入，人们在看到职业教育具有为人的职业发展服务的"工具性"的同时，越来越追求职业教育的"人本性"价值，并进一步认识到无论是经济发展或者个人的职业发展，其根本目的和价值还是为人自身的发展以及为人的幸福生活服务。所以，职业教育的价值问题关涉的是职业教育应当怎样，是一种应然分析。这样的价值引导，一是要造福个人的美好人生和美好生活，二是要造福社会和追求社会福祉。所以，在乡村振兴背景下，要基于农村职业教育的工具性和人本性的价值取向，基于农村不同群体的需要，提供多类型、差异化的职业教育，以使乡村社会"无业者有业，有业者乐业"，使更广大的人群能够基于自己的意愿充分展现自己的个性，使休业者乐享高品质生活；特别是使农村的弱势群体，包括贫困群体、妇女儿童、残障群体，通过接受合适的职业教育，实现物质和精神上的脱贫，具有自我发展的内生动力。

（二）面向"三农"发展的本原性与服务乡村治理的延展性相一致

第一，农村职业教育必须服务于农村、农业、农民，这是由农村职业教育的初衷和本质特点所决定的。然而，在乡村振兴背景下，要求农村职业教育必须突破狭隘的传统"三农"概念，树立服务现代"新农"的新理念。这就必

---

❶ 马建富，李芷璇. 乡村振兴背景下农村职业教育的价值取向与改革框架［J］. 职业技术教育，2020，41（33）：7-14.

须改变我国农村职业教育一直被定位为发生在农村、局限在县域范围、以县级政府为办学主体的区位概念，与发生在城市的职业教育双轨并行发展的状态；能够既为县域经济社会发展培养"三农"人才，又为转移农民工市民化培训提供服务等。

第二，农村职业教育还要为实现乡村振兴的"生态宜居""治理有效"的目标提供有效服务。农村职业教育在满足社区居民职业技能提升、职业发展需要的同时，还应该充分满足社区民众的精神需求，要为乡风文明建设服务。乡风文明是乡村振兴的应有之义，也是衡量乡村振兴目标是否实现的重要标志。乡风文明既能促进城市生产要素向乡村配置，推动产业兴旺，又能为美丽乡村建设提供优良的人文环境，实现生态宜居，还是乡村治理成效的体现。农村职业教育应基于乡村文明建设的需要，挖掘和利用社区资源，积极进行旨在提高社区居民素质和生活质量的各种教育培训，展现其"化民""育民"的功能。这些都将有利于实现乡村德治、法治与自治的结合，促进乡村"治理有效"目标的实现。

（三）城乡协同发展的融合性与差异发展的特色性共存

城乡职业教育融合发展就是要以资源均衡配置为切入点和突破点，把城市和农村的职业教育放在区域大格局中系统思考、统筹规划、合理布局，建立城乡一体的职业教育与培训体系，促进各种职业教育和培训资源在城乡间、区域内均衡配置。同时，按区域、行业、类型等对现有县域职业学校进行整合或重组，由此提高资源利用率，提升农村职业教育的服务功能，倍增城乡职业教育融合发展的功效，以更好地服务乡村振兴战略目标的实现。这是城乡职业教育融合发展的基本逻辑和目标追求。然而，城乡职业教育融合发展并不意味着发展的同质性或者趋同性，而应基于各自发展的基础有所分工，扮演好自己的优势角色，形成人才培养特色；特别是要基于乡村的特色，发挥其在服务"新农"人才培养中的主场优势，积极利用城市职业教育的优质资源，协同培养好乡村振兴所需要的人才。

（四）城市发展的辐射性与互动性协同

由于我国长期实行的是城市取向的发展政策，使得城市职业教育的发展比乡村具有更大的优势，突出表现在城市资源配置优先、从优，因而，城市职业教育无论是发展条件还是发展水平都高农村职业教育一筹。所以，在过去强调城乡统筹发展的过程中，更多地强调城市职业教育对农村职业教育的辐射和反哺。正是由于把农村置于从属地位，农村职业教育只能被动地接受城市职业教育的辐射，其内在潜力难以发挥。然而，在乡村振兴战略背景下，一方面，城市职业教育应该进一步对农村职业教育发挥辐射作用，尤其是给予以专业师资等为核心的支持；另一方面，农村职业教育要深刻领会《乡村振兴促进法》的精神，即"国家建立健全城乡融合发展的体制机制和政策体系，推动城乡要素有序流动、平等交换和公共资源均衡配置，坚持以工补农、以城带乡，推动形成工农互促、城乡互补、协调发展、共同繁荣的新型工农城乡关系"；要在"城乡等值"发展理念下，主动作为，立足于乡村现代农业发展以及一二三产业融合发展的趋势和优势，主动联合城市职业教育，协同培养实现"产业兴旺、生态宜居、乡风文明、治理有效、生活富裕"目标所需要的各类人才。在这一过程中，农村职业教育有"主场优势"，理应扮演好自身角色，从而实现城乡互补、协调发展的目标。

二、功能定位：面向"新农"发展，服务社区建设

关于我国农村职业教育功能定位和服务面向问题，学术界一直有争议，实践界一直有质疑。为了纠正农村职业教育办学中的偏向，2011 年 10 月出台的《关于加快发展面向农村的职业教育的意见》明确指出：农村职业教育改革发展，必须紧密结合县域经济社会发展需求，加强优势专业、特色专业和涉农专业建设，使农村职业教育深度融入当地产业链。面向农村的职业教育，实际上就是要培养乡村振兴所需要的各类人才。

（一）培育新型职业农民，补齐现代农业发展的"短板"

2020 年中央一号文件指出：要加快建设国家、省、市、县现代农业产业园，支持农村产业融合发展示范园建设，办好农村"双创"基地。重点培育家庭农场、农民合作社等新型农业经营主体。❶ 无论是乡村新产业、新业态、新模式的发展，还是新型农业经营主体的培育，都需要培养新型职业农民。这就要求农村职业教育根据乡村产业发展对人才类型及质量规格的需要，调整办学方向，培养能够适应新产业、新业态、新模式，以及一二三产业融合发展的新型职业农民。也就是要通过培训，拥有一批具备丰富农业生产实践经验的"老农"；通过培育，发展一批志在沃野千里且立志返乡创业的"新农"；通过

---

❶ 中共中央　国务院关于抓好"三农"领域重点工作确保如期实现全面小康的意见 [EB/OL].（2020 - 02 - 05）[2023 - 01 - 12]. http://www.xinhuanet.com/politics/zywj/2020 - 02/05/c_1125535347. htm.

培养，储备一批接受过高等教育，有知识、有能力的"知农"，由此促进农民掌握现代农业生产技术、经营能力和绿色发展能力。

（二）聚焦农民工市民化，助推新型城镇化发展

2021年，我国新型城镇化和城乡融合发展取得新成效。国家发展改革委有关负责人介绍，2021年我国常住人口城镇化率达64.72%，户籍人口城镇化率提高到46.70%，比上一年提高了1.30个百分点，高于常住人口城镇化率0.83个百分点的提高幅度，这是"十三五"以来两个城镇化率首次缩小差距。2012年以来，随着城镇化进程不断推进，我国人口流动日益活跃，为经济社会平稳健康发展注入了强大动力。2020年，我国人户分离人口（即居住地和户口登记地不在同一个乡镇街道且离开户口登记地半年以上的人口）达到49276万人，占全国人口的34.90%，其中，流动人口达到37582万人，占全国人口的26.62%。与2010年相比，全国人户分离人口增加23138万人，增长88.52%，流动人口增加15439万人，增长69.72%。从人口流向上看，人口持续向沿海、沿江地区及内地城区集聚，东部地区人口持续增加，人口比重比2010年上升了2.10个百分点。主要城市群人口集聚度加大，粤港澳大湾区城市群、长江三角洲城市群和成渝城市群人口增长迅速，分别增长了35.00%、12.00%和7.30%。上海、北京、广东、浙江四省（市）十年间人口密度增量均在100人/平方千米以上。

2019年我国城镇化率已经达到60.60%，但是，我国城镇化水平与城镇化率并不完全同步，最直接的表现就是农民工市民化程度不高。一方面，人户分离现象严重，户籍城镇化率明显偏低；另一方面，转移农民工对自己新市民的身份认同度不高。有关调查研究表明，转移农民工对城市的适应性较差，而且越是在大中城市，转移农民工对自己新市民身份的认同度越低、生活适应性越差。2017年，认为"自己是本地人"（所在城市）的农民工占比平均为38.00%，在不同规模城市的认同比率分别为18.70%（500万人以上城市）、25.30%（300万～500万人城市）、43.10%（100万～300万人城市）、48.70%（50万～100万人城市）、63.20%（50万人以下城市）；"对本地生活非常适应"的农民工平均占比为18.40%，相应地在不同规模城市的占比分别为14.30%、17.50%、19.70%、20.10%、23.00%。❶

所以，无论是从城镇化发展需要，还是从城乡融合发展趋势来看，都应加

---

❶ 马建富，李芷璇. 乡村振兴背景下农村职业教育的价值取向与改革框架［J］. 职业技术教育，2020，41（33）：7－14.

强对转移农民工的职业教育与培训，促进其实现从传统农民向"新市民"的转变。也就是要通过职业教育与培训，使转移农民工具备相应的职业技能，能够在城市顺利就业，实现职业发展，具有在城市立足所需的最低人力资本；要通过培训，使其逐渐褪去一些不适当的习气，转而认同、接受新的城市文明，形成良好的生活习惯；要通过培训，使其心理资本、社会资本获得提升，能够以积极的心态融入城市生活，最终形成综合的城市生活和发展的基本素养与能力。

（三）瞄准相对贫困人口，助力"后扶贫时代"精准脱贫

乡村振兴战略的重要目标和任务之一就是让农民"生活富裕"。要实现这一目标，首先必须让尚存的贫困人口彻底摆脱贫困，同时有效预防和解决不断出现的新的贫困人口的脱贫问题。2020 年，我国已告别绝对贫困，未来将面对以相对贫困为主的新的贫困问题。

相对贫困的本质是贫困人口的能力贫困和心理贫困，所以，在"后扶贫时代"实现精准扶贫，关键是要让贫困人口具有自我发展的内生动力和能力，而能够实现这一目标的就是教育，尤其是职业教育与培训。从其性质来讲，农村职业教育精准扶贫是一种智力和能力扶贫，是一种人才和文化扶贫；从其效果来讲，农村职业教育精准扶贫是一种成效最为直接和稳定的根本性扶贫。所以，在"后扶贫时代"，要实现精准扶贫，就是要通过农村职业教育与培训路径，重点对贫困人口扶智扶志，强化其能力建设，使其能够跳出贫困陷阱，并从根本上阻断贫困及贫困文化的代际传递。美国人类学家奥斯卡·刘易斯（Oscar Lewis）在《五个家庭：贫困文化中的墨西哥案例研究》一书中首次提出贫困文化理论。他通过研究得出结论：在贫困阶层社会生活中形成的这种病态价值信仰系统的贫困文化，导致了他们不期望自身的经济繁荣与走向社会上层。长此以往，他们形成的相悖于主流社会的这种亚文化开始固化，并逐渐形成了一种生式。值得注意的是，贫困文化一旦形成并固化，就会在一个家庭，甚至一个群体或地区扩散和传递，成为扶贫脱贫的主要障碍。所以，在"后扶贫时代"，要实现精准扶贫，农村职业教育就必须根据新的贫困特征，基于大数据技术，提供精准的职业教育与培训。对此，2020 年中央一号文件也有明确要求："研究接续推进减贫工作……要研究建立解决相对贫困的长效机制……抓紧研究制定脱贫攻坚与实施乡村振兴战略有机衔接的意见。"这些机制、策略自然包含职业教育与培训在内。

（四）传承乡村文化精华，达成社区"治理有效"目标

乡村振兴不只是经济的振兴，还包括文化的振兴。农村职业教育、成人教育（社区教育）在乡村文化传承和发展中扮演着特殊的、不可或缺的角色。所以，对于农村职业教育的内涵及定位，应该随着时代的发展有新的、更加全面和深刻的理解。全面、完整的农村职业教育不仅是一种技能训练，也是一种文化传播；它不仅要教会受教育者专项技能，还要把相应的规范、秩序、纪律以及道德要求传授给受教育者。

不仅如此，农村职业教育和成人教育在传承乡村优良文化的同时，还能促进乡村的有效治理。如何才能提高乡村治理效能，并真正建立起"自治、法治、德治"相结合的乡村治理体系？农村职业教育和成人教育是可行、有效的选择。一方面，通过农村社区教育既可以起到传承优良传统文化的作用，又能在文化传递过程中，提高人们的法治意识，提升道德素养等；另一方面，通过农村职业教育可以培养在乡村振兴中发挥核心作用的新乡贤。那些出生并成长于乡村的"在场精英乡贤"是新乡贤的主体；而那些成长于乡土、奉献于乡里，威望高、口碑好的乡村优秀基层干部、道德模范、身边好人等也应成为新乡贤的主体。农村职业教育要基于乡村治理的需要，积极开展新乡贤的培育，通过对新乡贤，包括"在场精英乡贤"和"在场平民乡贤"进行有针对性的人力资源开发，使其不但具有良好的技能，而且可以通过培训发现具有组织、管理、协调能力，有创业能力的乡村能人，将这部分精英充实成为乡村发展的中坚力量，由他们引领乡村民众，从而促进乡村"治理有效"。

第二章 职业教育和培训培育新型职业农民的价值意蕴

推进乡村振兴是全面建设社会主义现代化国家的重大任务。职业教育作为与经济社会发展联系紧密的教育类型，在助力乡村振兴的道路上具有不可替代的作用，其培养目标定位经历了改革开放初期的"能种地、会养殖、可生存"，到21世纪伊始的"助流动、富物质、优基建"，再到如今的"兴产业、育人才、植文化"的变革与重大突破。新型职业农民作为乡村振兴背景下涌现出的一种新型职业，是推进乡村振兴、共同富裕的生力军。农村职业教育和培训的核心价值是赋能服务新型职业农民；同时农村职业教育逐渐显现出助推相对贫困治理的特殊价值，其价值从工具性逐渐向人本性转变。职业教育和培训未来如何切实落实这种培养目标与功能定位的转向，担当起助力乡村振兴战略的伟大历史使命，值得深入探讨。

第一节 元本价值：从工具性到人本性

2022年5月，中共中央办公厅、国务院办公厅颁布的《乡村建设行动实施方案》提出了实施数字乡村建设发展工程、发挥县域内城乡融合发展支撑作用、强化县域综合服务功能等十余项重点任务。作为国民教育体系和人力资源开发的重要组成部分，职业教育是培养多样化人才、传承技术技能、促进就业创业的重要途径。发展职业教育，也是经济社会发展的长期需要，如果没有职业教育，就无法形成完整的产业链、创新链，其所需要的技术技能人才可能会出现结构性断裂和缺失。新型职业农民是推进乡村振兴的重要人力资源。作为农业现代化的核心，新型职业农民是知识的创新者、传播者和应用者，农业生产亦成为脑力劳动和体力劳动的结合。因此，职业教育和培训对于培育新型职业农民具有重要价值。

一、职业教育和培训功能的历史演变

"功"，《辞源》称"事也"。"功能"是指事功和能力或功效与作用。其对应的英文单词"function"具有职责、任务、机能、功能等含义，所以职业教育的功能，即指职业教育的功用、责任和效能。

根据《中华人民共和国职业教育法》的定义，职业教育是指为了培养高素质技术技能人才，使受教育者具备从事某种职业或者实现职业发展所需要的职业道德、科学文化与专业知识、技术技能等职业综合素质和行动能力而实施的教育，包括职业学校教育和职业培训。职业教育是与普通教育具有同等重要地位的教育类型，是国民教育体系和人力资源开发的重要组成部分，是培养多样化人才、传承技术技能、促进就业创业的重要途径。因此，职业教育既具有教育的一般功能，如政治功能、经济功能、文化功能等，作为一种特定的教育类型，又具有一些特有的功能。

职业教育自身作为一个有机整体，其功能的特殊性和多样化决定了其实现形态的多样化。新中国成立以来，职业教育伴随经济社会发展，不断与产业结构和社会结构相适应、相匹配、相支撑，在不同历史时期通过不同功能的演变形成丰富的功能实现形态，为经济社会发展做出重要的历史贡献。

（一）新中国成立初期：职业教育以发挥经济功能为主

新中国成立初期，我国经济社会发展相对落后，尤其是工业基础薄弱，职业教育主要覆盖工业、交通、航空等领域，培养社会主义现代化建设所需要的技工、管理人员以及其他受过职业教育和培训的城乡劳动者。在这个时期，职业教育主要发挥其经济功能，以开展与生产实际劳动所需的培训为主，推动学习先进科学知识和技术转化为现实的生产力，为新中国的工业体系建设贡献力量，也为新中国经济社会的发展奠定良好的基础。

（二）改革开放以后：职业教育的经济功能不断完善，社会功能逐渐显现

党的十一届三中全会作出把党和国家工作重心转移到经济建设上来，实行改革开放的历史性决策，党的十四大提出建设社会主义市场经济体制。随着经济结构、产业结构等的改革，职业教育结构、人才培养结构也进行了调整。例如，1985 年《中共中央关于教育体制改革的决定》提出调整中等职业教育结构，大力发展职业技术教育，促进职业教育基础功能的有效释放。20 世纪 90

年代中后期，我国通过"三改一补"的方式建立了一批高等职业院校，对口招收职业学校优秀毕业生，为职业教育功能的发挥提供了良好的条件。随着经济社会的发展，校企合作制度逐步建立且不断完善，终身教育的延伸功能开始逐渐被释放。改革开放以来，职业教育的发展坚持以服务为宗旨，以就业为导向，不断促进生产力的发展和人力资源的开发，推动经济社会快速发展，服务建设我国独立的社会主义现代化工业体系。

（三）党的十八大以来：职业教育的政治功能、经济功能和社会功能不断形成体系，文化功能逐渐凸显

党的十八大以来，我国进入中国特色社会主义新时代，开启了社会主义现代化强国建设的新征程。新一轮科技革命和产业变革等重塑全球经济结构，加速形成了全球竞争格局，我国进入中华民族伟大复兴的关键时期。

首先，为了更好地适应重大发展机遇，国家对职业教育发展提出了新的要求和历史使命。建设现代产业体系和现代化经济体系，推动产业基础高级化和产业链供应现代化，对技术技能人才的技术性要求更高。

其次，随着数字经济的发展，新技术、新产业、新业态、新模式给传统生活方式、工作方式等带来了巨大挑战，迫切要求职业教育紧跟市场需求，加快完善职业教育知识技能体系，健全"学习—工作—再学习—再工作"的教育供给模式，充分释放职业教育终身教育的功能。❶ 此外，职业教育和培训是建设技能社会的重要基础，是国家技术技能开发与接力的重要载体。职业教育和培训的办学主体更加多元，办学模式更加多元，但存在地域差异、城乡差异等，需要职业教育更好地发挥新作用，推动区域职业教育和培训有序、高质量地开展。

最后，进入新时代以来，在职业教育领域，通过职业教育不断传播现代科学技术知识，弘扬科学精神、工匠精神等，传播职业道德与行业规范，提倡尊重技能、尊重人才的社会风尚；传播职业文化理念，形成爱岗敬业、务实重行的思想与作风等，将蕴含在技术知识、职业技能、岗位规范、职业精神与职业观念中的文化不断进行整合和创新，充分发挥职业教育的文化功能。

---

❶ 郭静. 功能结构视角下中等职业教育多样化发展的制度构建［J］. 中国教育学刊，2022（11）：67-68.

二、职业教育和培训工具性功能的主要表征

（一）促进农民人力资源开发，助推共同富裕

首先，职业教育是促进农民人力资源开发、农村劳动力转移的重要途径。当前，我国农村正处于产业转型升级、全面乡村振兴、新型城镇化建设、新型农业经营主体形成的新发展阶段。❶ 农村职业教育的发展可为农村地区人口提供更多接受教育、提升知识技能水平的机会，不仅可以提升农村人口的受教育水平，还能使他们获得更高的教育回报率。作为提升人力资本的重要途径，农村职业教育能够满足农民学习专业知识和技能的需求，进而全面推动现代农业的发展，使大量的劳动者更有效地接受系统化的农业技术培训，提升自身的科技文化素质和就业能力，以此从根本上提高农业经济收益。

其次，职业教育是缩小城乡差距，促进农民共同富裕的关键路径。实现共同富裕的难点在乡村，农村的教育水平和经济状况与城市相比较为落后，部分农村地区的教育质量不高，教育难以在短期内实现跨越式的发展目标。因此，农民要实现良好的职业发展，职业教育是一条必不可少的路径。农村职业教育"科教新农"模式和"知识＋技能"培养方式，降低了人才、资金、信息、技术、产品、市场等要素的进出成本，有利于促进农村经济要素流动，提高生产效率，强化资源有效利用。❷ 这种方式能够提升农村人力资本的存量，培养更多高素质、高技能的农村劳动者。此外，职业教育还能够为农业经济的发展提供拥有职业技能的回流人员，使农业经济逐步融入现代化的发展理念和技术，为经济发展奠定人力资源基础，促进城乡居民人力资本积累，进而实现城乡居民共同富裕的目标。

（二）助力农民实现阶层流动，体现社会公平正义

城乡居民收入差距是阻碍我国经济和社会进一步发展的重要因素之一，通过社会各阶层之间的良性流动对社会阶层进行适当的调整非常必要。农村人员通过职业教育获得向上流动的机会，增强他们的社会竞争力，形成新的稳定的

---

❶ 梁龙凤. 农村职业教育推动农村经济发展的内在机理与现实路径［J］. 教育与职业，2021（22）：51–57.

❷ 梁龙凤. 农村职业教育推动农村经济发展的内在机理与现实路径［J］. 教育与职业，2021（22）：51–57.

社会结构，社会通过职业教育和培训选拔优秀人才到合适的岗位，形成新的社会阶层，通过"教育选择—人才流动—社会适应—职业教育—新的社会适应"的路径实现社会的合理分层和各阶层的良性流动，从而促进社会的稳定发展。

此外，对于现代职业教育来说，尤其是农村职业教育，它的重要社会功能之一就是根据农村市场经济对不同岗位、不同人才的要求，对农村地区人员进行必要的职业训练，再把他们输送到相应的工作岗位，使其进入不同的社会阶层。从农村职业教育对社会人才所进行的筛选过程看，职业教育过程体现了平等与公平。因此，农村职业教育和培训是实现社会公平的一条重要途径，这种社会公平作用与其社会流动作用相辅相成，成为促进社会公平正义、稳定和谐的另一种重要手段。

（三）全面赋能农民，推进乡村治理

发展农村职业教育是国家推进乡村社会治理的重要方式，既是国家推动教育现代化、促进农村人力资源开发与乡村振兴的总体意志，也是不断提高农村人口精神境界、道德意识和法治意识，促进人力资本积累与农民技能形成的重要方式。

第一，通过职业教育赋能农民，提高农民的生产力，改善农民的生活水平与乡村经济社会秩序，为乡村治理奠定坚实的经济基础。职业教育涵盖的内容全面、对象广泛，是面向农村人口的教育形式，既包括农村学龄人口，如农村职业教育被认为是我国乡村"控辍保学"的重要手段❶，也包括针对农村留守老人、妇女、残障人员等的教育；既有"农、科、教"结合的优势，也有横跨教育和培训、农户与企业等各种异质性利益主体的复杂性。因此，通过完善农村职业教育治理框架，能够提升农村人口的整体素质，推进乡村治理效能，适应乡村振兴的发展需求。

第二，通过职业教育，广泛宣传农村职业教育与农民的实际经济利益和现实价值的直接联系，将农民从职业教育中获得的短期收益与长期发展统一起来，获得农民的认可，夯实群众基础，这是形成农村职业教育治理价值共识的基础，并逐步形成农村职业教育的"治理"意识。通过将目标清晰、组织严密的宣传活动与区域教育发展政策相结合，逐步形成农村职业教育在促进乡村治理现代化、提升乡村治理水平方面的价值意识。

---

❶ 王扬南，曾天山，房风文，等. 控辍保学中的职业教育：经验与机制［J］. 教育研究，2019（12）：99－106.

三、职业教育和培训工具性作用发挥的困境

（一）农民的内在驱动力不足，职业教育工具性功能难以有效释放

新型职业农民文化技能的培养、道德素质的提升以及思想观念的转变等离不开教育这一基本前提。大部分农民从理性生存的角度，希望教育能够改善自身的经济条件和物质基础，他们希望通过职业教育和培训的方式解决生产实践中遇到的问题，而非从自身发展的需要来考虑。一定量的知识储备是内化专业技能理论和管理知识的基础。因此，新型职业农民培育不全是一个从无到有的生成过程，还是对现有农户的优化和提升。农民渴望成为新型职业农民是培育的强大内驱动力。但农村建设相比于城镇速度缓慢且水平偏低，使现有农业收入效益并不乐观，部分在村农民宁愿就近"打零工"，随时寻找进入城镇工作的机会，也不愿从事农业生产，能否从工作中获得尊重和实现自身价值是他们选择职业的重要参考因素。在市场经济浪潮的推动下，农村经济飞速发展，农民对物质的需求欲望逐渐提升，部分农民呈现出功利化倾向，这在农村职业教育领域具有明显体现。❶新型职业农民的收入和社会的认可度虽然逐年提升，但是他们主动接受职业教育和培训的内驱动力与生产社会的发展对他们的素质要求之间还存在一定差距。一方面，现阶段新型职业农民培养主要表现为以政府意愿为主导、相关部门协作的政府投资行为，还未全面、充分调动起农民自身的积极性与参与度，农民参与培训的内生动力不足。另一方面，他们对职业教育和培训的需求大多数是基于现代农业发展与乡村全面振兴的需要，基于解决现实问题和改善经济收入的前提，较少是为了满足美好生活的需要，因此，农民缺乏接受职业教育和培训的内驱力，导致职业教育和培训的工具性功能难以有效释放。

（二）新型职业农民培育体系不完善，职业教育工具性功能发挥实效欠佳

新型职业农民的职业教育和培训体系不完善，呈现出"条块分割"与"点状分布"的割裂化状态，主要体现在师资力量不足、培训环境欠佳、培训对象结构不合理等方面。从师资力量来看，政府和社会对职业教育的关注与投

---

❶ 祁占勇，王晓利. 农村职业教育培育新型职业农民的现实困顿与实践路向 [J]. 陕西师范大学学报（哲学社会科学版），2021，50（6）：126-136.

入相对不足,导致职业教育师资力量短缺。就整个教育系统而言,职业教育地位不高,社会认可度偏低,导致优质师资力量难以流向职业教育领域。从培训对象来看,新型职业农民培训对象结构各不相同,各地遴选标准也不尽相同,大多数培训主体为贫困户、建档立卡户等特殊群体,专业大户、农场经营者和农业企业骨干等群体参与人数较少,导致部分培训对象是被动接受教育,教育效果不尽如人意;此外,培训对象的学业基础、学习能力等相差较大,低学历、老龄化等问题较为突出,在一定程度上影响了乡村振兴人才队伍的质量。从培训环境来看,培训基础设施普遍不完善,新型职业农民的职业发展缺乏良好的外部环境。基于职业教育的实践性需要,除基本的硬件设备外,多数新型职业农民培训机构都无法提供实训基地、产业孵化基地等实践培训条件,广大的西部地区更是如此。从培训效果来看,已获得新型职业农民资格证书的农民在具体农业生产实践操作中所应展现出的专业性和技能性尚不能得到有效体现,培训成效远远不能满足实践的需求,从而使扎实有效地发挥职业教育和培训的工具性功能,推进新型职业农民培训工作显得任重而道远。

(三) 新型职业农民培育政策支持不够,职业教育工具性功能发挥不足

长期以来,我国新型职业农民的职业教育政策存在缺位现象。一方面,国家财政拨款是我国农村职业教育的主要资金来源,缺乏市场主体参与的配套政策保障。新型职业农民的培育成本高、效果产出慢❶,仅靠国家财政拨款的支持直接影响了职业教育的灵活性和成效度,造成培训的重复和低效。另一方面,城乡社会保障事业形成了较为顽固的二元分治格局,致使农村社会保障制度建设相对不足。从当下的实际情况来看,与新型职业农民相关的各类社会保障政策规范体系不完善且呈现出碎片化特征,目前的农村社会保障制度体系均属于社会救助制度或社会福利制度范畴,与真正意义上的以新型职业农民为对象的现代社会保险制度相去甚远。因此,目前全国各地农村地区以新型职业农民为对象的社会保障制度及其实践出现了各自为战的现象,使"让农民成为体面的职业"这一愿景显得任重而道远,在一定程度上阻碍了职业教育和培训培育新型职业农民的工具性功能的发挥。

(四) 管理体制机制不健全,职业教育工具性功能激励性较弱

职业教育是培育新型职业农民的重要手段和工具,但目前我国培育新型职

---

❶ 韩丽娜. 新型职业农民培育背景下农村职业教育改革分析 [J]. 农业经济, 2020 (3): 84-86.

业农民的管理体制机制仍不健全，主要表现在以下方面：一是相关法律制度规范缺失。在职业教育培育新型职业农民方面，尽管我国政府做了很多卓有成效的工作，但是管理制度建设依然不足，导致对职业农民的认定管理、培育管理、评价管理等工作均未纳入规范化轨道，过场化、形式化等现象尚存。二是培育新型职业农民涉及多元主体，如农业、教育、财政、社会保障等众多政府管理部门，在培训政策制定和培训方案执行的过程中，培训主体在教学管理和教学过程两方面都存在"灰箱"，如在教学安排是否科学合理、教学计划是否得到切实执行、教学资源是否丰富、教学内容是否合适等方面缺乏完善的监管反馈机制。❶ 三是培育新型职业农民的扶持政策激励性较弱。在乡村振兴背景下，政府主导全过程管理使新型职业农民培育呈现强劲发展势头，然而目前对市场和社会力量等培育主体参与的扶持政策激励性不强，市场培训主体享受贴息贷款、减税补贴的难度较大等问题，使"一主多元"培育新型职业农民的管理体制机制构建之路崎岖难行。❷

（五）产教融合不够，职业教育工具性功能实践受阻

产教融合是增强产业发展竞争力的重要方式，通过产教融合开展涉农实用型人才联合培养，为农业发展提供持续的技术支撑和技术技能人才的供给，是职业教育助力乡村振兴战略发展的有效途径，是职业教育和培训发挥工具性功能助力新型职业农民培育的重要途径之一，但目前大多数新型职业农民培育机构与企业的合作仍停留在表面，存在"学校热、企业冷"的现象，愿意参加校企合作的企业少，向农业延伸产业链的企业更少。学校融入产业转型升级的主动性不足，学校与企业的联系不够多，难以根据产业和企业发展的需求精准供给急需的农村服务与乡村振兴人才。

四、职业教育和培训功能的转变

（一）从工具性到人本性的价值意蕴

各地对新型职业农民培育工作的调查资料显示，新型职业农民年龄在 35

---

❶ 杨琴，吴兆明. 完善新型职业农民职业教育与培训保障机制研究［J］. 教育与业，2020（20）：75–79.

❷ 徐进，康芳. 乡村振兴推进新型职业农民培育的现实挑战与实现路径［J］. 教育与职业，2021（1）：83–89.

岁及以上的人数比例很高，"16～35岁劳动力仅占全部调查人数的2.65%"❶，这表明从事农业生产的劳动力以"70后""60后"甚至"50后"为主。"近77.70%的受调查者仅具有初中及以下文化程度"❷，这表明从事农业生产的新型职业农民以初中及以下文化程度为主。从所需要的新型职业农民的数量来看，"即使按照70%的城镇化率来计算，未来我国也将有4亿～5亿农民生活在农村，以未来新农村建设所需4亿～5亿农民的1/3培养成新型职业农民来算"❸，2000万的新型职业农民远远不能满足未来现代农业发展和新农村建设的长期需要。

1. 乡村人才振兴的现实需求

民族要复兴，乡村必振兴。全面推进乡村振兴事关实现中华民族伟大复兴的重大任务，乡村振兴战略的深入推进离不开人才队伍的现代化，而职业教育在其中扮演着至关重要的角色。农村职业教育如何正确把握时代要求，提高农村人才培养质量，使其与乡村振兴的需求相适应，更好地实现人的价值，需要我们充分厘清乡村人才振兴背景下职业教育的人文性功能定位，这既是职业教育改革发展的内在需要，也是推动职业教育适应乡村人才振兴的基本要求。

我国农村正在探寻现代化发展的新路径，进而催生着新产业、新业态以及新发展模式的出现，新型职业农民作为乡村全面振兴的主力军和排头兵，实现其技术能力的赋能已然成为推进乡村全面振兴的重要手段。❹通过人力资源的开发与再开发，助推新型职业农民能力建设，是深入实施乡村振兴战略的必由之路。一方面，要将职业教育的育人置于乡村振兴的社会实践之中，将课堂置于乡村田野，使村民在乡村实践中学习，帮助他们提升技术技能，使他们更好地发挥潜能，实现对美好生活的向往。另一方面，职业教育应该更加注重乡村居民的文化自信教育、立德树人教育，使更多的村民能够正确认识个人价值与社会价值之间的关系，从更高的站位统筹自身发展与社会需求之间的关系，将自身发展融入乡村振兴的进程中，着力培养传承乡村文化的高素质技术技能人才。此外，在建设美丽乡村的实践过程中，要通过职业教育和培训，使个体愿意通过职业教育掌握服务乡村的技能，并且愿意留在乡村、热爱乡村、发展乡

---

❶ 周瑾，张景林，齐国，等. 山西省新型职业农民培育经验与启示 [J]. 黑龙江畜牧兽医：下半月，2016（8）：254－257.

❷ 张洪霞，吴宝华. 新型职业农民培育问题及机制建构：以天津市三个新型职业农民试点区县为例 [J]. 职教论坛，2015（16）：26－31.

❸ 祝士苓，王素斋. 我国新型职业农民培育问题的思考 [J]. 职教论坛，2016（27）：56－60.

❹ 王思瑶，马秀峰. 逻辑与理路：乡村振兴背景下职业教育赋能高素质农民技术能力 [J]. 中国职业技术教育，2022（15）：47－54.

村，这也是职业教育发展必不可少的外部保障。

2. 职业教育改革的目标追求

党的十九大报告提出的满足"人民美好生活需要"的新时代发展目标与马克思的人的自由全面发展理论密切相关。习近平总书记在庆祝中国共产党成立 100 周年大会上的重要讲话中强调："着力解决发展不平衡不充分问题和人民群众急难愁盼问题，推动人的全面发展、全体人民共同富裕取得更为明显的实质性进展！"❶ 乡村振兴的出发点和落脚点就是促进乡村居民共同富裕，共同富裕不仅体现在物质层面，还体现在促进人的全面发展上。农村职业教育要体现新的时代要求，践行以人为本的全面发展理念，为促进乡村振兴、实现共同富裕做贡献。尊重农村职业教育的人文价值追求，坚守职业教育的育人本色，遵循恰当的工具理性决策取向，进而达成职业教育工具理性与价值理性的有机统一，有利于现代职业教育的改革与发展，有利于充分发挥职业教育的独特作用。基于乡村全面振兴的大背景，职业教育能够清晰地定位自身的使命和价值，在赋能新型职业农民技术能力和思想认知的过程中具有相对优势。❷ 新型职业农民培育作为一项关乎民生的系统工程，应该引起各级政府、学校、企业、基层领导干部及学术界等的足够关注与重视，应将贯彻落实新型职业农民培育工程作为推动农业发展、乡村全面振兴的头等大事和首要任务，切实从新型职业农民的需求变化层面，确保从体制、机制与政策体系等各方面为其营造浓厚的培育氛围，创建良好的培育平台，提供坚实的培育保障，最大限度地促进新型职业农民培育的工具性向人本性转型升级。

（二）从"工具性"到"人本性"功能转变的政策依赖和路径

中共中央办公厅、国务院办公厅印发的《关于深化现代职业教育体系建设改革的意见》中提出了一系列新理念、新观点、新判断，极具理论与实践价值。其重申了职业教育的定位，即服务人的全面发展，建立健全多形式衔接、多通道成长、可持续发展的梯度职业教育和培训体系。作为服务乡村振兴的农村职业教育，其作用和功能的发挥更加关注农民的全面发展。因此，职业教育和培训在培育新型职业农民的过程中也要在发挥工具性功能的同时，不断向人本性功能转变，实现职业教育助推新型职业农民培育的工具性功能和人本

---

❶ 习近平：在庆祝中国共产党成立 100 周年大会上的讲话［EB/OL］.（2021 - 07 - 15）［2021 - 11 - 20］. http：//www. xinhuanet. com/politics/leaders/2021 - 07/15/c_1127658385. htm.

❷ 王思瑶，马秀峰. 逻辑与理路：乡村振兴背景下职业教育赋能高素质农民技术能力［J］. 中国职业技术教育，2022（15）：47 - 54.

性功能的统一。

1. 健全支持政策，完善农民保障机制

作为推动乡村全面振兴的重要主体，新型职业农民队伍的建设必须具有一定的可持续性，而可持续性的重要来源是职业认同。新型职业农民是社会发展、乡村振兴的必然产物，对身份的认同是新型职业农民可持续发展的必要保障。职业认同的关键是消除新型职业农民的后顾之忧，只有解决了物质层面的问题，才能不断满足精神层面的需求。现实社会农村基础设施落后，教育资源、医疗资源、文化资源匮乏，社会保障制度建设滞后，这些无不影响着新型职业农民的职业认同。因此，一方面，要大力加强农村基础设施与教育、医疗、卫生、社保、文化等公共基础设施建设，不断缩小城乡基础设施之间的差距，吸引大学毕业生和退伍军人回乡返乡创业，成为新型职业农民。除了要保证新型职业农民的经济收入，还要真正消除他们在精神层面的后顾之忧。另一方面，要完成乡村的保障制度建设，吸引和帮助农村留守老人、留守妇女、残障人员等弱势群体成为新型职业农民，使他们有获得教育、医疗等资源的均等机会，进而获得美好生活。

在社会保障方面，一是在逐步破除农村户籍壁垒带来的社会保障障碍的基础上，进一步扩大农村社会保障制度的范围，让新型职业农民在农村能够更好地得到生活上的保障。要把基本公共服务对象由户籍人口扩展到非户籍常住人口。具体来说，降低医疗救助和社会福利项目的户籍关联度，逐步消除户籍壁垒带来的困扰。二是建立健全农村常住人口救助制度，逐步提高保障待遇水平，缩小城乡差距；探索发展社会救助服务，促进由传统单一的物质救助转向物质保障、生活照料、心理疏导、能力提升和社会融入相结合的综合援助。补齐社会救助服务的短板，增强社会救助制度的风险预防功能，提高新型职业农民抵御风险的能力。

在养老保障方面，要实现从"人人享有养老金"到"人人公平享有养老金"的转变，进一步提高基础养老金水平，以实现保障新型职业农民基本生活的目标；测算提高待遇后政府财政的可承受能力，完善缴费补贴机制，以解决农民的"支出型贫困"问题为目标，重点解决农民的医疗、照护需求不能得到有效满足的问题，发展补充型养老保险，以发挥改善农民群体晚年生活的功能，通过发展医疗保障、照护保障来减轻国家的养老金负担。

在医疗保障方面，《中共中央　国务院关于深化医疗保障制度改革的意见》要求："到2023年，全面建成以基本医疗保险为主体，医疗救助为依托，补充医疗保险、商业健康保险、慈善捐赠、医疗互助共同发展的医疗保障体系。"❶ 在城乡一体化的制度型医疗保障体系下，要完善医疗筹资机制，有序提高筹资水平，提高新型职业农民获取医疗保障的公平性；积极应对老龄化，拓宽医疗保障的筹资渠道，采用多样化的救助方式，调动社会力量参与新型职业农民医疗救助的积极性。

2. 重视乡村情怀培养，强化乡村文化认同

职业教育承担着普通文化教育和技术技能培训的双重职责，一方面有助于提升新型职业农民的整体素质，改善其精神面貌，提高乡村社会的文明程度；另一方面有助于打造一支以新型职业农民为代表的人才队伍，带动挖掘出优秀传统文化中蕴含的人文精神和道德规范，带头培育文明乡风、良好家风和淳朴民风，通过乡村文化振兴的示范带动助力乡村全面振兴，实现职业教育和培训培育新型职业农民从工具性功能到人本性功能的转变。

第一，强化乡土情怀培养。新型职业农民队伍建设除了需要职业教育和培训，还需要通过大量的激励和引导工作，优惠、奖励政策和补贴保障制度等，使具备高技能、高学历、高水平的实用型人才主动投身新型职业农民队伍的建设。通过加强农村地区人力资源开发、改善农民就业环境与质量、增进农民福祉等措施，吸引本土优秀人才扎根乡村、服务乡村。新型职业农民掌握了一定的技术技能后能够认同职业，愿意扎根农村、服务农村的重要原因之一就是乡土情怀。要加强对新型职业农民乡土情怀的培养，使其具备使命感与责任心，从而积极主动地参与乡村建设和发展。

第二，增强法律意识培养。法律法规是保障、规范和推进职业农民培育工作的有力手段。法律的缺失将无法保障新型职业农民的权益，从而降低农民对农业生产、身份转变的兴趣。因此，在乡村振兴背景下，要建立以提高农业生产效益、提高农民收入等高质量就业目标为导向的新型职业农民培训综合法律体系，保障新型职业农民培育工作的有序开展。此外，应强化新型职业农民自身的法律意识，加强法律知识的学习以及培养懂法用法的能力，深入学习和了解农业生产经营、投资生产、管理服务、创业等过程中需要的法律知识，学会用法律手段维护自己的合法权益、履行应尽的义务，更好地推动农业产业发展。

第三，强化乡村文化认同。长期落后的文化形态和消极的乡村文化认同，形成了贫困的代际传递及转移。这样的认知一旦形成，就会根深蒂固，长期影

---

❶ 中共中央　国务院关于深化医疗保障制度改革的意见［EB/OL］.（2020－02－25）［2023－01－12］. https://www.gov.cn/gongbao/content/2020/content_5496762.htm.

响农民的心理，成为乡村文化振兴的主要阻力。因此要消除落后文化的影响，改变长期的错误认知，即"农村就是落后""我也去城市生活""要去城市为子女创造良好的教育条件"等，让他们对农村文化产生积极、正向的认识，意识到在国家政策的支持下，只要自己努力，认真学习技能技术，拥有一技之长，就能过上幸福生活，不断引导他们认同农村的环境、文化和生活，形成浓厚的乡土情结，使他们产生眷地效应，愿意留在农村、建设农村，让乡村文化情结真正发挥凝聚力和感召力，这样他们接受职业教育和培训的主动性与自觉性也会大大提高，使职业教育和培训成为他们过上幸福生活的密码，而非仅仅是改变物质基础的工具。

第二节　核心价值：赋能新型职业农民

2019 年发布的《国家职业教育改革实施方案》指出，职业教育要服务乡村振兴，培养以新型职业农民为主体的农村新人才。随着乡村振兴战略的全面推进，无论是从农村社会经济的发展趋势，还是从农村职业教育的定位看，新型职业农民都将成为农业生产的主体力量，并在助推乡村全面振兴中起到决定性作用。农村职业教育肩负着调整农村人才结构、培育新型职业农民的重要使命。要发挥农村职业教育的独特优势，应在强化学历教育的同时大力开展职业技能培训，帮助农民学有所专、学有所长，培养大量的高素质新型职业农民，并使之成为实现乡村振兴的中坚力量，加快推进农业农村现代化。

一、职业教育和培训赋能新型职业农民的作用

职业教育和培训在农村的重要作用，实际上就是培养乡村全面振兴所需的各类人才，包括新型职业农民、乡镇和村各级农村基层党政人才、农技推广人才、农村乡贤、乡村治理人才等，从而为农村社区发展服务，为农村社区民众生活品质的提升服务。

（一）培育高素质新型职业农民，补齐现代农业发展的"短板"

在新时代，实现农业农村现代化是全面建设社会主义现代化国家的必由之路。当前，我国农业现代化发展中还存在一些问题，如农业经济管理模式落后于发展需要，管理理念不够先进，农业经济管理体系创新力不足，工作职能边界不够清晰等。农民是振兴乡村、发展现代农业的重要主体，农业现代化需要

广大农民的积极参与。只有拥有一批掌握现代科学技术的高素质农民，才能顺利实现农业现代化。现代化的生产工具和高素质的劳动者是农业生产力充分发展的基本条件，也是产生新型职业农民的基本条件。❶ 培育适应农业农村现代化发展要求的高素质新型职业农民，提升农民职业化水平，是助推农业高质量发展的必要举措。

（二）提升新型职业农民的数字素养，助力"后扶贫时代"精准脱贫

乡村振兴战略的实现，离不开广大农民群众，特别是"爱农业、懂技术、善经营"的新型职业农民的参与。新型职业农民是有文化、有能力、有担当的新一代农民，肩负着建设和推进农业农村现代化的重任。在"互联网＋"时代，新型职业农民必须具备良好的数字素养，以顺应大数据时代的发展，这样才能通过数字媒介及时获取最新农业政策，推广应用最新农业技术，发展农村电商，提升农产品经营效益，宣传建设美丽乡村。在实现这一目标的过程中，职业教育和培训可以通过诸如建立针对新型职业农民的精品在线课程，满足他们在线学习的需要，不断为新型职业农民提供高质量的数字素养培训，提升培训效能，助力新型职业农民通过参与贫困治理，为"后扶贫时代"精准脱贫做贡献。

（三）引领新型职业农民文化传承，达成社区"治理有效"目标

全面、完整的农村职业教育不仅是一种技能训练，还是一种文化传播；它不仅要教会受教育者专项技能，还要把相应的规范、秩序、纪律以及道德要求传授给受教育者。

一方面，通过职业教育和培训既可以让新型职业农民学习优秀的传统文化知识，也能激发他们主动传承优良传统文化的意识，还能在文化传递过程中增强人们的法治意识，提升道德素养等；另一方面，通过职业教育可以培养那些出生并成长于乡村的已经成为新型职业农民的"在场"乡村精英。他们是长于乡土、奉献于乡里，威望高、口碑好的乡村优秀基层干部、道德模范、身边好人等。通过职业教育和培训可以发挥这部分新型职业农民的作用，让其能够发现具有组织、管理、协调能力以及创业能力的乡村能人。将这部分精英充实成为乡村发展的中坚力量，由他们引领社区民众，从而促进社区"治理有效"。

---

❶ 许经勇. 农业现代化与新型职业农民［J］. 北方经济，2019（12）：4－7.

二、职业教育和培训赋能新型职业农民的价值取向

党的二十大报告中指出：全面推进乡村振兴，坚持农业农村优先发展，巩固拓展脱贫攻坚成果，加快建设农业强国，扎实推动乡村产业、人才、文化、生态、组织振兴。这一目标的实现，关键在于农村人力资本的积累，通过人才的培养带动产业、文化、生态和组织的振兴。因此，需要职业教育和培训基于人才振兴的现实需求，反思存在的问题，对全面推进乡村振兴战略背景下农村职业教育赋能新型职业农民的价值取向进行重新认知，重新调整，以便更好地规划和指导未来新型职业农民的培育，使农村职业教育与经济社会发展保持较好的契合度，真正助推经济社会发展。

（一）赋能理念：人才培养统领，助力乡村全面振兴

全面实现乡村振兴是重要的民生工程，以新型职业农民等为主体的人才培养，是助力乡村产业、人才、文化、组织等振兴的关键，而人才培养是职业教育功能的体现。因此，要回归正确认识，助力全面推进乡村振兴。

1. 促进新型职业农民的引领性与自身可持续性发展的统一

在乡村振兴背景下，基于农村社会经济发展条件和人才培养的要求，职业教育和培训培育了大批新型职业农民。他们在农业产业升级、农村持续进步、农民发展等方面，以及实现农业强、农村美、农民富等方面发挥了重要的引领作用。随着乡村振兴事业的推进以及人们对职业教育功能认识的加深，农民看到了职业教育在新型职业农民培育中的作用，并进一步认识到，无论是继续留守农村生活还是去城市生活，无论是促进经济社会发展还是个人的职业发展，都需要通过职业教育促进自身的可持续发展。所以，职业教育赋能新型职业农民的价值应该是引领性和自身可持续发展的统一，这样的价值导向是促进农村经济社会和个人美好生活的重要导向。

2. 促进新型职业农民技能提升和情感认同的统一

职业教育根据乡村产业发展、产业升级的需求，为新型职业农民提供所需的知识与技能，培养能够适应新产业、新业态、新模式的新型职业农民。职业教育在提升新型职业农民技能方面发挥了重要的作用，在助推城镇化发展和乡村振兴中起到了关键作用。职业教育为新型职业农民提供了走出农村、走向城市所需要的人力资本。更为重要的是，职业教育在赋能新型职业农民技能的同时，也注重其社会资本和心理资本的提升，重点关注他们的情感认同。职业教育通过优秀传统文化和乡土文化的教育，让新型职业农民不断增强对农业发展

的信心、对农村生活的认同、对农村土地的热爱，让他们在获得先进的技术和满足基本物质需求的同时，能继续留在其出生的土地上追求美好生活。因此，职业教育对新型职业农民的文化教育显得尤为重要，可以使他们实现技能提升和情感认同相统一、物质层面和精神层面双丰收。

3. 促进新型职业农民传承技艺和主动服务相统一

全面推进乡村振兴，包括产业、人才、文化、生态、组织等方面的振兴，而以培育新型职业农民为主体的人才振兴为乡村文化振兴、产业振兴、组织振兴等提供了坚实的基础。职业教育在技术传承和文化传播中扮演着极其重要的角色。因此，职业教育和培训赋能新型职业农民，要从乡村发展的全局性和延续性出发，赋予新型职业农民更多的使命和责任。

新型职业农民掌握的技术技能也可以通过职业教育和培训传承给其他的农民，让更多的农民具有产业升级发展所需的知识和技能。此外，新型职业农民在接受教育的过程中应主动承担起传承乡村优秀文化的责任，主动服务于乡村的建设和发展。他们可以通过职业教育和培训，将学习到的先进的知识和管理理念等传递给其他农民；新型职业农民可以带头充分挖掘那些有理想、有抱负，愿意为农村建设做贡献的农民，使他们努力成长为像自己一样的新型职业农民，为乡村建设积累更多人才。人才的不断累积、人力资本的不断提升、技艺的广泛传播和主动服务意识相结合，对于促进乡村社区的发展、乡村治理能力的提升和乡村发展的良性循环具有重要意义。

（二）功能定位：全面推进乡村振兴，满足农民的美好生活需要

1. 赋能新型职业农民，助力乡村全面振兴

相关研究显示，未来的农民工总量将持续下滑。预计到 2035 年，农民工总量仅为 17433.84 万人，且外出农民工和本地农民工均因农村人口结构的大幅度调整双双下降。农村户籍进城劳动力年龄结构的老化，加上人力资本水平较低，弱化了其落户城镇的能力。农民工总量的减少，意味着留守农民数量会有一定程度的增加，因而职业教育培育新型职业农民的责任更大，任务更重。新型职业农民要承担起助力乡村全面振兴的重要责任，而职业教育和培训一方面可以提升他们的知识技能、管理能力等，为适应农业产业的发展打下坚实的基础；另一方面可以带动一部分农民积极主动地接受职业教育和培训，主动学习所需要的生产经营知识。由此推动人才振兴，带动产业、生态、组织等的全面振兴。

2. 带动后扶贫力量，助力乡村全面振兴

脱贫攻坚战全面胜利后，我国经济社会发展进入"后脱贫时代"，农村职

业教育也将开启新的反贫困征程。如今新型职业农民作为乡村振兴的重要力量，在乡村振兴中发挥着重要的作用。他们作为接受过职业技能培训和学历继续教育的先进代表，能够带动农村相对贫困人口的积极性，使其主动投身乡村振兴事业。引导新型职业农民带动乡村文明提升，优化农村生活环境，凝聚相对贫困群体，助力乡村发展。因此，新型职业农民一方面可以通过职业教育提升自身的生产能力，促进农村产业发展，助力农村地区在"后扶贫时代"巩固脱贫攻坚成果；另一方面可以传播先进的文化理念，提升贫困群体的素质并带领他们掌握职业技能，使他们实现自我发展，以教育的力量将贫困代际传递阻断。此外，新型职业农民还可以化身普及农村职业教育的推广大使，带动其他群体主动接受职业教育，提升农村地区的整体人力资本，为乡村全面振兴储备更多力量。

3. 参与相对贫困治理，实现城乡统筹发展

自实施精准扶贫政策以来，我国贫困人口每年减少 1000 万人以上。截至 2019 年年末，全国农村贫困人口占比从 2012 年年末的 10.2% 降至 0.6%，累计减少 9348 万人；2020 年，在现行标准下农村人口全部实现脱贫，贫困县全部摘帽，区域性整体贫困问题得到解决。这是开展贫困治理、构建城乡统筹的贫困治理体系的前提条件。

新型职业农民在城乡贫困治理中发挥着重要作用。一是通过自身人力资本的不断积累，继续巩固已有的脱贫攻坚成果，减少相对贫困，重视特殊贫困群体的脆弱性和返贫问题，带动转变思维，实现由以开发式扶贫为主的思想向以保障式扶贫为主的思维转变。二是带动身边的相对贫困群体围绕人的全面发展目标，根据自身的多维需求，主动进行有针对性的学习，接受职业教育和培训，有效保障自身全面发展权利，由实现贫困人口经济物质脱贫向实现贫困人口多维生活质量提升转变。

第三节　特殊价值：接续助推贫困治理

2022 年中央一号文件指出，要防止出现规模性返贫，要实现乡村振兴，需要不断推进贫困治理体系的完善和贫困治理能力的提升。"后脱贫时代"的贫困治理面临巩固脱贫成果、建立反贫困长效机制，消除相对贫困、多维贫困，实现反贫困与城乡融合发展、乡村振兴战略的衔接统筹等新形势，职业教育在贫困治理中具有实效性和便捷性，在构建贫困治理体系和提升贫困治理能力方面的地位与作用将更加突出。

一、职业教育和培训助推贫困治理的现实逻辑

贫困治理是一个国家或地方政府对贫困问题的全过程管理，在宏观层面，涉及政府、社会和市场在解决贫困问题中的角色与关系，以及所采取的战略与政策；在微观层面，涉及对贫困的识别、分析、监测与评估。❶ 职业教育在提升贫困风险个体的经济、人力和社会资本，助力脱贫乡村经济转型和产业兴旺，缩小城乡居民收入差距、促进城乡融合、消除相对贫困等方面均具有相对优势。❷

（一）发挥新型职业农民的示范引领作用，提升相对贫困人口的内驱力

从人均可支配收入来看，根据《中华人民共和国2021年国民经济和社会发展统计公报》，2021年我国城镇居民人均可支配收入为47412元，农村居民人均可支配收入为18931元，城乡居民人均可支配收入比值约为2.5。从相对贫困发生率来看，2020—2025年，相对贫困人口主要仍分布在农村地区。在考虑城乡物价差异的情况下，2020年62.5%的相对贫困人口分布在农村，到2025年这一比例将降至58.1%，33.0%~34.0%的农村人口为相对贫困人口，而城镇地区的这一比例仅为13.0%左右。从社会保障体系来看，根据民政部的统计数据，2021年度第四季度全国城市平均低保标准是农村平均低保标准的1.4倍。❸ 由此可见，城乡在人均可支配收入、相对贫困发生率、社会保障体系等方面依然存在一定差距。

要治理相对贫困，首先要解决的是相对贫困人口的动力问题。奥斯卡·刘易斯的贫困文化理论认为，贫困是自我维系的文化体系，贫困的持续和循环是因为孩子从父母那里继承了引起贫困的价值观和态度。❹ 这说明贫困群体改变贫困和冲破贫困文化圈的内驱力较弱。首先，应通过职业教育，发挥新型职业

---

❶ 王小林. 改革开放40年：全球贫困治理视角下的中国实践 [J]. 社会科学战线，2018（5）：17-26.

❷ 张劲英，陈嵩. "后脱贫时代"职业教育如何行稳致远："三区三州"职业教育发展现状与未来展望 [J]. 教育发展研究，2021（11）：1-8.

❸ 李楠，何爱爱. 新发展阶段农村相对贫困治理的现实逻辑与实践路径 [J]. 江汉论坛，2022（8）：12-17.

❹ 何爱霞，孙纪磊. 继续教育阻断农村贫困代际传递的作用机理及发展路径 [J]. 现代远程教育研究，2021（3）：91-99.

农民的示范引领作用。这能够促进主流文化价值的形成，激发相对贫困人口的内驱动力，促进其冲破相对贫困圈层，产生改变相对贫困现状的勇气和决心。其次，职业教育能够通过新型职业农民的示范引领作用，带动相对贫困人口改变日常生活认知和生活习惯等，激发他们追求更美好生活的意愿，构建自己及家庭的发展愿景。最后，优秀的新型职业农民还可以促进相对贫困人口开阔视野和思路，提高他们的自我认知，使其主动接受职业教育和培训，改变他们的思维模式，从而使其根据环境的变化不断改变和提升自己，提升其应对相对贫困的能力和心理资本。

（二）发挥新型职业农民的技术优势，提高农村相对贫困人口的人力资本

造成我国城乡发展不平衡的重要原因之一是人力资本的缺失，由此导致相对贫困发生率升高。相对贫困人口容易受到社会排斥，其中一个重要原因是其工作胜任能力偏低，所以能力贫困理论提出要通过提升个人能力来消除贫困。[1] 著名经济学者阿比吉特·班纳吉（Abhijit Banerjee）曾指出："对于穷人来说，要想充分发挥自己的才能，为自己家人的未来提供保障，他们需要拥有更多的技能和更强的意志力。"[2] 由此可见，相对贫困治理的关键在于提升相对贫困人口的人力资本。

从人力资源的开发过程来看，通过职业教育和培训培育新型职业农民，可以带动相对贫困人口提升自身人力资本，从而促进这些相对贫困人口脱贫。一方面，职业教育通过技术赋能相对贫困人口。职业教育以实用知识和应用技术为主，以工学结合的方式，促进相对贫困人口能力的提升。职业教育与贫困治理借由"技术"要素关联起来，新型职业农民通过职业技术教育和培训获得经济性资本收益、符号性资本收益以及缄默性资本收益，实现职业教育的直接性扶贫、发展性扶贫和补偿性扶贫功能。[3] 新型职业农民可以将自身学习的先进知识和技术传递给相对贫困人口，助力他们脱贫。另一方面，新型职业农民可以将其通过职业教育获得的可持续发展的认知和途径传递给相对贫困人口，促进相对贫困人口的可持续发展，提高相对贫困人口应对社会转型、

---

❶ 余应鸿，张翔. 新发展阶段相对贫困的教育治理机制与行动路径 ［J］. 西南大学学报（社会科学版），2022（6）：181–183.

❷ 班纳吉，迪弗洛. 贫穷的本质：我们为什么摆脱不了贫穷 ［M］. 景芳，译. 北京：中信出版社，2018：68.

❸ 覃睿，刘梦雪，史娅琪. 职业教育的转向：从能力本位到可行能力本位 ［J］. 职业技术教育，2017（25）：28–33.

风险等的能力，提高他们识别社会资源和机会的能力，培养相对贫困人口的实践生存能力，赋予他们更好地面对未来生活的适应性、可持续发展能力和创造能力。

（三）发挥新型职业农民的属地优势，提升相对贫困人口的社会资本

社会资本是指社会组织的特征，诸如信任、规范、网络，它们能够通过促进合作行为来提高社会的效率。❶ 具体而言，社会资本由信任、合作、互惠等内容组成，以社会关系网络为主要表现形式。❷ 社会参与不足是相对贫困人口遭到社会排斥的重要原因。一般而言，由农村青年、返乡农民工等与农村社会密切相关且价值认同的群体形成的新型职业农民队伍与村庄有较强的关联性，介入村庄的动机也更强烈。新型职业农民通过职业教育不仅提高了自身的人力资本，也获得了丰富的社会资本，这在一定程度上可以助力新型职业农民属地的相对贫困人口提升人力资本和社会资本，带动相对贫困人口通过职业教育获得市场所需要的技能，短期内呈现出较高收益的优势，让他们获得进入劳动力市场的入场券或者不断提升其进入预期市场圈层的能力，从而提高社会参与度，获取更多融入社会的资源、机会和权利，助力相对贫困人口尽快尽早跳出相对贫困的区间（包括物质层面和精神层面）。

二、职业教育和培训助力贫困治理的问题表征

第七次全国人口普查数据显示，我国农村常住人口为 50979 万人，占总人口的 36.11%，相比于第六次全国人口普查的数据，十年间，农村常住人口占比下降了近 15.00%。❸ 据世界银行统计，中国贫困发生率从 1981 年年末的 88.10% 降至 2018 年年末的 0.30%，对全球减贫的贡献率超过 75.00%，中国成为世界上减贫人口最多的国家，也是世界上率先完成联合国千年发展目标中

---

❶ 帕特南. 使民主运转起来：现代意大利的公民传统 [M]. 王列，赖海榕，译. 南昌：江西人民出版社，2001：195.

❷ 何爱霞，孙纪磊. 继续教育阻断农村贫困代际传递的作用机理及发展路径 [J]. 现代远程教育研究，2021（3）：91-99.

❸ 第七次全国人口普查主要数据情况 [EB/OL]. (2021-05-11) [2023-01-12]. https://www.gov.cn/xinwen/2021-05/11/content_5605760.htm.

减贫目标的国家。❶ 目前，我国绝对贫困问题已经解决，但相对贫困问题依然存在，职业教育的反贫困功能日益凸显，新型职业农民在贫困治理中发挥的作用逐渐凸显，但对相对贫困的识别和有效治理仍面临较大的挑战。

（一）相对贫困人口传统观念存在，影响新型职业农民带动贫困治理成效

在《国家职业教育改革实施方案》尚未实施之前，大众对职业教育的定位并不明确，歧视职业教育的观念依然存在。在贫困地区，尤其是义务教育还未实现均衡发展的地区，对职业教育的歧视表现得尤为突出。农村地区贫困群体主动接受职业教育的意识和积极性均不高，这是影响贫困治理的现实难题。受传统思想的影响，农村贫困群体普遍认为接受职业教育还不如外出务工更实际，更能解决现实问题。贫困群体更希望通过直接有效的途径获取短期效益，解决眼前的问题，他们认为只有这样才能较快地让自己和整个家庭摆脱贫困。因此，即使有新型职业农民典型案例的示范和引领，相对贫困人口对参与职业教育和培训的积极性也不高，他们过分注重短期可见效益，忽视了长期职业教育和培训给技能提升带来的长远可持续效益，因此，新型职业农民示范带动作用的发挥受到一定程度的限制，对贫困治理的效能产生了一定的影响。

（二）相对贫困人口内生动力不足，影响新型职业农民扶志成效

"扶志"是精准扶贫的重要内容，也是最终诉求。然而在扶贫实践中，以物质投入为主的"输血式"扶贫方式因见效快、易操作、可复制等优势被广泛运用。这一模式虽然能够在规定时限内解决绝对贫困问题，但大大削弱了对相对贫困的治理成效与持续性。贫困人口极易滋生并形成"要我贫""我要贫"等畸形贫困观念，大大增加了相对贫困治理的现实难度。❷ 在推进贫困治理工作的过程中，"扶志"工作尚未得到足够的重视。依据贫困治理的实践经验和人的需求层次理论，扶志应成为贫困治理的重要目标。忽视精神扶贫将难以激发贫困人口摆脱自身贫困状态的信心、主动性和积极性，使其主动脱贫意愿不强烈，造成其内生发展动力不足。贫困亚文化会在贫困地区逐渐固化，不

---

❶ 《中国减贫四十年》报告：8 亿人口摆脱贫困，人均寿命接近 77 岁 [EB/OL]. （2021 - 05 - 11）[2023 - 01 - 12]. https：//m. thepaper. cn/baijiahao_17606812.

❷ 许宇飞，罗尧成. 职业教育参与相对贫困治理的路径探求：基于后精准扶贫时代的视角 [J]. 中国高校科技，2020（12）：22 - 25.

能与技术培训、教育扶贫等内容形成协同效应，从而会影响贫困治理效能和贫困治理能力的提升。新型职业农民作为乡村先进的典型代表，可在精神层面引领相对贫困人口的认知发生变化，但由于相对贫困人口内生动力不足，导致新型职业农民"扶志"的实效不明显。

（三）农村地区发展现状与人才制度不匹配，影响新型职业农民助力贫困治理需求

贫困治理的根本目的在于提高贫困地区劳动者的综合素质，有效提升贫困人口的就业和再就业能力，为贫困人口注入强大的内生发展动力，促使其从根本上摆脱贫困状态。因此，要建立贫困地区人才培养机制，促进贫困人口技能提升，适应产业发展需求，人才制度建设必须适应贫困地区的特点。但由于贫困地区产业发展相对落后，产业结构相对单一，职业教育在助力贫困治理的过程中难以适应当地经济、产业发展、贫困群体特征，针对性和适应性不足，所以难以较好地实现人力资本提升的目标，这在一定程度上影响了贫困治理目标的实现。如何通过职业教育和培训培养出适合贫困地区的人才，制定适宜的人才培养制度，是职业教育助力贫困治理面临的现实问题。

三、职业教育和培训助力贫困治理的路径和策略

贫困不仅体现为收入低，还包括消费贫困、能力贫困等。贫困治理不是仅通过发展经济和提高粮食产量就能够实现的，更为重要的是关注贫困个体就业能力的提高，给予他们公平的发展机会，赋权以及提高他们的发展能力。[1] 如果不能历史性地把脱贫治理的积极成果转化为每个脱贫后的农民巩固脱贫成果的自觉行为，实现政府对贫困的治理和治理成果的巩固，转化为整个乡村社会的自觉意识和自觉行为，实现乡村传统治理向现代治理的历史性转移和转变，那么，贫困治理的成果就可能得而复失，并由此陷入恶性循环。[2]

（一）赋"能"

进入新时代以来，习近平总书记进一步提出"扶贫先扶志、扶贫必扶智""治贫先治愚""脱贫致富贵在立志，只要有志气，有信心，就没有迈不过去

❶ 沈扬扬，ALKIRE S，詹鹏. 中国多维贫困的测度与分解［J］. 南开经济研究，2018（5）：3-18.
❷ 胡惠林. 没有贫困的治理与克服治理的贫困：再论乡村振兴中的治理文明变革［J］. 探索与争鸣，2022（1）：130-131.

的坎"❶ 等观点，强调扶贫需要激发内生动力。在相对贫困治理阶段，尤其需要对贫困人口进行心理干预、道德培育、文化建设等，消除志向缺乏、自我发展意识不足等消极心理，引导其形成积极健康的世界观、人生观、价值观，从而更好地激发相对贫困人群干事创业的内生动力，营造积极向上、勤劳致富的良好氛围，实现贫困治理的可持续发展。❷

1. 赋能思想观念，激发相对贫困人口的内驱力

"扶贫必扶智"的机制激发了脱贫农民的内生动力。"扶智"要重视对相对贫困人口的精神"补钙"，持续加大宣传力度，使贫困人口树立正确的职业教育观念，这是保证职业教育有效参与相对贫困治理的前提和基础。一是通过新型职业农民引导相对贫困人口主动接受职业教育和培训，主动弘扬和传承脱贫攻坚精神，改变相对贫困人口的传统观念，引导农村贫困群体自力更生、自我脱贫的积极思想，让农村贫困群众从思想上"脱贫"。二是新型职业农民活跃在农业种植和涉农经济经营的各个领域，是传播观念、技术和项目的"带头人"，应带动相对贫困人口主动通过接受职业教育改变相对贫困的现状。三是新型职业农民可以带动相对贫困人口通过职业教育和培训，促进农村文明和文化建设。新型职业农民可以培训相对贫困群体了解村规民约，不断提升农村精神文明水平，丰富农民精神世界。此外，新型职业农民可以通过自身的典型事迹，增强对涉农学生对农业、农村和农民的情感感染，引导学生回馈农业、建设农村，增强感恩农民的情怀，培养更多发展农业、建设农村的优秀人才，为共同富裕和乡村振兴的全面实现提供重要的人力资本。

2. 赋能技术和技能，提升相对贫困人口的人力资本

教育不仅是提升人力资本的重要方式，也是摆脱贫困的根本路径。职业培训对于农村贫困群体来说是最容易接受的教育方式，职业教育和培训水平的提高有利于阻断贫困的代际传递。《中国高等职业院校精准扶贫报告（2013—2020 年)》显示，2013—2020 年全国高职院校累计为贫困地区派遣技术专家7.60 万人次，开发特色产业项目 8421 个，引进产业项目 4323 个，累计帮扶贫困地区产业增收达 45.15 亿元。在农业现代化的今天，一方面，新型职业农民可以将自身的学习经验和技能等分享给相对贫困群体，帮助他们获得市场所需的劳动技能；另一方面，新型职业农民可以带动身边的贫困群体主动学习知识技能，让相对贫困群体从身边的典型榜样身上，获得摆脱困境和相对贫困的精神动力。

在信息化时代，大数据、人工智能等工具被运用到贫困治理等工作中，有

---

❶ 中共中央党史和文献研究院. 习近平扶贫论述摘编 [M]. 北京：中央文献出版社，2018.
❷ 秦楼月. 相对贫困治理的路径探析 [J]. 人民论坛，2022（8)：99.

效地促进了精准扶贫工作的开展。运用智能手机等设备进行贫困人口数据的统计、国家政策的宣传、村内公共事务分享、贫困专项评估、数据汇总上报等，持续提升贫困治理的效能。大数据技术的出现，为职业教育贫困治理创造了条件，也在很大程度上矫正了精准扶贫"不精准"的问题，从而大幅提升了职业教育和培训贫困治理的成效。

此外，互联网、大数据、云计算等技术在职业教育和培训领域的运用，为贫困群体基于互联网接受职业教育和培训创造了便利条件，为贫困群体接受在线教育和学习拓展了空间，提供了便利的平台，让贫困群体能够较高效地获取知识并应用于生产实践中。这在一定程度上促进了农民资本的积累和产业的发展升级，提升了贫困治理的效能。新型职业农民作为乡村发展的先进典型，拥有一定的数字素养，可以教授相对贫困人口学习相关技术知识和智能设备的使用等，助力提升他们的数字素养、操作技能和对环境的适应能力。

3. 赋能乡村人才培养，提升相对贫困人口的社会资本

在扶贫工作中，要重视扶智，要坚持通过多种渠道提高农民的综合素质和致富能力，要坚持授人以鱼和授人以渔相结合，培养有职业、有知识、有文化、懂技术、懂经营、懂管理的新型职业农民，培养有一技之长、职业特长和致富本领的新型职业农民。在贫困治理工作中，要将培养农民具备职业特长和致富能力作为贫困治理的终极考核标准之一。在扶贫工作中，要结合扶贫项目，依靠创新创业计划培育新型职业农民，通过扶贫讲座培育新型职业农民，利用考察交流和经验分享培育新型职业农民，带动贫困群体主动学习，主动接受职业教育和培训，实现自身能力的可持续发展。一方面，新型职业农民可以将自身的职业教育学习的经历总结成典型的经验和案例，向更多的贫困人口进行宣传，让更多的相对贫困人口看到希望、学到知识、悟到经验，学会成长并经营自己的生产和生活。另一方面，新型职业农民可以将自己的学习圈层、技能圈层等共享给相对贫困人口，让他们不断提升认知和加入新圈层的能力，在获取更多社会资本的同时，不断提升自身的社会资本。

（二）赋"权"

1. 引导参与乡村公共服务，筑牢相对贫困治理基础

在某种意义上，"服务"即治理。建设"服务型政府"是一个必然的选择。"服务型政府"是一种政府模式，其基本理念是把服务作为社会治理价值体系核心和政府职能结构重心。乡村公共服务为贫困治理奠定了基础。社会参与不足是相对贫困人口受到社会排斥的一个重要原因。其中不仅有制度因素，也有个人竞争因素。乡村的教育资源、医疗资源不及城市，在一定程度上导致

了因病、因学致贫的现象。新型职业农民可不断引导相对贫困人口通过职业教育完善自身知识体系和技术技能，从而增强流向城市劳动力市场的技能，提高公共服务参与度。同时，引导他们形成学习圈及高质量的人脉圈等，这些圈层可以赋予相对贫困人口更多的资源和机会，让他们参与乡村公共服务，为贫困治理打下坚实的基础。

2. 着眼乡村经济发展需要，引导农村人才接受教育

着眼乡村区域发展需要，科学地确立职业教育人才定位，是激发职业教育参与相对贫困治理活力的内在要求。农村人口的稳定就业是相对贫困治理的重要保障措施，相对贫困治理中仍存在劳动力就业不稳定、收入不可持续、市场参与度不高等问题。新型职业农民可以重点围绕当地产业发展和市场需求，将自己接受过的职业教育和培训的经验分享给相对贫困人口，让他们有针对性、有选择地进行就业创业技能培训。职业教育只有与地方经济协调发展、形成良性互动，才能发挥其在人力资本形成过程中的重要作用。

3. 加强农村脱贫信息传递，提升贫困治理的积极影响

新型职业农民来源于农村或城市中热爱农业的中青年群体、返乡农民工及对农村发展有责任感和公益心的其他社会群体。他们选择农业作为自己的职业不完全是为了追求市场利润，很大程度上是因为他们有着对农村、农业和农民的情怀与价值诉求。他们在经营自身产业的同时，也注重自身对村庄的价值感，关注乡村的发展，愿意参与公共事务的管理，帮助其他相对贫困人口共同发展。新型职业农民具有积极主动的创业精神和学习精神，其社会资源相对丰富，会和社区、政府、社会组织、职业学校等保持互动，向它们反映问题和传递需求，在扶贫项目承接、扶贫信息传递、资源整合等方面发挥重要作用，可以推动当地相对贫困人口脱贫致富，实现市场价值和社会价值的良性循环。

4. 优化保障性政策建设，保障农村贫困治理的人力资源

新型职业农民的培育不是靠单一因素推进的，而是需要良好的社会环境等方面的支持，如较高的经济收入、必要的社会尊重、政府的支持与保护、农业教育等配套措施。只有新型职业农民群体健康成长，农村贫困治理才有坚实的人力资源基础和产业支撑，农村贫困防御体系才能牢固地构建起来。

我国新型职业农民面临土地流转与融资困难、农产品生产成本上升、部分农产品价格持续走低等挑战，这给新型职业农民的成长带来了很大制约。发挥政策对新型职业农民群体的托底保障作用是当务之急。保障性政策的完善关乎整个新型职业农民群体的培育和成长，对新型职业农民有基础性的影响。结合我国城乡二元结构及农村发展实际，可在市场准入、金融服务、财政补贴、技能培训等方面采取相应政策措施，鼓励农民工返乡创业，重点激发与农村有天

然社会联系的农民工群体加入新型职业农民队伍，鼓励有意愿加入现代农业且对农村发展有情怀，有认同感、责任感和价值诉求的城市居民加入，并从创业环境、社会保障等方面为他们消除后顾之忧，为新型职业农民群体的壮大，特别是保护新型职业农民的成长及功能发挥奠定政策基础。

5. 发挥政策的激励引导作用，提高相对贫困治理的针对性

不同类型的新型职业农民的行为动机不同，参与农村治理的意愿也存在差异，因此，在针对新型职业农民群体进行社会责任、参与贫困治理等方面教育培训的同时，也要针对新型职业农民类型的差异，制定差异化的激励引导政策，做到因材施教。特别是要激发部分有乡村情怀的新型职业农民的主动性，促进其发挥积极作用，同时激励引导他们在维持正常生产经营的同时，在一定程度上关注当地农村社区，使其有更高的积极性协同农户一起发展，带领相对贫困人口脱贫。

第四节　战略价值：助推农民共同富裕

实现共同富裕是中国共产党人长期以来的不懈追求。虽然我国已经在总体上消灭了绝对贫困，但是，农村低收入群体规模依然庞大。要从根本上改变农村低收入群体的艰困处境，使其收入稳步递增，并进入中等收入阶层，最为有效的做法就是改变农民的人力资源状态，也就是要通过职业教育和培训路径，赋予低收入农民群体改变命运、实现共同富裕的能力，使其成为新型职业农民。[1]

一、低收入农民群体的现实表征

（一）低收入农民群体的构成特征

所谓低收入群体，一般是指某个地区或国家在特定时期内的收入低于某一特定指标且生活相对艰苦的人群。[2] 低收入农民群体是当今我国社会结构变迁中利益群体分化的结果。目前，我国低收入人口主要包括低保对象、特困人员、低保边缘家庭及防止返贫监测对象、支出型困难家庭、其他低收入人口

---

❶ 马建富，李凤怡. 促进农村低收入群体迈向共同富裕的职业教育价值与实践逻辑［J］. 职教论坛，2023（8）：108-115.

❷ 王辉. 我国低收入群体收入界定、特征及收入增长［D］. 南京：南京财经大学，2018.

等。这些低收入群体构成的基本特征：一是主要分布在农村；二是无稳定生活来源、无劳动能力、无法定赡养人或抚养人、家庭人均收入低于最低生活标准；三是虽然家庭有收入来源，但是收入缺乏稳定性，且有可能降到当前脱贫标准以下，或者收入结构不合理、补贴性收入过高；四是家庭成员人均年收入低于户籍所在地年最低生活保障标准，以及未纳入最低生活保障、特困供养或者低保边缘家庭救助范围。

（二）低收入农民群体的收入特征

第一，初次收入分配少，勉强维持基本生活。低收入农民群体或由于其生理缺陷和疾病，或因年龄偏大，或因教育程度低、缺乏技能，或因承受风险能力差等无法就业，或只能从事简单的、低薪酬的劳动，因而，其通过自身从业获取的初次分配收入明显偏低。有关研究表明，2020 年农村 20.0% 最低收入组农户的人均可支配收入是 20.0% 最高收入组农户的 12.2%，是农村居民人均可支配收入的 27.3%。❶低收入农民群体的这种收入现状，致使其相对生活水平明显偏低，甚至只能维持基本生活，其职业发展能力、接受教育的水平等自然也会因此受限。

第二，收入来源渠道少，转移性收入占比高。维持低收入农民群体基本生活的主要补充收入来源就是国家、各级政府和社会帮扶等转移性收入。调查显示，从收入结构看，在脱贫户 20.0% 最高收入组中，转移性收入占人均可支配收入的比例为 8.6%；而在脱贫户 5.0% 最低收入组和 20.0% 最低收入组中，转移性收入占人均可支配收入的比例分别高达 56.7% 和 36.0%。❷从残疾人家庭人均年收入来源构成来看，其人均转移性收入为 7784.4 元，而工资性收入为 5914.7 元。❸所以，这些低收入群体极易返贫。

（三）低收入农民群体的资本特征

首先，人力资本低。主要表现为：其一，受教育程度低，就业机会少。残疾人员是低收入农民群体的典型代表，由其教育程度可见一斑。第二次全国残疾人抽样调查数据显示，在 18 岁及以上农村残障人员中，从未上过学的比例

---

❶ 林万龙，纪晓凯. 从摆脱绝对贫困走向农民农村共同富裕［J］. 中国农村经济，2022（8）：2－15.

❷ 林万龙，纪晓凯. 从摆脱绝对贫困走向农民农村共同富裕［J］. 中国农村经济，2022（8）：2－15.

❸ 邹广文，华思衡. 论实现残疾人共同富裕的双重意蕴［J］. 残疾人研究，2022（3）：3－10.

为49.1%，小学教育程度的为36.0%，初中教育程度的为12.1%；❶而留守农村的农业从业人员初中及以下文化程度者占到67.5%。❷其二，职业技能缺乏，就业能力弱。根据全国残疾人基本服务状况和需求专项调查，在河北省，有劳动能力、无就业技能的农村残障人员占该省全部农村残障人员的24.1%；在广东省河源市，作为专业技术人员就业的农村残障人员只占总人数的1.5%。❸其三，就业质量差，数字素养与技能亟待提升。数字乡村建设是当今我国促进乡村振兴和实现共同富裕目标的重要契机与切入口。《提升全民数字素养与技能行动纲要》中指出，提升全民数字素养与技能，是弥合数字鸿沟、促进共同富裕的关键举措。然而，统计数据显示，截至2021年6月，我国农村地区网民数量为2.97亿人（不到城镇网民数量的一半），农村居民不熟悉网络与不会使用电子政务的分别占约50.0%和约20.0%的比例。❹农村网民数字技能水平低，存在数字工具使用和技术获取难、信息共享能力弱、数字化应用程序不熟练、数字产业参与程度不够等问题。❺

其次，社会资本少。社会资本是指社会主体间紧密联系的状态及其特征，它通过人与人之间的合作来提高社会效率和社会整合度。现代社会是一个高度信息化的社会，而乡村还是一个高度人情化的社会。因此，是否拥有足够的社会资本，直接影响人们的就业和创业等行为。低收入农民群体缺乏物质资本、教育资本、技能资本等人的发展的关键要素，这影响了其社会资本，如关系网络、信息网络等的形成，使其长期处于社会的边缘地带，从而使其就业创业机会明显减少。

最后，心理资本低。心理资本是个体在成长和发展过程中表现出来的一种积极的心理状态或心理能力，是超越人力资本和社会资本的一种核心要素。对于低收入群体而言，由于其生理缺陷、年老体弱、经济贫困等单一的或者多重因素的影响，使其难以正常参与社会经济活动，难以通过就业获取收入，甚至在一定程度上还得依赖国家或社会的扶贫与救济才能勉强维持生活，这必然导致其心理失能，自信心不足，并形成恶性循环。所以，心理资本是影响低收入群体改变现状的"拦路虎"。

---

❶ 第二次全国残疾人抽样调查领导小组. 2007年度全国残疾人状况监测主要数据报告 [EB/OL]. (2009–05–15) [2022–10–31]. http://www.gov.cn/fuwu/cjr/2009–05/15/content_2630951.htm.

❷ 张旭刚. 乡村振兴战略下我国农村职业教育的战略转型 [J]. 教育与职业，2018 (21)：5–12.

❸ 涂平荣. 后疫情时代农村残疾人就业困境及其应对策略 [J]. 现代特殊教育 (高等教育研究)，2020 (22)：54–60.

❹ 李政葳. 我国网民规模超10亿：解读第48次《中国互联网络发展状况统计报告》[N]. 光明日报，2021–08–28 (04).

❺ 陈桂生，史珍妮. 数字赋权与数字平权：迈向共同富裕的数字治理 [J]. 学习论坛，2022 (4)：66–75.

二、助推低收入农民群体共同富裕的价值追求

我国经济社会发展不平衡不充分的矛盾更多地表现为城乡差距以及乡村内部的差距。所以，在一定意义上，可以把推进共同富裕理解为促进乡村社会，尤其是低收入农民群体的全面富裕。

从宏观的显性层面来看，共同富裕就是在 GDP 总体增加的基础上，城乡、地区和个体之间的差距缩小；从微观的隐性层面来看，共同富裕就是有更多低收入人口流动到中等收入阶层，总体幸福感提升。相关研究以及实践都表明，基于职业教育路径培育新型职业农民，对于促进农民低收入群体共同富裕的作用尤其明显。

（一）培育新型职业农民，为低收入群体共享社会改革发展成果创造条件

美国公共教育之父霍瑞斯·曼（Horace Mann）认为，教育是最伟大的均衡器。研究者通过对 49 个国家截面数据的研究发现，教育对贫富差距的贡献度达到了 23.0%。❶ 习近平总书记在《扎实推进共同富裕》一文中指出，共同富裕是"为人民提高受教育程度、增强发展能力创造更加普惠公平的条件，提升全社会人力资本和专业技能，提高就业创业能力，增强致富本领"❷。职业教育的重要特点是能够瞄准劳动力世界，对接就业市场，培养具有更强就业能力以及职业发展能力的新型职业农民。新型职业农民具有更高的综合素质，更具有通过接受职业教育改变自己发展道路和命运的可能性。目前我国职业院校 70% 以上的学生来自农村，因此，积极发展职业教育，引导部分有意愿的农村低收入家庭孩子通过接受高质量、高层次职业教育与培训成为新型职业农民，有利于从根本上为其就业和成功创业、实现富裕创造条件，进而有效阻断贫困的代际传递。

（二）培育新型职业农民，提升低收入农民群体可行能力

首先，通过职业教育培育新型职业农民，能够有效预防规模性返贫，筑牢

---

❶ 万广华，江葳蕤，张杰皓. 百年变局下的共同富裕：收入差距的视角 [J]. 学术月刊，2022（8）：32－44.

❷ 习近平. 扎实推动共同富裕 [EB/OL]. （2021－10－15）[2023－01－12]. http：//www.ncha.gov.cn/art/2021/10/15/art_722_171345.html.

共同富裕的安全底线。阿玛蒂亚·森（Amartya Sen）认为，贫困的本质在于"可行能力"的丧失与剥夺，贫困者如果不具备基本能力，结果往往是陷入贫困的泥潭而无法自拔。❶通过对那些已经脱贫，但是缺乏脱贫稳定性的低收入农民群体施行适切的职业教育和培训，使其具有参与现代农业生产的基本能力，有效增加生产性收入，至少可以为其建立起稳定脱贫并走上致富之路的安全底线。

其次，通过职业教育培育新型职业农民，能够为弱势群体创造高质量的就业机会，增加初次收入分配份额。要使低收入农民群体共享发展机会，重点是要激发其初次收入分配潜力，降低事后大规模再分配干预的必要性。为此，必须改造初级劳动要素，提升劳动要素的质量。通过职业教育全面赋能低收入农民群体，使其成为具有参与经济活动必备能力的新型职业农民，有利于激发其心能，从而实现高质量高薪就业。

最后，通过职业教育培育新型职业农民，能够促进低收入农民群体跃升至中产阶层。教育是促进社会阶层流动的有效推进器。由于职业教育与经济社会具有紧密联系，因而能够更快、更有效地使低收入群体实现阶层的跨越。索罗金（P. A. Sorokin）在其《社会流动》一书中指出，学校是从社会底层向上流动的社会性电梯。其基本原理就在于教育，尤其是职业教育是促进人力资源开发和资本积累，促进长期处于社会底层的人们实现社会流动、阶层跃升的重要路径和动力来源。

（三）培育新型职业农民，为阻断贫困代际传递赋能

贫困的代际传递是制约共同富裕目标实现的障碍，只要这个"贫根"不除，那些低收入农民群体就可能长期徘徊在贫困的边缘，随时都可能重陷贫困的泥淖。职业教育在促进低收入农民群体人力资本、心理资本和社会资本改善与积累方面具有特别的作用，能够消除贫困的代际传递现象。

首先，在职业教育培育新型职业农民的过程中，可以在一定程度上破除农民习得的贫困文化，有效提升低收入农民群体的心能。刘易斯认为，贫困文化是贫困群体在与环境相适应的过程中产生的行为反应，并且内化为一种习惯和文化。❷受贫困文化影响的群体会将生产方式、思维模式、价值观和行为等传

---

❶ 骆岭楠，唐大程. "后扶贫时代"贫困边缘群体的困境与扶持路径思考［J］. 社科纵横，2020，35（11）：81−85.

❷ 黄承伟. 鉴往知来：十八世纪以来国际贫困与反贫困理论评述［M］. 南宁：广西人民出版社，2021：106.

给下一代，造成贫困代际传递。❶ 贫困文化的根源在于接受教育的不足，如父母受教育程度低，难以获得体面而高薪的工作，导致对下一辈的教育期望过低，产生"教育放弃"行为。通过职业教育，在培育新型职业农民的过程中，可以提升低收入农民群体的职业技能，在促进就业的同时能够增强其自信，使其逐步树立起成功的自我意象，从而消解根深蒂固的贫困文化的负面影响。

其次，通过职业教育培育新型职业农民，可以促进低收入群体跳出贫困代际传递的怪圈。父母与子女之间的教育关联会反映在子女的收入、职业状况、职业地位等方面，并产生一定的代际传递。然而，通过职业教育对部分低收入群体子女进行早期的职业教育干预，使其成为新型职业农民，则可在摆脱贫困的同时，产生积极的示范效应，使其重新认识职业教育对低收入群体高质量就业、家庭收入增加、命运改变、跃升至中等收入阶层的作用，从而最终跳出贫困代际传递的怪圈。

三、低收入农民群体人力资源开发的职业教育桎梏

（一）农村职业教育和培训体系的功能性缺陷，导致低收入农民群体人力资本积累不均

第一，农村职业教育和培训体系存在服务指向性偏颇，忽视了人力资本积累基础差的农村低收入群体。纵观我国农村职业教育和培训体系，由于其服务主要是促进素质相对较高的劳动力通过职业教育和培训在城乡之间的垂直流动，因而，那些文化程度低的人群较少有接受职业教育和培训的机会，致使其难以通过职业教育和培训路径实现人力资本的积累，从而实现流动，或者从事收入较高的职业，或者流向具有高附加值的现代农业产业，其创业之路也难以打通。这部分人最终便只能成为留守一族，固守传统农业，从事简单、低薪的劳动或者工种。

第二，农村职业教育和培训体系主要服务于中青年，忽视了老年群体的职业培训。目前，面向中青年群体的职业教育和培训体系比较完善。然而，就我国农村的现实情况来看，真正从事农业农村生产和管理的主体不是中青年，而是那些留守妇女、留守老人以及部分返乡农民工等，其中留守老人占比较高。笔者课题组对我国13个省市所组织的新型职业农民培训班的调查显示，在参

---

❶ 吴茜. 共同富裕视域下农村家庭贫困代际传递影响因素研究：基于扎根理论的探索性分析[J]. 中国地质大学学报（社会科学版），2022（5）：124 – 125.

加培训的 1433 人中，50 周岁以上的农民占比达 35.1%，而更多年龄偏大的留守老人由于年龄或者文化程度偏低，难有机会接受职业培训。

第三，农村职业教育和培训体系存在服务盲区，面向残障人员的职业教育和培训发展不充分。这主要表现为培训数量和机会少，具有适切性的涉农专业少，专业的现代性不够，未能体现农业农村现代化的特点；虽然完成培训，但仍然难以就业或实现高质量就业。据统计，2016—2020 年，我国农村残障人员接受实用技术培训的人数分别为 75.6 万人、70.6 万人、58.8 万人、50.9 万人、45.7 万人。[1] 由此可以看出，一方面，面向农村残障人员的职业教育和培训总量小，受益者人数明显偏少。第二次全国残疾人抽样调查主要数据公报（第二号）显示，我国农村残疾人口为 6225 万人，占全国残疾人口的 75.04%。[2] 另一方面，培训数量呈逐年下降趋势，残障人员技能水平提升必然受限。相关数据显示，大多数残障人员属于轻度残疾，只要通过适当的职业教育和培训就可以就业，并有可能从事现代农业生产和管理。全国残疾人口中，残疾等级为一、二级的重度残疾人为 2457 万人，占 29.62%；残疾等级为三、四级的中度和轻度残疾人为 5839 万人，占 70.38%。[3] 由此可以看出，由于残障人员人力资源开发不充分，其人口红利始终得不到有效释放，并制约其初次收入分配能力的提升。

（二）农村职业教育层次结构重心偏低，制约低收入农民群体高质量就业

在相当长的时期内，我国县域、市域职业教育都是以中等职业教育为主体，如果说这是与当时农村经济社会发展水平以及职业界和劳动力市场需求相适应的，那么，在乡村振兴、共同富裕背景下，其则与现代农业农村发展对高素质人才培养的需求显得越来越不适应。首先，现代农业农村的发展需要培育具有更高素质的新型职业农民，如家庭农场主、农业合作社负责人，以及达成"治理有效"目标的乡村管理人员等。这类人才只依赖中等职业教育难以实现

---

[1] 中国残疾人联合会. 中国残疾人事业主要业务进展情况（2016—2020）[EB/OL]. [2022 – 10 – 10]. https://www.cdpf.org.cn/zwgk/zccx/ndsj/zhsjtj/2020zh/7507622c2e774b3dadacb7dc8f9f3bc2.htm.

[2] 第二次全国残疾人抽样调查领导小组. 2006 年第二次全国残疾人抽样调查主要数据公报（第二号）[EB/OL].（2007 – 05 – 28）[2022 – 10 – 10]. https://www.cdpf.org.cn/zwgk/zccx/dcsj/8875957b9f0b4fe495afa932f586ab69.htm.

[3] 第二次全国残疾人抽样调查领导小组. 2006 年第二次全国残疾人抽样调查主要数据公报（第二号）[EB/OL].（2007 – 05 – 28）[2022 – 10 – 12]. https://www.cdpf.org.cn/zwgk/zccx/dcsj/8875957b9f0b4fe495afa932f586ab69.htm.

培训目标。其次，现有的以中等职业教育为主体的低重心的教育结构体系确实能够助推大部分贫困群体脱贫、预防返贫，但是，难以大幅度提高农村低收入群体初次分配收入，更难以助推其跃升至中等收入阶层。这与我国共同富裕目标中提出的"提低""扩中"要求不相吻合。最后，既有的职业教育结构与就业需求之间存在结构性矛盾，难以适应现代农业农村产业结构重心上移、数字农业以及一二三产业融合发展对高素质人才的需求，因而制约了留守农民，尤其是农村低收入群体希望通过高质量就业获取高薪的机会。

（三）农村职业教育和培训模式缺乏适切性，抑制农村低收入群体人力资源开发积极性和成效

如前分析，农村低收入群体的身心状况和教育基础等一般较差，难以通过常规的职业教育和培训模式对其进行人力资源开发。然而，目前的职业教育和培训模式几乎都是基于身心健康人群、青年学生、中青年农民进行设计，较少顾及残障人员以及留守老人不便接受教育培训的事实，没有考虑到低收入群体在谋生的过程中几乎不可能用整块的时间参加集中培训，更没有考虑到农村弱势群体整体教育基础、技能水平低，以及由于物质基础薄弱而无法参加一些高端的职业教育和培训。与此同时，目前面向留守农民开展的职业教育和培训主要由政府主导，一方面，真正需要接受职业教育和培训的弱势群体没有享受到政府的公益性培训；另一方面，由于前期没有对受益者进行有效筛选，在统一的缺乏因人制宜的培训模式下，许多参与职业培训的农民并没有真正受益。通过职业教育和培训有效积累人力资本，实现高质量就业、改变命运的通道并没有真正打通，由此，也就打消了那些仍在艰难谋生的农村低收入群体接受职业教育和培训的积极性。

四、助力低收入农民群体人力资源开发的实践策略

（一）构建高质量县域职业教育和培训体系，奠定共同富裕的人力资源基石

教育投资是实现公平、共享和共同富裕的关键变量。绝大部分人先天的脑力与体力的差异性可以通过系统的教育、培训得到弥补，即使部分残障人士也完全可以通过特殊教育、全纳教育、融合教育不断提高其社会经济参与能力和

生活质量。❶ 2022 年 12 月中共中央、国务院办公厅印发的《关于深化现代职业教育体系建设改革的意见》（以下简称《深化改革意见》）指出，要"深化职业教育供给侧结构性改革……建立健全多形式衔接、多通道成长、可持续发展的梯度职业教育和培训体系……推动形成同市场需求相适应、同产业结构相匹配的现代职业教育结构和区域布局"。2022 年在天津召开的世界职业技术教育发展大会发布的《天津倡议》也指出，要秉持公平全纳、有教无类、面向人人、质量优先的理念，为各类群体提供适宜的职业教育和培训。为了真正有效、扎实地推进包括农村低收入群体在内的全体农村民众实现共同富裕，亟须建立一个能够惠及农村全体人群的高质量的县域职业教育和培训体系，由此既能促进弱势群体就业能力提升，又能充分挖掘和释放新的人力资源红利，并形成共同富裕可持续的内生动力。这一体系应具有以下特点。

首先，普惠包容性——面向包含农村弱势群体的所有人。这一县域农村职业教育和培训体系必须能够为所有有意愿接受职业教育和培训的人群提供其需要的职业教育。既有面向青年学生的职业教育，又有面向在职农民的职业培训，更有基于残障群体、老年人群体以及其他留守农民的职业教育和培训。这一体系既可满足农村低收入群体接受正规的中、高等学历职业教育的意愿，也可满足所有人随时随地对提升人力资本接受非正规职业培训的需要。

其次，公平共享性——消除制度性剥夺。公平共享高质量职业教育和培训，既是共同富裕应有之义，也是实现共同富裕可依赖的路径。从制度层面看，这一新的高质量县域职业教育和培训体系的目的在于为所有人，包括农民弱势群体提供全覆盖的、既经济又便捷的职业教育，排除那种具有服务选择性的职业教育和培训体系对弱势群体的制度性与体制性剥夺。

最后，终身全纳性——面向生命全过程。农村职业教育和培训体系要基于共同富裕之促进人的全面发展的目标，基于终身教育理念和生命质量提升的事实，针对留守农民"弱势性"和"可行能力"总体偏低的特征，延伸职业教育和培训服务体系。由此，一方面，使留守老年农民能够根据自己的需求及能力接受适切的职业教育和培训，延伸职业生涯，减少对国家和社会转移性收入的依赖；另一方面，通过职业培训，提高生活品质，绽放"夕阳红"的精彩人生。

---

❶ 刘复兴. 教育与共同富裕：建设促进共同富裕的高质量教育体系［J］. 教育研究，2022（8）：150 – 154.

（二）建立区域一体化职业教育办学模式，构筑阻断低收入农民群体贫困代际传递的通道

教育是改变人的命运，实现阶层跨越的有效通道。那么，在共同富裕视域下，对于农村低收入群体而言，什么样的职业教育属于适切的职业教育，更有利于促进其实现阶层跃升，走上富裕之路呢？笔者认为，建立以"市域""县域"为基础的区域一体化职业教育办学模式尤为重要。

1. 创建市域中高职教育贯通衔接模式，增加高质量职业教育资源

在农业农村现代化背景下，要使农村低收入群体获得高质高薪的职业或岗位，关键在于有效增强农村低收入群体的综合素质和职业能力或者创业能力。为此，应为其提供和创造更多的接受高质量职业教育的机会与资源，使其积累优质的人力资本。笔者认为，建立市域一体化的中高等职业教育贯通衔接模式不失为有效之举。

第一，发展数量足够的高质量职业教育，可以奠定农村低收入群体"翻身"和"跃升"的基础。具体策略和路径就是，扩充高质量职业教育资源，并以本科阶段教育为重点，以稳步扩大职业本科为方向，整合各类本科院校资源，扩大职业教育专业、招生和学位规模，为潜在劳动力获得优质人力资本提供资源和机会；● 同时，积极改造和办好专科层次的职业教育。所以，发展应用型职业本科和专科高等职业教育是促进农村低收入群体快速增加收入，阻断贫困代际传递的可行的、有效的选择。

第二，建立市域一体化的中高等职业教育衔接模式，是更为可行的高等职业教育资源扩充模式。《深化改革意见》指出："支持优质中等职业学校与高等职业学校联合开展五年一贯制办学，开展中等职业教育与职业本科教育衔接培养。"随着我国高等职业教育招生制度和办学模式的改革与创新，以市域为基础，构建中高等职业教育一体、贯通衔接的模式，有利于为市域内的农村低收入群体增加接受本科、专科层次高等职业教育的机会，也有利于市域中高等职业教育发展形成良性循环，提升职业教育吸引力。这种办学模式由于是在市域范围内推进和实施的，一方面，由于不会存在太多管理体制层面的障碍，所以实施过程和结果将是"多快好省"，改革的成本相对较低；另一方面，由于对市域农村低收入群体的需求信息和动态以及产业结构特点掌握得比较精准，因此，在专业设置、招生规模、课程设计、产教融合模式等方面可以做得更加

● 瞿连贵，邵建东. 新时代职业教育赋能共同富裕的现实困境与推进策略［J］. 高等教育管理，2022，16（5）：33－39.

科学、高效，也更受低收入群体欢迎。

第三，要科学布局高等职业教育资源。首先，高质量职业教育资源扩充应重点瞄准中低收入群体，尤其是要按照《深化改革意见》要求，"面向新业态、新职业、新岗位，广泛开展技术技能培训，服务全民终身学习和技能型社会建设"。这样的高等职业教育自然对区域农村低收入群体更具吸引力。其次，要基于市域产业结构特点、特色，本着有利于高质量就业的原则，确定专业设置以及专科、本科层次职业教育的招生数量。在遵循市场调节规律的同时，进行必要的干预和调控，避免出现新的"学而无业"的浪费现象。最后，要确保市域职业教育体系的纵向衔接和灵活贯通，使接受了中等职业教育的人群能够根据自己的意愿和职业理想，有更多机会接受专科、本科层次的高等职业教育。这既有利于提升高等职业教育的吸引力，也为低收入群体跃升至中等收入阶层提供了可靠保障。

2. 建立县域职成教育融合的中心辐射模式，增加公平共享职业教育和培训的机会

县域是农村职业教育的重要边界。从有利性、经济性、便捷性、可行性原则以及城乡一体化趋势来看，重视县域职业教育、成人教育（社区教育）发展，为低收入群体提供人力资源开发的机会，具有更为积极的意义。着眼现实，要巩固脱贫成果，有效预防返贫，促进低收入群体进入中等收入阶层，必须发展面向包括残障人员、老年人在内的中等职业教育或培训。为此，应该基于县域经济社会产业特点、就业市场需求以及这个群体的意愿，积极发展高质量的中等职业教育和培训，让所有人员都能公平地共享职业教育和培训的机会。笔者认为，基于县域这一特定场域，基于职业教育的人民性、普惠性立场，可以建立县域职成教育融合的中心辐射模式。即以县域职教中心（社区学院）为中心，以乡镇社区教育中心为基地，以村教学点为基础，形成中心辐射，县、乡（镇）、村纵向贯通一体的职成教育网络体系。职教中心（社区学院）对县域职业教育和培训负主体责任，进行统筹管理；乡镇社区教育中心则对本乡镇范围内的成人教育中心负责招生、教学培训以及其他服务。

需要特别指出的是，在推进共同富裕的过程中，社区教育地位凸显，所以，应将提升高质量社区教育供给能力上升为国家和政府行为。社区教育中心立足社区，能够解决中高职院校在人才培养中难以触及，甚至无能为力的问题；也可在一定程度上解决我国县域职业教育发展不充分、不平衡，农村低收入群体接受职业教育和培训不方便、无暇参与、不经济的问题。

（三）健全面向特殊群体的职业教育干预制度，搭建低收入农民群体共同富裕的教育平台

公平导向的教育可以帮助家庭经济状况较差的个体通过教育阻断低人力资本的代际传递，以实现家庭经济地位的赶超，优化代际收入分配结构。教育虽然不直接参与财富的分配，但其对财富分配具有特殊的调节作用。❶ 职业教育成功改变农村低收入群体家庭境况，从根本上改变命运的实例举不胜举。正因为职业教育高技能"芯片"的植入，使农村低收入群体可行能力大大增强。从当今农村现实情况来看，应重点对农村低收入群体尤其是特殊群体进行早期的、生涯发展的职业教育干预，建立起相应的职业教育和培训保障制度。

1. 健全面向非传统生源的职业教育和培养制度

随着农村劳动力的大量转移，留守乡村的农民总量大大减少，而留守农民又以妇女、退役军人、返乡农民工、少数返乡大学生（大学生"村官"）等为主，他们是乡村振兴的现实主力。他们中的中青年，特别是返乡农民工有外出打工的经历，具有一定的技能资本、社会资本，还有一些返乡大学生具有良好的教育基础。其中的一部分人有强烈的创业意愿，还有一部分人是乡村治理的后备人选，但他们并没有接受过或者只接受过初级的职业教育和培训。因此，要使他们真正成为乡村振兴、共同富裕的有生力量和主体，就必须为其打通走向成功的通道。具体来说，高等职业教育要针对这些非传统生源进行招生，并实施分类培养。对于具有大专学历或者返乡大学生、返乡农民工，可以为其提供本科或专科层次的涉农职业教育，并基于其特殊性创新职业教育培养模式。例如，适当放宽招生条件，在有同等学力的条件下，根据专业的特性设立招生考试条件；根据其从事现代农业成为新型职业农民、乡村管理干部、创业等不同意向，进行分层分类培养；同时，根据专业的实践性强度，确立理论课与实践课的合理比例；根据对实践教学设施的要求，设计开放式的实践教学体系。

面向非传统生源的职业教育应以涉农专业为主，主要应基于农业农村现代化和乡村"治理有效"要求，培养家庭农场主、农业合作社负责人、骨干专业技术人员以及乡村管理干部。这既符合乡村振兴和共同富裕的需要，也契合非传统生源群体的实际。

2. 关注面向特殊群体的职业教育和培养

残疾人作为弱势群体的重要组成部分，其共同富裕的实现理应得到重点关

---

❶ 余宇，单大圣. 论教育发展与共同富裕［J］. 行政管理改革，2022（8）：14－22.

注。[1] 对于这个弱势群体，应秉承教育正义，在教育制度安排上为他们争取教育权利和教育机会，并通过教育补偿制度这一具体制度形式，补偿和赋予弱势群体更多更好的教育机会，发展他们的行动能力，帮助他们消除收入贫困和精神贫困。[2] 建立以残障人员为主要教育培训对象的职业教育和培养制度，是提高弱势群体收入的有效办法。从长远发展来看，信息技术的高速发展使残障人员等接受各层次的职业教育和培养成为可能；而最根本的是中高等职业院校要有社会责任感，能够积极担当起为以残障人员为主体的弱势群体提供职业教育和培训的责任，创新教学模式，为其接受职业教育和培训提供可能。这是职业教育的责任和教育正义的体现。

（四）将数字化嵌入多场景职业教育和培训，赋能低收入农民群体发展可行能力

从理论上说，通过数字赋权赋能，不仅能够做大经济增长的"蛋糕"，还能助力那些处境不利的农村低收入群体有机会和能力"分蛋糕"，走上富裕之路。随着我国城乡网络实现全覆盖，数字城乡融合发展的主要挑战体现在农村居民数字素养有待提升、地区之间数字鸿沟有待缩小等方面。所以，面向共同富裕的数字赋权，应强化弱势群体数字素养的提升，真正提高其参与现代农业生产经营和管理的能力。

1. 强化农村低收入群体数字化素养培训，为走向共同富裕创造数字红利

中央网络安全和信息化委员会印发的《提升全民数字素养与技能行动纲要》指出，要着力拓展全民数字生活、数字学习、数字工作、数字创新四大场景，增强人力资本积累，拓展人口质量红利，厚植创新发展新优势。对于农村低收入群体而言，在实现共同富裕的征程中，要想借助数字技术实现"弯道超车"，就必须努力提升自身的数字素养。县域职教中心以及社区教育中心应共建数字素养与技能发展培育体系，为低收入群体营造良好的数字素养提升环境和机会，奠定坚实的人力资源开发基础。

首先，增添农村低收入群体数字化"新农具"，帮助其成为新型职业农民。根据《数字乡村发展战略纲要》，我国将积极推进农业数字化转型，促进新一代信息技术与现代农业产业全面深度融合应用；与此同时，积极构建乡村数字治理新体系。为此，县域职业职教中心和社区教育中心要整合各层面的优

---

[1] 邹广文，华思衡. 论实现残疾人共同富裕的双重意蕴 [J]. 残疾人研究，2022（3）：3–10.

[2] 张应强. 以教育正义促进共同富裕：赋能弱势群体走向共同富裕的职业教育改革 [J]. 中国高等教育评估，2022（4）：3–10.

质培训资源，协同提高农民对数字化"新农具"的使用能力，充分释放数字红利，防止因数字贫困制约农村低收入群体，尤其是残障人员收入的提升。

在对低收入群体进行数字化技能培训的过程中要注意做到：一方面，要基于现代农业农村发展，培育提升农村居民参与发展智慧农业、农村电商、智慧旅游、数字金融等的数字经济素养；培育提高农村居民在获取城乡公共服务、参与社会治理等领域的数字应用技能。❶ 另一方面，要充分考虑农村低收入群体文化教育程度低、基础数字素养弱、残疾群体和老年人行动不便等特点，开展形式多样、更具个性化的数字化培训形式。

其次，为残障人员发展插上"隐形翅膀"，厚植高质量就业创业优势。数字乡村建设和信息技术的发展，为残障人员参与实际的生产经营活动、增加报酬创造了条件。为此，要推动形成社会各界积极支持残疾人融入数字生活的友好包容社会；同时，职业院校及有关乡村企业要基于数字技术应用，适度向弱势群体或欠发达地区倾斜，以平衡其获得资源的机会与能力，并以此扩大数字红利共享主体的规模；❷ 同时，依靠人与技术的互嵌孪生，给予以残障人员为代表的特殊群体技能附加，为其插上数字技能的"隐形翅膀"，助其通过高质量就业，增加初次分配份额，逐步实现共同富裕。

2. 创新数字化职业教育和培训模式与实践教学体系

第一，要探索线上线下融合的，有利于老年人、残疾人参加的数字技能培训模式。职业院校或者社区教育中心要根据专业及课程内容制作方便老年人、残疾人员等使用的教学手册和教程。第二，要加强适老适残人员的数字化课程资源建设，课程资源要做到丰富、实用、易学。第三，要创新产教融合教育资源，建设数字化技能教学和实践教学体系。一方面，要鼓励和充分发挥涉农企业的主体作用，与中高等职业院校共建产业学院、实践教学设施和基地等，加快构建规范化、高质量的数字技能教学和实习实训体系；另一方面，职业院校要利用数字化技能教学平台和实践教学体系，为低收入群体提供指导，特别是对文化程度和数字化素养低以及行动能力受限的人群做好服务指导工作，提升其网络教学和实训的实效。

3. 利用数字技术平台，做好农村低收入群体的跟踪服务

基于农村弱势群体的人力资源开发，不仅要注重实施高质量职业教育和培训，还要做好后续的跟踪服务。对这一特殊群体的人力资源开发必须做到

---

❶ 苏红键. 数字城乡建设：通往城乡融合与共同富裕之路［J］. 电子政务，2022（10）：88-98.

❷ 陈桂生，史珍妮. 数字赋权与数字平权：迈向共同富裕的数字治理［J］. 学习论坛，2022（4）：66-75.

"扶上马，送一程"，如此才能真正见到实效，并增加弱势群体就业创业的信心。这种跟踪服务指导可以凭借数字技术平台实施。要及时掌握他们的技术技能使用情况，及时反馈他们在从业和创业过程中遇到的问题，并及时给予解决，同时针对其进一步的职业发展提供咨询服务。

第三章　职业教育和培训培育新型职业农民现状审视

"十四五"是我国开启全面建设社会主义现代化国家新征程、向第二个百年奋斗目标进军的第一个五年。2022 年 2 月国务院印发的《"十四五"推进农业农村现代化规划》（以下简称《规划》）要求"到 2025 年，农业基础更加稳固，乡村振兴战略全面推进，农业农村现代化取得重要进展"。党的十八大以来，党和国家、各级地方政府越来越重视农村职业教育在精准扶贫、乡村振兴以及实现共同富裕中的重要作用，出台了许多支持农村职业教育发展、促进新型职业农民培育的政策；中高等职业院校也都积极开展新型职业农民培育的创新探索，形成了许多行之有效、具有推广价值的实践经验和发展模式。回顾和总结"十三五"农村职业教育开展新型职业农民培育的成就和经验，基于"十四五"农村职业教育发展新环境，超前规划和部署"十四五"以及未来更长时期内新型职业农民培育的发展方向具有极为重要的现实意义。

第一节　基本面：职业教育和培训培育新型职业农民成就回溯

"十三五"期间，农村职业教育稳步发展，对新型职业农民培育以及我国经济社会发展起到了积极的助推作用。这里重点就"十三五"期间职业教育开发农村人力资源，培育新型职业农民等层面的实践进行回顾与梳理。❶

---

❶ 马建富，等. 农村职业教育发展历史回溯与未来指向：从"十三五"到"十四五"[J]. 中国职业技术教育，2022（12）：21－31.

一、办学定位更加清晰，农民主体发展受到更多关注

在过去相当长的时期内，关于农村职业教育功能及定位问题时有争论，"十三五"期间学者们的研究和农村职业教育的实践，使农村职业教育的功能定位日益明确和精准。首先，农村职业教育坚守了"务农"的本原功能：服务于"三农"发展的需要，促进乡村振兴，促进农村劳动力转移和农民工市民化，助力精准扶贫等。其次，农村职业教育随着时代发展和社会进步，实现了自身功能的转变和拓展。这主要表现为：一是从注重通过人力资源开发，促进农民职业能力提高，向同时关注和更加重视农民自身的发展以及生活品质的提升转变，农民的主体性受到关注，农村职业教育的"工具性"和"人本性"价值同时得到体现；二是从注重促进农业现代化，向同时重视农业农村现代化转变。这就是基于乡村振兴"二十字"目标，在重视为现代农业发展培育新型职业农民的同时，开始关注乡村治理人才培养和乡村文明建设。

二、农村职业教育体系日益完善，层次结构更趋合理

"四化同步"发展、乡村振兴人才培养的诉求，以及农村职业教育体系自身完善和优化、服务功能增强的需要，促进了我国农村职业教育和培训体系的建设，其主要标志是：首先，农村职业教育体系不断健全。截至2019年年底，全国开设涉农专业的本科院校265所、高职院校162所、中职学校270所、农业广播电视学校2462所、县级职教中心1949所、农村成人文化技术培训学校（机构）50042所，初步形成了多层级、广覆盖的涉农教育培训网络体系，为农村人力资源开发奠定了基础。❶

其次，本科层次农村职业教育得到关注，涉农人才培养立交桥初步架构。这是农村职业教育体系取得重大进展的主要标志。从2015年起，国家示范（骨干）农业高职院校围绕特色专业（群）建设，试行高职与普通本科"3＋2"和"4＋0"等分段培养项目，细化出高职与普通本科分段培养、联合培养等试点类型，完成了农业高职人才追求本科教育的层次提升，❷为高层次、高素质应

---

❶ 赵志磊. 推动农村职业教育高质量发展 更好地服务乡村振兴 [J]. 乡村振兴, 2021 (9): 50－51.

❷ 董海燕，何正东. 农业职业教育发展70年：历程、成就与展望 [J]. 中国职业技术教育, 2019 (36): 34－41.

用型人才培养开创、探索了新路。

再次，县域职业教育体系日益健全，服务区域涉农人才的功能逐步增强。一方面，以县域职教中心为主体和中心，以乡镇成人教育中心（社区教育中心）为主要办学点，以村和涉农企业、农场、农民合作社等为重要教学点的农村职业教育体系基本建成；另一方面，农村职业教育培养与培训体系并行，职业教育和培训逐步成为县域职教中心等服务功能的重要方面。

最后，农村职业教育体系的构成和参与主体发生了变化，涉农企业参与职业教育培育新型职业农民的积极性有所提高，初步改变了新型职业农民培育体系中职业院校唱主角和演"独角戏"的状态，提高了农村职业教育人才培养的质量。这从对我国 14 个省、市、区参加新型职业农民培训的 1433 名学员的调查（以下简称"1433 名培训学员调查"）中可以看出，参与新型职业农民培训的讲授专家来自高校、职业学校、涉农企业、科研院所等多个部门，如表 3-1 所示。得益于各参与主体的全力支持，使新型职业农民培训得以顺利开展，质量得以保证。

表 3-1   新型职业农民培训授课教师构成

讲授专家来源	小计	占比（%）
高校、科研院所教授、专家	827	57.71
市县、乡镇涉农部门的专业技术人员	1042	72.71
乡村"土专家"	333	23.24
省级政府官员	87	6.07
涉农企业家	315	21.98
职业学校教师	631	44.03
其他	18	1.26
本题有效填写人次	1433	

三、供给结构不断优化，涉农人才培养质量明显提升

职业教育供给结构与农村经济社会发展需求结构保持动态适应，这既是经济社会发展的需要，也是农村职业教育服务质量提升的重要体现。"十三五"期间，农村职业教育人才培养的规模结构、专业结构等与新型职业农民培育的需求结构渐趋吻合，适应性逐步增强。

第一，涉农人才培养规模总体稳定，高职院校涉农人才培养质量快速提升。如图 3-1 所示，就中等职业学校而言，"十三五"期间农林牧渔类专业

年招生数基本上稳定在 24 万人左右，其中，2018 年为 24.59 万人、2019 年为 23.83 万人、2020 年为 24.81 万人；2018—2020 年应届初中毕业生报考数所占比例在保持基本稳定的同时有所增加，2018 年、2019 年、2020 年应届初中毕业生报考数分别为 15.83 万人、15.23 万人、16.99 万人。❶ 2020 年的增幅虽小，但是反映了初中毕业生对涉农专业的认识有所提高。如图 3 - 2 所示，就高等职业院校而言，适应农业现代化发展需要，农林牧渔类专业呈现出快速发展趋势，其招生数量从 2013 年的 5.56 万人增加到 2019 年的 10.26 万人，增幅达 84.53%；在校生数量从 2013 年的 16.99 万人增加到 2019 年的 23.82 万人，增幅达 40.20%；毕业生数量从 2013 年的 5.63 万人增加到 2019 年的 5.89 万人，增幅达 4.62%。❷

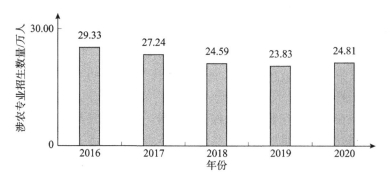

图 3 - 1 "十三五"期间中等职业学校涉农专业招生情况

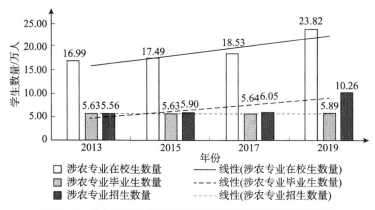

图 3 - 2 "十三五"期间高等职业院校涉农专业发展情况

❶ 2016—2020 年教育统计数据，参见教育部网站 http：//www.moe.gov.cn.

❷ 黄思源，刘继阳，刘杰. 农业职业教育服务"三农"的经验借鉴与政策建议 [J]. 中国职业技术教育，2021 (27)：72 - 80.

第二，涉农专业有所发展。一方面，涉农专业数量增加明显。2014—2018年，中高职院校农业类专业点由 1338 个增至 1695 个，年均增幅为 6.70%。高职涉农专业布点数居前三位的依次是园林技术、畜牧兽医、园艺技术，中职为农村经济综合管理、农业机械使用与维护、现代农艺技术。❶ 2019 年，全国设置农业类高职专业点 592 个，招生人数约 3.80 万人。❷ 另一方面，继续教育涉农院校和学科专业建设得以加强。全国开设高等学历继续教育涉农学科专业的院校共 230 所，开设 47 个相关专业，专业点 852 个。教育部、财政部启动实施的中国特色高水平高职学校和专业建设计划中，农业类高水平高职学校建设单位 4 所，农业类高水平专业群建设单位 10 所。❸

第三，涉农专业学生就业质量有所提高。从高职毕业生的就业行业来看，毕业生在农、林、牧、渔业领域就业的比例从 2016 届的 1.50% 上升到 2020 届的 2.30%；涉农专业毕业生"学农从农"意愿增强，农、林、牧、渔大类专业毕业生的工作与专业相关度从 2016 届的 56.00% 上升到 2020 届的 61.00%，增加了 5 个百分点；毕业生选择从农的比例从 2016 届的 43.60% 上升到 2020 届的 48.70%。❹

第四，涉农院校的专业办学条件有所改善。办学条件是制约涉农职业院校人才培养和服务能力的重要因素。我国涉农职业院校基本办学条件指标趋于稳定，尤其是 33 所国家示范（骨干）涉农高职院校办学条件得到持续改善。以 2014—2018 年涉农高职院校的发展为例，这些职业院校的校均占地面积由 62.90 万平方米增加到 66.80 万平方米，增幅为 6.20%；校均固定资产值由 3.20 亿元增加到 4.80 亿元，增幅为 50.00%；生均教学科研仪器设备资产值由 8940.30 元/生增加到 10905.90 元/生，超出了高职院校办学的"合格标准"。❺

---

❶ 董海燕，何正东. 农业职业教育发展 70 年：历程、成就与展望 [J]. 中国职业技术教育，2019（36）：34－41.

❷ 关于政协十三届全国委员会第三次会议第 3650 号（农业水利类 287 号）提案答复的函 [EB/OL]. (2020－10－26) [2022－10－24]. http：//www. moa. gov. cn/govpublic/RSLDS/202010/t20201026_6355108. htm.

❸ 关于政协十三届全国委员会第三次会议第 3650 号（农业水利类 287 号）提案答复的函 [EB/OL]. (2020－10－26) [2022－10－24]. http：//www. moa. gov. cn/govpublic/RSLDS/202010/t20201026_6355108. htm.

❹ 孙丽颖. 数字会说话：乡村振兴战略下的高职教育 [EB/OL]. (2021－06－19) [2022－10－24]. http：//www. xinhuanet. com/video/sjxw/2021－06/19/c_1211204769. htm.

❺ 董海燕，何正东. 农业职业教育发展 70 年：历程、成就与展望 [J]. 中国职业技术教育，2019（36）：34－41.

第五，注重涉农职业教育服务能力建设与投入。2018 年，中央财政下达现代职业教育质量提升计划资金 187.30 亿元，推进农村职业教育改革发展；"十三五"期间，组织开展了国家级农村职业教育和成人教育示范县创建工作，共有 261 个县入围创建名单。❶

四、供给有效性稳步提高，促进高素质农民培育

乡村振兴的关键在于培养一支知农、懂农、爱农的新型职业农民队伍。培育新型职业农民是破解"农民荒"以及解决乡村振兴人力资本不足等问题的关键。"十三五"期间，各地各级政府采取积极有力的措施，通过推进多样化的新型职业农民培育工程，解决乡村振兴人才资源不足等问题。《职业技能提升行动方案（2019—2021 年）》与《新生代农民工职业技能提升计划（2019—2022 年）》提出了要实施高素质农民培育工程和农村实用人才带头人素质提升计划，开展农民技能培训；2019 年农业农村部办公厅、教育部启动实施了"百万高素质农民学历提升行动计划"❷，重点面向种养大户、家庭农场主、农民合作社和农业社会化服务组织骨干以及返乡下乡创新创业者，开展农业全产业链培训，促进农民创业兴业，助力乡村人才振兴。中央财政累计安排 113.90 亿元支持高素质农民培育工作，培育高素质农民 1600.00 万人；❸2020 年全年培训高素质农民超过 65.00 万人，支持民族地区培训农民超过15.00 万人。❹为了解决乡村治理人才不足等问题，中高等职业院校积极开展乡村基层组织人才培养，重点面向农村"两委"（村支部与村委会）班子成员、新型农业经营主体、乡村社会服务组织等群体进行学历职业教育，采取弹

---

❶ 关于政协十三届全国委员会第三次会议第 3650 号（农业水利类 287 号）提案答复的函［EB/OL］.（2020 - 10 - 26）［2022 - 10 - 24］. http：//www. moa. gov. cn/govpublic/RSLDS/202010/t20201026_6355108. htm.

❷ 农业农村部办公厅 教育部办公厅关于做好高职扩招培养高素质农民有关工作的通知［EB/OL］.（2019 - 09 - 06）［2023 - 01 - 12］. http：//www. moe. gov. cn/jyb_xwfb/xw_zt/moe_357/jyzt_2019n/2019_zt19/zhengce/201909/t20190906_397977. html.

❸ 关于政协十三届全国委员会第三次会议第 3650 号（农业水利类 287 号）提案答复的函［EB/OL］.（2020 - 10 - 26）［2022 - 10 - 24］. http：//www. moa. gov. cn/govpublic/RSLDS/202010/t20201026_6355108. htm.

❹ 关于政协第十三届全国委员会第四次会议第 0165 号（农业水利类 009 号）提案答复的函［EB/OL］.（2021 - 08 - 24）［2022 - 10 - 24］. http：//www. moa. gov. cn/govpublic/XZQYJ/202108/t20210824_6374771. htm.

性学制和灵活多元的人才培养模式，完成高职扩招录取高素质农民 3.50 万人。❶ 湖南科技职业学院率先成立了新农村建设学院，着重培育具有新思维、新方向、新动力的"村官"，累计培训 8385 名"村官"，覆盖了湖南省 1/3 的农村地区;❷ 教育部积极引导农村职业教育和成人教育示范县主动对接当地经济社会发展需求，发挥百所乡村振兴人才培养优质校的引领作用，助力培养高素质农民和农村实用人才。从表 3-2 中可以看出，从政府到中高等职业院校、社区教育中心以及社会专业培训机构、农业合作社等，都开展了不同层面的新型职业农民培训。正是各方的积极参与，为农民参与培训、成为新型职业农民奠定了基础。如表 3-3 所示，近三年，79.27% 的农民参加过 2 次及以上培训，其中 39.21% 的农民参加过 4 次及以上培训；参加过省部级和国家级培训的农民分别占比 14.17%、4.67%（见表 3-4）。有 41.80% 的农民获得了新型职业农民培训证书，如表 3-5 所示。

表 3-2　农民参与各部门组织的新型职业农民培训情况

培训组织部门	人数	占比（%）
政府部门（农委）	841	58.69
涉农中等职业学校	492	34.33
涉农高等职业院校	233	16.26
本科高校	40	2.79
农广校	498	34.75
社区教育中心、成人教育中心	302	21.07
社会专业培训机构	200	13.96
农业企业或农业合作社	319	22.26
其他	20	1.40
本题有效填写人次	1433	

表 3-3　近三年参加新型职业农民培训次数

参加培训次数	人数	占比（%）
0～1 次	297	20.73
2～3 次	574	40.06

❶ 关于政协十三届全国委员会第三次会议第 3650 号（农业水利类 287 号）提案答复的函 [EB/OL]．（2020-10-26）[2022-10-24]．http：//www.moa.gov.cn/govpublic/RSLDS/202010/t20201026_6355108.htm.

❷ 教育部职成司．践行黄炎培职业教育思想　湖南科技职业学院在助推乡村振兴战略中有大作为 [EB/OL]．（2018-05-14）[2023-01-12]．http：//www.moe.gov.cn/jyb_xwfb/xw_zt/moe_357/jyzt_2018n/2018_zt10/18zt10_zjzx/201805/t20180514_335951.html.

参加培训次数	人数	占比（%）
4～5次	221	15.42
5次以上	341	23.79
本题有效填写人次	1433	

表3-4 参加新型职业农民培训的层次

参加培训层次	人数	占比（%）
国家级	67	4.67
省部级	203	14.17
市厅级	211	14.72
县级	574	40.06
乡级及其他	378	26.38
本题有效填写人次	1433	

表3-5 获得新型职业农民证书情况

是否获得证书	人数	占比（%）
是	599	41.80
否	834	58.20
本题有效填写人次	1433	

五、积极创新人才培养模式，助推高素质农民培育

为了促进高素质新型职业农民的培育，各地农村职业院校积极进行人才培养模式的探索，出现了多种享誉全国的成功模式。山东平度市职业中等专业学校借鉴德国"双元制"人才培养模式，变"产教分离"为"产教融合"，该校"助推县域'三农'转型升级的中等职业学校教学改革研究与实践"成果获2018年国家教学成果奖特等奖❶，被誉为"平度方案"。❷ 此外，苏州农业职业技术学院的"城乡一体化背景下新型职业农民培育的苏南模式创新与实

---

❶ 教育部关于批准2018年国家级教学成果奖获奖项目的决定［EB/OL］.（2019-01-02）［2023-01-12］. http：//www.moe.gov.cn/srcsite/A10/s7058/201901/t20190102_365703.html？eqid=9caa921d0000a52900000005642684af.

❷ 刘艳杰.中国农村职业教育的"平度样板"［N］.光明日报，2019-10-11（07）.

践"、山东寿光市职业教育中心学校"'校园＋田园'新型职业农民培养模式的创建与实践"、温州科技职业学院"'三创型'农经人才培养创新与实践"等获得了2018年国家教学成果奖一等奖。❶ 这些获奖成果在教学方法改革、教学组织形式等方面都进行了创新性的探索和实践。从表3－6中可以看出，新型职业农民培训的教学组织形式丰富多彩，在组织课堂教学的同时，积极采用了"田间现场示范与指导""外地参观技术交流""视频直播"等教学组织形式。这些教学组织形式颇受参加培训学员的欢迎。

表3－6　新型职业农民培训的教学组织形式

教学组织形式	人数	占比（%）
课堂授课	1232	85.97
田间现场示范与指导	693	48.36
视频直播	471	32.87
网络技术和远程教育	319	22.26
定点咨询	100	6.98
外地参观与技术交流	681	47.52
其他	11	0.77
本题有效填写人次	1433	

第二节　供给侧：新型职业农民职业教育和培训的实然问题

"十三五"期间，我国农村职业教育对经济社会发展需求做出了积极的回应，然而，回溯"十三五"，笔者深感农村职业教育在与乡村振兴需求的吻合性、协调性等方面依然存在一定差距，特别是在实现新型职业农民培育的需求方面还存在一些不足。❷

---

❶　教育部关于批准2018年国家级教学成果奖获奖项目的决定［EB/OL］.（2019－01－02）［2023－01－12］. http：//www. moe. gov. cn/srcsite/A10/s7058/201901/t20190102_365703. html？eqid = 9caa921d0000a529000000005642684af.

❷　马建富，等. 农村职业教育发展历史回溯与未来指向：从"十三五"到"十四五"［J］. 中国职业技术教育，2022（12）：21－31.

一、响应机制不够灵敏，导致人才培养供需失衡

进入乡村振兴新时代，农村职业教育理应对此做出相对同步甚至超前的反应，通过顶层设计、科学规划，建立涉农人才培养的应对机制，以精准地培养更多的乡村振兴人才。然而，"十三五"期间农村职业教育发展存在响应机制缺失或失灵的现象，在一些方面，尤其是在人才培养规模结构和类型结构上存在滞后与错位现象。

（一）中职涉农专业发展不稳，影响对"三农"发展所需新型职业农民的有效供给

乡村要振兴，人才必振兴。职业教育要为"三农"发展培养多类型、多层次的农业技术人才和乡村管理人才，那么，涉农职业院校和专业必须得到优先、高质量的发展。"十三五"期间涉农高职院校及专业虽然得到了快速发展，但中等职业学校涉农专业人才培养数量不仅没有增长，相反还呈现出下滑趋势。由图 3－3 可以看出，"十三五"期间，涉农专业（农林牧渔类）招生数虽然基本稳定，但毕业生数量却由 2016 年的 39.15 万人，渐次减少到 2017 年的 32.76 万人、2018 年的 28.56 万人、2019 年的 25.54 万人、2020 年的 23.70 万人，2020 年比 2016 年减少了 15.45 万人，下降了 39.46%；同期涉农专业在校生数量也由 2016 年的 89.81 万人减少到 2020 年的 66.40 万人，下降了 26.07%。❶

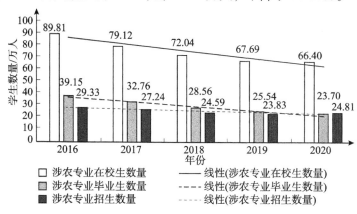

图 3－3　"十三五"期间中等职业学校涉农专业发展情况

---

❶ 2016—2020 年教育统计数据，参见教育部网站 http：//www.moe.gov.cn。

（二）涉农专业建设滞后，未能满足乡村现代产业发展对新型职业农民的需求

乡村三产融合发展对人才培养提出了新的、更高的要求，而传统涉农专业难以培养出能够胜任新产业、新业态、新模式的高素质农民。因此，迫切需要涉农职业院校对传统专业进行升级改造，或者开设反映现代农业发展需求的新农科。但是，一些农村职业院校固守传统思维，囿于传统办学模式，导致在涉农人才培养数量不足的同时，也未能顺应现代农业发展的需要改造、开设相关专业培养人才。

（三）乡村治理人才培养缺位，成为乡村基层组织建设的短板

在乡村振兴背景下，我国已经从关注现代农业发展，向重视现代农业农村同步、协调发展转变。根据乡村振兴"二十字"目标，在实现农民富裕的同时，还必须实现乡村"治理有效"的目标。然而，相关资料以及报道都表明，由于农村能人早期已经率先转移，而且向城市单向迁移的趋势依然在延续，导致农村基层组织缺乏人才。"十三五"期间，虽然江苏太仓等地通过"定制村官"模式培养了一些基层干部，但是，更多的涉农职业院校未能抓住乡村振兴对乡村治理人才需求的机遇，没有及时开设相应的专业，或组织具有一定规模的、高质量的乡村基层组织人才培养培训，可以说是职业教育发展中的缺憾。

二、人才培养体系重心偏低，制约高素质农民培育

重心偏低主要表现为涉农本科职业教育发展依然滞后，未能满足乡村振兴对高素质涉农涉乡人才的需求。如前所述，乡村振兴需要开设反映现代农业农村发展需求的专业，以培育高素质涉农涉乡人才。然而，高素质涉农涉乡人才的培养一方面需要高质量的教学做保障，另一方面也有赖于更高的人才培养平台做基础，这就涉及高素质涉农人才的培养层次问题。"十三五"期间，我国虽然试点了几种涉农本科育人模式，但就目前的情况来看，无论是试行的模式或者招生的规模，都难以满足乡村振兴对高素质技术农民和乡村管理人才培养的需要。之所以会出现这种情况，其根源在于我国农村职业教育体系不健全、重心偏低，没有及时跟上"三农"发展和乡村振兴的步伐，制约了高素质职业农民的培养。

三、涉农企业参与动力不足，未能形成人才培养共同体

职业教育体系的实施主体主要为职业院校，而作为农村职业教育人才培养重要一域的涉农企业则游离于"三农"人才培养的场域之外。随着人们对涉农企业参与乡村振兴人才培养重要性认识的深入，以及国家对产教融合培养人才的强烈要求和支持，涉农企业逐渐成为农村职业教育体系的重要组成部分。但从目前的情况来看，部分涉农企业的参与意识依然淡薄，参与动力不足，这些都制约了农村职业教育体系的"现代性"及其对乡村振兴人才培养作用的发挥。

四、固守传统招生制度，导致农民人力资源开发不畅

（一）涉农专业招生难，后继职业农民培养效果堪忧

涉农生源问题一直是制约农村职业教育发展的重要问题。即使是农家子弟，真正愿意报考涉农专业的也可谓凤毛麟角，而许多就读涉农专业的学生，其学习动力明显不足，即使毕业了，愿意从事涉农职业的也比较少。其中确实有传统的"鄙农"观念的影响，但也与中高等职业院校开设的涉农专业缺乏吸引力密切相关。许多学校未开设与现代农业相关的专业，开设相关专业的学校，其课程体系设计以及教学模式也常常不受欢迎。

（二）生源通道狭窄，非传统生源需要得到更多关注

在涉农专业招生数量不足、质量不高的同时，应该看到问题的另一面，即许多愿意就读涉农职业院校或者专业的群体被排除在职业院校之外，这部分人主要包括留守农民、返乡农民工等。他们不同于应届初高中毕业生，其年龄偏大，有一定的职业经历，愿意从事农业，但就读于正规学校、接受高层次职业教育的机会较少。对于这些非传统生源，中高等职业院校一方面没有给予足够的重视，使他们成为被遗忘的群体；另一方面对他们"另眼相看"，存在一定程度的歧视现象，甚至错误地认为将这一群体作为培养对象会降低学校的层次。虽然从 2019 年起，我国高职院校逐年扩招，使这些非传统生源得到了一定程度的关注，但是许多职业院校没有将面广量大、需求旺盛的非传统生源迅速纳入招生范围，没有看到这是我国职业教育未来的趋势和发展的机会，仍然持犹豫的态度，在国家政策的要求下被动地进行招生，这种做法与乡村振兴人

才培养宗旨是相悖的。

（三）职业教育和培训供需失衡现象依然存在

1. 职业教育和培训存有盲区，留守农民人力资源开发不足

经济社会的快速发展使我国的人口红利几乎消失殆尽，但与此同时，在广大农村地区还有一部分人口的人力资源红利呈潜隐状态，其中包括留守老人、留守妇女、残障人员等。首先，随着我国乡村振兴战略的快速推进，留守人员有通过接受职业教育和培训提高生活品质的需求，特别是由于生活条件和健康状况的改善，许多老年人依然是从事农业生产的主力，其中一部分老年人依然希望通过参加培训获取现代农业生产知识，然而他们参加培训的机会少之又少。从表 3 – 7 中可以看出，60 周岁及以上的老年人参加培训的比例仅为 2.65%。

表 3 – 7　参加新型职业农民培训人员的年龄结构

参加培训人员年龄	人数	占比（%）
20 周岁及以下	3	0.21
21～29 周岁	71	4.95
30～39 周岁	312	21.77
40～49 周岁	544	37.96
50～59 周岁	465	32.45
60 周岁及以上	38	2.65
本题有效填写人次	1433	

其次，许多妇女因赡养老人、陪伴子女而成为留守一族，但是，她们中的许多人相对年轻，文化程度较高，并且有就业、创业的愿望，她们希望有接受职业教育和培训的机会。然而，从对 1433 名参加培训学员的调查情况来看，留守妇女参加新型职业农民培训的比例明显偏低，仅占参加培训学员总数的 29.24%。

最后，许多轻度残障人员也希望通过接受职业教育和培训，实现职业发展和增强自信自尊。然而，目前的农村职业教育招生制度未能对这些特殊群体予以足够的关注，致使这部分潜在的人口红利长期被闲置，甚至成为乡村振兴的一个"包袱"。

2. 新型职业农民培训存在供需失调，培训方案设计不尽合理

应该说，各地在进行新型职业农民培训方面都进行了积极的探索，许多地区在设计培训方案前，一方面能够进行农民培训需求调研，另一方面能够与涉

农企业协同进行课程设计，提供教学实践基地，所以，农民对培训的满意度越来越高。但是，从对 1433 名新型职业农民培训学员的调查情况来看，问题主要集中在三个方面："培训内容过于理论化，与实践相脱离"，占比 39.22%；"无培训的后续跟踪指导服务"，占比 29.87%；"教学方法太单一，缺乏互动与吸引力"，占比 25.12%（见表 3 – 8）。这些问题在培训中一直存在，而培训以后的"跟踪指导服务"则是对新型职业农民培训提出的更高要求，应引起各培训机构，尤其是中高等职业院校的重视。应该说，中高等职业院校有条件提供跟踪服务，在服务过程中也能提高专业教师自身的专业素养，促进其专业化发展。

表 3 – 8　职业教育和培训存在的主要问题

主要问题	人数	占比（%）
管理不善	123	8.58
课程设置不合理，盲目性强	138	9.63
培训内容过于理论化，与实践相脱离	562	39.22
教学方法太单一，缺乏互动与吸引力	360	25.12
教师教学水平较低	29	2.02
收费高	32	2.23
补贴较少	333	23.24
教学设施太简陋	75	5.23
培训时间、地点安排不恰当	190	13.26
无培训的后续跟踪指导服务	428	29.87
其他（包括感觉没问题）	209	14.58
本题有效填写人次	1433	

第三节　着力点：新型职业农民职业教育和培训的改革方向

"十四五"开启了我国实现第二个百年奋斗目标新征程，对我国职业教育提出了更高的要求。《规划》要求，"在县城和中心镇新建改扩建一批普通高中和中等职业学校。……加大涉农高校、涉农职业院校、涉农学科专业建设力度。支持县城职业中学等学校根据当地产业发展需要试办社区学院"。与此同时，农村职业教育伴随着职业教育的发展步伐，迈入了提质培优、增值赋能的高质量发展新阶段。置身乡村振兴新时代，农村职业教育应重新审视、确立新的服务定位，对"十四五"农村职业教育发展，尤其是新型职业农民培育进行前瞻性规划。❶

一、强化农村职教体系建设，构建现代职业教育和培训框架

发展现代乡村产业体系既是乡村振兴的基础，也是乡村振兴的重要标志。乡村产业体系的建设需要人才的支撑，因此，在"十四五"期间，必须基于乡村产业振兴对相关人才的需求，重构农村职业教育和培训体系，使之成为乡村产业振兴人才培养的坚实基础。

（一）赋予县域职业教育体系新内涵，助推新型职业农民培养

乡村振兴背景下的县域职业教育体系的构成要素，应向纵、横两个方向延伸，以增强县域职业教育体系人才培养的服务功能。就纵向而言，要将社区学院、社区教育中心（成人教育中心）作为县域职业教育体系的应然组成部分，积极发展，使其对乡村振兴目标全面实现的作用日益凸显；从横向来看，要改变职业教育体系中教育部门演主角、唱独角戏的状况，将涉农企业及培训中心纳入县域职业教育体系。这既是产教融合培养新型职业农民的要求，也是调动涉农企业参与乡村振兴人才培养积极性的有力之举。

县域职业教育体系的构建有助于改变目前农民职业技能普遍较低、从农素养偏低的状况。从1433名参加新型职业农民培训学员的情况来看，取得高级技能等级证书的仅有6.56%，具有中级技能等级证书的也只有25.40%，而没有取得技能等级证书的占比达33.64%（见表3－9）。尤其值得注意的是，在这些参加培训的学员中，毫无涉农专业背景的学员占比高达30.70%（见表3－10）。要提升这些农民的技能等级，最为现实、经济和有效的路径就是参加职业教育培训。

表3－9　学员获得技能等级证书情况

技能等级	人数	占比（%）
无	482	33.64
初级	493	34.40

❶ 马建富，等. 农村职业教育发展历史回溯与未来指向：从"十三五"到"十四五"[J]. 中国职业技术教育，2022（12）：21－31.

技能等级	人数	占比（%）
中级	364	25.40
高级	94	6.56
本题有效填写人次		1433

表3-10 培训学员专业背景

曾经学过的专业	人数	占比（%）
无	440	30.70
农学专业	406	28.33
管理学专业	104	7.26
经济学专业	34	2.37
其他非农专业	449	31.33
本题有效填写人次		1433

（二）适度上移涉农职业教育体系重心，促进高层次新型职业农民培养

无论是乡村产业振兴，还是乡村有效治理，都需要高素质应用型技术人才和管理人才。如果说目前中高等职业院校培养的人才尚能基本适应乡村发展对各类人才的需求，那么，从长远来看，则难以满足乡村产业振兴对高素质职业农民以及乡村实现有效管理对人才的需要。目前，教育部正积极推动本科职业教育。根据《关于推动现代职业教育高质量发展的意见》，到2025年，职业本科教育招生规模不低于高等职业教育招生规模的10%。因此，要抓住本科职业教育发展的机遇，积极创造条件，将"双高"计划中涉农高职院校升格为本科或开设本科专业来培养各层次高素质涉农人才。如此，通过涉农职业教育体系重心的上移，形成以涉农本科、专科、高职为龙头，以中等职业学校为主体，以社区教育中心为基础的农村职业教育体系，从而培养高素质乡村振兴人才。

（三）融合城乡职业教育培养培训体系，凸显县域职教中心培养新型职业农民的主体地位

第一，城乡融合发展是我国乡村振兴的必然趋势和目标追求。目前，在我国经济比较发达的地区，这种趋势已经越来越明显，而城乡融合发展必然会对

农村职业教育人才培养体系建设提出新的要求。这就需要进行顶层设计，统筹规划，构建城乡融合融通、资源共享的职业教育培养培训体系，使农村职业教育资源利用和人才培养效能最大化。

第二，在城乡融合的县域职业教育体系中，县域职教中心应是新型职业农民培养的主体。县域职教中心发展基础相对更好，其师资力量、教学设施、信息技术等更具优势，专业优势更为明显，其办学功能定位理所当然应发挥中心的示范、辐射作用。因此，一是必须进一步加强县域职教中心建设，通过政策创新，加强其基础能力建设，提升其服务乡村振兴新型职业农民培养的水平；二是要发挥县域职教中心对乡镇社区教育中心以及乡村教学点、涉农企业培训点人才培养培训的辐射功能、指导功能，以满足乡村产业发展对新型职业农民培育以及基层组织建设对人才培养的需求；三是要鼓励职业学校积极参与社区教育和老年人教育，与普通高校、开放大学（广播电视大学）、独立设置的成人高校、各类继续教育机构互联互通、共建共享，形成服务全民终身学习的发展合力。❶

二、创新农村职教制度，助推高素质农民培育

乡村振兴需要大批多类型、多层次的新型职业农民和管理人才，其中，高素质职业农民是乡村振兴最需要，但也是最短缺的人才。如果还是囿于传统的职业教育制度下的培养培训模式，则难以达成高素质人才培养目标，所以，职业教育的政策创新和制度配置是高素质职业农民培育的重要突破口。

（一）健全面向农村的开放式招生考试制度，将非传统生源纳入职业教育视野

《规划》指出，要"支持农民工、大中专毕业生、退役军人、科技人员和工商业主等返乡入乡创业，鼓励能工巧匠和'田秀才''土专家'等乡村能人在乡创业。推动城市各类人才投身乡村产业发展"；要实施农村创业创新带头人培育行动。培育 10 万名农村创业创新导师和 100 万名带头人，带动 1500 万名返乡入乡人员创业。❷ 要实现这一目标，需要做到以下两点。

---

❶ 教育部关于批准 2018 年国家级教学成果奖获奖项目的决定［EB/OL］.（2019 – 01 – 02）［2023 – 01 – 12］. http：//www. moe. gov. cn/srcsite/A10/s7058/201901/t20190102_365703. html？eqid = 9caa921d0000a52900000005642684af.

❷ 国务院关于印发"十四五"推进农业农村现代化规划的通知［EB/OL］.（2022 – 02 – 11）［2023 – 01 – 12］. https：//www. gov. cn/zhengce/zhengceku/2022 – 02/11/content_5673082. htm.

第一，应建立面向非传统生源的开放性职业教育招生制度。要培育高素质职业农民，必须有足够的、高质量的生源。虽然当今我国职业教育生源70%以上来自农村，但很多农村青年参加职业教育实际上是无奈的、被动的选择，或者期望借由职业教育路径实现"跳出农门"的目标。所以，虽然从理论上说，培养职业农民，尤其是后继新型职业农民，其主要生源应该来自农村青年群体，但事实并非如此。与此同时，目前的留守农民虽然总体年龄偏大，学历不够高，却有丰富的农业生产经验和深厚的农村生活情感，而且相当一部分中青年农民希望通过职业教育路径提升学历，获取从业和创业资本。因此，如果能够建立真正的开放式招生制度，将这类群体纳入高素质职业农民培养对象的范畴，不失为一种可行的选择。另外，部分返乡农民工、退伍人员等对农村同样有着深厚的情感，具有比较浓烈的乡土情结。他们在外打工的经历或者入伍的锻炼，使其理念得以更新，视野更为宽广，他们中的许多人具有接受更高层次职业教育的意愿，而且这部分人群的数量不少。单就返乡人员而言，据统计，2020年，全国返乡入乡创业创新人员达1010万人左右，首次突破1000万人，比2019年增加了160万人，增长18.82%。❶ 如果面向这两类人群开放本专科层次的涉农职业教育，则更有利于培育出有知识、懂技术、留得下的乡村振兴人才，也有利于解决"空心村""农民荒"以及未来农村"谁来种地""谁来治理"的问题。

第二，要基于非传统生源的特殊性，建立健全省级统筹的分类招生考试制度。这种招生考试制度的特点，一是有别于面向应届毕业生的高考制度。例如，对于退役军人、失业人员、返乡农民工和留守农民、新市民等有意愿就读涉农高职院校的人群，可免予文化素质考试，只参加职业技能测试，或者根据其是否具有高中或同等学力以及是否有从农意愿决定是否录取。二是这一制度虽然降低了对文化成绩的要求，但倾向于考查务农等从业和创业经历，强调技能实践。另外，这一招生考试制度更能体现职业教育的"人本性"特点，有利于将农村最广大的弱势群体纳入职业教育的范畴。这种分类考试招生制度未来应成为高职院校招生的主要渠道。与此同时，要通过系统设计中职考试招生办法，使绝大多数城乡新增劳动力接受高中阶段职业教育。

---

❶ 国家统计局. 2020 年农民工监测调查报告［EB/OL］.（2021－04－30）［2022－10－26］. http://www.stats.gov.cn/xxgk/sjfb/zxfb2020/202104/t20210430_1816937.html.

（二）积极探索和施行"公费职业农民"培养制度，逐步建立农村义务职业教育制度

近些年来，令社会各界深感危机的就是乡村振兴、现代农业发展后继乏人。一方面，农村本土的"有生劳动力"不断流向城市；另一方面，绝大部分青少年学生无务农意愿。由表 3-7 可以看出，30 周岁以下参加新型职业农民培训的学员仅占 5.16%。与此同时，由表 3-11 不难发现，参加培训的学员以初中文化程度的居多，占比为 36.57%，具有大专、本科以上学历的占比为 26.17%。这一方面显示，现代农业的发展已经对一些具有较高学历的大学生产生了一定吸引力，使他们看到了现代农业的发展前景。但另一方面，在数字乡村建设背景下，为了满足现代农业的新产业、新业态、新模式发展要求，需要更多具有较高文化素质、技能素养和数字素养的新型职业农民。

表 3-11 参加培训学员的文化程度

文化程度	人数	占比（%）
小学及以下	23	1.61
初中	524	36.57
普通高中	291	20.31
中专	220	15.35
大专	282	19.68
本科	88	6.14
硕士研究生及以上	5	0.35
本题有效填写人次		1433

要解决乡村振兴人才不足，后继农民缺乏的问题，必须从人才培养制度本身寻找答案。

首先，建立"公费职业农民"培养制度。应建立面向初、高中毕业生招收涉农专业学生的"公费职业农民"培养制度，构建一种由国家和地方财政全额拨款的"定向生"服务体系，以培育服务乡村振兴的多层次、多类型的应用型人才。这一制度类似于我国为了解决高质量师范生生源问题而实施的"免费师范生"制度。这一制度可以在一定程度上吸引高质量生源，激发人们成为职业农民的兴趣和动力。

其次，率先逐步建立农村义务职业教育制度。从长远来看，随着我国经济和教育的发展，实行义务职业教育制度将成为可能，而从乡村振兴战略实现来看，可以首先实行义务农村职业教育制度，也就是将农村义务教育年限延长到

中等职业教育阶段。

最后，实行免费农民职业培训制度。目前，我国事实上已经实行了农民免费职业培训，未来可以以此为基础，将农民培训制度化，以提升农民参加职业培训的积极性，并提高培训质量。

（三）鼓励高职院校与涉农企业联合招生，构建新型职业农民培育共同体

产教融合是职业教育发展的大趋势，也是培养高素质新型职业农民的必由之路。产教融合应贯穿于新型职业农民培养的全领域、全过程。涉农高职院校要想吸引既具有较高文化基础，又具有从农志向的高质量生源，与涉农企业联合招生不失为一项良策。这种招生办法对于报考、就读涉农专业的学生而言，既有了明确的职业方向和就业保障，职业情感以及学习动力也会更强。对于职业院校和企业而言，涉农企业参与招生环节，能够与职业院校形成人才培养实践共同体。1991年，莱夫和温格提出了实践共同体的概念，认为实践共同体是一个分享共同关注的问题或对同一话题抱有热情的人群。通过产教融合，形成真正的职业农民培育实践共同体，有利于将产教融合的愿望和措施落到实处，培养出真正的高素质农民。❶

三、加强涉农专业建设，满足对高素质农民的需求

（一）适度扩大中职学校农科类专业的招生规模，为乡村产业体系建设奠定基础

现代乡村产业体系的建设，有赖于职业教育为其培养大批的职业农民。基于涉农专业招生现状，展望现代乡村产业发展的需求，有关部门必须协同采取有力措施，在尽快止住涉农涉乡专业招生数量下滑势头的基础上，通过积极的发展政策，稳步促进涉农涉乡专业的发展。第一，在县域范围内，要以现有专业为基础，增设与县域农业产业体系相关，并且有稳定需求的涉农涉乡专业。可以采用开放式的招生办法，其生源可以是面向本地的初高中生源，也可以是往届毕业生，以及具有基本文化基础的留守农民；招生范围可以不受地域限制，实施完全开放政策。当然，要实现这一愿望，就必须创新配置积极的、具

---

❶ LAVE J，WENGER E. Situated learning：Legitimate peripheral participation［M］. New York：Cambridge University Press，1991.

有吸引力的涉农涉乡专业发展政策。第二，在市域范围内，统筹规划和设置需求普遍但需求量少的专业，以满足市域乡村产业发展对人才的需求。

（二）鼓励涉农高职院校拓宽传统专业边界建设新农科，促进现代农业发展

"三产融合""城乡融合"的趋势以及现代农业产业体系的建设目标，迫切要求高职院校基于生物技术、信息技术等现代科学技术改造、提升现有涉农专业，建设一批新兴涉农专业。[1] 由此，2021 年，教育部对职业教育专业目录进行了全面修订，服务对接"十四五"高质量发展目标。在新目录中，中等职业教育下设 31 个涉农专业，旧目录中原有的 39 个涉农专业，有的被撤销、合并，如农村土地纠纷调解专业被撤销；专科层次高等职业教育下设 48 个涉农专业，旧目录中原有 57 个涉农专业，其中部分专业被撤销、合并，如农资营销与服务专业被撤销；本科层次高等职业教育下设 13 个涉农专业，全为新增专业。[2]

为此，一方面，涉农高职院校和专业应基于原有学科与专业优势，根据区域现代农业创业发展需求，对照职业教育专业新目录，开设新农科专业，或者改造传统专业，赋予其现代农业特质；另一方面，要积极引导和鼓励涉农高职院校拓宽农业传统学科的专业边界，增设涉农学科专业。这些都是加快新农科建设的有效举措，有利于多快好省地培育出满足区域现代农业发展需要的高层次涉农技术人才和管理人才。《乡村振兴促进法》规定：鼓励各地遴选一批高等职业学校，按照有关规定，根据乡村振兴需求开设涉农专业，支持村干部、新型农业经营主体带头人、退役军人、返乡创业农民工等，采取在校学习、弹性学制、农学交替、送教下乡等方式，就地就近接受高等职业教育，培养一批在乡大学生、乡村治理人才。

---

[1] 中共中央办公厅　国务院办公厅印发《关于加快推进乡村人才振兴的意见》［EB/OL］．（2021 – 02 – 23）［2022 – 10 – 26］．https：//www.gov.cn/zhengce/2021 – 02/23/content_5588496.htm.

[2] 教育部关于印发《职业教育专业目录（2021 年）》的通知［J］．中华人民共和国教育部公报，2021（6）：42 – 130.

第四章 新型职业农民职业 教育和培训的典型模式

2023 年中央一号文件《中共中央 国务院关于做好二〇二三年全面推进乡村振兴重点工作的意见》提出"必须坚持不懈把解决好'三农'问题作为全党工作重中之重，举全党全社会之力全面推进乡村振兴，加快农业农村现代化"❶的战略部署。归纳符合区域特色的新型职业农民职业教育和培训典型模式，对不同模式进行经验总结、多维度比较，提出模式构建建议，既是满足落实中央战略部署的需要，也是推进农业农村现代化的现实诉求。

新型职业农民职业教育和培训模式作为一个系统概念，主要由职业教育和培训目标、主体、客体、内容、评价、保障等要素构成，具有一定的普遍性、典型性、稳定性和效仿性。新型职业农民职业教育和培训模式并不是从个别的、偶然的现象中产生的，而是对大量保持相对稳定性的活动的理论抽象与概括。新型职业农民职业教育和培训的典型模式多在一定的社会历史条件下形成，是某地区特定时期的经济、产业、社会、政治、文化、资源等特点在农民培训活动中的综合反映，是整个职业教育和培训活动过程及其制度、方法的固化和规范。

江苏、浙江的新型职业农民培育走在全国前列，在大量的培育实践中，不仅涌现出各种各样的方式方法，还形成了具有一定推广应用价值的、符合区域实际需要的模式，有的已经上升到典型经验的层面。为了提出更具针对性、有效性的策略推进新型职业农民培育，课题组开展大范围调研，对象涉及教育局分管领导、高等农业院校管理者、农广校校长、社区学院管理干部、农民培训学校负责人等管理者，以及培训班学员、家庭农场主、专业合作社带头人等新型职业农民，以了解新型职业农民培育中的先进经验，探索和创新新型职业农民职业教育和培训模式。

基于新型职业农民职业教育和培训的相关理论研究，课题组通过个案分

---

❶ 中共中央 国务院关于做好 2023 年全面推进乡村振兴重点工作的意见 ［EB/OL］．（2023 – 02 –13）［2023 –03 –12］．https：//www.gov.cn/zhengce/2023 –02/13/content_5741370.htm.

析、深度访谈、文本分析等相结合的方法搜集各地的相关一手资料，并进行经验总结。结合江苏、浙江等省市的具体实践，从模式简介、模式解决的主要问题、模式创新之处、模式应用效果等方面进行实践归纳，总结出新型职业农民职业教育和培训的四种典型成功模式：嘉兴模式，乡村振兴新农人"四融四新"培养模式的创新与实践；湖州模式，高素质农民培育"湖州模式"的十年实践与创新；溧阳模式，基于"1＋N"融合行动计划培育新型职业农民；常州模式，高校＋职校协同培育新型职业农民。

第一节　嘉兴模式：乡村振兴新农人"四融四新" 培养模式的创新与实践

一、模式简介

城乡融合发展、促进乡村振兴是实现共同富裕的必由之路。嘉兴作为全国城乡融合发展先行地，其农村地区率先实现一二三产深度融合，新产业、新业态、新模式迭代升级，呈现数字化、融合化、生态化新趋势，对农业从业人员的素质结构和能力水平提出新要求，亟须培养一大批具有互联网思维、生态意识和掌握先进技术的复合型乡村振兴新农人，这是新时代的要求，也是涉农高校的职责与使命。长期以来，受体制机制等多种因素影响，涉农高职院校人才培养供给侧和乡村振兴的需求侧还不相适应，农村人才"下不去、留不住、干不好"的痛点一直制约着"三农"事业的高质量发展。学生学成后不愿回乡村，毕业后专业对口率较低等问题一直没有得到很好的解决。

嘉兴模式传承嘉兴职业技术学院 70 余年农业职业教育办学积淀，从 20 世纪 80 年代就开始探索"农业人才直通农村"的教学改革，主管单位曾被原农业部授予"农业教育改革先进单位"称号。进入 21 世纪，嘉兴地区以培育新型职业农民为重点，探索新的教学改革模式，针对涉农院校培养目标定位不够精准、课程体系滞后于三产融合态势、教学组织缺乏与农业生产过程的对接、育人主体单一、机制不健全等教学堵点，从 2009 年嘉兴市重点调研课题"嘉兴培育现代职业农民的思考"开始，2013 年完成省规划课题"培育新型现代职业农民'嘉兴模式'的探索与实践"，初步形成实施方案，经过近 10 年的实践检验，逐步完善并形成了乡村振兴新农人"四融四新"培养模式，如图 4－1 所示。

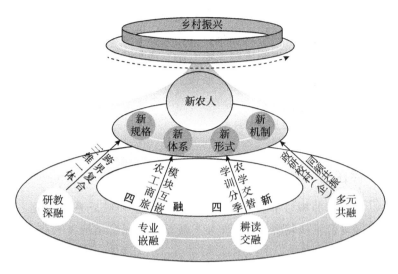

图 4 – 1 乡村振兴新农人"四融四新"培养模式

1. 研教深融

组建研—教共同体，深入剖析岗位素质结构，建立新农人胜任力模型，确立三产融合背景下"三维一体、跨界复合"人才培养新规格，实现教学目标与乡村振兴人才需求的高度契合。

2. 专业嵌融

打破专业边界，以"涉农专业 + 工商旅课程模块"和"工商旅专业 + 农业课程模块"嵌入式融合为思路，推进一产"接二连三"，形成"农工商旅、模块互嵌"跨专业课程新体系，确保教学内容与现代农业产业发展的动态吻合。

3. 耕读交融

注重耕读教育与就地培养，实施"深耕、固本、赋能"三大工程，推进田间课堂革命，创建"学训分季、农学交替"教学组织新形式，促进教学过程与生产过程无缝对接。

4. 多元共融

搭建新农人培养联盟，政府出台政策、研究机构给予理论指导、学校组织实施、村（企）参与培养，构建"政研校村（企）、同频共振"协同育人新机制，保障育人主体作用的发挥。

以上培养模式实施以来成效显著，输送乡村振兴新农人1.2万余名。嘉兴地区90.00%以上家庭农场主和专业合作社负责人由学校培养，有力促进了乡村旅游、休闲农业、农村电商等现代农业产业发展，为农村居民收入连续18

年位居全省第一做出了巨大贡献。成果先后被农业农村部科教司、浙江省教育厅作为典型案例进行推广，中央电视台综合频道、《光明日报》等主流媒体报道200多次，中国教育电视台进行独家专访。成果得到业界专家高度评价，学校被认定为全国乡村振兴人才培养优质校。

二、模式解决的主要问题

（一）存在的问题

第一，人才培养规格不够精准，对岗位胜任素质缺乏系统研究，"重单一技能训练、轻复合素质培养"，导致人才培养不能完全适应乡村振兴产业发展的需求。

第二，涉农专业口径较小，农工结合、农商结合、农旅结合不够，专业课程体系相对陈旧，与区域三产融合发展态势不够同频。

第三，实践教学与农业生产季节不够同步，农业生产周期与实践教学进程难以协调，影响理实一体化教学效果。

第四，人才培养主体之间尚未形成完善的多元共育机制，新农人协同培养成效不佳。

（二）关键举措

本模式聚焦乡村振兴背景下三产融合对高素质农业从业人员的新要求，采用调查研究法、系统论方法、行动研究法，以问题为导向，围绕人才培养规格、课程体系、教学组织形式、体制机制等方面展开系统探索和实践，形成了乡村振兴新农人"四融四新"培养模式。

1. 研教深融，确立"三维一体、跨界复合"新农人岗位胜任素质新规格

学校从2009年开始，与江苏理工学院农村职教研究所等组建"研—教共同体"，围绕新型职业农民培养、农村职业教育发展等开展理论研究，指导涉农专业人才培养模式改革。围绕乡村振兴"新农人"岗位胜任力开展人才需求调研，完成了《乡村振兴与农村职业教育变革》《新农人胜任力研究报告》等学术著作及研究报告。针对乡村产业数字化、融合化、生态化新趋势，按照"爱农业、懂技术、善经营"的人才培养目标，采用定性与定量相结合的"混合研究法"，开展岗位职业能力调研与分析，明确由基础素养与职业准备的"元素质"、岗位能力与职业成长的"过程性素质"、综合素养与职业发展的"整体化设计素质"构成的三个素质维度，细化"农场生产管理、互联网创业

营销"等14个能力指标，构建"三维一体、跨界复合"新农人胜任力模型，明晰了新农人岗位胜任素质规格。

2. 专业嵌融，创建"农工商旅、模块互嵌"跨专业课程新体系

针对三产融合发展新要求，对接新农人岗位胜任素质结构，突破传统涉农专业人才培养的局限性，拓宽专业育人边界，整合物联网应用技术、电子商务、旅游管理等专业资源，优化课程结构，重构"涉农专业＋工商旅课程模块"和"工商旅专业＋农业课程模块"的农工商旅"模块互嵌"课程新体系，如图4-2所示。对传统涉农专业，嵌入农业物联网、农产品营销、乡村文旅等16个工商旅专业课程模块；面向物联网应用技术、电子商务、旅游管理等相关专业，开设"吴越农耕文化"等基础课，嵌入智慧农业、美丽乡村建设、绿色农产品生产等12个农业课程模块。在涉农专业中实施"课证融通、一主多副"的职业素质评价制度，满足三产融合对复合型人才的需求，提高人才培养与乡村振兴高质量发展的适应性。

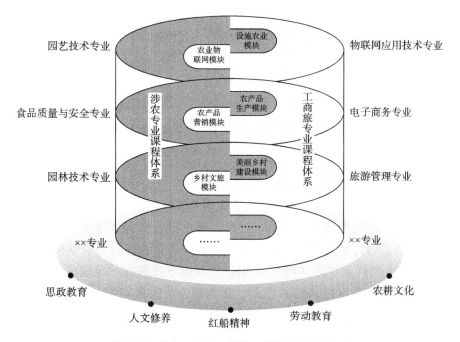

图4-2 "农工商旅、模块互嵌"课程新体系

3. 耕读交融，创建"学训分季、农学交替"教学组织新形式

根据农业生产的季节性特点，坚持教学过程与农业生产过程相统一，科学合理地制订教学计划，把课堂搬到田间地头、村居民宅，亦耕亦读，耕读交

融，推动"田间课堂革命"。将农耕文化、劳动教育作为必修课，挖掘专业课程中的耕读教育元素，强化课程思政，厚植"大国三农"情怀。依托碧云农学院等产业学院和实训基地，实施现代学徒制，校企共建订单班、现代学徒班26个，培养678人，通过"学训分季、轮岗交替"培养全日制涉农专业学生；参照双元制培养模式，连续招收14届农民专业合作社社员、家庭农场主、村干部等农村青年1912名，量身定制人才培养方案，"忙农闲学、农学交替"开展学历提升；坚持育训并举，组建专兼结合、土专结合的培训团队，采用培训课程包制，"以耕定读、菜单培训"提升农业从业人员知识技能，如图4-3所示。

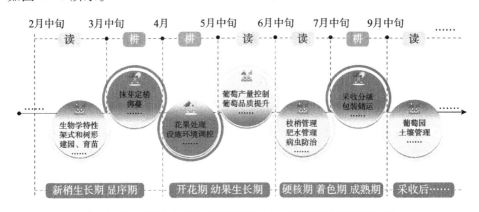

图4-3 "耕读交融"教学组织形式：以葡萄栽培管理为例

4. 多元共融，建立"政研校村（企）、同频共振"协同育人新机制

依托嘉兴乡村振兴学院，联合政府职能部门、研—教共同体、乡村振兴示范村、农业龙头企业等组建嘉兴市新农人培养联盟，实行新农人培养联席会议制度，共同实施知农爱农"深耕工程"、强农兴农"固本工程"、带农富农"赋能工程"。与碧云花园、嘉心菜集团等大院名企共建碧云农学院、嘉心菜农商学院等6所产业学院（产学共同体）；精选农业科技示范园区、农业高新企业、乡村旅游重点村共建新产业、新业态、新模式实训基地35个；聘请"土专家""田秀才""乡创客"等组建8个结构化教学创新团队，合作编写"农业废弃物循环利用实用技术系列丛书""节约集约农业实用技术系列丛书"及"嘉兴新型职业农民培训系列教材"3套共29册本土特色教材；共同制定《嘉兴市新型职业农民认定管理办法》，联合开展新型职业农民培育和认定工作，将认定结果作为农业从业者获得政策扶持的依据。

三、模式创新之处

服务城乡融合先行区的乡村振兴人才需求，以新农人岗位胜任素质研究为基础，坚持在实践中创新，在创新中完善，经过 10 余年的探索与实践，在乡村振兴"新农人"的人才培养规格理论、课程体系建设、教学组织形式等方面进行了积极的创新实践，形成了鲜明特色。

（一）首创"跨界复合"新农人胜任素质模型，促进了高素质现代农业人才精准培养

组建并充分发挥"研—教共同体"的作用，运用"解决问题为中心"的实用主义范式，遵循三产融合发展态势，厘清了新农人培育与新产业、新业态、新模式的内在关系。在国内相关研究中，首次探索构建了由"元素质、过程性素质、整体化设计素质"等构成的"三维一体、跨界复合"的新农人胜任素质模型，明晰了新农人培养的质量规格，改变了以往培养目标滞后于三产融合发展趋势的状况；在国内涉农专业建设中，提出了新农人胜任素质形成规律、培育路径和实施策略，分析了专业现实教学状态与新农人素质培养要求之间的差距；明确了新农人应具备的知识、能力、技能和素养要求，为农工商旅"模块互嵌"课程体系构建提供了理论依据。

（二）独创"涉农专业＋"模块互嵌的课程体系，提供了跨界复合型人才培养的课程开发范式

以乡村振兴新农人的胜任素质为逻辑起点，围绕产业、人才、文化、生态与组织振兴的要求，以课程模块为载体，跨专业构建"涉农专业＋""工商旅专业＋"嵌入式课程体系，打破专业育人边界，推进一二三产专业嵌融，实现农工商旅人才跨界培养，改变了传统涉农专业课程体系相对固化的状况，解决了其与三产融合发展趋势缺乏动态适应性的问题，促进了人才培养的供给侧与乡村振兴需求侧的有效对接。强化知农爱农教育，把耕读教育、劳动教育作为基础课融入人才培养方案，厚植学生"大国三农"情怀。土专结合、校企合作，共编地方特色教材，开发配套"特色教材＋活页教材＋数字化资源"。创新分类施教、模块互选、学分互认等教学管理制度，实行涉农专业"课证融通、一主多副"的职业素养评价方式，为实现跨界复合的新农人培养目标提供了有力保障。

（三）领创"学训分季"理实一体教学方式，破解了农业生产季节性带来的实践教学难题

基于农业生产季节性强、周期性明显等特点，遵循教学过程和职业技能形成规律，亦农亦学，农学交替。按照"双重身份、双元教育"思路，根据全日制涉农专业学生特点，实施订单班和现代学徒制，实行"学生—学徒"双身份、"教师—师傅"双评价。创新了"学训分季、轮岗交替"的实践教学方式，农场即实践场所、农事即实践内容、农时即实践过程，实现"校园—田园"共连共通、"教师—师傅"互聘互教。针对农民大学生和农业从业人员，创新"忙农闲学、农学交替""以耕定读、菜单培训"的学训分季新形式。通过学中做、做中学、教学做合一，改进了理实难以一体、校园—田园相对分离的传统教学组织方式，破解了涉农类专业的实践教学难题，提升了涉农专业教学的有效性。

四、模式应用效果

"四融四新"模式实施以来成效显著，涉农类专业招生录取位次逐年提高，其中，园艺技术、食品质量与安全专业 2022 年位居全省同类专业第一；就业对口率从 2013 届的 47.40%、2016 届的 53.90% 提升到 2020 届的 84.30%。嘉兴地区 90.00% 以上的家庭农场主和合作社负责人由学校培育，成为乡村增收致富带头人，为嘉兴农村居民收入连续 18 年位居全省前列做出了巨大贡献。

（一）人才培养质量显著提高，学校成为全国乡村振兴人才培养优质校

建成省科技创新团队 1 个，园艺技术建成国家骨干专业，获浙江省科学技术进步奖一等奖 1 项，获全国农业职业教育教学名师称号的有 5 人。输送乡村振兴新农人 6600 余名，开展省内农村实用人才技术培训 15 万余人。涉农专业学生获得专利权 73 项、省级及以上竞赛获奖 164 项（其中国家级 27 项），2014 届的几名学生获全国职业院校"挑战杯"特等奖。近五年毕业生就业率达 98.20% 以上，专业对口率提高至 84.30%，涌现出一批引领乡村振兴的新农人。第十三届全国人大代表、浙江一里谷农业科技有限公司董事长、2017 年学员孙军，结对全国 80 多个经济薄弱县，抱团 3000 余农户增收致富。农民大学生毛某某、章某某将"脏乱差"的养猪村建成首批全国乡村旅游重点村、

全国文明村镇。2015届毕业生江某创办农业科技公司，无人机植保服务覆盖农作物种植面积达8万余亩。

（二）新农人培养模式作为典型案例被广泛推广，并被全国涉农院校借鉴应用

学校牵头组建长三角示范区乡村振兴人才培养联盟；立项国家级、省部级涉农教研项目17项，发表论文69篇，在教育部研讨会、中国农学会等进行典型经验交流13次；浙江省政府办公厅《专报信息》刊发"培养本土化新型职业农民"的做法，并被教育厅作为典型经验推广；新农人培养案例被农业农村部《农业农村科教动态》印发，并入选全国政协双周协商座谈会会议材料，会议筹办方教育部职成司高度肯定了学校在乡村振兴中的突出作用和贡献。广西农业职业技术大学、宜宾职业技术学院、黑龙江农业工程职业学院等30多所院校来校学习交流。

（三）教学改革及创新实践特色鲜明，赢得各级领导和社会各界高度赞誉

"学校教学改革为解决农村人才'植根性'问题提供了可借鉴与推广的范例。"时任全国政协副主席齐续春专程来校调研并对成果给予高度肯定。时任副省长王建满给予批示："嘉兴地方高校培养本土化新型职业农民，促进'三农'发展的做法，可印发各地参阅。"中央电视台新闻频道以"田野里的新农人"为题进行新闻报道，中国教育电视台《职教中国》节目以"乡村振兴背景下'新农人'培养的职教方案"为题作40分钟的专题访谈，《光明日报》《中国教育报》《农民日报》《浙江日报》等主流媒体对本成果报道200余次。

（四）服务国家重大战略需求，助力西部乡村振兴高质量发展

依托农业农村部农村实用人才培训基地和全国新型职业农民培育示范基地，为全国培训乡村振兴新农人5.5万余人。对接新疆、云南、青海、四川等地，开展种养殖技术、农产品营销、乡村旅游等培训1万余人次，对口帮扶7所学校建设涉农专业，成立嘉兴乡村振兴学院沙雅分院。主持的人社部项目《"红船领航"专家服务泸水市乡村振兴发展行动计划》得到云南省委领导批示肯定，职教帮扶经验被《浙江政务信息专报》采用。

第二节　湖州模式：高素质农民培育的
十年实践与创新

一、模式简介

党的十九届五中全会提出"优先发展农业农村，全面推进乡村振兴"，为立足"十四五"乃至 2035 年远景目标做好"三农"工作，促进农业全面升级、农村全面进步、农民全面发展提供了重要遵循。近年来，湖州职业技术学院以举办全国首家地市级农民学院为平台，牢固树立"以习近平新时代中国特色社会主义思想为指引，践行'绿水青山就是金山银山'理念，创新农业特色，构建适应湖州农业现代化需要的职业教育体系"●的办学指导思想，锚定"开展涉农学历教育、职业培训、跟踪扶持，致力农业科学研究和成果转化，服务湖州农村经济社会发展"的办学目标，突出"培养适应湖州现代农业产业发展所需高素质农民"的培养目标。学校服务"三农"办学取得的成果突破传统学校围墙内办学的局限，开创了湖州职业教育的新领域，完善了湖州高等教育布局，对服务乡村振兴起到重要作用。坚持政府主导、部门主管、学院实施、社会参与的办学体制和立足产业、产教融合、多方参与、注重实效的办学原则，建立了政校企融合培育高素质农民的湖州模式。

学校扎根湖州大地，面向"三农"推进农民职业教育。2010 年，学校在全国创新举办首家地市级"农民学院"，构建"学历＋技能＋创业"农民大学生培养模式；2014 年以来，学校以被农业农村部认定为"全国新型职业农民培育示范基地"为契机，进一步聚焦高素质农民培育，创新形成政校企融合培育高素质农民的"湖州模式"，如图 4－4 所示。该模式在宏观层面，通过建立政府引导的全市统筹协调机制，实现专业与产业的有效对接；在中观层面，通过部门牵头、学校主导、企业参与，促进"工学结合，协同建设高水平的涉农课程群、基地群、教师群；在微观层面，通过校校联合、企业参与，联合制订人才培养方案，并对培育质量进行监督与评价。

● 深入学习贯彻习近平生态文明思想，奋力绘就美丽中国新画卷［EB/OL］.（2021－10－12）［2022－11－10］. https：//baijiahao. baidu. com/s?id＝1779870535724701744&wfr＝spider&for＝pc.

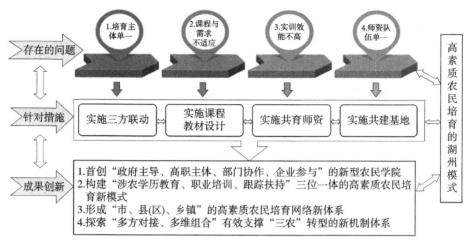

图4-4 高素质农民培育"湖州模式"

二、模式解决的主要问题

（一）存在的问题

当前，高素质农民培育的难点是政校企难协同。

第一，培育主体单一。学校、政府、企业三方协同参与人才培养的内驱力不强，还未真正形成三方自觉参与职业教育的氛围。

第二，课程体系难以适应产业发展需求。涉农专业课程存在类型和结构单一、目标针对性不强、内容陈旧和服务产业能力不足等短板。

第三，师资队伍不能满足培育整体需求。专业教师存在数量不足、学历层次偏低、来源结构单一、对产业发展趋势不了解、对生产流程不熟悉的短板。

第四，涉农实训基地综合效能不高。部分校企合作仅限于挂牌或签约的形式，涉农企业未能积极发挥作用，造成效能发挥受抑。

（二）关键举措

1. 融合发展，地市高职统筹农民职前、职后教育

抓好高职旅游管理、工业过程自动化、电子商务、物流信息等"三产"融合专业群建设，增设一批"农商旅、农工贸"产业融合专业。通过校企合作平台，整合太湖龙之梦、世界乡村旅游大会永久会址、安吉云上草原等涉农

旗舰企业资源，按照企业的产品、技术和产业发展要求，开展专业创新建设。推动职前学历教育、职后岗位培训的共进并举、互融互补，实现全过程培育高素质农民。

2. 搭建平台，地市高职主导农民职业教育体系

其一，湖州市依托高职、电大创建农民学院，成立高素质农民培育工作领导小组，领导和协调各部门，合力开展高素质农民培育。同时，相关部门制定出台有利于促进校企合作开展高素质农民培育的地方管理条例或制度，做到有目标、有计划、有考评、有奖惩、有措施，确保培育顺利实施。组建农民学院管理委员会，实行管委会领导下的院务会议负责制。管委会由市委市政府分管农业农村工作的副书记和副市长担任主任，相关组织、宣传、人社、科教、文化以及涉农部门主要负责人为管委会成员。农民学院院长由职院党委书记担任。

其二，学校以"共建、共管、共享、共赢"的"四共"合作理念，建立高素质农民培育保障制度。在县区及乡镇等基层设立教学点，将政府、学校、企业连接在一起，三方联动，形成高素质农民培育共同体，从而保障培育工作正常、有序、高效开展。

其三，针对农民分布地域广、居住分散的特点，采取"市农民学院、县农民分院、乡镇成校教学点、企业（村）田间课堂"四级联动的教育网络，如图4-5所示。在市级层面建立农民学院，在县级层面建立农民学院分院，在乡镇层面依托成人文化学校建立农民学院教学点，在重点农业企业设立田间课堂，优化教学资源配置，把线上理论教学与线下实践教学、就近就地集中教学与送教上门结合起来，把学院的教学组织下沉到农村基层和田间地头，分农时季节方便学员就近就地学习，兼顾农民的学习和生产。

3. 形式创新，地市高职改革农民教育教学

依托市校合作、校所合作、校校合作等平台，引智借力，加强市内外涉农教育课程教学资源的统筹。共享一批市内外的现场教学基地和创业教育基地，建立健全创业联盟，构建创业孵化空间，推动学员开展众创众筹；开发一套富有地方特色的培训教材和网络视频课程资源，设计通识课程和教材（见图4-6和图4-7），提升学员综合素养；强化省、市、县区、乡镇之间的农民教育资源的统筹协调和综合利用，组织专家编写乡土教材，录制农技推广视频课程。

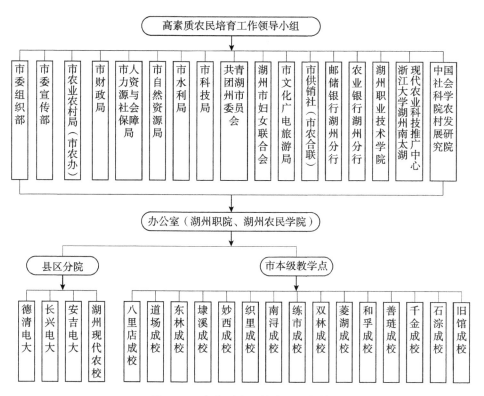

图4-5 高素质农民培育组织结构

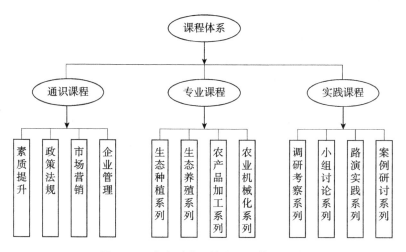

图4-6 高素质农民培育课程体系结构

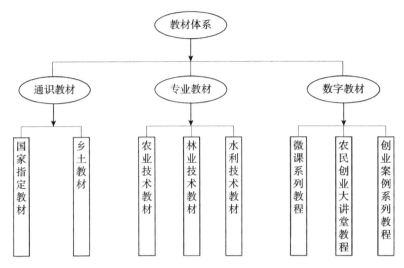

图4-7　高素质农民培育教材体系结构

4. 强化服务，地市高职实施"1+1+N"现代农技跟踪服务

学校在专业师资队伍建设中，积极引进涉农企业专业人才，优化专业师资队伍的结构（见图4-8），提高专业教学质量。其一，聘请中国社会科学院农村发展研究所、浙江大学、浙江省农业科学院、浙江农民大学等的学者，市内十大产业联盟专家以及乡镇农技推广员，建立一支"农科教技、省市校乡"四合一师资队伍；挑选校内相关专业师资到涉农企业挂职锻炼；遴选农业企业专业技术人员担任兼职导师。紧抓市校合作契机，集聚整合浙江省各大学农科教平台资源，全国首创地市高职牵头"1+1+N"现代农业产学研联盟农技跟踪服务模式（1个高校院所团队+1个地方技术小组+服务N个经营主体），组建湖州市十大农业主导产业联盟。调动政府部门、银行、保险公司资源，设立创业基金，打通政策落实"最后一公里"，精准服务农民创新创业。其二，建立共享式教学基地（见图4-9）。整合乡镇教育、文化资源，设立乡村振兴培训中心，开展共享式教育培训；建立中高职一体化实践基地，联合湖州现代农校（中职），挂牌设立田间学校，实现"高职+中职"基地共建机制，有效改善学员实习实训条件；建立农民创新创业基地，遴选农业龙头企业，积极开展创业孵化，有效增强教学服务能力。

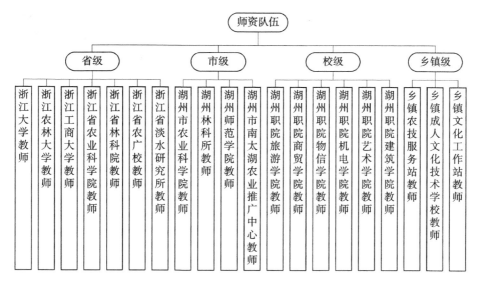

图 4-8 高素质农民培育师资队伍结构

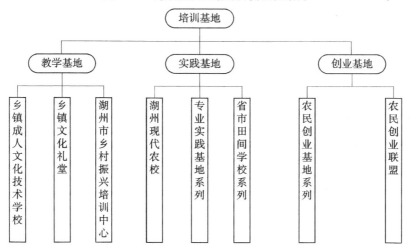

图 4-9 高素质农民培育基地结构

三、模式创新之处

（一）首创"政府主导、高职主体、部门协作、企业参与"的新型农民学院

学校发挥高职院校服务"三农"功能，把新时代高素质农民作为高等职

业教育培育对象，依据高职教育具有高等教育、职业教育、继续教育的三重属性，积极调动企业参与积极性，组成一个自上而下、逐级辐射的农民学院教育集团或办学网络，有计划、有步骤地推进不同层次的教育培训项目。

（二）构建"学历教育、职业培训、跟踪扶持"的高素质农民培育新模式

学校适应地方农业主导产业以及技术技能人才发展需求，集中开展理论授课、网络学习、专题实践、论坛研讨、结对辅导等多种形式的教学，创新机制推动学历教育与非学历教育互相衔接，按照"标准不降、模式多元、学制灵活"的原则，实行弹性学制和灵活多元的教学模式，联合政府强化训后跟踪扶持，全面提升高素质农民培养的针对性、适应性和实效性。

（三）形成"市农民学院、区（县）农民分院、乡镇教学点"的高素质农民培育网络新体系

学校统筹各区（县）农民分院、乡镇教学点，合力推进高素质农民培育。在全市形成垂直领导、协作互动的培育网络体系，保障培育工作取得实效。政府部门制定《湖州市高素质农民培育管理办法》等制度，明确各方责任、职责、权利和义务。

（四）打造"多方对接、多维组合"的配套保障新机制

学校对接农业产业，专业对接农业企业，教师对接经营主体，开发"三农"跨学科课程，深度对接区域特色产业，满足"三农"转型发展需求。同时，学校出台系列政策，配套教育专项经费，完善高素质农民培育保障体系。

四、模式应用效果

（一）应用成效显著

学校被农业农村部评为全国首批新型职业农民培育示范基地。累计培训各类新型经营主体 6000 余人、高素质农民 14278 人；培养农民大学生 11050 人、中高职衔接涉农专业大学生 472 人；开设农民创业大讲堂 315 次，惠及农民 1.3 万余人次；认定培育农民大学生创业基地 93 家；编写乡土教材 41 册，制作微课 97 讲。获得"教育部'一村一'优秀教学单位"称号。聘请高校院所专家 120 余人，联结服务经营主体 1403 家。学员对培训满意度高，据不完全

统计，30 余位经过教育培训与结对扶持的高素质农民年均增收达 150 余万元。其中，领军人物费某某赴新疆阿克苏柯坪进行技术扶贫，并引种羊入疆；吴某某、杨某某等为四川青川捐赠白茶苗，帮扶当地农民实现共同富裕。学校通过组织举办"一带一路"蜂业技术培训，扶持相关国家农民增收致富。

（二）推广影响力大

农民教育有关论文在《中国远程教育》《高等工程教育研究》《中国职业技术教育》等 CSSCI 及核心期刊发表；先后有 2 篇博士学位论文、58 篇硕士学位论文、80 余篇教育类核心期刊学术论文将学校的实践与创新作为样本个案进行研究。办学经验和成果在《人民日报》《中国教育报》《农民日报》、中央电视台等媒体累计被报道 100 余次，其中《农民日报》在头版头条进行报道。办学模式被农业农村部评为"全国高素质农民培育十大典型模式"；办学案例被《中国人才蓝皮书》收录。学校应邀在深化职业教育改革创新座谈会、全国新型职业农民培育经验交流会及中国农村改革 40 年学术研讨会上作为典型发言。

（三）辐射前景广阔

中共浙江省委农村工作领导小组办公室复制湖州经验，在省内打造农民教育三级网络体系，分别设立"省农民大学、市农民学院、县农民学校"，湖州模式在省内外广为传播。教育部职教司组织全国职业院校负责人赴学校考察政校企合作，上海、安徽、吉林、山东等省市农业部门，国家开放大学、中央农广校、浙江省农林大学等学校先后到湖州调研考察并落实合作办学。

第三节　溧阳模式：基于"1＋N"
融合行动计划培育新型职业农民

一、模式简介

乡村振兴，重中之重是产业振兴，成败在于人才振兴，关键举措在于高素质职业农民培育。江苏省溧阳职教中心地处"沪宁杭金三角之中枢，苏浙皖三省之交界"的"中国优秀旅游城市、国家级生态示范区、国家级农村职业教育和成人教育示范县"溧阳，是首批国家中等职业教育改革发展示范学校、江苏省高水平现代化职业学校、江苏省现代化示范性职业学校、江苏省中等职业学校领航计划建设单位、常州市唯一设置涉农专业的县域职教中心。自2008年创办现代农艺技术等涉农专业以来，学校始终致力于探寻服务溧阳现代"休闲农业""旅游农业"发展；2011年，在政府、涉农企业与合作高校的共同参与下，学校以"成人职业教育和培训支撑服务体系研究"（教育部）、"新型职业农民培育的职业教育和培训支持体系建设研究"（教育部）等课题研究为基础，开启了高素质职业农民培育的探索之路；2013年，基于现代农业的全产业链融合发展需求，正式提出培育高素质职业农民的"1＋N"融合行动计划（见图4-10）；2017年10月，形成了基于"1＋N"融合行动计划的县域职教中心培育高素质职业农民创新实践的教学成果，并推广运用至今。该成果共经历了"复办专业—创新研究—系统培育—验证推广"四个阶段。

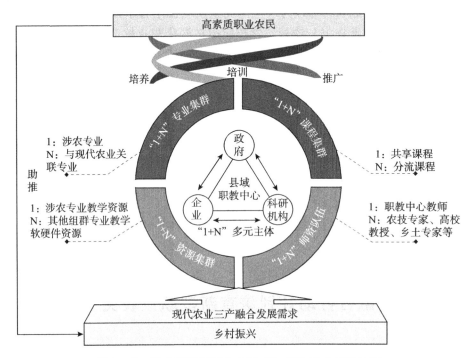

图4-10　培育高素质职业农民"1＋N"融合行动计划

　　"1＋N"中的"1"是指县域职教中心面向"三农"这一核心行动理念，"N"是指系列融合行动举措（"1＋N"专业、"1＋N"课程、"1＋N"师资、"1＋N"资源以及"1＋N"主体等，"1"为每项融合行动的主导因子，"N"为对主导因子起积极促进作用的相关辅助因子）。学校具体采取如下四大举措：①重建面向"三农"的"枢纽型平台"，系统构建现代农民素质框架，准确定位人才培养目标；②对接现代农业全产业链，建设"农业＋"专业课程集群，强化资源内在整合驱动力；③遵循农业生产与发展规律，研究农民需求特点，架构"农教深度融合、分类分级分段"联动培育方式；④建设"乡土专家"等师资资源库，依托现代农业实训基地，建立立体化保障网络。

通过"1＋N"融合行动计划的实施，有效解决了县域职教中心在高素质职业农民培育中面临的系列教学和培训难题，为溧阳地方经济社会发展及区域现代农业发展培育了大批高素质职业农民，助推了溧阳一二三产业融合发展和产业升级，为乡村振兴注入了新动能。改革成效显著，涉农专业学生获国家级技能大赛一等奖等奖项超过 20 项（位居全省同类学校前列），培训高素质职业农民累计近 5 万人次。该教学成果获常州市特等奖，被评为"溧阳模式"，中央电视台、《中国教育报》等主流媒体对此作了多次专题报道，得到了社会广泛认可和推广，在省内外起到了极大的示范与辐射作用。

二、模式解决的主要问题

（一）存在的问题

第一，培育目标定位"模糊化"。县域职教中心在乡村振兴中处于"主体缺场"的状态，对高素质职业农民应具备的胜任素质认识不足，导致培育目标不清晰。

第二，培育方案制订"学校化"。涉农专业单方制订人才培养培训方案，很难及时、准确地把握现代农业生产特点和农民自身发展需求，直接影响了人才培养产教供需吻合性。

第三，培育主体资源"分散化"。新型农业经营主体参与积极性不够高，且县域职业学校、农业行政科层组织等行动主体间形联神散，缺乏良性互动。

第四，培育内容路径"单一化"。缺乏"弹性灵活机制、跟踪服务伴随、理论实践结合、层级区分评价标准"的教学方式，难以保证培育具有持续吸引力。

（二）关键举措

1. 重建面向"三农"的"枢纽型平台"，系统构建职业农民素质框架，准确定位人才培育目标

在新时代乡村振兴"求才若渴"与涉农专业招生"门庭冷落"并存的反差背景下，溧阳职教中心重新认识涉农专业的时代价值和发展前景，通过政

府、高校和涉农企业等的协同，设计和实施了"1 + N"融合行动计划，回归"面向'三农'需求、重振涉农专业"的核心行动理念，将溧阳职教中心定位并打造成为高素质职业农民培育的"枢纽型平台"，明晰县域职教中心与乡村发展互为共生融合的双螺旋关系定位，如图4 - 11 所示。

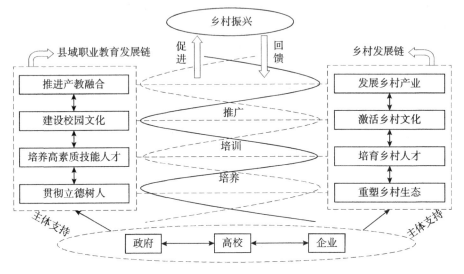

图4 – 11　"县域职业教育与乡村发展"的双螺旋关系

基于溧阳较早呈现出来的由三产融合产生的新产业、新业态、新模式对高素质职业农民素质结构提出的新要求，溧阳职教中心打破场域边界，与江苏理工学院农村职业教育研究所、江苏农林职业技术学院、扬州大学农学院、涉农企业等签署跨界合作协议，组建了"1 + N"农村职业教育"产学研"共同体、现代农业发展联盟，通过对溧阳高素质职业农民进行长期、深度的实证调研，共同完成了《高素质职业农民胜任素质研究报告》和《溧阳高素质人才需求调研报告》，准确定位溧阳职教中心以培育具有"元素质、过程性素质、整体化设计素质"3 个一级维度、"创业动机、职业承诺、互联网创业营销、农场情境领导"等14 个二级维度素质的高素质职业农民为人才培育目标。

2. 对接现代农业全产业链，建设"农业 + "专业课程集群，强化资源内在整合驱动力

一是基于乡村现代农业产业集群，建设"1 + N"专业集群。溧阳市政府立足现代农业产业的资源优势，打造贯穿"美丽乡村和特色田园"的"一号公路""溧阳现代产业园"，实现现代农业生产、加工销售、旅游农业等极具特色的全产业链。溧阳职教中心在对乡村优势资源、产业项目状况等开展充分

调研的基础上，明确不同乡村的主导产业及其延伸产业，创新打破专业界限，融入"1＋N"专业集群的建设理念，构建了以"现代农艺技术、园林技术"等涉农专业（即"1"）为基础，与旅游服务管理、市场营销等同主导产业关联的其他专业（即"N"）相对接的"农业＋"专业集群体系，打破传统上各专业自成体系的人才培养格局，围绕现代农业产业链建立专业集群。

二是基于现代农业专业集群，建立"1＋N"课程集群。在形成"1＋N"专业集群结构的基础上，学校基于专业集群衍生现代农业产业岗位群必备的知识和技能，构建起具有较强内在关联的"农业＋"专业群融合课程体系（共享课程为"1"，分流课程为"N"），为学生形成多元化、综合化的知识能力结构提供保证。学校还基于面向"三农"的办学使命，将"懂农业、爱农村、爱农民"的价值理念嵌入非农专业的人才培养过程中，培养县域职教中心学生的"三农"情结，为高素质人才在乡村就业创业提供职业情感和能力基础。

三是基于现代农业课程集群，实现"1＋N"资源集群。其一，实现课程资源的内部融合。涉农专业（即"1"）与其他组群专业（即"N"）共建共享教学软硬件资源，如专兼职教师资源、实训设备资源以及校内外农业实训基地资源等。其二，实现课程资源的外部融合。溧阳职教中心（即"1"）积极与溧阳农业部门、欣龙生态园等政府部门和涉农企业、江苏农林职业技术学院等兄弟职校以及扬州大学等外部主体（即"N"）建立互补、协同的合作关系，提升集成发展力。

3. 基于现代农业生产与发展趋势，研究农民需求特点，架构"农教深度融合、分类分级分段"联动培育方式

一是构建县域"职教中心—社区教育中心—涉农企业"多元主体参与育人体系。首先，县级层面由溧阳职教中心（即"1"）主导，负责实训设施投入大、职业技能要求高、师资综合素质要求高的培训项目。学校广泛开展了农机维修、农村电商等培训，近三年培训超过3000人次。其次，镇级层面以社区教育中心为主阵地，联合本地的农业龙头企业或其他涉农企业（即"N"）开展技能培训。例如，戴埠镇联合溧阳富民资产专业合作社开展农家乐从业人员能力提升培训，近三年累计培训超过500人次。最后，村级培训由村合作社、家庭农场（即"N"）实施短期培训，以食品安全、病虫害防治、田间管理等技能性内容为主。

二是开发"项目—创新—创业"做中学行动育人载体。在建立"1＋N"多元主体共同体的基础上，开发项目、创新、创业等有效育人载体，综合培养学生的农业实践能力、农业创新能力和农业创业能力。溧阳职教中心（即"1"）依托天目湖晨晓茶树种植等家庭农场、社渚青虾养殖等专业合作社等农

业企业（即"N"）的真实项目，指导学生开展"做中学"。溧阳职教中心与涉农企业联合开展农业技术改造，参与农业创业，介入研发、创业过程，为其搭建创业服务平台。

三是延展"校园—田园—云端"联动教学育人课堂。溧阳职教中心建立了集跨时空的"校园课堂"（理论课堂）、"田园课堂"（实践课堂）、"云端课堂"（理实结合在线课堂）于一体的"三级课堂"教学实践行动框架。通过校园与田园的对接，真正实现专业教学理实一体化；借助互联网、大数据、云计算等现代信息技术，开发"田间微课堂""溧阳学习在线"等学习资源，开设"茶园管理技术"等茶叶类课程20门、"青虾无公害养殖技术"等青虾养殖类课程21门，以及"天目湖鱼头制作"等系列视频课程。

高素质职业农民多元化主体参与育人体系如图4-12所示。

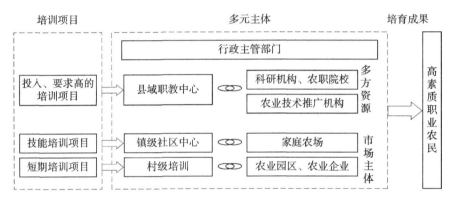

图4-12　高素质职业农民多元化主体参与育人体系

4. 建设"乡土专家"等师资资源库，依托现代农业混合所有制实训基地，建立立体化保障网络

一是建立"乡土专家、高校教授"师资团队。溧阳职教中心除了提升校内教师（"1"）素质，还为农民培育师资团队吸纳、整合江苏理工学院高校教授（博士）团队、扬州大学农技专家、溧阳农业乡土专家等（"N"）培育师资资源库，根据高素质职业农民培育对象的特点，将培育工作分为三个层次。首先，提供整体产业规划指导。遴选聘请26名高校教授（博士）对农民进行产业规划指导。通过高校教授（博士）团队指导，构建了由40余家单位和5个子群组成的农村群模式，搭建职业技能培训服务平台。其次，提供全程信息服务指导，建立并运行"溧阳职业农民信息平台"。聘请10名不同专业的农业专家编辑技术指导信息，为茶叶等7个产业的2000余名职业农民培育对象提供各类服务信息4万余条。最后，提供常规工作指导。采用培育机构、指导

教师、职业农民签订帮扶指导三方协议的方式规范常规指导工作。

二是建立现代农业混合所有制"共建、共享"实训基地。在溧阳市农业农村局（原农林局）的主导和组织下，溧阳职教中心与溧阳优鲜到家等单位共建"混合所有制现代农业实训基地"，成立现代农业专业实训基地政校企合作工作委员会、专业建设委员会和工学结合、顶岗实习工作委员会。发挥学校涉农专业的专业优势，依靠学校的技术力量及涉农专业的品牌效应，吸引社会资本参与学校农业实训基地建设，并承接各类涉农技术技能培训、职业资格鉴定、技能竞赛等任务。

三、模式创新之处

（一）理论创新：科学探索并构建了高素质职业农民的素质模型

溧阳职教中心与高校、科研机构创新组建农村职业教育"产学研"共同体及研究、实践机制，共同探索构建了由"元素质、过程性素质、整体化设计素质"3个一级维度、"创业动机、职业承诺、创业学习、人格特质、农场生产管理、互联网创业营销、农场情境领导、农场财务管理、二维决策力、开放式创新力、市场商机识别、社会关系积累、风险承受力以及社会责任承担"14个二级维度构成的"高素质职业农民"胜任素质模型，创新了科研引领教学、教学反哺科研的新路径，使高素质职业农民培育从传统走向科学，丰富了高素质职业农民培育的理论成果。

（二）路径创新：多维协同开辟了"1＋N"融合培育涉农产业人才新路径

学校与溧阳市政府、高校、涉农企业（合作社、家庭农场）密切合作，服务区域经济和行业发展，设置相关专业，建立涉农专业毕业生直接升学、就业、创业等职业生涯发展制度；创新了"1＋N"培育主体、专业集群、课程集群以及资源集群建设，打破了传统上各专业自成体系的人才培养格局，围绕现代农业产业链建立专业集群，为更广泛的高素质人才在乡村就业创业提供情感和能力基础，为学生开辟了畅通技术技能人才多元化发展通道。

（三）体系创新：从主体、要素、功能等方面构建"教育培训"双轮驱动、"职前职后"双向赋能的一体化培育体系

在乡村振兴新时期，溧阳职教中心回归"服务三农"，重振涉农专业的核

心理念，从高素质职业农民培育的"主体缺场""边缘定位"，走向"形成县域职业教育与乡村振兴螺旋共生"的"枢纽型平台"定位，实现了"教育培训"双轮驱动、职前职后双向赋能的培育体系。

四、模式应用效果

（一）高素质职业农民"后继者"技能精湛，促进学生高质量就业

学校《教育质量年度报告》显示，"1＋N"融合行动计划有效提升了学生的学习动力及参与管理实践的兴趣，学生整体素质得到很大提升。"订单式培养""双证融通"已成常态，第二技能获证率逐年提升。学生中级工一次性通过率达93%，学生就业率持续上升，毕业生初次就业渠道大幅度拓展，对口就业率、就业起薪优势明显；企业对毕业生满意度提升至98.30%。本模式实施以来，涉农专业学生参加"农机维修""果蔬嫁接""手工制茶"等各级各类技能大赛，共获省级及以上大赛一等奖5人、二等奖8人、三等奖11人，其中国家级奖项一等奖3人、三等奖1人，奖牌数位居全省同类学校前列，如图4-13所示。

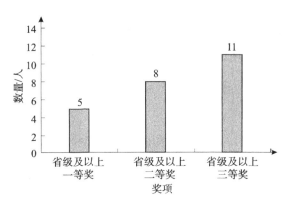

图4-13 2014—2021年涉农专业技能大赛获奖情况

（二）高素质职业农民"职后助力"综合素质提升，助推溧阳现代农业产业发展

2014年，溧阳市职业农民培育工作拉开了整市推进的帷幕。随着乡村振兴战略的提出，溧阳逐渐形成了七彩曹山花海大道、别桥原乡花海等一批

有代表性的休闲观光农业基地，以及牛马塘、礼诗圩等美丽乡村。溧阳职教中心参与实施"溧商回乡创业"工程，近 3 年来溧商回乡创业项目 26 个，总投资 59.80 亿元；回乡创业溧阳籍大学生达 823 名，累计培训 4 万余人。溧阳市白露山生态农业发展有限公司、溧阳市欣龙生态园等就是溧阳在高素质职业农民培育道路上探索出的成功案例。基于长期培训的职后助力，部分涉农企业已带动培育了一大批高素质职业农民，多位农民获得省、市级劳模称号。

（三）高素质职业农民培育数字资源库建成，显现显著社会效益

学校联合全市 12 家镇（街道）社区教育中心，48 家涉农企业、农业合作社组成高素质职业农民数字化资源共建共享联盟，以学校信息化建设为载体，依托学校网站、学校泛雅教学平台和溧阳学习在线网络学习平台，推动现代农业专业校园网站、农业信息服务网站和农民培训线上课程的建设。目前已立项建设了"农机具维修与保养"等专业课程 7 门，制作了《天目湖鱼头制作》等教材资源 13 本（其中《天目湖白茶制作》获省社区教育课程评比二等奖），其他特色课程 31 门、教学资源 36024 个，线上注册用户 17110 人。

（四）师资队伍质量显著提升，优秀团队与相关成果层出不穷

本项目实施以来，打造了省级名师工作室 1 个、市级名师工作室 5 个，获评省特级教师 3 名、正高级教师 1 名、市级学科带头人 5 名、市级骨干教师 8 名；参加省级及以上技能大赛相关专业教师组获省级 6 金 9 银 10 铜，教师组团参加教学大赛，连获国赛 3 金（全省唯一）、省赛 8 金 12 银 6 铜。

（五）主流媒体多次报道，社会有口碑，省内外影响范围广

本模式实施以来，有力地推动了溧阳地方高素质职业农民培育工作，推动了本地农民增收致富，促进了乡风文明和生态宜居。溧阳高素质职业农民培育的显著成效引起了中央电视台、江苏电视台、中国新闻网等多方媒体的关注与报道。央视新闻频道、央视农业农村频道多次对"溧阳扎肝""溧阳乌米饭""青虾养殖""溧阳 1 号旅游公路农旅发展"等进行系列报道。课题研究成果在《教育发展研究》等 CSSCI 期刊发表，具有广泛的社会影响力。项目成果在校内其他专业实现推广，得到省内外多所涉农院校的肯定及借鉴，在中国—哈萨克斯坦职业教育国际论坛、长三角职业教育教师教育高峰论坛等会议上进行主题交流，先后被《中国教育报》、《江苏教育报》、中国江苏网等媒体进行60 多次专题报道。"农业＋培训"成为溧阳农旅融合发展的一个新亮点，吸引

了江苏、安徽、上海以及浙江等的目光，年均接待并培训来自全国各地的农民6042人次。

第四节　常州模式：高校＋职校协同培育新型职业农民

一、模式简介

高校和职校协同培育乡村振兴人才，是现代职教体系建设的重点任务。2014年印发的《国务院关于加快发展现代职业教育的决定》指出，加快构建现代职业教育体系，推进县级职教中心等中等职业学校与城市院校对口合作。发挥高校在职校培养乡村振兴人才中的"研究、服务与引领"作用，是现代职教体系建设的必然要求。江苏理工学院（以下简称"江理工"）主动探索现代职教体系建设的"江理工范式"。

2000年以来，江理工农村职业教育研究团队（以下简称"农村职教团队"）基于"新农村建设""乡村振兴"等开展前瞻性研究，经历了理论初探、理实并行、成果推广三个阶段。

第一阶段：理论初探（2000—2012年）。基于2001年度全国教育科学规划课题"职业教育促进农村人力资源开发"、2004年度江苏省哲学社会科学基金项目"职业教育促进农村劳动力转移"、2006年度教育部人文社科研究项目"新农村视野下的农村职业教育定位及发展模式"等5个省部级课题研究，出版《中等与高等职业教育衔接研究》（2002年）、《职业教育与农村人力资源开发》（2003年）、《江苏省职业学校专业结构与产业结构吻合情况预警报告》（2012年），对"新农村建设""中高职衔接"等问题进行系统研究。

第二阶段：理实并行（2013—2015年）。2013年，农村职教团队与溧阳中专签订合作协议，拉开高校与职校协同育人的帷幕；此后，与安徽界首职教中心等学校签订协议。同时，与溧阳中专等职校协同开展2014年度江苏省社会科学基金重点课题"新型城镇化进程中留守农民职业教育与培训研究"等省部级课题研究；出版《社会转型与中国农村职业教育发展道路的选择》（2014年）、《职业教育视阈下的新型职业农民培育研究》（2015年）等著作。

第三阶段：成果推广（2016年至今）。与职校合作示范外溢效应明显，张家港中专、扬州旅游商贸学校、嘉兴职业技术学院等职校陆续与农村职教团队签订合作协议，出版《乡村振兴与农村职业教育变革》（2020年）等著作6

本，指导职校出版著作 3 部。

农村职教团队坚持"将论文写在祖国大地上"，构建现代职教体系框架下的"新理念、新机制、新模式、新师资"，形成了"高校—职校"协同培育乡村振兴人才范式（见图 4 – 14）。农村职教纵向突破中高本衔接瓶颈，横向跨界"高校域"和"职校域"，实现现代职教体系框架下的"纵向衔接"与"横向融合"。

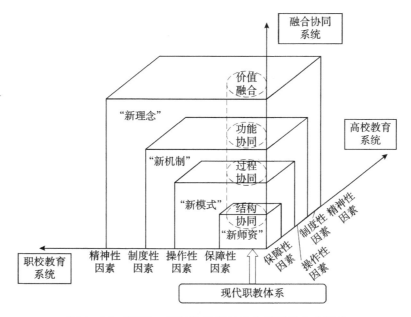

图 4 – 14 "高校—职校"协同培育乡村振兴人才范式

针对职校培育乡村振兴人才适切性不强、职校办学及教学改革缺乏高阶引领与指导、职校教师教学研究能力不强及参与教学研究机会较少等难题，高校与职校协同采取四大创新举措：一是研究乡村振兴人才培育规律，确定了"四维融合"的"新理念"；二是基于"理论—实践"的互动逻辑，构建了"高校—职校"培育乡村振兴人才的协同"新机制"；三是创生"研究—教学"融合的行动方案，形成了乡村振兴人才的培育"新模式"；四是依托协同育人共同体，建设了"三性"（研究性、教学性、实践性）统一的"新师资"。

该项目协同人才培养成效显著，成果丰硕。农村职教团队助力职校人才培养质量提升，学生获得国家级、省级技能大赛奖项 200 余项；参与"农村实用人才技术培训""返乡农民工培训"等乡村人才素质提升项目近 200 个；育人模式被评为"全国高素质农民培育十大典型模式"，合作职校及县域被评为

"全国乡村振兴人才培养优质校""全国农村职业教育和成人教育示范县";协同打造了多个省市级名师工作室,形成了数支优秀教学团队。农村职教团队成员累计发表 CSSCI 来源期刊、人大复印报刊资料转载论文 236 篇,出版专著与教材 26 本;研究成果获国家、省部级科研成果奖 7 项;咨询报告等成果被政府相关部门采纳和江苏省相关领导批示,项目成果得到了多位专家的高度评价。

二、模式解决的主要问题及关键举措

(一)主要问题

1. 职校办学及教学改革缺乏高阶引领与指导

在现代职教体系框架下,如何借助高校的研究力量与优势资源,提升职校改革发展的专业"贡献度",反哺高校理论研究发展,协同培育乡村振兴人才,答案有待探寻。

2. 职校培育乡村振兴人才适切性不强

职业技术院校如何深度嵌入教学改革,提升职校人才培养的全面"参与度",形成针对性较强的乡村人才培育模式,有待探索。

3. 职校教师教学研究能力不强,参与教学研究的机会较少

如何发挥高校教师在职校教师专业发展中的积极作用,提升高校与职校的良性"互动度",满足"互联网+职教"的教学与研究能力要求,有待探讨。

(二)关键举措

1. 研究乡村振兴人才培育规律,形成"四维融合"的"新理念"

农村职教团队聚焦"新农村建设""乡村振兴"等问题开展研究,坚持立德树人根本任务,不断探索乡村振兴人才培育规律,在《职业教育与高等教育融合研究》《助力乡村人才振兴:职业教育发展的理念、作为与策略》等论著中提炼形成"四维融合"的理念体系(见图4-15),主要包含"城乡融合"(区域均衡化管理)、"产教融合"(校企深度化合作)、"三产融合"(专业跨界化集群)、"研教融合"(教学渗透化嵌入)等融合思想理念;充分发挥"融合"理念的引领作用,促进高校和职校"协同"培育乡村振兴人才并形成系列典型模式,实现乡村振兴多维"融合"的发展目标。以"城乡职业教育统筹发展研究"等18项国家级、省部级课题研究为基础,出版《农学专业教学法》等教材,指导溧阳中专、张家港中专等职校撰写出版《"三元二区"融创中心协同育人的研究与创新实践》等著作,为职校教学改革提供理论支持。

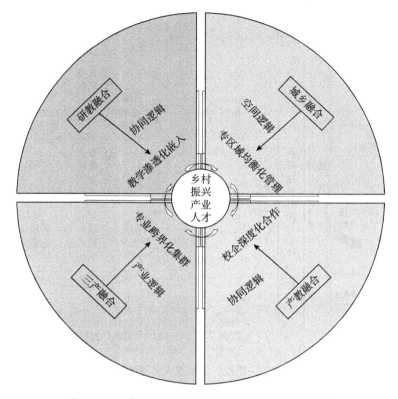

图 4 – 15 乡村振兴人才培育的"四维融合"理念

2. 基于"理论—实践"互动逻辑，构建"高校—职校"协同培育人才的
"新机制"

一是在现代职教体系框架下搭建"乡村振兴协同育人共同体"。农村职教
团队以联合国教科文组织亚太国际职业教育研究与培训中心、江理工农村职业
教育研究所、江苏省教学名师工作室等5大平台为基础，与溧阳中专（中
职）、嘉兴职院（高职）、溧阳社区学院（社区中心）等12所中高职学校
签订协同培育乡村振兴人才的战略合作协议，形成深度协同育人共同体
（见图4 – 16）。江理工与溧阳中专等合作开展"3 + 4"中本衔接，形成现代
职教体系的"江理工范式"。二是高校和职校建立"全面对接、良性互动"的
协同育人机制。建立指导培养机制，明确农村职教团队主要通过研究与指导参
与乡村振兴人才培育的价值职责；建立定期协商机制，定期与职校就课题研
究、课程内容、教学方法等进行"线上 + 线下"多形式研讨；建立信息交互
机制，就乡村振兴人才成长发展方面进行多重沟通和交流反馈；建立资源共享
机制，在教育教学理论、教学团队、教学资源等方面共建共享；建立情感约束

机制，通过合作协议明确高校与职校的任务和职责，确保乡村振兴人才培养协同协作，形成情感约束机制。

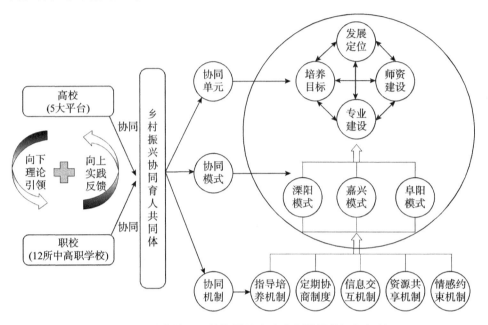

图 4 – 16 "高校—职校"协同育人共同体及其运行机制

3. 创生"研究—教学"行动方案，构建乡村振兴人才培育的"新模式"

一是基于研究"源于教学—依托教学—用于教学"路径，形成行动方案。农村职教团队协同溧阳中专、扬州旅游商贸学校、安徽省界首职教中心等研究制定《职校发展战略及定位》（"十三五""十四五"规划）、《专业与产业吻合度建设》等系列行动方案。二是高校全方位参与职校乡村振兴人才培育。农村职教团队面向一线教师，坚持以教学为中心，深度嵌入职校教育教学的各环节，为职校提供专业咨询、理论指导和解决方案。三是协同构建乡村振兴人才培育的典型模式。高校与职校坚持"城乡融合""产教融合""三产融合""研教融合"新理念，协同构建溧阳天目湖中专的"中职电梯专业混合所有制实训基地建设的创新与实践"，溧阳中专的"基于'1＋N'融合行动计划的县域职教中心培育高素质职业农民"、嘉兴职院的"三产融合背景下乡村振兴'新农人'培养模式"、张家港中专的"基于'三元二区'融创中心的协同育人模式"等乡村振兴人才培育典型模式。

4. 依托育人共同体，以"经验 + 反思 + 科研"为专业成长路径，造就"三性"统一的"新师资"

一是依托共同体，创新"经验 + 反思 + 科研"的教师专业化路径。依托江苏省高等学校优秀教学团队，紧紧围绕教学研究、教学改革、教学资源建设等核心职能，为职校教师专业发展助力。二是以研促教，提升教师研究能力。通过讲座及一对一指导职校教师申报获批"新型职业农民产教融合培育模式构建及政策支持的研究"等省部级以上课题，指导职校教师撰写教改论文，涌现出一批教科研能力较强的教师。三是师徒结对，打造优秀教学团队。农村职教团队与溧阳中专、常州幼师、盐城幼师等进行"师徒结对"，实施青年教师"雏鹰展翅"、骨干教师"大雁领航"、教学名师"鲲鹏翱翔"等培育优秀教学团队项目。高校教师积极开展教学研究指导，举办教学改革培训班，打造名师工作室，全面提升教师"三性"素质，促进教师专业发展。

三、模式创新之处

（一）提炼了现代职教体系框架下的"四维融合"新理念，丰富了农村职教发展的"理论体系"

创造性地将"高校"加入乡村振兴人才培育链。基于乡村振兴人才培育新特点，在"城乡融合""产教融合"的基础上，发展性地提出了"三产融合""研教融合"理念，创新提炼形成了乡村振兴人才培育"四维融合"的理念体系，提升了农村职教发展的科学性与理论性，并成为职校改革发展的重要理念目标。

（二）创新了"高校 + 职校"双元协同培育乡村振兴人才的机制，形成了高校积极的"深度嵌入"范式

理顺了高校与职校在乡村振兴人才培育中的协同关系，建立了指导培养机制、资源共享机制等"全面对接、持续互动"的五大运行机制，提升了机制保障的长效性。高校深入农村一线，以研究指导引领教学，协同构建形成了溧阳天目湖中专、嘉兴职院等多个乡村振兴人才培育的典型，提升了乡村振兴人才培育的协同性和适应性。

（三）发展了"经验＋反思＋科研"的教师专业化路径，提供了持续、系统的"智力支持"保障

依托乡村振兴协同育人共同体，形成了"高校教师＋职校教师"的教师发展共同体。借助指导、研讨、培训等手段，在"经验＋反思"教师成长范式的基础上，发展形成了"经验＋反思＋科研"的教师专业化路径。基于"高校—职校"教师专业发展的跨界协同，形成了以高校智库、学术支持为核心的"职教母机引领工程""师徒结对计划"，提升了教师发展路径的专业性，发展和丰富了教师专业发展理论。

四、模式应用效果

（一）职校乡村振兴人才培养质量稳步提升，教学改革成效显著

一是职校乡村振兴人才培养成效显著。农村职教团队"全程性"参与乡村人才培育，获得国家级、省级技能大赛奖项 200 余项，参与"农村实用人才技术培训""返乡农民工培训"等乡村人才素质提升项目近 200 个，助推溧阳、嘉兴、阜阳等地实现"城乡融合""三产融合"，成为庆丰村、礼诗圩等美丽乡村建设中的重要人力资本。

二是职校改革发展成果丰硕。职校建成园艺技术专业等国家级骨干专业 1 个、商品花卉专业等省级专业 3 个；形成"中职电梯专业混合所有制实训基地建设的创新与实践"等国家级教学成果奖 2 项、江苏省教学成果奖 3 项等标志性成果，成为"全国首批新型职业农民培育整市推进试点单位"。职校办学经验被《光明日报》等媒体累计报道 200 余次，育人模式被农业农村部评为"全国高素质农民培育十大典型模式"，育人案例被《中国人才蓝皮书》收录，负责人应邀在职教改革座谈会、中国农村改革 40 年研讨会等会议上作主题发言。

（二）职校教学名师不断涌现，教科研能力显著提升

一是一批教学名师脱颖而出。打造了 4 个省级名师工作室，36 个市级名师工作室，拥有省特级教师 8 名、正高级教师 6 名、"五级梯队"教师称号获得者 70 名，参加省级及以上教学大赛、技能大赛获奖 100 余项，助力打造了乡村振兴人才培育师资库。

二是教师教科研能力显著提升。指导职业院校教师成功申报并获批省部级以上课题 6 项、市厅级课题 11 项；指导职业院校教师撰写并发表与乡村振兴

人才相关的核心期刊学术论文 50 余篇，涌现出一批科研能力强的骨干教师，全面提升了高校农村职教理论研究服务社会、服务职教和服务教师培养的效益。

（三）高校团队成果丰硕，乡村振兴成果扎根祖国大地

一是团队实力雄厚。团队被评为江苏省高校优秀教学团队，有二级教授 2 名，江苏省高校教学名师 1 名，江苏省"青蓝工程"学术带头人、江苏省"333 工程"中青年学术带头人各 3 名，江苏职业教育与终身教育研究基地专家 3 名，中国农村教育发展协同创新中心兼职教授 1 名，江苏省教育咨询委员会委员 1 名。

二是团队研究成果丰富。团队成员主持"乡村振兴背景下新型职业农民职业教育和培训支持体系及模式构建的研究"等国家级课题 2 项，主持"政府购买农村社区教育服务项目制模型构建及实施策略研究"等省部级课题 16 项，主持市厅级课题 50 余项，承担"研究成果转化"横向课题 23 项；出版《乡村振兴与农村职业教育变革》《农村职业教育发展新论》等学术著作 22 本；在《教育研究》、*China Economic Review* 等发表 CSSCI、SSCI 论文 16 篇，在核心期刊发表论文 220 余篇。

（四）成果得到各界广泛认可，社会影响及示范效应日益彰显

一是成果被政府部门采纳，社会影响力提升。调查报告"江苏新型职业农民培育的调查与思考"发表在江苏《决策参阅》，获时任相关领导批示；咨询报告入选第二届江苏智库峰会文集，被江苏省教育厅采用。"社会转型与中国农村职业教育发展道路的选择"等获国家级、省部级科研成果奖 7 项，市厅级科研成果奖 11 项；"基于现代教师教育理念的职教师资培养课程体系设计与实践"等获江苏省教学成果奖 2 项；"职业教育学"被确定为国家精品资源共享课，《职业教育学》被确定为"十一五"国家职业教育规划教材、江苏省高校精品教材；论文被人大复印报刊资料转载 26 篇；著作《乡村振兴与农村职业教育变革》入选《职业技术教育》"2020 年度论著"。

二是成果被广泛推广，示范效果明显。成果得到省内外职校、社教中心不断推广，签约学校不断增多。成果在中国—哈萨克斯坦职业教育国际论坛、北京洪堡论坛等国际论坛上被交流 30 余次，获得当代教育名家石伟平（"农村职教领域持续、系统的研究实践尚不多见，该成果具有开拓、创新意义"）和周稽裘（"具有极为重要的理论意义、实践指导价值"）、"长江学者"朱德全（"国内持续聚焦农村职业教育领域的代表性学者"）及省市领导的充分肯定。

第五节　新型职业农民职业教育和培训典型模式比较

一、新型职业农民职业教育和培训模式的实践比较

（一）新型职业农民职业教育和培训模式的维度呈现

根据新型职业农民职业教育和培训模式的理论研究所提出的职业教育和培训环境、目标、主体、对象、内容、方式、师资、保障等要素维度，对不同模式进行深度比较，并分析其"共同特征"及"差异之处"（见表 4-1），从而基于启发提出建议。

表 4-1　新型职业农民职业教育和培训模式实践的维度呈现

分析维度	嘉兴模式	湖州模式	溧阳模式	常州模式	异同比较
环境	嘉兴作为全国城乡融合发展先行地，农村地区率先实现三产深度融合，新产业、新业态、新模式迭代升级，呈现数字化、融合化、生态化新趋势	湖州是"绿水青山就是金山银山"理念诞生地、"美丽乡村"发源地、全国第二个基本实现农业现代化的地级市，也是农业农村部认定的全国首批新型职业农民培育试点市	溧阳是"沪宁杭金三角之中枢，苏浙皖三省之交界"，是国家级优秀旅游城市、国家级生态示范区、国家级农村职业教育和成人教育示范县	高校和职校协同培育乡村振兴人才，是现代职教体系建设的重点任务。发挥高校在职校培养乡村振兴人才中的"研究、服务与引领"作用，是现代职教体系建设的必然要求	共性＞个性经济发达三产融合
目标	以"就地培养更多爱农业、懂技术、善经营的新型职业农民"为培育指向，确立三产融合背景下"三维一体、跨界复合"人才培养新规格	满足湖州现代农业产业发展对高素质农民的需求	培养符合溧阳地方经济社会发展及区域现代农业发展需求的大批高素质职业农民	培养以高素质职业农民为代表的乡村振兴人才	共性＞个性高素质新型职业农民

分析维度	嘉兴模式	湖州模式	溧阳模式	常州模式	异同比较
主体	"政研校村（企）"协同育人主体：依托嘉兴市政府创建的嘉兴乡村振兴学院、政府、研究机构、学校、乡村共同培养	在县区及乡镇等基层设立教学点，将政府、学校、企业连接在一起，三方联动，形成高素质农民培育共同体	构建县域"职教中心—社区教育中心—涉农企业"多元主体参与育人体系	"高校—职校"协同育人共同体：农村职教团队以5大平台为基础，与溧阳中专（中职）、嘉兴职院（高职）等12所中高职学校形成深度协同育人主体	共性＞个性多元主体格局
对象	全日制涉农专业＋现有农业从业人员	职前学历教育、职后岗位培训的共进并举	"教育培训"双轮驱动、职前职后双向赋能	职前＋职后	共性＞个性职前＋职后
内容	跨专业构建"涉农专业＋相关专业课程""相关专业＋涉农课程"嵌入式课程体系	增设一批"农商旅、农工贸"产业融合专业，开发一套富有地方特色的培训教材和网络视频课程资源，设计通识课程和教材	基于乡村现代农业产业集群，建设"1＋N"专业集群，基于现代农业专业集群，建立"1＋N"课程集群	创生"研究—教学"行动方案，构建乡村振兴人才培育的"新模式"	个性＞共性
方式	耕读交融，实施"学训分季、农学交替"教学组织新形式	线上理论教学与线下实践教学、就近就地集中教学与送教上门结合，把学院教学组织下沉到农村基层和田间地头，分农时季节方便学员就近就地学习，兼顾农民的学习和生产	开发"项目—创新—创业"做中学行动育人载体，延展"校园—田园—云端"联动教学育人课堂	农村职教团队面向一线教师，坚持以教学为中心，深度嵌入职校教育教学的各环节，为职校提供专业咨询、理论指导和解决方案	个性＞共性

分析维度	嘉兴模式	湖州模式	溧阳模式	常州模式	异同比较
师资	聘请职教专家、产业教授、乡土专家等共建八个结构化教学创新团队	聘请中国社科院农发所等一批学者、市内十大产业联盟专家以及乡镇农技推广员，建立一支"农科教技、省市校乡"四合一师资队伍	建立"乡土专家、高校教授"师资团队	依托育人共同体，以"经验＋反思＋科研"为专业成长路径，造就"三性"统一的"新师资"	共性＞个性结构化团队
保障	组建嘉兴市新农人培养联盟，政府出台政策、研究机构给予理论指导、学校组织实施、乡村参与培养，共同研究制订人才培养方案，推动实施知农爱农"深耕工程"、强农兴农"固本工程"、带农富农"赋能工程"	打造"多方对接、多维组合"的配套保障新机制，学校对接农业产业、专业对接农业企业，教师对接经营主体，开发"三农"跨学科课程，深度对接区域特色产业，满足"三农"转型发展需求。出台系列政策，配套教育专项经费	建立立体化保障网络，成立现代农业专业实训基地政校企合作工作委员会、专业建设委员会和工学结合、顶岗实习工作委员会	建立指导培养机制、定期协商机制、信息交互机制、资源共享机制、情感约束机制	个性＞共性

（二）新型职业农民职业教育和培训模式的共同特征

基于比较发现，新型职业农民职业教育和培训的嘉兴模式、湖州模式、溧阳模式、常州模式存在以下共同特征。

第一，在模式的"环境层面"，适应了省区域经济社会的"三产融合"发展需求。江苏、浙江地区皆为"鱼米之乡"，是我国经济活跃的省份，其共同所在的长江三角洲城市群为六大世界级城市群之一，在一定程度上实现了工业反哺农业，率先在全国实现一二三产深度融合，新产业、新业态、新模式迭代升级，呈现数字化、融合化、生态化新趋势。基于这一培育环境，既对农民素质提升提出较高要求，也为创新新型职业农民职业教育和培训模式创造了重要机遇，从而在现代农业发展方面涌现出很多新型职业农民培育新模式。

第二，在模式的"目标层面"，确立了以"爱农业、懂技术、善经营的新型职业农民"为培育指向，以三产融合背景下的新型职业农民胜任素质为核心的人才培养目标：元素质（创业动机、职业承诺、创业学习、人格特质）、过程性素质（农场生产管理、互联网创业营销、农场情境领导、农场财务管理）及整体化设计素质（二维决策力、开放式创新力、市场商机识别、社会关系积累、风险承受力以及社会责任承担）。

第三，在模式的"主体层面"，实现了培育主体的协同培育发展格局。农业院校、政府、科研院所、农业龙头企业、职业教育和培训机构以及其他社会组织等共同形成多元化的培育主体，且不同主体都在新型职业农民职业教育过程中发挥重要作用。然而，在新型职业农民职业教育和培训过程中，依然存在政府、企业、高校、科研院所和新型职业农民等主体"碎片化"的问题，忽视了新型职业农民职业教育过程中产业链、教育链和人才链的"整体化"衔接，表现为新型职业农民人才培养方式相对封闭，产教融合、校地合作、校企合作更多地停留在浅层次水平，政府、高等院校、农业产业、涉农合作组织等不同主体在新型职业农民培养过程中各自为政、资源分散、缺乏整合的问题还不同程度地存在，产业链、教育链和人才链难以实现无缝对接，无法形成合力共同打造一支留得住、用得上、干得好、带得动的新型职业农民人才队伍。❶

第四，在模式的"对象层面"，形成了涵盖"职前＋职后"的完善培育体系。四种模式聚焦的对象层次有所差异，且各有重点，但都涉及涉农类专业在校学生（准新型职业农民）以及社会职业农民，不仅为新型职业农民人才队伍建设提供了后备梯队，还解决了乡村人才结构不合理、学历水平不高的问题，满足了服务新型职业农民全面发展的多元化诉求，从而为国家乡村振兴战略实施提供了有力的人才保障。

第五，在"师资层面"，形成了由乡土专家、职教专家、产业教授等组成的结构化师资库，组成新型职业农民教学与科研的发展共同体，从而创新了新型职业农民职业教育师资结构形态。

（三）新型职业农民职业教育和培训模式的差异

首先，在"内容层面"，不同模式都是基于三产融合进行专业融合，但在具体整合方式、课程内容呈现上有所差异。嘉兴模式整合物联网技术、数字商

---

❶ 田书芹，王东强. 基于多中心治理理论的新型职业农民职业教育模式比较研究［J］. 教育发展研究，2020，40（21）：77－84.

务、文化旅游等专业的优势资源，构建"涉农专业＋工商旅课程模块"和"工商旅专业＋农业课程模块"的农工商旅"模块互嵌"课程体系，针对涉农专业，嵌入农业物联网、智慧农业设备、乡村文旅、农产品营销等模块；针对互联网、旅游、商贸等相关专业，开设"耕读教育"基础课程，嵌入设施农业、美丽乡村建设、绿色农产品生产等农业课程模块。湖州模式对高职旅游管理、工业过程自动化、电子商务、物流信息等"三产"融合专业群进行建设，增设一批"农商旅、农工贸"产业融合专业，并开发出一套富有地方特色的培训教材和网络视频课程资源，设计通识课程和教材，组织专家编写乡土教材，录制农技推广视频课程，促进学员综合素养提升。溧阳模式则基于现代农业专业集群，在形成"1＋N"专业集群结构的基础上，构建起具有较强内在关联度的"农业＋"专业群融合课程体系，并基于现代农业课程集群，实现"1＋N"资源集群。

其次，在"方式层面"，不同模式都遵循农业生产季节性强、周期性明显的基本规律与特点，但在具体教学方式上各不相同。嘉兴模式坚持教学过程与农业生产过程相统一，推动"田间课堂革命"，亦农亦学，农学交替，创新了"学训分季、轮岗分段"的实践教学方式。湖州模式在市级层面建立农民学院，在县级层面建立农民学院分院，在乡镇层面依托成人文化学校建立农民学院教学点，在重点农业企业设立田间课堂，优化教学资源配置，把线上理论教学与线下实践教学、就近就便集中教学与送教上门结合起来，把学院的教学组织下沉到农村基层和田间地头，分农时、季节方便学员就近就地学习。溧阳模式通过开发"项目—创新—创业"做中学行动育人载体，综合培养学生的农业实践能力、农业创新能力和农业创业能力，在此基础上，建立了集跨时空的"校园课堂、田园课堂、云端课堂"于一体的"三级课堂"教学实践行动框架。常州模式基于农村职教团队，与溧阳中专、扬州旅游商留学校、安徽省界首职教中心等学校协同研制系列行动方案，深度嵌入职校教育教学的各环节，并协同构建乡村振兴人才培育的典型模式。

最后，在"保障层面"，不同模式基于不同角度提供保障条件。嘉兴模式通过组建嘉兴市新农人培养联盟，由政府出台政策、研究机构提供理论指导、学校组织实施、乡村参与培养，为实施深耕工程、固本工程以及赋能工程提供机制保障。湖州模式通过学校对接农业产业、专业对接农业企业、教师对接经营主体，打造"多方对接、多维组合"的配套保障新机制，并出台系列政策，配套教育专项经费。溧阳模式通过成立现代农业专业实训基地政校企合作工作委员会、专业建设委员会和工学结合、顶岗实习工作委员会等建立立体化保障网络。常州模式则是基于高校和职校，建立包括指导培养机制、定期协商机制、信息交互机制、资源共享机制及情感约束机制等良性互动的协同机制，从而为育人提供全面对接的保障条件。

二、新型职业农民职业教育和培训模式的启示与建议

在人力资本理论、区域比较优势理论、社会阶层理论等理论的支撑下，以新型职业农民培育典型模式的成功经验与不足之处为基础，提出进一步优化新型职业农民职业教育和培训模式的对策建议。

（一）遵循规律，职业教育和培训原则科学化

新型职业农民职业教育和培训模式的构建需要坚持基本原则，符合基本规律，特别是：其一，与共同富裕发展目标相一致。我国新型职业农民职业教育和培训模式的构建中要处理好农民"口袋"与"脑袋"富裕的关系。一方面，帮助农民的"口袋"鼓起来，增加收入；另一方面，以现代农业知识、科技知识、农业技能、数字技能等武装农民的头脑，让农民的"脑袋""富"起来。其二，与现代农业产业结构相耦合。新型职业农民培育以发展现代农业为立足点，以引导、帮扶和带动特色优势产业发展为方向，按照推进产业化和城镇化进程的要求，围绕农业结构调整、促进农村经济增长方式转变，结合消费方式的转变和职业流动的节奏，培养和打造一支促进农村发展的新型职业农民队伍。新型职业农民职业教育和培训模式应在高度专业化、社会化的基础上，从内容上向现代种养殖业靠拢，选择以政企配合类为主的培训模式；在新型职业农民职业教育和培训模式的选择上，应紧密结合农业产业结构调整的需要、结合当地特色产业发展的需要、结合农业规模产业和创业发展的需要，开展系统性培育，建设生态农业、休闲观光农业、加工农业、创汇农业等现代型农业。其三，新型职业农民职业教育和培训模式的构建还需要考虑适用于不同的农民、不同的历史时期，应该根据农民的年龄、性别、文化背景、经济情况、类型层次、职业发展、培训需求等因素，开展适合他们的实际情况，满足不同需要的职业农民培育活动。当然，在不同时期，人们对教育与培训的需求也会不同，因此，新型职业农民职业教育和培训模式的构建需要体现出时代特征。

（二）顶层设计，职业教育和培训规划统筹化

各地对新型职业农民职业教育和培训的力度不断加强、认识不断深入，但目前的情况是各地在整体上还没有合理的长期、中期和短期的统筹规划。而只有制定出与新型职业农民职业教育和培训目标相符合的战略规划并贯彻执行，

才能保证培育的最终效果。一些发达国家经过长期探索与实践，其职业农民的职业教育和培训已经形成了以政府为主导、以农业院校为基地、以培训机构为补充，农业教育、科研、推广相结合的职业农民培育体系。因此，在规划中，对于职业院校和职业培训各自所占的比重，要根据地区人力资源的教育、文化程度，经济、社会发展状况和发展需求来具体问题具体分析。对于农民培训机构的分布，需要根据当地农村、农业、农民的现状与实际需求合理配置资源，而教育规模要考虑当地经济发展程度、土地面积、当地农民的现有规模等。

政府在顶层设计工作中，主要是要科学地设计一系列有关新型职业农民职业教育和培训模式的要素，制定有利于新型职业农民职业教育和培训的发展战略，以及进行必要的制度配置与政策创新。这些制度，一是促进新型职业农民职业教育和培训对象参与培训，提升新生代农民、返乡农民等成为新型职业农民的积极性。二是鼓励各类教育培训机构等多方参与规划制度与政策，主要是根据职业教育和培训的目标、内容、方式、评价等做出详细规划与规定，并接受政府和社会的公开监督，保证责任落实到位，最终调动各行各业支持和参与新型农民培育的积极性，形成规范、开放、灵活、有序的新型职业农民职业教育和培训模式。三是鼓励涉农企业等参与制定新型职业农民职业教育和培训的政策与制度。

特别需要指出的是，应该根据新型职业农民职业教育和培训的需要，出台有关促进新型职业农民职业教育和培训的专门法规；在全国性法律制定、出台的过程中，各地可以根据本地情况，制定具有区域适应性的促进新型职业农民职业教育和培训的系列条例，从而使新型职业农民职业教育和培训有法可依。

（三）分类发展，职业教育和培训对象多源化

我国是农业大国，对不同地区、不同素质的职业农民需要因材施教。新型职业农民的职业教育和培训对象应该有多种来源，只要他们对农业有兴趣，愿意致力于发展农业，政府就应该支持他们经营家庭农场，成为新型职业农民。

新型职业农民可以来源于：第一，专业大户。专业大户中的部分人员文化程度较高，具有比较稳定的意愿，因此通过有针对性的教育培训，可以将其培养成生产型或服务型新型职业农民，他们应该成为未来新型职业农民的一个主要来源。第二，科技示范户。相关统计数据显示，南京市通过科技入户项目纳入统计的各类科技示范户有11850户，他们一般集中在农业高新产业，如生物农业、智能农业、创意农业、休闲农业等领域，大多具备一定的资金，掌握较新的农业技术和经营理念，他们将是技术型、经营型职业农民的领军人物。第三，返乡农民工。外出打工的返乡创业者是新型职业农民的重要来源，他们中

的一些优秀分子在外出打工之前往往都从事过农业生产，对农业生产经营比较熟悉，他们通过外出打工更新了观念，拥有了一定资本，对农业和乡村怀有感情，愿意回到农村经营农业，成为新型职业农民。与此同时，随着时间的推移，他们在城市中的就业竞争力会越来越弱，返乡农民工的数量将会越来越多。为此，应因势利导，积极改变政策，给有志于重操"农业"的返乡农民工提供便利。第四，农村留守妇女。从现有各类统计数据来看，妇女在现有的农业从业人员中占很大比重。从长远来看，随着现代农业机械化的发展，农业劳动强度将极大地降低，农村留守妇女中的一部分人是可能成为新型职业农民的。第五，应当鼓励热爱农业、愿意从事农业的退役军人、城市居民、高学历毕业生到农村从业，并通过创造各种物质条件、加强基础设施建设等，使他们成为高素质的新型职业农民。

面对"多源化"的职业教育和培训对象，新型职业农民职业教育和培训要有层次且层次分明。而职业农民的分类是新型职业农民实施分层次、分类型职业教育和培训的基础与前提。目前，比较典型的是中央一号文件中关于新型职业农民的分类：村干部、到村任职大学生等农村发展带头人；农民植保员、水利员、防疫员等农村技能服务型人才；农机大户、种养大户等农村生产经营型人才。具体来说，一是农村里的"官"，包括农村党支部、村委会成员等，他们具有一定的文化素质和党性观念，但存在重政治、轻经济，重经验、轻知识，重亲情、轻法治，重眼前、轻长远等问题，因此在职业教育和培训中应该注重提升他们的科学知识水平、法治观念、市场意识和道德情操等，这样才能适应新农村建设对干部的要求。二是技术"专家"，他们是农业生产的主力军，能带动周围农民一起学习并帮助农民解决生产技术难题，但存在言传身教多、理论体系差，经验多、科学系统差等特点，在职业教育和培训中应该加强理论素质训练，使其实践经验达到理论高度。三是"小老板"，他们大多具有冒险精神，吃苦耐劳，但是运用科学技术更新换代慢，容易凭经验做决策，在职业教育和培训中应该根据他们从事的产业类型，加快知识更新，强化其科学管理理念、环境保护意识、可持续发展观念等。因此，新时期新型职业农民职业教育和培训模式的发展方向应该是以"分类指导、梯度推进、协调发展"为方针，分层次、按需求来组织、实施教育与培训。

（四）协同创新，职业教育和培训主体多元化

目前，参与新型职业农民职业教育和培训的主体主要包括政府、农业职业院校、社区学校、专业培训机构等，职业教育和培训主体多元化的格局还未完全建立起来。从其他发达国家职业农民职业教育和培训的发展趋势来看，农民

职业教育和培训主体应该日趋多元化，因此新型职业农民职业教育和培训的参与主体应该包括政府，各级农业广播电视学校或农业科技教育培训中心，科研院所、中高等农业院校和农业技术推广机构，各类农村经济合作组织、农业行业协会，企业和民间的各类服务组织，相关培训机构以及远程教育网等。

在新型职业农民职业教育和培训中，已经参与的主体也面临很多困境，例如：非营利性的培训机构参与培训的热情相对不高；农业职业院校在实训设施、师资队伍、教学内容等方面具有难以克服的困难；民间的培训机构往往存在自身的不足，不仅规模太小、培训行业不规范、培训质量参差不齐，对受训农民进行跟踪服务的能力也相对较差；企业则缺乏积极性，担心培训投资外溢。职业教育和培训主体在师资队伍建设、职业教育和培训内容的设置安排、职业教育和培训的方式与形式、职业教育和培训时间地点的安排、职业教育和培训的监督与考核等问题上与农民的需求之间还存在差距。而在新型职业农民培养过程中，农业职业院校、企业、培训机构等自身存在的缺陷只有通过联合培养、协同育人才能克服，这将大大提高新型职业农民职业教育和培训的数量与质量，提高新型职业农民服务现代农业发展需求的契合度。

此外，新型职业农民职业教育和培训可以采用成本"协商"分担模式，来提升多元职业教育和培训主体的参与度，即通过利益相关者之间的协商来确定各自承担的成本。这种模式不但合乎现实，而且具有可持续发展性。其一，成本"协商"分担有利于为职业教育与培训工作提供资金、设备、场地、师资和管理人员等大量的资源，在一定程度上实现资源共享、协同职业教育和培训；其二，这种模式使教育与培训工作无须等待政府的公共财政收入和政策的变革即可进行，从而使新型职业农民职业教育和培训更具有市场敏锐性与灵活性。

（五）保障条件，职业教育和培训环境完善化

第一，强化政府主导。作为政策的制定者，为了使政策顺利有效地实施，政府不仅需要平衡各利益相关者之间的利益，出台相应的激励措施，而且需要考虑自身应该承担的责任，充分认识新型农民职业教育和培训的根本意义与公益性特点。强化政府主导既有财政的投入和拉动的原因，也有农民的组织原因，在农村经济合作组织发育的初级阶段，以利益为纽带的组织力不明显，以政府为主导的行政推动力仍然比较重要。总体上，政府部门可以结合自身经济发展目标，抓大放小，抓引领与示范，抓典型经验的宣传、重点目标的确定，促进新型职业农民职业教育和培训的相关品牌建设。

第二，建立全国培训网。目前，全国的培训机构相对繁杂，使农民无法正

确地做出选择。农民培训机构亟待整合，整合后的培训机构可以在全国范围内统一安排工作，对新型职业农民职业教育和培训的方式方法、培训结果评估都能有统一的标准。例如，澳大利亚等发达国家的许多地区已经形成区域性网络，区域内的学校、培训机构互通信息，以增强全国新型职业农民教育和培训的协调与联系。因此，国家应该成立专门的从事新型职业农民职业教育和培训的机构，根据多年来分散培训的经验制定标准、进行整合，这不仅可使监督管理更加便捷，培训内容与方式更加易于统一和创新，也可以使农业生产中、农民职业教育和培训中遇到的问题得到及时的解决。

第三，要有动力机制、评价机制和保障机制等长效机制。任何模式的设计都应该把机制的构建作为重点来把握，这有助于提高管理效率，提高管理的针对性和适用性。建立新型职业农民职业教育和培训长效机制，当前要着重从法律、政策和制度、规范层面入手，建立农民培训激励政策，完善新型农民职业教育和培训的管理机制，建立一整套完备的农业职业技能鉴定标准体系。此外，新型职业农民的培养还需要一系列配套的制度和政策，包括农业经营的职业准入制度、农村养老制度、土地流转制度、土地承包制度、农业补贴制度、农业法人化制度、城乡人才的双向流动机制等。这些政策的制定，可以为农民提供优惠条件，确保农民低投入、高回报。当然，还需要动员全社会的力量来关注农村、农业、农民，这样才能形成职业农民职业教育和培训的良好社会环境，才能保障新型职业农民的职业教育和培训效果。

通过大范围的调研，本研究基本掌握了新型职业农民职业教育和培训的典型模式，对新型职业农民培养提出了基本构想。当前存在的主要问题在于：其一，在新型城镇化背景下，各省各地新型农民、新型职业农民生存的空间、时间有多大，需要验证。其二，江苏、浙江的培训经验是否能够推及全国，需要验证。其三，研究的出发点在于职业教育和培训模式，但由于模式本身的抽象性，研究更多地将注意力放在职业教育和培训本身的问题上，对模式的解析、模式的"范式"研究得不够，需要在后续研究中夯实、加强。

第五章　新型职业农民职业教育和培训的国际比较

　　全面推进乡村振兴战略，加快农业农村现代化，需要大量乡村振兴人才，因而，如何培养我国乡村振兴的主体力量——新型职业农民，成为农村职业教育研究领域的重要议题。德国、澳大利亚、加拿大、韩国等国家在职业农民培育方面积累了许多先进的经验。本章将对农业发达且具有代表性的国家的农民职业教育和培训案例进行研究与分析，这对我国新型职业农民职业教育和培训的开展具有重要意义。

第一节　德国农民职业教育和培训

　　德国是世界工业强国，同时也保持着农业强国的地位。作为欧盟最大的农产品生产国之一，德国的动物生产仅次于法国，居欧盟第二位，植物生产居第四位，是全球第三大农产品出口国。然而，在德国的劳动人口中，农业从业人数占比仅为1.25%。也就是说，德国以极低的农业从业人员比例撬动了整个国家的农业发展，农业生产效率非常高。德国农业发展的这一成就首先得益于其工业化的发展。在德国的工业4.0时代，工业生产与现代信息和通信技术的结合促进了工业领域的产业变革，而随着德国工业4.0核心理念及技术被运用到农业领域，德国农业4.0时代正式开启，机械化程度和自动化水平的提高为德国农业的发展带来了强劲动力。在农业4.0时代，精准农业、智能农业、数字农业等一系列发展理念，必然对农业从业人员提出更高要求。在这一背景下，德国政府十分重视对农民的培训，构建国际领先的、高水平的农业教育培训和技术推广体系，培训种类多样，并且渗透到包括企业经营、财务核算、补贴申报等在内的农业生产和经营的各个环节中，种粮农民除了可提供粮食、食物，还发展生物能源、再生原料等产业，农民经济收益来源广，实现了农民的专业化和职业化。

一、德国农业教育培训体系

德国的职业教育和培训体系呈现出纵向衔接、横向融通的特点（见图 5-1）。[1] 德国的农业教育培训体系涵盖中等教育、高等教育以及继续教育等多阶段教育，主要由中等职业教育与普通高等教育两大板块组成，普通教育与职业教育的融通、高等教育与中等教育的衔接构成了德国立体多元的现代化农业教育体系。

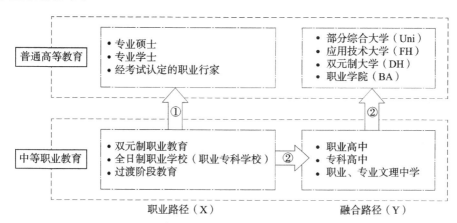

图 5-1 德国衔接、融通的职业教育路径

作为德国职业教育的母法，《联邦职业教育法》对职业教育的范围进行了界定：包括职业预备教育、（传授完全职业资格的）职业教育、职业进修教育以及改行职业教育。德国的农业职业教育体系归属于职业教育体系之中，通过覆盖职前、职后的职业教育体系，德国在不断变化的经济环境中，教授农民在职业活动中必需的职业技能、知识和能力。从纵向的教育层次来看，农业职业教育上通高等教育，下达中等教育。具体来说，包括了农业预备职业教育、农业中等职业教育、农业进修职业教育三个阶段，各个阶段农业职业教育的教育目标、教育内容、承担教育的学校机构、教育对象等各有不同。其中，农业中等职业教育阶段中的"双元制"模式以及连接农业中等职业教育阶段和农业进修职业教育阶段的"绿色资格"证书制度独具特色，保证了毕业生的质量，为德国的农业发展提供了人才支撑。

---

[1] 谢莉花，唐慧. 德国衔接、融通的职业教育体系建设的核心基础与实现路径 [J]. 高等教育研究，2021，42（6）：99-109.

（一）农业预备职业教育

德国的预备职业教育阶段包括职业预备学年和职业基础教育两个阶段。通过职业预备学年中为期 1 年的全日制教育，毕业生可进入职业基础教育阶段，预备职业教育的农业特色也在职业基础教育这一阶段得以体现。在职业基础教育阶段，学生需要学习文化知识、基础性农业理论知识和培养农业实践能力，为进入中等职业教育阶段做准备。值得注意的是，其在职业基础教育阶段的学习成绩可以与农业中等职业教育中的学习成绩互通，通过折算，计入农业中等职业教育阶段的学习成绩。

（二）农业中等职业教育

从整个职业教育体系来看，德国的中等职业教育阶段涉及的学校类型众多，具体来说包括双元制职业中学、职业专门学校、专科高中、职业高中以及职业文理中学等。各类学校的学制、学习形式、入学资格不同，如职业高中、专科高中、职业文理高中等是兼具职教与普教成分的高中，其入学要求为中等学校毕业，学制 2～3 年，毕业生视教育形式不同，可获得应用技术大学或有专业限制的一般综合性大学的准入资格。❶ 在高层次的学历获取上，学生既可以选择通过中等职业教育获得普通教育体系内的高等学校入学资格，又可以选择通过中等职业教育获得职业教育体系内的高等专科学校入学资格。德国的职业教育体系呈现出普通教育与职业教育相互融通的特色，为学生打通了发展路径。而对于农业中等职业教育来说，其人才培养的职责主要由中等职业教育体系中的双元制职业中学承担。

（三）农业进修职业教育

根据 2020 年修订的《德国职业教育法》对职业进修教育的定义，德国职业进修教育包括适应性进修和晋升性进修。适应性进修以维持、更新职业行动能力为目标；晋升性进修则以传授高级职业资格、拓展职业行动能力、实现职业晋升为目的。以传授高级职业资格为目的的职业进修"三级阶梯"与高等职业教育的"三级学位"相衔接：完成第一阶梯的职业进修可获得诸如专业技术顾问的职业称谓，若通过第一阶段的职业进修考试，可获得"合格职业技师"学位；完成第二阶梯的职业进修可获得诸如经济师或师傅等职业称谓，

---

❶ 谢莉花，唐慧. 德国衔接、融通的职业教育体系建设的核心基础与实现路径［J］. 高等教育研究，2021，42（6）：99－109.

若通过第二阶段的职业进修考试，可获得"职业学士"学位；完成第三阶梯的职业进修可获得企业经济学家或战略专家等职业称谓，若通过第三阶段的职业进修考试，可获得"职业硕士"学位。❶ 这一条款的修订使得以获得高级职业资格为目的的职业进修教育与大学教育处于同一教育层次，共同组成了高等职业教育体系。

从培养职业农民的角度来看，受训者在接受中等职业教育之后，必须继续接受教育以满足未来职业生涯的需求，这一需求通过农业进修职业教育得以满足。在适应性进修中，主管机构或其他专业组织为农业职业培训提供了大量联邦层面和区域层面的建议，并组织关于动物和植物的技术生产、成功运营管理公司、进一步发展创业技能等主题的研讨会。

尽管德国的高等职业教育体系目前仍在不断更新，但农业领域的进修职业教育还是以农业高等专科学校为主体进行。一方面，农业领域中存在不同的职业类型，高等专科学校依据不同的职业类型，以不同的专业方向设置学校机构，如农业高等专科学校、葡萄园种植高等专科学校、蔬果园林种植高等专科学校、林业经济高等专科学校、牛奶加工高等专科学校等；另一方面，根据学制的不同，农业高等专科学校又包括一年制的农业学院、两年制的农业技术学院等。

一年制的农业学院规定了至少完成 1200 小时的教学时间，提供农业领域中 11 个学科领域的课程。完成一年制农业学院的学习后，学员可获得国家认定的经济师资格。

两年制的农业技术学院规定了至少完成 2400 小时的教学时间，其提供的课程包括农业领域中的 6 个学科、技术领域中的 5 个学科和经济学领域中的 2 个学科。完成两年制农业技术学院的学习后，学员可获得的资格包括国家认定的农业经济师、国家认定的技术员、国家认定的商业经济学家。

2017 年，德国农业高等专科学校的在校生人数为 7063 人，学生人数最多的是农业、农村家政学和园艺三个专业领域，且农业领域的学生人数相较于 2016 年呈现较大幅度增长（见表 5－1）。在以农业为主业的企业中，约有九成企业的领导人曾就读于农业学校，获得了德国师傅资格证，或者获取了农学或类似的专业学位。在有限责任公司、合作社或股份公司形式的大型农业企业领导人中，超过四成的人具有大学学历。

---

❶ 陈正，巫锐. 中德《职业教育法》重大修订的比较研究［J］. 中国职业技术教育，2022（24）：15－22，96.

表 5 – 1   2016 年和 2017 年德国农业高等专科学校在校生人数

专业领域	2016 年	2017 年	占比变化
农业	3711	4225	+14%
家政	1533	1375	−10%
园艺	1167	1132	−3%

二、以"双元制"为核心的中等农业职业教育

(一) 以"双元制"为核心的中等农业职业教育的内涵

"双元制"的内涵可以从职业培训合同、考试、持续时间三个要素进行说明。培训学员通常一周在企业工作 3 ~ 4 天，在职业学校学习 1 ~ 2 天。通过签订职业培训合同，规定培训学员和培训企业的权利与义务、培训报酬金额、培训持续时间和所要进行的考试。一般来说，"双元制"培训过程中将举行两次考试，培训中期学员进行一次期中考试，结束时进行毕业考试，毕业时获得的联邦范围内认可的证书可证明学员圆满完成了职业培训。"双元制"职业培训通常持续 3 ~ 3.5 年。如果学员已具有职业基础知识或者学校基础知识或者培训期间成绩超过平均水平，可以缩短职业培训时间。

"双元制"表现在中等农业职业教育中主要是针对农业领域的 14 个"绿色职业"，具体包括酿酒师、农业服务专家、渔民、林务员、园艺师、农民、奶制品技术员、奶制品实验室技术员、马匹饲养员、猎户、植物技术员、牲畜养殖员、葡萄种植户、家政人员。而不同的"绿色职业"大类下又细化设置了不同的职业方向，见表 5 – 2。14 个"绿色职业"与各大职业类别下的细分职业方向共同构成了农业领域的职业教育组群。2018 年的统计数据显示，农业领域的培训在德国是仅次于家政领域培训的第二大培训主题，展现出人们接受农业培训的浓厚兴趣。

表 5 – 2   德国部分"绿色职业"细分的职业方向

职业	细分职业方向
渔民	繁殖、捕捞、鱼类冷藏以及鱼产品营销
园艺师	园艺和景观园艺、树木栽培、蔬菜种植和观赏园艺
农业服务专家	播种、种植、施肥和收获
马匹饲养员	养马、骑马训练、赛马和专业骑马

对于德国的年轻人来说，如果决定接受"双元制"的农业职业教育，首先需要从 14 个"绿色职业"中选择自己期望从事的职业领域，然后与经过国家认可的农场联系并签订正式的职业培训合同，最后选择相应的职业学校。

在"双元制"学习过程中，学生的学习由职业学校中的课程学习、农业企业中的职业实践两部分构成。其中课程学习时间占 1/3，学习内容包括作物种植、畜牧养殖技术、农业机械操作、农业法规和环境保护等理论知识；职业实践的时间占 2/3，学习者与企业签订培训合同后，以学徒的身份在劳动岗位上学习技能。教育过程以全德统一的《职业教育条例》为法律依据，确保了各州职业资格证书的等值和互认，以企业与培训生签署的《培训合同》为实施框架，确保培训双方义务的履行。在职业学校的学习中，以各州的教学大纲为准则进行课程规划及设置。

在课程学习和职业实践达到联邦法要求的资格后，学生需要参加全德的农业职业资格考试，考试合格人员取得农业职业资格证书后方能成为农业工人。经过 3 年的农业职业教育毕业后获得初级农民资格，经过 5 年的生产实践并经过国家考试合格，才能获得农业师傅资格，方可享受政府对农民实行的各种补贴政策。以巴伐利亚州"双元制"职业教育中的"农民"这一职业为例：经过 3 年制"双元制"职业学校学习，毕业生在通过结业考试后可以获得"专业农民"证书。2016 年德国农业结构调查结果显示，65% 的农业经理或常务董事完成了"双元制"农业培训，仅 35% 的成员只有实际的农业工作经验。

"双元制"是德国职业教育的重要组成部分，2017 年各类学校毕业生中就有 52.40% 的人选择通过"双元制"职业教育继续学习。德国联邦统计局数据显示，在德国全国范围内，2012—2021 年，农业领域"双元制"培训人员总数占总培训人数的比例从 2.56% 上升至 3.21%（见表 5-3）。农业领域的"双元制"培训人数从总量上看，除了 2018 年和 2019 年出现短暂下降，其他年份均呈现稳定增长趋势，且在 2020 年、2021 年，"双元制"培训人数在农业领域呈现出不同于以往的较大幅度的上升，人数分别增长 3.16%、3.21%。此外，农业领域的"双元制"培训人数在性别上呈现出差异。女性越来越多地参与到农业领域的"双元制"培训中，其占比从 2013 年的 22.81% 逐渐增长至 2021 年的 26.27%。

表 5 - 3　2012—2021 年德国"双元制"培训在农业领域培训人数及占比

年份	农业领域男性接受培训人数/人	男性占农业培训总人数的比例/%	农业领域女性接受培训人数/人	女性占农业培训总人数的比例/%	农业领域培训人数占培训总人数的比例/%
2012	10086	76.93%	3024	23.07%	2.56%
2013	10131	77.19%	2994	22.81%	2.69%
2014	10125	76.84%	3051	23.16%	2.76%
2015	10149	76.90%	3048	23.10%	2.78%
2016	9966	76.00%	3147	24.00%	2.83%
2017	9903	76.38%	3063	23.62%	2.83%
2018	9651	75.89%	3066	24.11%	2.77%
2019	9372	75.10%	3108	24.90%	2.76%
2020	9663	74.37%	3330	25.63%	3.16%
2021	9819	73.73%	3498	26.27%	3.21%

(二)"双元制"农业职业教育的特点

1. 多主体的"双元性"

从办学主体来看，学校与企业参与其中；从受训主体来看，学生拥有学生和学徒两种身份；从教学内容来看，包含了专业理论教学和技能培训两种内容；从师资类型来看，教师队伍中包括理论授课和实训授课两类教师；从证书的获取来看，学生在完成学习后可获得学业证书和技术证书两类证书。

2. 教学与实际生产紧密结合

在"双元制"教育中，学生将 2/3 以上的时间用于企业，学习内容是按企业的实际生产要求进行操作技能培训。基础培训、专业培训和专长培训始终都是围绕职业实践活动由泛到精、由浅入深开展的，实用性极强。

3. 畅通的成长路径

学生在完成文理中学、实科中学、一般中学的基础教育后，既可以选择接受"双元制"农业职业教育，也可以通过文化补课进入高等院校学习。这种在高等教育与职业教育之间搭起的桥梁为学生提供了开放的成长通道。

4. 培训与考核相分离

学生的成绩考核由行业协会、企业和学校选出的工会代表组成考试委员会，统一组织结业考试，反向助推企业与学校的教学向解决实际工作问题靠近，提高教学质量，同时使证书更具有权威性和公正性。

"双元制"职业教育中的企业培训主要是通过行业协会协调完成，政府部门的职责是为企业送到职业学校的学生提供免费教育，并为中学阶段的学生提供各类职业咨询服务等。政府也会为接受社会弱势群体实习的企业提供经费资助。德国"双元制"教育模式在世界范围内开创了职业教育的范本，其"双元制"培训系统的正常运转得益于职业教育体系背后相对完整的支撑体系。

三、德国农业职业教育的保障措施

（一）法律保障

与农业职业教育相关的法律法规涉及联邦政府、各州政府和农业行业协会三个层面，具体见表 5 - 4。

表 5 - 4　德国与农业职业教育相关的法律法规

联邦政府层面	州政府层面 （以巴伐利亚州为例）	农业行业协会层面
1.《职邦职业教育法》 2.《职业教育规定》 3.《联邦职业教育促进法》 4.《联邦职业教育保障法》 5.《农民师傅考试要求规定》 6.《培训者资质规定》 7.《培训机构资质规定》 8.《专业资质要求规定》	1.《巴伐利亚州教育法》 2.《巴伐利亚州农林类学校职业教育法》 3.《职业教育条例》 4.《职业考试规定》 5.《教育促进指导方针》 6.《教育成本规则》 7.《职业管理规章》 8.《跨企业培训计划框架》 9.《职业学校培养方案框架》	1.《毕业考试条例》 2.《劳资协定》 3.《社保费用规定》 4.《社保承担方规定》

联邦政府层面自 1969 年开始陆续颁布《联邦职业教育法》《企业法》等十余部法律并严令各部门执行。联邦政府对职业教育的范围、技术标准、参与成员的权利与义务、考核制度、职业资格准入制度和领导机构等进行了明确的规范与界定，力图通过立法保证农民职业教育的制度化、规范化和常态化。1969 年《联邦职业教育法》的颁布，标志着德国"双元制"职教模式的确立。它是德国实行职业教育和农民职业教育最基础的法律，以法律条文的形式规定了联邦政府和各州在职业教育上的义务，并且对工业、农业、商业等多个

领域开展职业训练作出规定，主要目的是使劳动者通过培训获得基本的劳动知识和劳动能力。1981 年联邦政府通过《联邦职业教育促进法》，进一步完善了国家职教法律体系；2004 年《联邦职业教育保障法》将职业教育的保障措施纳入法治化轨道，使支持职业教育的保障措施有法可依。这三部法律共同构成了德国职业教育的法治基础。

从各州政府层面来看，职业教育相关法律的发展以德国职业教育三大法为依据，与职业教育相关的部门在上位法的框架下制订农业职业教育实践的框架性、实施性法律法规，对职业农民的培育规范进一步细化。这类法律法规主要针对农业职业教育的专业设置、师资配备、资格认证等内容进行规范，由联邦农业部、经济部、教育部共同研定，如农业部门颁布的农林类全日制学校职业教育法律《巴伐利亚州农林类学校职业教育法》、农业部门与教育部门颁布的关于 14 个"绿色职业"的《职业教育条例》、联邦经济部门与教育部门颁布的《培训教师资格条例》《师傅证书考试条例》等。其中《职业教育条例》对各州职业资格考试的标准进行了统一规定，使各个层次的职业证书能够在全国范围内进行等值互认，对职业农民的培育产生了深远的影响。

从农业行业协会层面来讲，其承担了在"双元制"职业教育中对企业农业职业培训进行监管的职责，在此基础上，农业行业协会在政府的授权下颁布具体的实施标准、条例、规章。❶ 如德国部分地区农业行业协会制定的《毕业考试条例》对农业类专业毕业考试程序、合格标准等方面作出了规定。除此之外，参加职业农民培育的学员在进入农业企业学习之前与企业签订的《职业教育合同》也由农业行业协会负责拟订。

德国农业职业教育以《联邦职业教育法》为核心，通过联邦政府—州政府—农业行业协会三级法律体系，通过各项法规、条例和细则保障教育的顺利实施，既保障各州在农业教学内容上的统一，又给予农业教育实施单位一定的灵活性，便于"双元制"模式下企业培训的实施。

（二）经费保障

在"双元制"职业教育经费的投入中，完善的农民职业教育体系使"双元制"模式的经费投入渠道完备且稳定充足，整个过程对农民学员而言近乎零负担。一方面，国家财政每年会划拨大量经费给学校，并且其中一部分以税费补贴的形式返还给农场，同时政府也会鼓励机构或个人为农民职业教育捐款

---

❶ 蔡跃，王继平. 从《联邦职业教育法》看德国行会在职业教育中的作用 [J]. 教育理论与实践，2011，31（6）：25 – 27.

作为教育经费；另一方面，学校和农场会承担诸如学校建设、设备添置以及农场运行等日常开销。其教育经费来源的"二元制"体现在国家和企业的合作中。在职业教育经费的投入上，国家与企业的责任明确，来自国家的财政支持与培训企业的经费投入成为两大来源主体。

在农业领域的"双元制"教育中，农业企业在教育中发挥着主导作用，企业一般承担职业教育经费投入的75%，规模较大的农业企业一般设有培训基地和专职培训人员，学生在那里能够接触农畜产品，直接使用企业的各类设备。在经费投入中，企业一般需要承担培训中所形成的设备折旧费、培训教材费、学员工资、学员保险等费用。2020年，普通学校学生的生均教育支出为9200欧元，而职业学校学生的平均教育支出仅为6000欧元，公立职业学校的"双元制"学生人均支出可以低至3600欧元，这主要得益于企业的参与，企业在较大程度上分担了教育经费。除此以外，《联邦职业教育法》要求教育提供者为学习者提供适当的报酬，如对在2020年1月1日至12月31日开始的职业教育需要提供至少515欧元的报酬，最低报酬额度每年进行更新。德国政府为调动企业参与职业教育的积极性，会给予培训企业一定的优惠政策。如德国税法规定，企业职业培训过程中所支付的工资、保险、津贴等费用可计入企业生产成本，也可以通过折算计入产品价格，待产品出售后给予一定额度的税收减免。

尽管如此，德国在"双元制"农业职业教育的实施层面仍面临一定的问题，主要体现在受训人员农业培训津贴的获得上。2018年德国联邦统计局的数据显示，有65%的受训人员获得超过800欧元的培训津贴。通常来说，农业培训津贴为600~800欧元，难以达到800欧元以上的水平。一方面，相对于职业培训的其他领域而言，农业领域的培训津贴整体较低；另一方面，600~800欧元的农业培训津贴也仅仅稍高于《联邦职业教育法》所规定的最低报酬（515欧元）。调查也显示，受训人员中对培训津贴不满意人数的占比较高，达到了68%。其原因在于农业职业教育与实践结合紧密，学生在接受职业教育的过程中创造的产品收益与企业投入的教育成本之间的差距相对较小。这一现象的存在，要求在农业职业教育中寻求更多更有效的措施来激发企业增加经费投入，弥补学员目前较低的培训津贴，提升民众参与"双元制"农业培训的积极性。除了从企业维度激励其增加职业教育的经费投入，国家作为主体，同样需要继续加强对职业教育经费的投入。

在国家层面，学校的部分经费投入由联邦和州层面的政府财政共同承担，一般主要承担农业职业教育活动开展过程中所产生的管理费、校园建设维护费、人员工资等费用。

（三）师资保障

在德国，农业职业领域的教师在广义上包括农业职业学校教师、农业企业（农场）培训师、实训顾问三类。农业职业学校教师分为理论课教师和实践课教师两大类，他们受聘于各类农业职业学校，理论课教师主要讲授专业课或通识课知识，为学生提供就业所必需的理论知识；实践课教师主要向学生传授实际操作技能，在农业学校的实习基地或者农场上课。一些具有丰富经验的教师可被提升为高级教师，参与学校管理甚至参与国家课程标准的制定。培训师是企业内部指导职业教育专业学生的技术人员的总称。在"双元制"农业中等职业教育模式中，实训顾问由农业行业协会聘请，负责为农业学徒和学校的实训教师提供咨询服务，监督和促进职业教育的实施，其工作形式比较灵活，既可以全职，也接受兼职工作或者做名誉顾问。德国对农业职业学校教师的选用有严格的培训制度和要求。

一般而言，德国职业教育教师的培养包括修业阶段、见习阶段、在职阶段三个阶段。这三个阶段的划分是依据教师职业生涯发展阶段确定的，涵盖了教师的职前培养与在职进修。修业阶段属于教师教育的职前培养阶段，学生集中进行理论学习，在完成修业阶段的学分要求，取得相应的学位证书并通过第一次国家考试后，就可获得申请见习的资格从而进入见习阶段。见习教师完成见习期服务并通过第二次国家教师资格证书考试后，才能获得完全的教师资格。在获得完全的教师资格后，教师可以根据自身的实际情况，向期望从教的州文教部教师招聘管理办公室提出申请，申请审核通过后便可以成为全职教师，接受在职阶段的进修教育。

农业领域的教师教育归属于职教师资培养体系，同样遵循上述修业阶段—见习阶段—在职阶段的三级培养机制。在修业阶段，农业职业教师的培养涉及本科层次、硕士层次的教育，学习内容包括专业学科学习（包含学科教学法学习）、教育学科学习、专业实习（企业实习）、教学实践活动（定向实习和教学实习）。值得注意的是，农业职业教育的师范生在进入大学前就要在农业企业实习，时间为 26 周，这是职业教育师资的入学前提，否则不能进入大学学习；从进入大学到本科毕业前还要参加 26 周的农业企业实习，两次实习合计 52 周，否则无法获得学士学位。本科层次的修业学生需要完成两类专业的学习。首先是与职业相关的专业，核心课程包括农业科学，如木材技术、食品、营养与家政，教育学科如教育社会学、普通教育学、普通学科教学论。除此以外，学生需要在语言、基础科学、体育以及特殊教育中任选其一进行学习。通过跨学科的教育环境，学生在学校学习期间，能够深入了解园艺生产服务、农业生产经营等与环境和社会的关系，提升教学技能。

要成为职业学校的教师，师范生还需要进行见习阶段的学习，即预备性服务见习阶段，农业职业教育教师的见习时间为 12～24 个月。通过见习阶段的学习，师范生需要完成以下培养目标：结合农业专业知识、农业专业教学理论和学生特点的要求设计课程、选择课程内容和相应授课方法；整合并熟练运用现代教学技术、信息交流技术，提高将农业知识、技术传授给学生的能力；从专业知识、教学记录和专业成果等方面综合评判教学效果。

在职阶段的教师需要参加以州为单位设立的农业教师进修学校提供的进修学习。教师在进修学校中可以学习新型农业机械工具的使用方法，畜牧专业的教师可以学习新型畜粪池的构造、物联网中饲料进食定量器的原理、动物繁育知识等。对于在职阶段的进修，教育主管部门规定农业职业学校的教师每年必须到各州设立的农业进修学校进修一期，进修期间的学费、住宿费、伙食费等各种费用由政府财政予以支持。农业职业学校的教师需要提前一年与进修学校协商制订进修计划，确定到校学习的时间和拟进修的主题。除此以外，农业类大学或者综合性大学的涉农专业也会承担部分在职教师的进修工作，如洪堡大学每年会举办相应专业的农业学校教师的进修研讨会。

四、德国农业职业教育的资格认定

德国覆盖中等职业教育阶段及职业进修教育阶段的"绿色证书"制度等级分明，保证了毕业生的质量。以培训职业"农民"为例，3 年中等职业教育毕业后取得"农业专业工人"资格。步入职业进修教育阶段，结束一年制的高级农业学校或通过农业师傅考试，获得"农业师傅证书"，进而取得经营管理农场及招收学徒的资格，师傅的职业资格等同于学术教育中的学士学位。此证书获得者通过深造两年制的高级农业学校课程，毕业后获得农业企业管理师证书和农业技师证书，此后如果能够通过附加考试，便可进入农业高等学校深造。近十年来，德国农业师傅证书的考试通过率保持在 80% 左右，比师傅证书（包括所有行业）考试的平均通过率低 3% 左右。以 2010 年为例，参加农业师傅证书考试的人数为 1935 人，通过 1542 人。

德国农业领域职业晋升教育的目标是获得更高的职业资格（师傅、技术员等），通过师傅学校、技术员学校等专业学校完成，学员通过农业行业协会组织的师傅或技术员考试后获得师傅或技术员头衔。这类教育为 5B 级，属于国家教育分类的第三级教育，相当于我国高等职业教育范畴。除了国家内部的资格认定体系，其国家资格认定体系可与国际资格体系进行互认。2008 年，欧洲议会和欧盟理事会正式颁布了欧洲资格框架（European Qualification Framework，EQF），在教育与培训领域建立了一个共同的资格互认参照标准。作为欧盟成员国之一，德国对欧洲资格框架"三维度、八等级"的结构进行了重构，将整个德国教育体系的毕业生资质水平在欧洲资格框架体系中加以评级，实现了德国资格框架与欧洲资格框架的衔接。德国的层级描述将专业能力和个人能力相区分，其中专业能力涵盖知识与技能，个人能力涵盖社会能力与自主性水平。表5-5呈现了德国国家资格框架层级3、层级4、层级5的基本要素与层级描述。一般而言，完成3年左右职业教育的学徒能达到EQF 4级水平，获得"农民师傅"资质的人员可达到EQF 6级水平，获得博士称谓的人员则能达到EQF 8级水平。

表5-5　德国基于EQF的国家资格框架基本要素与层级描述

	专业能力		个人能力	
	知识	技能	社会能力	自主性
能力	• 深度 • 广度	• 工具性技能 • 系统性技能 • 判断力	• 团队合作、领导技能 • 参与度 • 沟通能力	• 自主责任 • 反思能力 • 学习能力
层级3	掌握工作或学习领域内的事实、原则、过程和一般概念	• 在所工作或学习领域具备一系列认知和实践技能 • 应用基础方法、工具、材料和信息完成任务并解决问题	负责完成工作或学习领域内的任务	根据环境调整自身行为来解决问题
层级4	掌握与学习领域或工作领域有关的基础知识或专业理论知识	• 具备广泛的认知与实践技能，能够独立解决实际问题 • 能在复杂环境中评估工作成果与实际进程 • 能迁移应用相关解决方案	• 能形成团队合作的学习或工作环境，并为团队提供持续的支持 • 能公正地对待学习或工作过程与结果 • 能根据实际情况进行全方位的沟通	能制订自身的学习与工作目标，对其进行反思并认真负责

能力	专业能力		个人能力	
	知识	技能	社会能力	自主性
层级5	• 能掌握学习领域或工作领域内的综合性专业知识 • 能掌握更深入的专业理论知识 • 能熟悉学习或工作领域的范围与局限性	• 能具备非常广泛的专业认知与实践技能 • 能熟练规划工作领域中的工作过程，并评估工作成果与实际进程 • 能广泛迁移相关解决方案	• 能在不同群体中以合作的方式规划安排工作流程 • 能为他人提供有效的学习指导 • 能根据实际情况介绍跨专业领域的复杂事实 • 能在考虑其他利益相关方要求的基础上按预期计划行事	能正确反思和评估自身的学习目标与外部设定的目标，并能主动承担团队的工作与责任

五、德国农业职业教育和培训的经验及启示

（一）推进立法，建立新型职业农民培育制度化法律保障体系

在乡村振兴背景下，我国不断发布新型职业农民培育的相关政策、指导意见，但这些大多是纲领性文件，在新型职业农民培育的实施层面仍然缺乏配套的专门法律。借鉴德国职业农民的培养经验，我国应在现行法律法规的基础上，从国家层面更新法律、制定配套规定，通过法律确立新型职业农民培育的重要地位，明确新型职业农民培育的职责主体和培育实施细则等；同时，地方政府要在分析地方实际情况的基础上，根据国家法律法规，灵活地推出有针对性的培育政策，如新型职业农民培育的激励措施及奖励方案等，推进建立具有中国特色的新型职业农民培育法律保障体系。

（二）明确职责，构建新型职业农民培育多元化经费保障体系

在德国以"双元制"为代表的农业职业教育体系中，来自联邦、州、市的公共经费和来自企业、行业协会的私人经费相互补充，通过明确的责任划分保障了充分的资金投入。目前，我国学校体系中的农业职业教育的资金以政府投入为主，学校体系外的新型职业农民培训经费几乎全部由国家承担。由于我国地区发展不平衡，一些财政收入较低的地区政府在新型职业农民培育上的投

入相对较少。因此，要解决新型职业农民培育经费不足的问题，需要引导农业企业加入新型职业农民培育中，政府与农业企业联合起来，通过各项政策和法规明确政府与企业在新型职业农民培育中的职责，保证经费来源的稳定性。

（三）强化培养，建设新型职业农民培育复合型师资队伍

作为德国职业农民培育保障体系的要素之一，德国农业职业教育领域的教师需要经过专业化、综合化的培养后才能获得从业资格。教师既需要具备农业生产专业知识，又需要掌握市场运作与经营理论，在进行理论学习的同时完成农业企业的实习。而我国目前的新型职业农民教培师资呈现出两极分化的趋势[1]：一类是来自当地高校、职业院校或农业机构的教师，他们长期处于教学一线，专业理论扎实，但是相对来说欠缺农业实践经验；另一类教师则是农业技术经验丰富，但受限于自身文化程度的"土专家"，与现代农业要求的懂科技、会经营、晓政策、有组织、守法纪的复合型人才需求脱节。因此，在农业职教师资的培养上，一方面要针对市场供需动态优化农业职业教育领域师资培养课程体系；另一方面可以统筹现有资源，建立涉农院校教师、涉农专家学者、家庭农场主、职业经理人、优秀农民企业家、律师等新型职业农民培育师资库。

（四）国际接轨，完善新型职业农民标准化资格认定体系

在认定标准上，德国的职业农民认定标准对应五个等级的资格证书，建立了全国统一标准，并实现了国际互认；而我国从 2013 年开始在新型职业农民资格认定工作方面进行试点，由于我国区域经济社会发展差异较大，不同地区在新型职业农民的认定工作中存在认定标准、方法不统一等问题。未来可以在国家认定标准的基础上，允许各省、自治区、直辖市制定符合当地实际情况的新型职业农民认定地方标准，将从业年限、能力素质、经营规模、产出效益等要素综合纳入考量，设定新型职业农民资格认定标准。

第二节 澳大利亚农民职业教育和培训

澳大利亚联邦位于太平洋西南部与印度洋之间，是南半球最发达的经济

---

[1] 张华泉. 2035 农业现代化远景目标视阈下全科职业农民教育国际比较研究 [J]. 成人教育，2022，42（5）：19-28.

体，国土面积为 768 万平方公里，人均农牧业用地面积 27.10 公顷，人均耕地面积 2.75 公顷，人均森林和林地面积 6 公顷。❶ 澳大利亚经济以农牧业、采矿业和制造业为主，盛产羊、牛、小麦和蔗糖，作为"骑在羊背上的国家"，澳大利亚的农业经济在整个国民经济中占据十分重要的地位。澳大利亚人口约为 2528.00 万，其中农牧业从业人口 32.73 万，农业产值（含食品加工附加值）占 GDP 的 2.77%，且澳大利亚的农业产品大多数出口国际市场，并具有很强的市场竞争力。澳大利亚拥有高素质的职业农民和技术先进的农业，并通过系统农业教育、农民教育培训、认证管理、政策支持等措施，持续提升职业农民的综合素质和能力，从而推动农业生产率的进一步提高。

一、澳大利亚农业的特点

（一）农业机械化、信息化发展迅速

澳大利亚在 20 世纪 60 年代就实现了农业机械化，计算机自动控制技术在农业机械和乳业生产等方面得到了广泛运用。此外，澳大利亚是世界上计算机网络普及率最高的国家之一，农户对农产品及生产资料的品种与价格信息、购买与销售等所有需求都可以通过网络获得满足。20 世纪 90 年代，澳大利亚部分农业部门就开始发展"精细农业"，例如，卫星定位技术在农业种植设备上的应用，卫星图像技术在大面积观察土壤和植被生长情况方面为人们提供了全面认知，地面传感系统为农业从业人员了解土壤、植被、水质提供了更详细的信息。

（二）农业生产规模化、专业化程度高

近年来，澳大利亚农业的规模化和产业化趋势越来越明显，澳大利亚的农场数量越来越少，规模却越来越大。1980 年，澳大利亚全国的农场主与家庭帮工有 25.40 万人，农民雇用工人 12.40 万人，超半数农场都是自家经营；到 2013 年，农场主人数为 13.40 万，农场雇用工人 18.60 万人，自耕农越来越少。澳大利亚农业生产过程的分工专业化现象日渐明显，各种类型的专业化农场和针对农业生产某一环节的专业化服务公司层出不穷，如在某些农牧产品的生产全过程中，有的公司和农场从事育肥、饲料、防疫等某一个环节的生产和

---

❶　澳大利亚国际商会. 澳大利亚的农业［EB/OL］. （2020 - 08 - 15）［2022 - 09 - 30］. http：//www. aita. com. cn/shuangxiangmaoyi/shuangbianmaoyiyixiangshu/973. html.

服务。另外，澳大利亚目前已经形成了特定的作物带和畜牧带，如昆士兰州的甘蔗带、塔斯马尼亚州的苹果区和东南部的小麦带等。

（三）农业生产对农民素质的要求不断提高

截至 2022 年，澳大利亚的人口只有 2600 多万，其生产的农牧产品除少量供应国内市场外，大多数出口到国际市场，并且具有很强的市场竞争力。目前，澳大利亚是世界上第四大农业产品出口国，大麦、小麦、羊毛、牛肉、羊肉出口量常常排名国际市场份额前三。在这种情况下，农民不仅需要具备丰富的农业生产知识与技能，还要了解各项出口政策以及国际贸易等方面的知识。此外，随着澳大利亚农业生产的信息化、集约化发展，新兴技术在农业生产中被进一步研发与推广，需要有相关知识经验的人员才能充分掌握并利用好这些手段，以提高农业生产效率，增加农业生产效益。

作为一个农业大国，澳大利亚的农业经济水平对整个国家的经济发展起着至关重要的作用，而农民素质的高低直接影响农业生产的质量。因此，对澳大利亚来说，要想促进本国农业经济的发展，就要增加农业人力资本的积累，提高职业农民的整体从业水准，如何构建起高质量的职业农民教育和培训体系就成为政府关注的重要问题。

二、澳大利亚农业职业教育和培训体系概况

在政府多年的努力下，澳大利亚职业教育和培训形成了国家统一的框架体系，农业职业教育和培训被包含在整个宏观教育体系之内，因此，讨论澳大利亚农民职业教育和培训就离不开澳大利亚整个职业教育和培训体系。澳大利亚农民职业技术培训的目标是培养农业生产与经营所需的技能型实用人才，职业针对性较强。其以终身教育制度为基本理念，不论是未成年人或成人学生、未择业人员或在职农民，在自身倾向技能学习的基础上，都能获得接受职业农民教育培训的机会。

澳大利亚的农民职业教育体系是融义务教育、职业教育与高等教育为一体，由企业界深度参与的完整框架体系，侧重能力教育与综合素质培养，并将教育培训作为服务给予农民，职业能力培训、职业资格证书等体系都体现出"学为所好，学以致用"的教育培训理念，突出普通教育与职业教育、知识教育与能力教育的有机结合。

（一）澳大利亚农业职业教育与培训实施主体

澳大利亚农民教育培训主体分为政府部门和私人部门，政府部门包括技术与继续教育（Technical and Further Education，TAFE）学院、农业学院、高等院校等；私人部门包括企业（内部培训）、注册培训机构（Registered Training Organization，RTO）等。

1. 技术与继续教育学院

TAFE 学院指的是澳大利亚公立职业学校，由澳大利亚每个州政府出资建设，旨在为学生提供更具有实践性的课程。澳大利亚是一个重视职业教育的国家，高中生在读完 11 年级后（相当于我国的高二），可以不继续学习 12 年级课程，而选择先进入职校就读。TAFE 学院主要提供的课程为证书（Certificate）课程及文凭（Diploma）课程。在澳大利亚独特的学历框架（Australian Qualification Framework，AQF）下，提供 Level 1 ~ Level 6 的学历课程。而在读完 TAFE 学院提供的文凭课程后，学生还可以继续就读大学课程（Level 7），甚至可以衔接一些大学的大二课程。

昆士兰技术与继续教育学院是昆士兰州规模最大、经验最丰富的职业教育和培训中心之一，其与多所大学签订有学分抵扣合约，也就是说，读完昆士兰技术与继续教育学院的课程以后，学习者如果想要继续进入大学深造，可以通过申请学分抵扣，缩短大学就读时间。昆士兰技术与继续教育学院提供短期课程、证书课程、文凭课程等一系列与农业领域相关的课程，以农业二级证书课程为例，此课程侧重于现代农场工作基础的入门级知识，职业方向为农场助理或站长、助理动物护理员/仓储员等。课程内容建立在澳大利亚农业领域所需关键知识的基础上，由在农业部门有许多年经验的行业专家提供，教师对工作的实践领域十分了解。学习者的学习方式分为学徒制和培训制，把实践工作与有组织的培训结合起来，技能和知识评估方式包括观察、书面评估、提问、档案袋、工作样本、第三方反馈等，完成所有核心单元课程和 15 个选修单元后即可成功获得这一资格。❶

而在农业领域学历晋升方面，TAFE 学院也能提供相应的通道，农业方面的课程包括证书课程、文凭课程和本科学位课程。农业证书课程涵盖了进入农业劳动力市场所需的基本要求，这些课程的学习时间通常为 12 ~ 18 个月，许多课程完全在线提供。农业证书课程侧重于教授清洁和维护农业设备所需的简

---

❶ TAFE Queensland. AHC20116 Certificate II in Agriculture［EB/OL］. (2017 - 09 - 06). ［2022 - 09 - 30］. https：//tafeqld. edu. au/course/17/17906/certificate - ii - in - agriculture.

单技能以及其他技能。农业文凭课程面向想在基础知识之外学习更多内容的人群，这类课程相较于农业证书课程教授更加高级的技能，如资源开发、财产管理和经营农业业务的基础知识。如果学习者想要继续深造，则可以选择最高级别的课程，常见的课程包括农业学士或农业研究学士，这些课程教授包括数据挖掘、GPS 扫描、云计算、牲畜管理、利润预测等在内的知识与技能。另外，本科学位课程还能教授学习者一些具有现实价值的"软技能"，包括沟通、团队合作和创造性解决问题的技能，这对学习者在农业领域的职业生涯至关重要。由于技能内容的不断深入，需要通过 3 年或 4 年的学习才能获得这些资格。

2. 注册培训机构

澳大利亚教育资源丰富，并且拥有完整的教育体系，教育产业是澳大利亚的支柱产业之一。在澳大利亚，如果私立学校想要提供职业教育和培训课程，需要申请成为注册培训机构，截至 2020 年，全澳有近 4000 家合法登记的由政府或私立学校开设的注册培训机构。注册培训机构是澳大利亚职业教育与培训体系中唯一被授权提供和评估国家认可的培训、颁发国家认可的资格证书和成绩单、申请政府资金以提供职教服务的机构。要想成为注册培训机构，需要通过澳大利亚技能质量监督署的评估，评估程序包括分配评估员、评估员解释评估过程、评估员审查证明文件等，若申请符合标准则予以通过，若不符合，将收到详细说明书及改进建议。

如今，澳大利亚存在一定数量的注册培训机构提供农业教育培训，如澳大拉西亚学院有限公司（Academies Australasia Institute Pty. Ltd. ）、AgForce 昆士兰农民有限公司（AgForce Queensland Farmers Ltd. ）、中部地区技术与继续教育学院（Central Regional TAFE）等。澳大利亚的注册培训机构提供的职业教育课程有的面向全澳，有的面向某一个或某几个州。例如，农场信息服务有限公司（Farm Information Services Pty. Ltd. ）是一家私人经营的注册培训机构，它面向西澳大利亚州，提供包括农业二级证书、园艺二级证书在内的一系列资格证书认定服务，还帮助学习者掌握在使用或不使用杀虫剂的情况下管理害虫等农业知识与技能。❶

3. 综合大学

澳大利亚职业农民教育体系除了学历教育、证书教育，学位教育也是一个重要组成部分，以综合大学为代表的教育主体提供了各种高质量的农业学位教育项目，推动了澳大利亚职业农民教育的纵深发展。昆士兰大学（The

---

❶ Training. gov. au. 6717 – Farm Information Services Pty Ltd ［EB/OL］. ［2022 – 09 – 30］. https：// training. gov. au/Organisation/Details/deccc8d4 – 1ed0 – 4288 – a640 – a8b61b6340b6？ tabIndex = 2.

University of Queensland）是澳大利亚昆士兰州的一所综合性大学，其始建于1909 年，是澳大利亚最有声望的大学之一。其提供的教育项目分为本科阶段、研究生阶段和博士阶段三种类型，包括农业和动物科学在内的一系列专业，申请者可以选择单学位或双学位课程进行学习，学习方式有全日制和非全日制之分。以农业科学硕士研究生文凭为例，昆士兰大学提供的农业教育培训项目的具体内容见表 5 - 6。

表 5 - 6　农业科学硕士研究生文凭项目具体内容

项目	农业科学硕士研究生文凭
学习方式	一年的全日制学习
入学资格	要获得入学资格，需要：①任何学科的学士学位（或同等学力），或已完成中学后的学习，并有 2 年全职同等的相关工作经验；②获得以前学位的平均成绩（GPA）必须达到 4.5 分及以上（7 分制）（相关工作经验是指从事农学和/或园艺作物生产/保护工作，或从事环境管理和恢复工作，或在任何其他行业中，已经建立了一个展示农业科学专业知识的组合）
课程	①基础课程 AGRC6010 植物和动物生物科学的新问题 AGRC7046 农村产业和社区的领导力 AGRC7047 农业的全球挑战 AGRC7048 植物生理学 ②灵活核心课程 AGRC7005 高级农学 AGRC7054 综合作物健康与管理 AGRC7053 可持续土壤管理 AGRC7034 作物生理学 AGRC7127 农业与资源政策 AGRC7520 国际农业发展 HORT7002 园艺生产 ③选修课程 AGRC3041 植物育种 AGRC4101 农业创业 AGRC7051 牧草科学与管理 AGRC7501 实验设计与分析 BIOL7011 植物保护的分子诊断 BIOL7012 植物相互作用 BIOL7017 植物病理学 PLNT7005 植物保护 AGRC7045 高级研究方法 AGRC7200 研究生研究课题
可能从事的职业	农业顾问、农业经济学家、推广和检查官员、土地信息系统官员

资料来源：https：//study. uq. edu. au/study - options/programs/graduate - diploma - agricultural - science - 5737.

（二）澳大利亚农业职业教育和培训支持体系

1. 澳大利亚农业职业教育和培训保障机构

（1）高等教育质量和标准署。

澳大利亚高等教育质量和标准署（Tertiary Education Quality and Standards Agency，TEQSA）是代替澳大利亚质量保障总署（AUQA）的机构，TEQSA 管理由各州和地区政府承担的监管活动以及由澳大利亚质量保障总署（AUQA）承担的质量保障活动。TEQSA 作为一个新的国家高等教育监管与质量保障机构❶，强化了国家对高等教育的质量保证和管理，其不仅要确保高等教育提供者满足最低标准，而且拥有诸如注销不合格大学等方面的行政处罚权，同时还负责进一步提高高等教育的整体质量。TEQSA 的监管以澳大利亚《高等教育标准框架》为依据，《高等教育标准框架》由高等教育标准专家团负责制定，高等教育标准专家团独立于 TEQSA，直接向高等教育部部长和研究部部长提供建议与意见，将标准制定、监管及执行功能分离。TEQSA 对高等教育进行全国统一监管，有助于保证对整个高等教育部门管理的一致性，有助于保证在实施新的需求驱动的高等教育拨款机制以后，高等教育规模的增加不以牺牲质量为代价，也有助于确保全国大学的多样性与独立性。

（2）澳大利亚技能质量监督署。

澳大利亚历来重视职业教育与培训，但随着职业教育与培训规模的急速扩张，大量低质量的教育提供者进入市场，损害了澳大利亚职业教育和培训机构甚至整个国际教育产业的声誉。职业教育和培训体系的改革是澳大利亚政府提高职业教育和培训的质量与统一性承诺的一部分，澳大利亚技能质量监督署（Australian Skills Quality Authority，ASQA）的成立，标志着澳大利亚拥有了全新的、全国性的职业教育质量监管机构。ASQA 负责监督澳大利亚所有提供职教培训的学院或机构，其监管重点在于处理优先风险等级的事项，并预防和尽早应对各种不合规行为，通过推动信息共享、随机抽样检测等措施来降低风险，确保课程与培训提供者达到全国一致的质量标准。有关建立 ASQA 的法案赋予了 ASQA 强大的监管权力，ASQA 从以下几个方面行使职能：将培训提供者注册为"注册培训机构（RTO）"；推荐"注册培训机构"作为能够招收留学生的提供者；对培训包（Training Package，TP）进行合规性评估；确保"注册培训机构"满足注册条件和标准，包括进行审计；收集、分析和公布职业教育与培训提供者的信息。

---

❶ TEQSA. TEQSA overview ［EB/OL］. ［2022 - 09 - 30］. https：//www.teqsa.gov.au/teqsa - overview.

2. 澳大利亚农业职业教育和培训支持政策与法规

（1）澳大利亚农业教育和培训相关法律。

澳大利亚是联邦制国家，其职业教育由州和领地直接管理。澳大利亚职业教育法是由若干法律组成的职业教育法律体系，包括联邦法和州法两个层面。联邦职业教育法主要针对某一具体的职业教育问题，而州和领地职业教育法的内容比较全面，联邦和州与领地的职业教育法在职业教育内容的规定方面形成了一个整体。澳大利亚各州都有自己的职业教育法，在联邦层面，有《澳大利亚劳动力技能改善法》《职业教育与培训法》《澳大利亚技术学院法》《职业教育与培训资助法》等。例如，《澳大利亚劳动力技能改善法》实质上是澳大利亚联邦政府与州政府之间签订的关于职业教育和培训经费的协议。2011 年出台的《职业教育与培训法》要求建立一个全国独立的技能认证机构，即澳大利亚技能标准管理委员会，它负责制定澳大利亚职业教育和培训标准，并对培训机构进行监督和审核。❶ 澳大利亚还出台了《澳大利亚技术学院法》和《职业教育与培训资助法》为农民教育提供财政支持，并且在法律中明确规定将商业、行业和市场化运作引入澳大利亚农民培训与教育之中。

此外，澳大利亚不仅将农村的道路、电力、体育设施、通信、网络等公益性基础设施建设统一纳入国家公共服务体系中，而且将农民的文化教育、医疗保健、失业养老等社会保障统一纳入政府保障体系，从制度上保障了农民能享受和城市居民一样的国民待遇，也从社会保障层面刺激了农民队伍的壮大，扩大了接受职业农民教育群体的范围，促进了农村劳动力的发展和农业经济的繁荣。

（2）澳大利亚国家培训框架证书制度。

澳大利亚国家培训框架体系由澳大利亚资格框架（Australian Qualifications Framework，AQF）、澳大利亚质量培训框架（Australian Quality Training Framework，AQTF）和培训包组成。澳大利亚高等职业教育院校必须按照质量培训框架的要求进行注册，然后才能开展"培训包"相关课程的培训、认证，并发放资格框架规定的资格证书。该体系是全国统一并由行业引导设立的，其目的是提供高质量的技能培训，以提高受训者的综合能力。❷

① 澳大利亚资格框架。澳大利亚资格框架是澳大利亚教育和培训领域规

---

❶ 肖洁，孙宇. 澳大利亚农民教育对我国新型职业农民培育的启示 [J]. 现代化农业，2019（4）：61−62.

❷ 王乐夫，姚洪略. 澳大利亚高等职业教育体系剖析及对我国职教发展的借鉴 [J]. 高教探索，2007（3）：54−57.

范学历的国家政策，它将每个教育和培训部门的资格证书纳入了一个全面的国家资格框架，如表 5 – 7 所示。

表 5 – 7　澳大利亚资格框架 2013（AQF 2013）

资格等级	资格类型	职业教育与培训	高中教育和高等教育
10	14	—	博士学位
9	13	—	硕士学位
8	12	研究生文凭	研究生文凭
	11	研究生证书	研究生证书
	10		荣誉学士
7	9	—	学士学位
6	8	高级文凭	副学士
	7		高级文凭
5	6	文凭	文凭
4	5	四级证书	—
3	4	三级证书	—
2	3	二级证书	—
1	2	一级证书	
	1	—	高中毕业证书

资料来源：https：//www. aqf. edu. au/framework/australian – qualifications – framework.

　　2013 年的澳大利亚资格框架将高中教育、职业教育与培训、高等教育三个阶段的 14 种资格类型划分为 10 个等级，就等级维度而言，资格复杂程度与资格等级成正比，即十级资格证书的复杂程度最高。❶澳大利亚资格框架根据学习结果对资格等级进行界定，每个资格等级都有相应的资格等级标准，资格等级标准描述了对知识、技能以及知识和技能的应用要求，另外还对资格等级的目标和学习时长做出了说明。以二级证书为例，该证书对资格获得者知识层面的要求为："具有在特定工作和学习环境下所学的基本事实性、技术性、程序化知识"；对技能层面的要求为："具备基本的认知、技术和沟通技能，运用适当的方法、工具、材料和现成的信息从事已定义的活动，为有限范围的可预测问题提供解决方案"；对知识和技能的应用层面的要求为："资格获得者可以在规整、稳定的环境以及特定因素下，运用知识和技能展示自主性与调整

---

　　❶　管西鹏. 澳大利亚资格框架对我国现代职业教育体系改革与发展的启示研究［D］. 济南：山东师范大学，2020.

能力"。

农业领域的资格等级同样类型多样，复杂程度各有差别，包括农业企业管理高级文凭、有机耕作四级证书、农业文凭等。具体来说，农业文凭资格内容体现了对在农场工作的雇员、管理农场的人员以及为生产企业提供作物生产咨询和服务的农业企业雇员的要求，拥有此资格的个人在面对复杂工作时能够承担个人责任并行使自主权。农业文凭包含一系列选修能力单元，如"制定并实施育种策略""管理有机畜牧业生产""实施机械管理制度"等，要想获得此资格，必须满足 10 个选修单元的能力要求。

②澳大利亚质量培训框架。澳大利亚质量培训框架是为了保证职业培训质量，对培训机构的准入、培训实施全过程进行严格审查与监督的体系，它统一了澳大利亚各州培训机构的办学标准和资格认证体系，对于全面提高职业教育和培训的质量起到了积极的作用。具体包括：教育由政府提供，需要符合联邦政府计划，由政府部门监督实施；每 5 年对培训机构进行评估；培训机构必须建立有效的培训管理制度；培训机构必须保证教学质量，以"学会、能做"为标准；必须设立质量保证系统，证书和学历全国通用；培训机构须提供平等、无歧视服务；教师必须有专业资格证书；教学评估须一致，培训方式方法等须提前通知受培训者；证书须有明确标识；等等。❶

③培训包。澳大利亚政府自 1998 年起，在全国范围内倡导、开发和推广各个行业的"培训包"。"培训包"为培训与考核活动提供了行业的水准基点，为工种的界定、工作评价和技能开发提供了有用的指南，并将此作为澳大利亚高等职业教育课程开发的指导性材料，是澳大利亚所有高等职业教育院校开展职业教育和培训的依据。每个"培训包"的主要内容有国家能力标准、国家资格证书框架体系、学习方法指导、鉴定材料等，其设计一般由农业机构或企业参与完成，对岗位工作者所需要的知识和技术进行有效概括与总结。农业领域相关的培训包内容如表 5-8 所示。

表 5-8 农业领域相关的培训包内容

	编码	名　称
资格	AHC10120	保护和生态系统管理一级证书
	AHC20116	农业二级证书
	AHC41616	有机农业四级证书
	AHC60319	农业企业管理高级文凭

❶ 周瑾，李逸波，张亮，等. 澳大利亚职业农民培育的探索与研究［J］. 世界农业，2015（4）：184-190，204.

	编码	名　称
技能组合	AHCSS00130	灌溉用水的获取、提取和监测技能组合
	AHCSS00073	高级化学品喷洒应用技能组合
	AHCSS00110	基本生物安全技能组合
能力单元	AHCAGB302	为初级生产企业保存生产记录
	AHCAGB501	制定气候风险管理策略
	AHCAGB513	制定农场计划
引进的能力单元	ACMGEN309	提供基本的动物急救措施
	ACMGEM311	维护和监测动物的健康
	ACMGEM312	满足动物的营养需求

资料来源：https：//training. gov. au/Training/Details/AHC.

（3）澳大利亚农业教育与培训激励政策。

学徒制作为澳大利亚职业教育领域的一大特色历经二十多年的发展，已取得了卓越成效：学徒制规模不断扩大、培训水平逐年提升；企业参与度日益提高❶，这得益于其背后的投资与激励政策。在澳大利亚学徒制官方网站上可以看到一份名为"澳大利亚学徒计划优先名单"的文件，其中列举了农业领域的资格和证书，包括农业和农业科技技术员、农场主等职业资格及农业文凭、农业企业四级证书等证书。澳大利亚学徒制的激励计划面向名单中列举的项目，激励计划分为两个部分，分别面向学徒和提供培训的雇主。学徒激励计划中的学徒培训支持付款计划提到，澳大利亚学徒培训支持金为澳大利亚学徒提供长达两年的直接财政援助，帮助他们在优先名单所列的职业中取得三级或三级以上的资格。澳大利亚全职学徒在学徒期的前两年，每六个月可以获得1250澳元（总计5000澳元），澳大利亚兼职学徒可以获得625澳元（总计2500澳元）。雇主激励计划中的优先工资补贴计划提到，优先工资补贴是对澳大利亚学徒培训的雇主提供的工资补贴，补贴对象为澳大利亚学徒优先名单上的职业。雇主可以申请第一个和第二个12个月期间支付给澳大利亚学徒的工资的10%（每季度最多1500澳元），以及第三个12个月期间支付给澳大利亚学徒的工资的5%（每季度最多750澳元）。此举激励了学徒和雇主参与澳大利亚学徒制，促进了农业教育深入实践、面向岗位，帮助农业从业者更好地掌

---

❶ 左彦鹏，李娅玲. 澳大利亚现代学徒制的发展历程、成效与优势［J］. 职教论坛，2019（4）：157－162.

握相关技能。

另外，在农业高等教育领域，为了提升教师授课和学生学习的积极性，澳大利亚大学对教职工和学生设置了奖励机制。对教职工而言，澳大利亚大学都认可并奖励优秀的教职工，尤其是在学院、大学、国家等不同层面对在教学中做出突出贡献的教职工个人和团体进行奖励。例如，阿德莱德大学（The University of Adelaide）规定，教职工有61%~90%的教学职责，且有机会申请10万澳元作为进修和教学的经费，或能申请到与教育相关的研究项目，或能申请职称晋升。澳大利亚国立大学（Australian National University）的高等教育与学习授课中心（CHELT）设立教育奖学金项目奖励优秀的教职工。对优秀的学生而言，澳大利亚大学表彰学生的卓越成绩，以奖学金的方式资助国内外学生的学费、生活津贴和保险，例如，阿德莱德大学农学院设立了校友基金、农作物研究发展奖学金、信托奖学金，平均每个本科专业设置了13~14项奖学金，研究生专业设置了2个奖项；澳大利亚国立大学农学系为学生设置了14项奖学金。

三、澳大利亚农业职业教育和培训的经验及启示

（一）充分完善农民教育体系，保障农民教育培训质量

澳大利亚的农民教育体系完善且结构完整，主要分为三大类：农民义务普及教育、中等农民职业教育和高等农民人才教育。农民义务普及教育主要包括农区学校和远距离农民培训。要求农民子女参加农业活动，学习农业相关的课程，以便未来经营农场。通过编写农业科普教材，对偏远地区农民开展教育，并通过电台和电视对农民普及相关农业知识。而中等农民职业教育进修主要由继续教育学院和私人培训机构完成，主要针对的是在职农民或者农民就业前培训，目标是培养实用型人才。高等农业人才的培养主要由高等大学和高等农业职业技术学院完成，主要培养高级农业人才和科技人才。澳大利亚的高等农业教育非常重视知识与农业科技和社会发展的结合，让学生了解社会，了解农业的前沿知识和新技术，根据农业的生产发展，设置和调整相关农业专业。

除了农民教育体系的构建，澳大利亚政府还通过成立各种监管机构，如高等教育质量和标准署、澳大利亚技能质量监督署，重点关注人才培养质量尤其是技能培养部分，倒逼职业培训学校加强技能培训，确保学生能够接受高质量的教育，从而提高了国家技能人才的数量和质量。另外，澳大利亚还成立了国家职业教育研究中心（NCVER），负责收集、管理、分析、交流有关澳大利亚

职业教育与培训部门的研究和统计数据，保证职业教育与培训领域信息的公开度和透明度❶。其通过数据分析，指明澳大利亚职业教育与培训中遇到的问题并及时提出修改意见，选择职业教育与培训领域的优先事项并发布报告。我国构建农民培训体系时可以充分发展各种水平与类型的教育，并通过保障体系对农民教育的各个阶段进行监管，以保证农民教育能够与农业生产岗位要求直接对接，促进农业人力资源质量的提升。

（二）依托农业发展实际情况，适时更新培训政策与内容

澳大利亚职业教育与培训的政策和体系总是处于不断调整的过程中。举例来说，澳大利亚资格框架 2013 年版本就是在先前版本的基础上更改的第二版，澳大利亚相关机构对之前版本存在的问题进行了修正，回应了澳大利亚职业教育的最新要求，与澳大利亚职业教育领域的最新情况相适应。在澳大利亚统一的国家职业教育和培训框架下，澳大利亚资格框架的更改势必也会引起其他相关组成部分的改变，以保证整个框架体系内部的协调统一。

职业农民领域的教育培训也不外如是，在澳大利亚培训官网上的"国家认可培训"板块以"Agriculture，Horticulture and Conservation and land Management（农业、园艺和保护及土地管理）"为关键词进行搜索可以发现，有状态分别是"被替代的"和"当前的"两种不同培训包，"被替代"的培训包从 2011 年开始施行，直到 2016 年被"当前的"培训包所取代，两个培训包的内容在适用的资格、需要的能力单元等方面都有很大不同，并且每个培训包都经历过 8 个版本的更新。我国在进行职业农民教育培训时，也要充分了解目前农业行业的发展特点和农业行业对农村经营、管理人才的能力要求等，并对农业岗位需要的知识和技能进行分解，按照分解的技能确定教学内容，同时注意行业变换的新方向，及时对职业农民教育培训体系进行更新改造。

（三）建立国家统一框架，充分体现终身教育理念

澳大利亚以资格证书衔接、课程衔接和学分衔接为载体，实现了"职普融通"，提高职业教育体系的"衔接融通性"。澳大利亚资格框架中认为学分是对学生的课程学习情况的综合体现，实施学分转移政策，将两个不同等级的课程的学习成果进行交换，学生可以用先前所获得的学分来免修同等级的课程，减少学生的学习量和学习时间，提升学习效率。学分认证是对非正规、非正式学习和正规、正式学习的认可，畅通了职业教育终身学习渠道，提高了职

---

❶ NCVER. About us［EB/OL］.［2022-09-30］. https：//www. ncver. edu. au/about-ncver/about-us.

业教育体系的"开放性"。澳大利亚实施的先前学习认证（Recognition of Prior Learning, RPL）遵循可信、公平的原则。"可信"即政策明确、标准一致、证据确凿、程序可靠，认证过程有质量保证机制，评价结果可验证、可比较，通过先前学习成果认证所获得的资格和通过其他途径获得的资格是等值的。"公平"即认证主体、标准、程序等对所有申请者一视同仁，澳大利亚的先前学习成果认证中，无论申请者是否接受过系统教育和培训、是在校还是过早辍学在家或失业、是正常人还是残疾人，都公平对待。先前学习认证为学习者提供了一条新的学习路径，使目前的学习结果能够得到认证，激发了学生的终身学习热情，提高了人们学习的动力和信心，增加了人们的受教育机会，有利于学习型社会的建设。我国的职业农民教育可以通过基于农民多样化的受教育需求，增强农民接受教育的愿望，降低职业农民接受教育培训的门槛，发展职业农民的终身教育体系，来促进农业人力资本的积累和农业的可持续发展。

（四）引入市场竞争机制，推动农业培训主体多元化发展

澳大利亚十分重视农业职业培训的发展，其投入巨额资金，引入竞争机制，颁布有利于职业培训发展的配套政策法规，使各类培训机构不断发展壮大，形成了多层次、多形式的培训格局。联邦政府鼓励各大农牧场主、企业集团等开办农业职业培训机构，参与培训市场的竞争，并提供职业培训经费总额的 20% ~30% 予以资助。❶ 同时对培训计划和培训项目公开招标，并逐年提高招投标经费比例。国家对各类培训机构的培训质量定期进行评估，以劳动力市场的"就业率"、产业部门的"满意率"作为考核培训机构是否合格的重要标准。凡就业率低于60%的培训机构，国家取消当年培训拨款计划，连续几年不达标的将予以关闭。通过培训市场的激烈竞争，保证了职业培训事业的健康发展。澳大利亚在农民职业技术培训体系中引入市场机制，突出表现在供给与需求两方面。从供给方面来看，澳大利亚改变教育培训主体政府单一化的基本模式，引导社会力量，如农场、农民社会化组织、企业集团等参与农民职业培育体系建设，形成多层次、多形式的教育培训格局；从需求角度而言，各培训主体利用多样性的课程设置与培训方式，充分结合农民意愿与特长，提高职业农民对于教育培训的自主参与性，使职业农民对教育培训产生新的有效需求，降低培训难度，提高培训质量。因此，我国的农民教育与培训可以在国家统筹规划的基础上，充分调动市场竞争力，推动形成农民教育与培训的主体多元化格局。

---

❶ 邓志军，黄日强. 澳大利亚的农业职业教育 [J]. 世界农业，2004（12）：45 – 47.

第三节　加拿大农业职业教育和培训

加拿大位于北美洲北部，地处高纬度，气候寒冷，可耕地面积达十亿亩，是世界上农业最发达、农业竞争力最强的国家之一。其农业在国家经济中占有重要地位，农产品大部分出口国外，而且以精良的谷类、油籽、蔬菜、精肉和乳制品等著称于世界。加拿大农业既实现了产业增值和农业创汇，创造了就业岗位，又最大限度地为国民提供了大量的、丰富的、安全的农副产品，农业被加拿大美誉为"国家经济的主要动力"。为促进农业发展，加拿大重视农业科学研究，并不断加强经费投入，同时注重培养高技能农业生产人员，形成了符合区域农业产业与经济发展，兼具农业科学研究功能的农民职业教育与培训模式。

一、加拿大农业的特点

（一）农产品生产区域分布集中，产业分工专业化

加拿大地域辽阔，各地在气候、地理和土壤等方面差异大，虽然国土面积很大，但只有部分国土适合进行农业生产。加拿大的农场集中在南部，尤其是与美国毗邻的400多千米的狭长地带，位于北纬49°与53°之间。加拿大最重要的农业区是通常所说的"大草原地区"，即阿尔伯塔（Alberta）、萨斯喀彻温（Saskatchewan）和曼尼托巴（Manitoba）三个省，那里是加拿大的粮仓，土壤以肥沃的棕壤和黑土为主，保肥性状良好。另外一个重要农业区是"中部地区"，即安大略（Ontario）和魁北克（Quebec）两省，"中部地区"是加拿大人口最密集的工业区，是国家重要的畜牧业基地，农业主要集中在河流盆地，主要种植饲料作物。谷物生产主要在大草原三省，其中仅萨斯喀彻温一个省生产的小麦几乎就占了全国总产量的3/5，而阿尔伯塔省的大麦又差不多占全国总产量的1/2。玉米的生产更加集中，安大略省的玉米产量大致占全国总产量的3/4。此外，只有安大略省生产大豆。

从农场产业分工层面来看，加拿大家庭农场主要分为饲畜业农场、谷物农场、农牧业混合农场和特种作物农场四类。饲畜业农场以饲养牲口为主，谷物农场基本上种植小麦、大麦和燕麦等大田作物，农牧业混合农场种植大田作物兼养牲畜，特种作物农场主要从事水果、蔬菜和烟草等的生产。一个家庭农场

一般只生产经营一种或少数几种农产品，有的养殖农场虽然也配有较大面积的耕地，但一般只生产自家养殖所需的饲料，农产品不作为商品出售。

（二）农场运行方式高度组织化，农民待遇高

加拿大农业发展的典型特征是规模化、高效率的家庭大农场生产模式，农闲时期，农业生产高度科技化、信息化使农场所需劳动力数量很少，到了农忙时期，农场主往往会雇用一些农业生产劳动力。从表面上看，加拿大农业经营体制是以一家一户为主分散经营，但实际运行却通过协会等农民自律组织实现了高度组织化，从更高层面实现了农业的规模化和集约化。在加拿大，家庭农场主可以根据需要自愿参加一个或几个协会，也可以组织新的协会。这些协会除组建和参与都很方便、非强制，运行方式也十分灵活，有紧密型，也有松散型，主要取决于该产业或产品的特点及会员的意愿。以营销委员会为例，有五种运行方法：宣传促销型、谈判型、定价型、集中销售型和统一经营型。农业协会组织代表会员利益与政府部门对话沟通，反映农民的呼声和要求，使联邦和省政府不断出台有利于农业生产与农业社区发展的政策并给予资金支持，解决农业生产中出现的各种问题，有效维护农民的权益，推动农业生产的良性发展。此外，加拿大有多重农业保险项目用于保障农民的稳定收入，其中最主要的有农业收入稳定项目（CAIS）和农作物保险项目（CIP）。前者是目前加拿大农业最主要的收入安全和商业风险管理（BRM）项目，目的是尽可能在不影响生产和贸易的情况下稳定农民收入，而不是单纯地向其提供补贴；后者旨在保护农民免遭自然灾害带来的损失。❶

（三）农业机械化水平高，重视农业科研开发

加拿大人口相对较少，高昂的劳动力价格促使加拿大农牧场的机械化程度升高。全程机械化耕作已经成为加拿大农业生产的普遍方式，各种大型和高功率的农机具互相配套，许多田间作业可以一次完成。农场现代化达到很高水平，拥有许多一流的基础设施和交通运输系统，而且先进的农业和食品管理水平使农产品和食品安全可靠，具有很强的国际竞争力。

加拿大农业现代科技化程度很高，随着精准农业的快速发展，信息化程度有很大提高。计算机网络的应用提高了农业信息采集的效率，3S 技术（即遥感技术、全球定位系统和地理信息系统）被应用于土壤观测，实现了农作物生长以及水肥管理的动态环境信息监测；借助全球定位系统（GPS）和地理信

❶ 孙婧毅. 加拿大农业产业化发展特点及对我国的启示［J］. 上海经济，2014（4）：48－50.

息系统（GIS）进行田间作业，甚至可以估计农作物产量。加拿大十分重视农业科研，成立了多个研究机构，从农业部到各级农业厅以及农业院校和农业企业等。加拿大农业科研侧重于应用性，对农业科研领域的投入经费占农业生产总值的2%以上，在所有自然学科中，农业科研经费占12%以上，远远大于世界平均农业科研投入占比。❶

加拿大高度发达的农业经济容纳了200万就业人口，其中包括直接从事农业生产的农民和农产品的供应商、加工商、运输商、零售商等与农业和食品相关的从业者。农业是加拿大国家经济的主要动力之一，预计五年内，农业食品领域将会有十几万的岗位缺口。

二、加拿大农业职业教育和培训典型项目

（一）绿色证书计划

阿尔伯塔省是加拿大重要的粮仓，该地区的畜牧业与农业发达，以小麦、煤炭等为主要经济资源，当地工业主要以食品加工、化学工业为主。绿色证书计划（Green Certificate Program）是阿尔伯塔省农业和林业局（AAF）为本省农业领域开发人力资源的一种手段。阿尔伯塔省农业和林业局为绿色证书计划的主要管理者，并与阿尔伯塔教育厅、各专业代表进行合作，对绿色证书计划专业不断进行调整重组。绿色证书计划分为不同专业，如养蜂人生产、乳制品生产、温室生产、灌溉田间作物生产、家禽生产等，学员可以选择其中一个专业，在培训师的指导下掌握计划中的所有技能。❷绿色证书计划强调以行业生产为导向，学员通过学徒制的学习方式来获得相关农业技能。

1. 学习主体及对其要求

绿色证书计划主要面向高中生，项目申请没有截止日期，可以在全年内的任何时间注册。其为学员提供进入各种与农业相关的结构化学习途径的机会。作为其高中课程的一部分，学员获得最多16个12年级的文凭学分和一个通往农业综合企业的证书。申请项目的高中生必须年满15岁，并且至少在10年级以上。在决定报名参加绿色证书计划时，学生应该理解农业学徒计划的含义，在自主选择的基础上，向学校申请报名参加某个专业的学习。教师在批准学生

---

❶ 李翔. 加拿大农业发展经验及对中国的启示 [J]. 世界农业, 2020 (4)：60 – 65.

❷ Alberta Government. Green Certificate Program [EB/OL]. [2022 – 09 – 30]. https：//www. alber-ta. ca/green – certificate – program. aspx#jumplinks – 3.

报名参加绿色证书计划课程的请求时，应该考虑当前和计划中的学校项目，学生的兴趣、职业目标，以前在农业行业的知识和经验，学生为确保成功完成该计划所需的承诺等。此外，学生在报名参加绿色证书计划专业的第一门课程之前，必须完成 AGR3000 农业安全课程，这是职业与技术研究计划中农业职业领域的一门学分课程，也是参与绿色证书计划的先决条件。❶

2. 学习内容

每一个绿色证书计划专业都为学生提供了进入农业学徒初级阶段的机会，学习者可以在每个专业内学习两个级别的内容——技术员级别和主管级别，如果他们的职业兴趣扩展到农业管理角色，则可以达到绿色证书计划的第三个级别——农场经理。大多数高中生在注册并取得绿色证书时都处于技术员级别，小部分学生在校期间可能会进入所选专业的主管级别。每个专业的课程授课顺序由地方、季节和其他因素决定，学生完成某一专业所有三门课程并达到规定的标准，即可获得该专业的技术员级别绿色证书，该证书由阿尔伯塔省农业和林业局颁发。举例来说，要获得大田作物生产技术员级别绿色证书，学生必须按照规定完成如表 5-9 所示的课程。

表 5-9　大田作物生产技术员级别绿色证书规定课程及具体内容（部分）

课　程	描　述	规定的一般结果
大田作物操作和护理	学生要展示出收割、施肥的能力；利用职业和时间管理技术；确保工作场所的安全；与他人有效沟通和互动	①表现出对安全的积极态度，包括认识农业生产中的危险、参加持续的检查和培训、执行基本的应急响应程序等 ②展示有效和适当的人际关系、沟通和就业技能，包括在工作场所有效沟通和互动、有效地管理时间以完成工作、了解农业经营中的商业风险、了解农业经营中的保险和责任等 ③展示施肥的能力，包括测试土壤、校准施肥设备、遵循农场营养管理计划等

❶　Alberta government. Green Certificate Program ［EB/OL］. ［2022-09-30］. https：//open. alberta. ca/dataset/04ceb76e-bf6d-4f09-95af-ec93f6dda6e0/resource/a71ccaed-d3fa-47b8-b5a6-0196c4e3a262/download/green-certificate-program-2017. pdf.

课　程	描　述	规定的一般结果
大田作物工艺与实践或灌溉大田作物工艺与实践	学生要展示出管理作物生产的能力；处理和储存谷物、草料和其他农产品；确保一般农庄和设备的维护	①管理作物生产，包括了解作物轮作、评估和适应天气状况、获取内部和外部信息资源、认识虫害、认识化学伤害等 ②处理和储存粮食、草料和其他农产品，包括准备储存设施、管理存储空间、监测储存条件等 ③展示一般的农庄和设备维护能力，包括尽量减少火灾隐患、正确处置农业废料、淡季储存设备、保持充足的水供应、维修和维护建筑物等
大田作物支持系统或灌溉大田作物支持系统	学生要展示出播种、喷洒和安全运输农用物资的能力	①展示处理种子的能力，包括计划种子供应、准备播种设备、为个别作物校准播种设备、评估实地情况、操作播种设备等 ②展示喷洒的能力，包括准备喷雾设备、确定适当的化学品的应用、解释标签、操作喷雾器和标记器、安全处理和应用化学用品、清洁喷雾设备等 ③展示运输农用物资的能力，包括遵循道路规则、维修车辆、卸载设备、组织农作物运输到销售点、安全牵引设备等

资料来源：https：//open. alberta. ca/publications/field – crop – production – technician –2017.

3. 考核方式

每个专业的每一门课程都有在校园外进行的部分。因此，必须根据《校外教育手册》❶ 中的指导方针提供绿色证书课程，该手册要求每年由学校指定的人员进行检查和批准每个潜在的工作场所。校外教师对校外教育活动中的学生评估负有重要责任，评估原则有：对参与校外教育的学生的表现评估和成绩评价程序必须符合学校现行的评价政策；课程学习计划中列出的学习成果应在评估中得到体现；学生应该了解最终分数的构成，包括工作现场的评估对最终评价的贡献，学生在工作现场的表现是由校外教师与现场监督员共同评估的，

---

❶　Alberta Government. Off – campus education handbook［2019 edition］［EB/OL］.（2019 – 09 – 01）［2022 – 09 – 30］. https：//open. alberta. ca/publications/9781460144077.

校外教师负责评审学生的成绩以获得最终分数。在评估接受校外教育的学生的表现时，应采用形成性和总结性相结合的评估方法，评估可以采取如下形式：基于正式面试、绩效评估、项目、测验和书面作业；自我评价、日志、日记、调查问卷、报告和短期作业；工作学期或学期结束时进行评估，以确定学生的最终分数。

（二）以奥兹农学院为代表的高等农职院校提供的农业职业教育与培训项目

加拿大的高等农业职业教育学院的办学形式十分灵活，一般都是学历教育和职业培训并举，学院办学学制从一年至四年不等，有证书、文凭、学士、研究生班等多种形式。其中证书课程直接面向岗位需要设置。文凭课程分两种：一种是学习2年或者3年，较系统、完整地学习某个专业的课程，拿到毕业文凭后可直接就业；另一种是学习2年获得副学士学位，其学习的主要目的是转学分到大学读书，所学的课程不是对某个专业完整的学习。例如，农业大省阿尔伯塔省的奥兹农学院（Olds College）、雷克兰地农学院（Lakeland College）主要以2年制的职业培训证书班为主，也有3年制和4年制的学历教育班。同时，学院还根据行业或雇主的需求，开办多种形式的短期培训班。

1. 农业职业教育项目的招生对象及培养模式

奥兹农学院成立于1913年，是一个以省为重点的机构，支持阿尔伯塔省的农业教育，通过常规课程、继续教育、在线和混合课程在阿尔伯塔省内外提供教育机会。❶ 奥兹农学院是加拿大的一所智能农业学院，拥有大型的智能农场，专门研究农业、园艺、土地和环境管理，与行业联系密切，可有效确保毕业生获得有用的技能。无论是在校学生还是毕业生，奥兹农学院都提供相应的课程，例如，其为高中生提供双学分项目和绿色证书培训计划。双学分项目指的是奥兹农学院通过与社区学习校园（Community Learning Campus，CLC）合作，使参加双学分课程/项目的高中生同时在高中和大专院校就读，在帮助高中生获得高中学分的同时，使其在中学后的教育上有一个良好的开端。同时，奥兹农学院还致力于支持终身教育，包括为所有年龄和教育水平的学生提供教育课程，其提供的培训有农业技术整合的文凭后证书、过渡性就业计划、继续教育等，满足了不同学习人群的要求（见表5-10）。

---

❶ Olds College. "Transforming agriculture for a better world" ［EB/OL］. ［2022-09-30］. https://www.oldscollege.ca/about/index.html.

表 5 - 10 奥兹农学院提供的农业培训项目（部分）

项目名称	学习对象	学习时长及方式	学习内容
农业技术整合的文凭后证书	已经获得相关文凭或学位的人	8 个月的混合式学习（校内课程和智能农场实践相结合）	精密农业硬件和设备的安装、校准、故障排除和维修；识别硬件和软件之间的联系与互动等
文凭后证书	已在本国获得文凭或同等学力并希望获得国际经验的国际学生，在商业或科学等领域获得文凭或学位的应届毕业生，有过教育经历并希望为从事新职业进行再培训的成熟学习者	1 年的校内学习	某一专业领域（如农业、园艺、农业商业和环境）的实用和就业技能
过渡性就业计划	针对有发展障碍的年轻人	11 个月的校内、校外学习相结合	财务管理、工作场所沟通、向工作场所过渡、消费技能和工作场所关系等

资料来源：https：//www.oldscollege.ca/programs/ag - technology/agriculture - technology - integration - post - diploma - certificate/index.html；https：//www.oldscollege.ca/programs/post - diploma - certificate/index.html；https：//www.oldscollege.ca/programs/transitional - employment - program/index.html.

具体来说，每个项目的说明都包括录取和要求、学费和费用、课程、职业机会、录取学生。例如，农业销售和客户支持证书培训项目的具体内容如表 5 - 11 所示。

表 5 - 11 农业销售和客户支持证书培训项目具体内容

项目名称	农业销售和客户支持证书
录取和要求	面向学历提升者和高中生申请者，要求申请者：英语语言艺术 30 - 1 或 30 - 2 的成绩达到或超过 50%；数学 20 - 1 或 20 - 2 成绩达到 50% 或更高；符合英语语言能力的要求
学费和费用	奥兹农学院提供超过 450 个奖项，以价值超过 50 万加元的奖学金、助学金和奖品的形式呈现；申请 2022—2023 学年并在 2022 年 6 月 15 日前缴纳学费押金的学生可获得 250～1500 加元的入学奖励

续表

项目名称	农业销售和客户支持证书
课程	第一学期课程： AGF1330—农业和农业食品基础 COM1030—工作场所的职业精神 COM1530—有效谈判的技巧 AMT2120—专业销售 第二学期课程： WIL2530—行业实习
职业机会	包括但不限于销售顾问、客户服务代表、客户经理、通信专家、客户技术支援专家、地区销售经理、精密技术专家
录取学生	课程日期和注册班级信息

资料来源：https://www.oldscollege.ca/programs/agriculture/agriculture – sales – customer – support – certificate/index.html.

除了上述培训项目，奥兹农学院还提供农业职业教育领域的非正式学习机会，如年度教育博览会 AgSmart 和网络研讨会系列 AGTECH Talks。其中 AGTECH Talks 是由奥兹农学院主办的免费网络研讨会系列，旨在与农业部门一起传播和分享相关的实用信息，以帮助农业从业人员对新技术和实践做出明确的决定。AGTECH Talks 由研究人员、教师和行业专家主持，每场网络研讨会都设置现场问答环节，与会者可以获得对自己有用的信息。另外，报名参加免费网络研讨会的与会者将收到会议录音，以防他们无法参加或想再次观看。

2. 农业职业教育项目相关企业和社会参与情况

2018 年夏天，奥兹农学院推出了奥兹农学院智能农场（Olds College Smart Farm）：一个包含 3600 英亩❶农田及其基础设施，拥有在农业技术研发方面经验丰富的员工的尖端学习环境。奥兹农学院智慧农场本质上是一个巨大的实验室，为农业部门提供商业规模应用的场所，为奥兹农学院的学生提供一个以未来农业和技术为中心的学习环境，同时吸引了从跨国农业和科技公司到中小企业等公司的投资和参与。

举例来说，奥兹农学院与农业金融服务公司（Agriculture Financial Service Corporation，ASFC）进行合作研究，以确定由土壤传染探头捕获的土壤水分测量值是否可用于估计牧草产量潜力。这项研究将为 AFSC 提供学习机会，以支持其水分不足保险计划，此计划对因土壤水分不足而导致草料产量低的生产参

---

❶ 1 英亩≈4046.86 平方米。

与者进行补偿。

奥兹农学院与萨斯喀彻温省国有电信公司（SaskTel）签署了协议，这两个组织将合作利用 800 英亩的智慧农场，通过应用研究、技术示范、数据利用和商业规模验证，为整个萨斯喀彻温省的生产者、学习者和农业食品公司推进农业技术开发与创新。

奥兹农学院宣布萨斯喀彻温大学牲畜和饲料卓越中心（LFCE）加入了由奥兹农学院领导的泛加拿大智慧农场网络，致力于分享数据和专业知识，帮助农民、行业和创造者更好地理解、使用和开发智能农业技术。LFCE 为智慧农场引入了畜牧业方面的内容，一方面，奥兹农学院内部学习者借助 LCFE 的设施、环境和研究人员等可以接触到更多农业领域的知识；另一方面，LCFE 与奥兹农学院展开合作能够加速农业技术和系统的开发，帮助生产者管理其生产风险，提高农场的生产力和可持续性。

奥兹农学院开展的农业教育培训项目十分重视实践学习与岗位操作，智慧农场的推出就是一个典型例子。依托智慧农场，农业研究者和学习者可以进行研究创新与技能学习，智慧农场由此吸引了来自不同组织机构的参与者。这些参与者有的是金融机构，有的是国有企业，还有的是高校，从农业研究、贸易等多个方面与农业教育融合，促进了加拿大农业职业教育的发展与进步。

三、加拿大农业职业教育和培训支持保障体系

（一）法律与政策保障

加拿大农业在很大程度上采用工业方法，且法规体系较为完善。政府重视农业科技和教育的投入，投入较多的资金用于农业发展，并在过去的 100 多年推出了多项针对农业保险和农业信贷项目的农业政策，保障了农业现代化发展。早在 1913 年，加拿大就颁布了《农艺教育法》，1937 年和 1939 年，政府又分别颁布了《失业人员及农业补助法》和《国家林业计划》，促进了农业劳动力市场的繁荣，这些早期的法律为农业科技人才培养奠定了坚实的基础。

加拿大的农业市场化发展趋势孕育了许多农业科技公司，如 Decisive Farming 公司致力于为客户提高农场管理绩效，教会客户将农作物推向市场并实现利润最大化；Terramera 公司聚焦于植物行业，努力帮助农户在减少化学农药使用的基础上增加作物产量等。这些公司涉及农场管理、精确除草技术、智能灌溉和食品质量检测等多个领域，有利于农业生产者学习新技术并提高产量与收入。除了私营企业，加拿大政府也对农业技术推广与教育提供了支持，

加拿大农场管理部是一个专门致力于开发和提供尖端资源、信息和工具以支持农场企业成功的国家组织。在农业教育与培训方面，加拿大农场管理部提供的项目如表5－12所示。

表5－12　加拿大农场管理部提供的项目（部分）

项目名称	简要介绍
农场财务流利度培训计划	①培训对象：针对乳制品生产者、油菜种植者与一般种植者开展不同的研讨会 ②培训内容：不同农场业务结构及其对财务报告的影响；如何解释财务报表；如何发现潜在的财务问题和机会；可用于管理财务风险的工具和资源等 ③培训方式：该培训计划在3次（每次2小时）的课程中以虚拟方式进行
国家农场企业管理资源中心	①面向的对象：加拿大农民 ②提供的内容：多种形式的农场企业管理资源，包括商业计划和网络研讨会
全国农业卓越会议	①为农民、农业顾问、学术界、组织、私营企业、政府等任何人或组织提供一个交流农业专业知识和见解的平台 ②专注于提供多样化的互动学习课程，并强调知识的实用性

资料来源：https：//fmc－gac.com/programs－services/.

（二）资金投入

加拿大政府对农业职业教育的投入较大，使学校有足够的资金进行基础设施建设。教育科研经费充足，多媒体、网络等现代化教学手段齐备，实验室、图书馆、实习农牧场设备精良，学校生源充足，教师待遇丰厚。例如，绿色证书计划接受联邦政府、省政府的财政支持，受训者参加学校的培训可以申请资助，在奥兹农学院接受农业项目培训的学习者可以享受一定的奖学金等补贴政策。加拿大政府设有农培专项基金，目的是鼓励农场主和农业企业对农民进行培训，政府没有把资金划拨给企业，而是通过让企业把花费的培训费用计入生产成本，待企业出售产品后对其进行免税支持。

除了政府的资金投入，加拿大的农业企业等社会团体也为农业职业教育提供一定的物质支持。例如，加拿大农业企业教育基金会每年向进入加拿大学院、大学或学徒机构全职学习农业相关课程的加拿大学生颁发7项2500加元的奖学金；4－H阿尔伯塔省奖学金包含一系列子项目，由阿尔伯塔省的牛肉生产者和洛基维尤县等机构与组织赞助支持，奖学金金额从500加元到2500加元不等，目的是激励农业专业学生进入此领域学习并为当地的农业发展服务。

（三）能力本位模式和以行业需求为核心的课程开发体系

加拿大职业教育领域的能力本位模式（Competence – Based Education, CBE）以培养学生能力为宗旨，在课程开发、教学方法和学业评价等方面体现出鲜明的职业教育特点。CBE 强调以培养职业技能为基础来设计课程及相关教学环节；强调以学生为中心，着重培养学生的自我学习能力和自我评价能力；强调教学的灵活多样性和管理的严格科学性，重视能力和实际技能培养。[1] CBE 强调职业所需能力的培养和训练，这里所说的能力指的是一种综合职业能力，包括知识、经验、态度和反馈四项专业能力，涉及胜任工作岗位所需的多种能力，有利于学习者与就业岗位直接接轨。

培养实用和适用人才是贯穿 CBE 教学模式始终的原则，因此，在人才培养过程中，CBE 模式采用以行业需求为核心的课程开发体系。课程开发由长期工作、经验丰富的优秀人员组成政府咨询委员会，他们通过对职业范围、工作领域等分析，列出学生必须掌握的知识和能力，之后制定课程（DACUM）委员会需要区分不同层级的职业能力并编制 DACUM 图表。编制好的 DACUM 图表将被移交给教学专家，教学专家对其划分出教学单元，完成课程设计。课程的教授方式可以是灵活的，课程实施后，DACUM 委员会将定期评估课程实施效果，保证教学内容与工作岗位任务无缝对接。以加拿大百年学院（Centennial College）为例，该学院的许多专业都有企业顾问委员支持，这些顾问委员是各个行业的专家，他们负责进行学习技能和培养效果的评估，这样不仅能确保培训出来的专业人才是社会所急需的，还能确保课程设置和教学内容能够随着职业发展和学生变化及时调整，从而确保学院在业界的领先地位。[2]

四、加拿大农业职业教育和培训的经验及启示

（一）通过立法建立农民培训的长效机制，持续增加农民培训投入

加拿大政府高度重视农民培训工作，通过立法为农民教育培训提供必要的

---

❶ 王丹中. 中加高职院校课程设置比较分析 [J]. 国外职业教育, 2014（1）: 26 – 31.
❷ 陈田, 白杨. 加拿大职业教育 CBE 模式对我国职业教育的启示 [J]. 产业与科技论坛, 2017, 16（21）: 141 – 142.

人力、物力和财力支持，出台和实施相应法规是农民培训的重要保障。我国政府一直非常重视农民培训，但在监管和执行上缺乏一个比较明确的长效机制。因此，我国应尽快出台保障农民教育培训的法规，通过强制性规定或奖励措施，促进农民参与职业教育，更全面地规范政府有关部门、企业和受训农民的责任和义务，确保各部门在其职责范围内深入开展工作。政府应该持续支持农民科技培训和提高农民技能，形成政府扶持、市场推动、多方协作的多元培训机制。政府尤其应增加对农民培训的经费投入，在各级财政的预算中预留专项经费，逐步形成政府主导、多渠道并行的培训融资机制和完善的培训体系，有效增加农民培训供给。财政专项培训经费统一由指定部门管理使用，并同时完善社会多方投入机制，形成多渠道、多形式、多层次的融资来源，由政府、企业、被培训者共同承担培训费用。在鼓励多方参与农民培训事业方面，我国可以借鉴加拿大政府的经验，通过经济利益激励相关机构、农民和其他相关者广泛参与农民培训事业，实现就业准入制度与新型农民培训制度的有机结合。❶

（二）以本国农业实际情况为出发点，发展区域性特色农民培训项目

加拿大的教育体系运行方式是发达国家中最地方化的，国家没有教育部，教育及医疗由各省负责，这种教育体系增强了各省的办学积极性，并使各省保持高度责任感。与澳大利亚等国家统一的职业教育与培训框架体系不同，加拿大更倾向于发展区域性的农业培训项目，这是由加拿大农业的特点决定的。加拿大的农业区域分布集中，农业产地专业化明显，因此农业发达的省份在农业领域投入的资金较多，农业教育与培训体系也更加完善。有些农民培训机构不但开设农业学科课程，还根据本地区农业特点和农村发展需要开设一些针对性课程，具有很强的实用性和灵活性。例如，农业大省阿尔伯塔省的绿色证书计划就在世界上享有盛誉，并且该省的农职院校十分发达。我国可以充分学习这种农民教育培训模式，给予地方政府一定的教育权力，使其与当地农业部门积极合作，研发出具有当地农业特色的教育项目，以当地农业产业为依托，形成独有的农业教育实践基地，以供农业教育、研发与推广，并且国家可以在农民教育与培训上向农业发达地区做适当倾斜，帮助当地发展农业经济，提高农民培训质量，使农业领域财政支出去往该去的地方。

---

❶ 周海鸥，赵邦宏. 加拿大农民培训模式分析与经验借鉴［J］. 河北经贸大学学报，2012，33（3）：91–92，97.

（三）农民培育面向实际工作岗位，强调以能力培养为核心

加拿大的绿色证书计划以培养农民岗位能力为目标，一般包括农场培训、自学、农场外培训等环节，其中以农场培训为主。农场培训的突出特点是以"学徒制"的方式使学员"在做中学会做"。在生产现场，培训指导教师首先进行能力要领讲解和动作示范，然后指导学员操作。❶在操作过程中，教师会及时对学员遇到的问题给予解答，出现错误也会及时加以纠正；对于简单的知识和技能，学员可以根据自己的需要，自学能力手册和参考资料，对于一些较为复杂、专业性要求较高、难以掌握的技能，则需要到农场外参加相应的培训。学生可以根据自己的情况安排学习进度，强调的不是花费多少时间学习某种技术，而是达到某个专业对技能认可的熟练标准。培训过程中，指导教师按照岗位规范培训学生，考官按照岗位规范考核学生，强调人的技能培养，淡化学科、教材的概念，以实践操作为主，以理论联系实际为重，不强调学科的系统性和知识的全面性，而是以熟练掌握技能为依据。我国农民教育与培训可以学习加拿大进行农业职业的分类和分级，对不同等级农民需要掌握的知识技能进行相应概括，让农民教育与培训更加具有就业导向性。在培训过程中也要突出对农业技术能手的支持，强调农业知识在真实农业场景中的实际应用，提升学习者的实践能力，以便缩短学习者技能与岗位需求之间的距离。

（四）培训项目面向不同主体，选择多样且方式灵活

加拿大提供的农民教育与培训项目不仅面向高中生，还包括想转行进入农业领域的学习者、试图增加就业机会的在职人员等不同学习主体，如奥兹农学院提供的农业培训项目就以面向的不同主体为标准进行了分类。农职教育的办学形式十分灵活，不仅有培养各类专业人才所需要的职业教育短期培训，还有适合不同层次的学位文凭、技术证书培训等。一般来说，接受三年制、四年制学历教育的学生在工作一段时间后，由于个人发展规划或行业工作需要，又回到学校接受系统的理论知识教育；而两年制的学生主要是高中毕业生，其在参加工作之前来学校接受就业培训，以获取技能。两年制学生学业合格后可获得职业技能证书，证书上写明所学技能和专业，是其首次就业的"敲门砖"。❷

---

❶ 马俊哲. 加拿大绿证培训对我国农业职业教育的启示［J］. 北京农业职业学院学报，2002（3）：49－53.

❷ 王艳玲. 加拿大农职教育发达原因探析［J］. 教育与职业，2005（22）：62－66.

这类毕业生考核合格后还可获得一级绿色资格证书，毕业后即可成为行业的技术工人；而三年制和四年制学生学业合格后可获得本科学历文凭，同时，他们大多可通过考核获得三级绿色资格证书，毕业后担任行业部门经理。我国也可以设置不同学习周期，以及不同学习方式的职业农民教育与培训项目，例如，以全日制、非全日制相结合的方式进行农民培训，提高职业农民参与教育培训的积极性，适应不同主体的需求。

（五）农民职业教育关注职业态度的培养，促进综合能力的提高

加拿大没有职业高中，所有学生都可以在高中选修自己感兴趣的职业教育类课程，如木工、烹饪、编织等，修完一些课程可以获得相应的资格证，不少学生都很喜欢这些实用的手工类课程。高中毕业后，学生可以根据自己的成绩，直接申请心仪的大学或者技术类"职业学院"。而在农民教育领域，以绿色证书项目的申请为例，学习者必须表现出对于农民职业的赞同与向往，并且接受教师的审查，也就是说，学习者选择职业并不是盲目的，而是在充分了解行业状况的基础上，在家人和朋友的支持下做出的慎重决定，这从一开始就考察了农业行业意向工作者的学习态度与热情。而在绿色证书计划中，同样包含对学习者学习态度的培养，例如，在大田作物操作和护理课程中，学生需要具备对安全的积极态度，并且要学习相应的人际沟通技巧，比如如何进行团队合作等。学生在课程中学习了如何与人相处、如何与利益相关者共同工作，能够缩短学校教育与实际工作之间的距离，毕业后能够迅速适应工作岗位，提升培训的质量，提高农业行业的生产效率。在职业农民教育与培训中，我国也可以适当增加关于职业认同感的内容，帮助职业农民走上可持续发展的道路，提升教育和培训的投入与产出比。

第四节　韩国农民职业教育和培训

韩国农业以小规模的家庭经营为主，尽管韩国的农业资源非常稀缺，是世界人均耕地面积最少的国家之一，但其农业生产单位面积产量很高。从农业发展的内部体系来看，韩国的农业发展成就在全球范围内都很显著，但是韩国农业发展在未来将面临劳动力人口减少和老龄化等问题。为了摆脱农业后继无人的困境，韩国政府在农民职业教育体系中发起了"新村运动"，通过开展农业职业教育、推进农渔民后继者培养计划等统筹城乡发展、培养职业农民骨干力量，且系列举措已取得成效。韩国通过人力资本开发培养了一批高素质的职业

农民，提高了农业生产效率。我国农业的发展面临与韩国类似的问题：农民结构呈现出"老龄化、妇女化、兼业化"等特点，因此，将研究视角集中于农业职业教育上，对韩国农业职业教育体系进行分析研究，能够为我国走出当前新型职业农民的培育困境提供有效的借鉴。

一、韩国农业职业教育体系

韩国的农业教育贯穿于各个层次的教育中。在初等教育阶段，农业常识教育是必不可少的内容。早在 1954 年，韩国文教部就颁布了相关法令，以"实科"名义在小学教育阶段安排了环境美化、植物栽培、动物饲养等农业相关教学内容。在初中教育阶段，各学校需要根据本地区、学校及学生的要求，在农村生活、家庭生活、工业生活、商业生活、渔村生活中选择一个领域进行"实科"教育。其中，农业生活部分的教学包括植物栽培、动物饲养、食品加工三方面的内容。在高中教育阶段，韩国高中的教育目标为帮助有初中学历的年轻人成为一个民主的公民，能够在了解自己的才能后，与世界沟通并勾勒出自己的职业目标。具体包括四种类型的高中：普通高中、职业高中、自治高中、特殊用途高中。其中，职业高中通过实践教学和技能发展指导，培养有创造力和智慧的专业人士。除了核心科目（韩语、英语、数学和社会研究），职业高中还根据自己的特点设置实用课程，如制造业、农业/生活产业、工业、商业和信息、渔业/海洋科学、家政学/商业，因而职业高中成为培养韩国农业职业教育人才的摇篮。一般而言，韩国的高等教育机构包括四年制大学和学院、两年制或三年制初级和技术学院以及研究生院。高等农业教育主要有两种形式：一是专科大学的农学系，二是综合大学的农学院。除了教育系统中的农业教育，韩国的农林部门和农协组织成为农民教育与培训体系的另外两大办学主体，如图 5-2 所示。其中，农村振兴厅和农民协会承担着教育系统外农民教育与培训主体的功能，同时也积极地吸收其他社会力量共同参与农民培训。通过对韩国整个农业职业教育体系结构的剖析，可以窥见韩国在职业农民的培育上具有政府主导、法律保障和体系培育等特点，并形成了内容丰富、主体多样和层次鲜明的职业农民培育机制。这里将依据韩国农业职业教育体系结构，对韩国教育系统、农林系统和农协组织系统三个主体进行职业农业培育的分析。

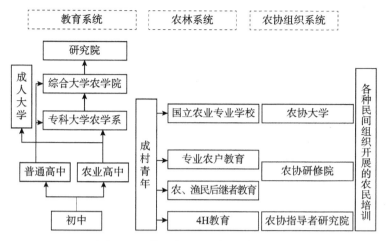

图 5 - 2　韩国农业职业教育体系结构

资料来源：王娇娜，曹晔. 韩国现代农业职业教育体系及对我国的启示［J］. 职教论坛，2013 （25）：88 - 92.

（一）教育系统的农业职业技术教育

1. 中等教育层次农业职业教育

职业高中是韩国实施中等职业教育的主要机构，招生对象主要为初中毕业生，学制为 3 年。截至 2021 年 4 月，韩国拥有 583 所职业高中，约占所有高中的 24.54%。纵览农业高中的历史发展进程，职业高中的定位随着社会经济发展的要求在不断进行调整。1957 年 7 月，韩国政府开始施行"振兴实业教育"方针，并制定了"实业技术教育五年计划"，目的是着重培养青年学生掌握参加社会生活所需要的实际技能。同时，为了对"实业技术教育五年计划"进行指导和管理，韩国政府在文教部下专门设立了"科学教育局"，拉开了农业高中作为培养职业农民的基地的序幕。

随着 20 世纪 60 年代工业化时代的到来，韩国政府并没有忽略农业的发展。此阶段韩国政府着力帮助农业高中改善教学内容和方法，给予学校经费投入，支援学校运营经费，努力改善办学条件，同时加大对农业高中的综合审查力度，以培养农业经营者。除此之外，韩国政府还积极倡导举办职业技能竞赛以提高学生的实际职业技能。从 1966 年起，"全国农业高中技能竞赛"保持每年举办的传统，到 1969 年，韩国政府更是作为主导，开启了海外教育路径，以农业教育协会为主管机构，每年在农业高中的毕业生中选拔优秀学生前往美国农庄实习一年，学习并掌握国外先进的农业理念和技术。

进入 20 世纪 70 年代，韩国农业高中进入质量发展阶段，此阶段韩国农业高中以建设"示范农业高中"为重点，采用淘汰和升级等奖惩机制，同时倾向于产学协同办学，以提升农业职业高中的办学质量。在管理机构上，韩国政府设立了"农业产学协同审议会"，通过审议首先确认并取消了 43 所有名无实的农业高中，将其转为普通高中或其他方向的职业高中，随后在剩余的农业高中中成立"全国营农学生会"，定期举办"营农学生田园大会"，加大对它们的支持力度。经过这一系列的举措，1972 年 7 月，韩国政府通过总统令发布《关于培育示范农业高中的规定》，以立法的形式要求在各省、市设立"示范农业高中运营委员会"，审议决定有关示范农业高中的评定事宜。该规定对前一阶段中确定为"示范农业高中"的学校提供一系列优先发展举措，如优先提供世界银行的教育贷款、集中进行设备更新等。

1983—1987 年，韩国政府在四年时间内分阶段确定了对农业高中的扶持政策：在设备投入上，韩国政府针对国内 60 所农业高中共提供 2 亿韩元的投资，以扩大农业高中用于职业实践的农庄规模；随后，为了保障农业高中学习阶段的职业实践环节，在职业实践的资金投入上确定了"农庄产出收入还原制度"，规定农业高中农庄的产出收入可以用作实验实习费用和学生奖学金。这一举措激发了农业高中的积极性，大部分农业高中以畜牧业和园艺业为中心运营农庄，在农庄创利的过程中保证了教学质量。看到这一举措在农业高中运营的效果后，韩国政府颁布了"营农后继者培养方案"，给予农业高中灵活设置专业的权力，在全国范围内选取 10 所农业高中增设自营农专业，并为其提供诸如专设培养基金、免试入学、增加奖学金、鼓励女生入学、提供农机械短期培训、向毕业生提供营农起步资金等一系列优惠政策。

进入 21 世纪，随着社会的发展，农业高中之前适用的运营模式渐显乏力，农业大专因大量关停或升为本科而趋于减少，大学本科教育中的农业教育也不再只关注农业生产，其教学已拓展至农业生产的全周期领域，如农产品消费、流通及农业后续的产业化，尤其是向生命工程等高科技领域发展。在这一发展趋势下，韩国的农业职业教育进入新的发展阶段。在培养目标上，农业高中由原来的培养"掌握农业知识，成为熟练的农业经营者"，转变为培养"掌握农业、生命科学产业相关基础知识，能够选择适合自己的发展路径，并创造性地适应急速变化的产业化社会，实现自我价值"的社会有用之才。

随着传统农业高中的职能和作用的变化，其专业设置也相应地进行了调整。2009 年，韩国文教部颁布确定了食物资源专业、动物资源专业、森林资源专业、造景园林专业、农业土木专业、农业机械专业、食品加工专业、农产品流通信息专业、环境观光农业专业共 9 个专业作为农业高中的基础专业。与此同时，农业高中的发展继续以提升质量为主，对具有传统优势的农业高中采取继续维持其发展的方针。

2. 高等教育层次农业职业教育

（1）专科大学农学系及农学大专。

韩国的高等职业教育建设立足于服务经济增长，通过学习西方发达国家大力发展 2~3 制短期大学的经验，来满足对科学技术人才的需求。1977 年，韩国文教部将初级大学和实业高等专业学校改为专科大学以发展高等职业教育，招生对象由过去的初中毕业生转为高中毕业生，学制也由原来的 5 年缩短至 2~3 年。专科大学的毕业生在毕业时可获得二级技师资格，成绩优秀者可获得免试转入 4 年制本科大学三年级的资格，在经过两年的本科学习毕业后可获得本科文凭。韩国专科高等农业职业教育主要是在专科大学的农科系及少数农业专科大学中进行。

1979 年以后韩国陆续成立的各所职业大专中，9 所农业大专共设置了 18 个专业、71 个学科。农业大专的教育目标是培养具有农业专业知识和理论，农业科学化所需的核心人才。在招生对象上，只有高考预考合格者才能获得农业大专的入学资格，提高了准入门槛。学习内容与相关的职业密切相关，并且非常重视实验实习教育。在专业课教学中，规定课堂教学和现场实习各占一半。经过发展，早期的农业大专目前只剩下韩国农水产大学、丽州农业经营专科学校、农协大学等 5 所，其余农业大专实现了转型或升本。

（2）综合性大学农学院。

韩国的综合性大学也称大学校，大学校下的各专业学院称为大学。1997 年以前，韩国没有设立单独的农业大学，农学院均设在综合大学内。韩国各大学农学院设置的学科和专业有农科类、林科类、农业工程类、畜牧业和农业生物工程、农业经济等，各校可以自主设置不同的学科和专业。

农学院的本科新生入学需要参加统一的入学考试，最低录取成绩一般由各学院根据自己的排名和具体专业自主确定。现在农学院入学申请者相对较少，主要是因为农林类毕业生在韩国农业领域就业的机会相对较少，特别是获得较优厚待遇岗位的机会更少。近些年来，农学院本科毕业生受雇比例约为 60%，其中大部分进入非农业企业就职，仅有少部分学院本科毕业生进入农业企业或农业部门工作。同时，农学院还开展高等农业研究生教育。

（二）农林系统的农业职业技术教育

作为教育系统外负责农业职业技术教育两大主体之一的农林部门，从 20 世纪 60 年代开始便依据韩国城乡发展中的冲突与需求，对农业职业教育结构进行调整。农林系统内的农业职业技术教育具体来说包括三个层次，如图 5 - 3 所示。首先是针对农村青少年的 4H 教育；其次是针对农业后备劳动者的农、渔民后继者教育；最后是专业农民教育，其着重培养具有较高农业生产经营管理水平，且具有国际市场竞争力的专业农业大户。

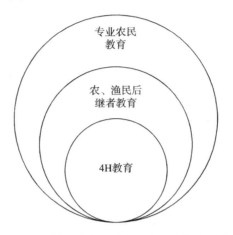

图 5 - 3　韩国农林系统的农业职业技术教育

1. 4H 教育

4H 是 Head、Heart、Health、Hand 四个单词的首字母缩写，分别对应如下教育目标：聪明的头脑、健康的心理、强壮的身体、较强的动手能力。❶ 这一教育模式是从美国引进的、面向农村青少年的农民教育形式。在这一教育模式中，韩国政府和农业部门利用"学生 4H 会""营农 4H 会""农村指导员会"等组织来加强农业技术教育，以定向培养专业农户、农业接班人和农村指导员，满足农业发展与农民的实际要求。4H 教育不仅注重农业技术教育，而且注重对农村青少年进行市民精神、意识与修养教育，加强韩国国民对农业重要性的认知，促进城市与农村居民的交流。

2. 农、渔民后继者教育

不同于 4H 教育针对农村青少年进行的农民意识、修养教育的启蒙性，农、渔民后继者教育是农业部专门对农业后备劳动者进行的技术教育，以培养和扶持大批年轻力壮的农民从事农业为使命。随着农业劳动者的老龄化，韩国的农业发展面临巨大的压力，通过农、渔民后继者教育，能够改善韩国农村劳动力的文化知识结构，盘活人力资本存量。农、渔民后继者教育是指在有志于

---

❶　姜华珉. 日韩职业农民培育机制研究［J］. 世界农业，2016，448（8）：224 - 226.

务农而安居农、渔村的青壮年中选出具有继续成长资质和经验的人，进行透彻的精神、技术教育，并提供农、渔村安居资金，使其成为新型职业农民的典范和引领农村社会的指导者。1980 年颁布的《农渔民后继者育成基金法》为这一教育模式的资金提供了立法保障。经过一年的筹备，韩国在 1981 年正式启动了农、渔民后继者培养工程。1990 年韩国国会通过的《农渔村发展特别措施法》对农、渔民后继者和专业农户的培养制度进行了框架性说明。

首先，从农、渔民后继者教育的参与对象来说，其候选人基本上通过推荐制确定：由各乡镇负责人向区、市推荐，各区市再向道（省）、市（广域市）推荐。同时，在候选人的筛选上提供"绿色通道"，如农业大学校长及农业大专校长可直接向农村振兴厅长推荐，农业高中校长可直接向市长、郡守（县长）推荐等。

其次，在农、渔民后继者的培养上，学员需要先在新村运动中央本部所辖研修院接受为期 3 天的安居农村思想教育，然后在农村振兴厅、水产厅接受 7 天的农水产技术教育。这些培训结束后，可领取结业证书和农水产协会提供的营农资金。

最后，在农、渔民后继者教育的管理上，农村振兴厅承担主体责任，负责全国农民后继者教育的管理与指导，农林部则负责对农民后继者的宏观研究和资金划拨。隶属于韩国粮食、农、林、水产部的韩国农村振兴厅是韩国国家级农业研究机构，其总部设在韩国著名的农业科技城水原市，是法律明确规定的农民教育的职能部门之一，集行政、科研、推广、培训职能于一体，是农民技术推广教育培训的实施主体，在韩国农民教育培训中发挥了巨大的作用。其主要职能是农业科学技术的研发，农业技术的推广，化肥、农药和农业机械等农用资料的管理，农业专业人员的培养和为农村生活改善提供指导等。

农、渔民后继者教育属于免费教育和培训辅导，其培训经费涉及各级政府和群众团体。经费的划拨由农林部门主管，各级农业技术中心推广机构等政府组织及农渔民经营者联合会等群众团体负责具体分工。

除了在财政上提供帮助，韩国政府对农、渔民后继者和专业农户规定了不同的贷款扶持标准，还规定一些科研机构的新成果优先让农、渔民后继者使用，再通过他们向广大农业经营者推广；同时在技术上提供跟踪指导，如在后期管理上，帮助后继者学员制定科学的务农计划，依据新技术培养其科学务农，定期提供各种技术教材和技术培训，不断提升其业务能力，使其成为科学务农实践的引领人。另外，在经营上通过电算系统进行跟踪指导，优先为其提供所需生产资料和农产品流通信息，以保证后继者学员在事业上能够获得成功。通过农、渔民后继者培养计划的"青年农业人务农定居支援事业"选拔青年创业的人数，由 2021 年的 1800 人增加至 2022 年的 2000 人，截至 2022 年，该计划已扶持 8600 余名青年创业农民。以《第一批后继青年农民培养基本计划》为基础，韩国计划构建从创业准备阶段到成长的全周期针对性扶持体系，培养 3 万名青年农民。

农、渔民后继者教育作为韩国农民职业教育和培训的主要方式之一，目前已颇具成效。从受训人员的学历和年龄来看，52.0% 的受训人员为高中及以上学历，30 岁及以上人员占比 80.0%。其中特别值得注意的是，韩国政府在女性后继者的培养上给予重视，如女性后继者可获得资助额度增加、结婚时可把项目移至婆家、丈夫去世后妻子可继承夫业等。根据韩国政府每年进行的跟踪调查数据分析，与项目启动之前相比，农、渔民后继者的生产规模普遍扩大。对农、渔民后继者的一份问卷调查显示，今后想继续扩大事业者占比 27.0%，对自己事业的成功具有自信者占比 76.2%，后来成为农村骨干者（当选村长、担任新村指导者或务农技术人员）占比 74.8%，成为青少年协会指导者占比 64.6%。此外，59.0% 的被调查村民表示，政府培养的农、渔民后继者在技术和能力上能够为农村建设做出积极贡献。

3. 韩国国立农业专门学校

在韩国工业化进程中，工农业发展的逐渐失调使城市居民和农民的年平均收入差距拉大，农村开始衰落。在意识到这一问题后，韩国政府于 20 世纪 70 年代开展了"新村运动"，以缩小城乡之间的差距。尽管如此，在农村内部，韩国农村人口老龄化、农业兼业化现象仍十分严重，影响了农业和农村的发展。为了加强农业发展，增强农业竞争力，1997 年韩国政府建立了国立农业专门学校。国立农业专门学校是由韩国农业振兴厅领导的、唯一由政府划拨教育经费的农业大学，国立农业专门学校主要培养具有较强职业头脑、田间知识、国际眼光、一流农业发展与农村社区管理能力的农场主，服务于新一代农业继承人的培育。

在教学层面，以实践为中心实施教学，以培养具有职业意识和实际技能的经营人才。国立农业专门学校按"三明治"的方法进行三年的课程设置：第一年，在校内重点学习农业基础知识，主要课程有国民经济与农业、世界化和现代农业、农业哲学、农产品市场和销售战略、营农设计、农业机械、农业电算情报、农业概论、农业组织、农业法律、农工设备、农产加工、造景园艺、花装饰和利用等。第二年，学生前往农场进行校外体验实习。学生根据所学专业前往不同的农场实习一年，实习期间同样有教学大纲，学生需要填写实习日志，完成实习报告，学校以此来考核评价学生的实习效果。第三年，学生在结束一年的农场实习后回校进行以创业计划为主的深化教育。创业计划要求学生以自家的农场为载体进行创业设计实战演练，教师在这一过程中扮演评价者和指导者角色。针对学生的创业计划，韩国政府会投入一定的资金来支持学生毕业后的农场创业。

通过理论与实践学习以及第三年的试创业，韩国农业专门学校的毕业生有95.0%以上从事与农业生产和经营活动相关的职业，为韩国农业生产第一线输送了一批高层次的专业人才，极大地促进了韩国农业的可持续发展。

为了保障这一教育模式的顺利运转，一方面，韩国政府制定了一系列优惠政策吸引年轻人报考农业专门学校：①奖学金及生活补贴。作为韩国唯一的一所全部学生享受政府全额奖学金并提供住宿的大学，学生入学后从食宿到服装全部是免费的，校内的公共教学设施免费向学生开放。②免服兵役政策。1993年修改的《兵役法》中规定产业技能要员可免服兵役。③回乡创业学生可享受优惠贷款政策。另一方面，为了保障教学，对报考该校的学生设置了限制条件：①入学的学生首先需要拥有自家农场或农业企业，这一举措使学生能够在第三年加强专业实践，毕业后能在农村从事农业活动并真正在农村就业；②毕业后学生务农的时间需要保证达到在校学习年限的 2 倍，如果学生不能在农村从事农业活动达 6 年，则需要根据情况返还部分在校教育费用。

从 4H 教育到农、渔民后继者和专业农民教育，其教育模式都是韩国政府根据本国农业发展各个阶段对技术和农业劳动者素质的不同要求确定的。

（三）农协组织系统的农业职业技术教育

韩国农业协会联盟（以下简称"农协"）成立于 1961 年，是由农民组成的团体，韩国 90%的农民是农协会员，农协基层组织有 1300 多个，遍布全国各地。韩国农协主要通过开展各种业务如销售和供给业务、银行和贷款业务、保险业务和咨询服务等为入会会员服务，支持农业和农村的建设。农协通过技术指导、实践体验、培训及交流，负责对组织系统内的农民开展教育培训。

韩国农协分为两个层级：中央农协以及各级地方农协。中央农协面向农民开展的职业教育依托于专门的农协大学、研修院和农业指导者教育院。在1961 年成立时，中央农协就建立了农协任职员研修院，即现在的农协中央教育院，作为培训农协员工和经营管理人才的基地。1962 年韩国成立了农协初级大学，即现在的农协大学（Agricultural Cooperative College）。随着农协的不断发展，地方农协的力量逐渐壮大，并被政府授予建立教育机构的权限。目前在农协教育培训层面，韩国已经形成以农协大学、农协中央教育院和农村生活指导研修院为主体，以各地教育院、新农民技术大学和农业经营技术支援团为支系的教育培训体系，它们承担了除政府和部分私立学校外的大部分农业职业教育和农民教育任务。

1. 农协大学

韩国的农协大学成立于 1962 年，属于私立学校。农协大学下设学部、经营学院与产学协力教育院、农业开发研究所等，其培养对象主要是农协工作人员和农村经济组织的管理者，在专业设置上有农协会员班、农协工作人员班、农业科技班、农产品营销班等，教学内容以经营管理、农产品流通、金融信贷、农协组织管理、新型农业生产技术、家政知识、健康知识、汽车修理等为主。每周上课 2 ~ 4 天，学制 4 ~ 12 个月不等，学员毕业后的去向以任职于农协基层组织为主。

2. 农协研修院

为了缩小城乡差距而实施的"新村运动"从精神层面促进了城乡居民的文化一体化，在这一运动中，新村领袖或新村指导员发挥了重要作用。在意识到新村领袖、指导员在工作开展中的作用后，农协加强了对他们的培训，以提高新村领袖的素质。1972 年，中央研修院成立，其作为韩国政府设立的专门研究机构，负责培养"新村运动"的指导员，通过新村指导员对农民进行教育以推动"新村运动"的发展。农协研修院定位于各级农协领导者的培育，对农协中央会所属职员的能力、素质进行定期培训。

3. 农协指导者教育院

不同于农协大学和农协研修院针对的管理层人员的培训，农协指导者教育院的培训对象主要是农民。其培训形式以短期班为主，每期 3 ~ 5 天，90% 以上的培训费用由农协支付，学员只需承担自身培训期间的生活费。教学内容直接服务于农业生产和农产品营销，包括地域农业开发、节约型农业技术、农业生产经营最新技术、病虫害防治、最新品种开发繁育、农业代管程序、最佳营农方案选择、农产品流通等。其教学过程与生产经营实践紧密结合，通过实践教学，辅助利用讨论、交流、经验介绍等方法教学。外国专家学者和当地有经验的农民都属于师资人员。在教学设施上，学院有一定规模的校舍、教学设备、实验室、示范园等。

二、韩国农业职业教育和培训支持体系

（一）法律保障体系

《农村振兴法》是韩国农业职业教育法律的标志性成果以及里程碑式成

就，该法从 1963 年颁布以来修订了 6 次。这一法律提出韩国农民职业教育发展是一个"终身教育的过程"，以学校教育为主，其他力量参与其中，并对农民职业教育的内容、培养目标、培养期限、培养方式、培养内容、经费支撑做了详细阐述，为农民职业教育的发展提供了法律依据与基础。为了摆脱农业后继无人的困境，韩国政府重视"二代农民"和青年农民的培养；为了保障后继农民受农业教育、留下来务农，政府着力培养有专业知识和经营理念的年轻农民成为新型农民，制定了《兵役法》作为后继农民的法律保障。

农、渔民后继者教育是针对大批青壮年农民开展的，以缓解老龄化给农业带来的压力。韩国国会先后通过了《农、渔民后继者育成基本法》《农、渔村发展特别措施法》，组织农、渔民后继者培养工作；随后围绕着农、渔民后继者教育又颁布了《农、渔民后继者培养基金法》《农、渔村发展特别措施法》。

专业农民教育是在后继者培养基础上开展的更高水平的教育，主要扶持产业经营和管理水平具有国际市场竞争力的专业大户。此外，鉴于留在农村务农的多为妇女，为了改善妇女的生活水平、社会地位，韩国制定了支持女性农民的基本计划，加强培训以提高女性农民的管理能力。通过培训以及出台的妇女专项扶持政策，将留守在农村的妇女成功培养为高效、现代化的农业从业者或渔民。

韩国之所以有较为先进的农业，与农业职业教育的发展密不可分，而农业职业教育的发展离不开法律作为坚强的后盾并提供强大的支持。

（二）扶持政策

韩国对农民职业教育实施财政、金融信贷、农业保险等一系列扶持政策，全面的扶持政策保障了农民职业教育的顺利实施与职业农民的利益。

韩国的农民职业教育资金主要来源于国家财政拨款、农林部门划拨、农协融资、官员非法财产充公等渠道。渠道的多元化充分保障了农民职业教育经费的投入。韩国政府为正规的农业类院校提供良好的教学条件，并免除农民接受农业职业教育的培训费用。韩国的农民职业经费主要由三部分组成：一是由向企业征收的职业培训分担金、政府补助及其他收入构成的职业培训促进基金；二是由政府向企业和劳动者征收的雇用保险费、征收金和积累金余额构成的雇用保险基金；三是由政府承担的职业能力开发基金。

2022 年韩国农业、畜牧和粮食部发布的《青年农、渔民后继者培育选拔及农耕定居支援项目实施方针》提出，为帮助务农初期收入不稳定的青年农、渔民后继者，韩国政府提供最长 3 年，每月最多支付 100 万韩元的务农定居支援金，以缓解农户经营主的高龄化趋势，改善农业人力结构。该"务农定居支援金"项目预计覆盖 2000 人，总预算约为 5589100 万韩元，其中公费支出 3889900 万韩元，地方费支出 1699200 万韩元，见表 5-13。该项资金以农合青年农业希望卡、代金券等方式发放，可以用于农业政策、农业思想、农业经营等必修课程以及生产技术、经营深化等选修科目的学习。

表 5-13　韩国青年农、渔民后继者务农定居支援项目资金来源

项目	费用/百万韩元			实施主体
	公费	地方费	合计	
务农定居补助金	37549（70.0%）	16092（30.0%）	53641	地方自治团体
人员甄选及运作费用	900（50.0%）	900（50.0%）	1800	地方自治团体
宣传和监督费用	450（100.0%）	—	450	农业园
合计	38899（69.6%）	16992（30.4%）	55891	

除了上述经费支持，韩国政府扶持政策还包括收入支持、基础设施、直接支付、保险信贷等。例如，2004—2013 年，韩国政府向农业投资 123.2 万亿韩元，以保证"农业和农村社区综合计划"的实现；为农民职业教育提供教育实习、硬件设施；对参加培训的农民提供优惠利率贷款等政策。另外，被确定为农、渔民继承者，经政府同意可以免服兵役。

（三）多元化的办学主体

韩国的农民职业教育与培训，既有教育系统的参与，又有教育系统外主体的参与；既有政府部门，又有群众组织——农协参与农民的职业教育和培训。中央和地方层级的农协通过设立农协大学、研修院和农业指导院等，在农民职业教育的管理上起到了重要的协助作用，这些部门和机构着重对农民的基本机械操作能力进行培养，目的是让农民实现专业素质化，掌握和机械相关的知识，切实提高农民的职业技能水平。除了农协，韩国的各种民间社团组织也参与职业农民的培育，如韩国农村文化研究会、农民教育学院等社会团体发挥了重要的作用。

三、韩国农业职业教育和培训的经验及启示

在不断的改革与发展中，我国目前已经建立了农村职业教育体系的基本框架，在历史、经济等因素的影响下，我国当前的农村职业教育体系与农村经济社会发展的需要仍存在不匹配的问题。韩国农业职业教育结构体系的形成与发展经验，对完善我国农村职业教育体系具有一定的借鉴意义。

（一）政府主导，多维保障推进新型职业农民培育事业

在韩国，中央和地方政府的支援、指导与协调对韩国职业农民的培育起到了导向、护航作用；政府推行的专设培养基金、学校农庄产出收入还原制、免试入学、增加奖学金、鼓励女生入学、提供农业机械短期培训、面向毕业生提供营农起步资金等实际举措，使韩国农业职业教育始终不偏离营农专业化方向，对培养生产能力和经营能力兼备的自立营农者具有积极作用。因此，在政府主导下，首先，需要根据新型职业农民的人才需求，从新型职业农民培育的整体发展目标，出台培育新型职业农民的相关支持政策。相关政策不仅要涉及农业科学研究、农业技术推广和服务等工作，还要涉及农产品销售渠道开发、农民培训及风险控制等多方面内容。其次，需要建立合理的经费投入机制。韩国政府每年不断增加的政府财政投入保障了职业农民培育事业中各方的权益。在我国的新型职业农民培育中，政府应加大相关的财政支持力度，将新型职业农民培育的财政投入纳入各级政府的财政预算，同时需要注意对项目经费的配置。在我国东西部发展不均衡的背景下，经费的配置需要根据具体乡村区域的实际情况进行调整，以发挥新型职业农民培育专项资金的最大效用。

（二）行业参与，产学研合作提升新型职业农民培育质量

韩国很早就确立了政府主导的农业职业教育方针，先后采取政府多个职能部门协同介入农业职业教育、设立"农业产学协同审议会"和各道（省）/市"示范农业高中运营委员会"、引入奖惩机制（包括淘汰和升级）等措施，力促农业职业教育实现质的飞跃。我国目前还没有建立统一的现代职业农民培训机构，而"有文化、懂技术、会经营"的新型职业农民的培育，需要依靠面向市场和经济社会发展的、多元化、完备的、科学的农民教育培训体系来完成。因此，在教育机构的选择上，我国应充分发挥农业合作组织和农业协会的作用，借助农民技术教育基地、合作社等进行现场教学和实地观摩；同时，要明确国家、社会、科研机构、培训组织和实施单位的责任，通过建立权责明确、管理科学、协调发展的产学研合作机制来提升新型职业农民培育的质量。

第五节 四国职业农民职业教育和培训的比较与借鉴

新型职业农民作为我国乡村振兴的重要力量，如何培养新型职业农民成为

农村职业教育研究领域的重要议题。高质量新型职业农民的培养离不开设计科学合理的培养体系、坚强有力的支持体系以及对关键问题的关注。对德国、澳大利亚、加拿大和韩国四个农业发达且具有代表性的国家的农民职业教育与培训的探索，探究其职业农民培养模式的核心特征、支持与保障体系以及四国构建培养体系的关键议题，可为我国新型职业农民教育与培训体系的构建和发展提供借鉴与参考。

一、四国职业农民职业教育和培训的模式及特征

（一）德国：产教融合，以证书为保障的贯通式农民职业教育和培训模式

德国的农业职业教育归属于职业教育体系，通过覆盖职前职后的全职业教育体系，德国在不断变化的经济环境中，教授职业活动中必需的职业技能、知识和能力。从纵向的教育层次来看，德国的农业职业教育上通高等教育，下达中等教育，具体来说包括农业预备职业教育、农业中等职业教育、农业进修职业教育三个阶段，各阶段农业职业教育的教育目标、教育内容、承担教育的学校机构、教育对象等各有不同。其中，农业中等职业教育阶段的"双元制"模式以及连接农业中等职业教育和农业进修职业教育阶段的绿色资格证书制度独具特色，保证了毕业生的质量，为德国的农业发展提供了人才支撑。农业预备教育包括职业预备学年和职业基础教育两个阶段，职业预备学年包括为期一年的全日制教育，完成后进入职业基础教育阶段。在职业基础教育阶段，主要进行文化知识、基础性农业理论知识和农业实践能力的学习，为进入中等职业教育阶段做准备。农业中等职业教育以"双元制"为核心，是德国农业职业教育的核心部分，起着承上启下的作用。

"双元制"中等农业职业教育模式主要针对农业领域中的 14 个"绿色职业"展开，不同的"绿色职业"大类下又设置了不同的职业方向。在"双元制" 2.5~3 年的学习过程中，学生的学习由职业学校中的课程学习、农业企业中的职业实践两部分构成。在生产实践和理论学习达到联邦法律要求的资格后，学生需要参加全德的农业职业资格考试，考试合格人员取得农业职业资格证书后方能成为农业工人。经过 3 年的农业职业教育毕业后取得初级农民资格，经过 5 年的生产实践并经过国家考试合格，才能取得农业师傅资格，享有政府对农民实行的各种补贴政策。对于农民来说，在接受中等职业教育之后，必须继续接受教育以满足未来职业生涯的需求，这一需求通过农业进修职业教

育得以满足。农业进修职业教育以高等专科学校为主体进行，主要包括动物和植物的技术生产、成功运营管理公司、进一步发展创业技能等主题。

综合来看，德国农业职业教育依托职业教育体系展开，以"双元制"为主要特色。三个阶段的农业职业教育均有本阶段所独有的目标、要求和内容。从运行体系来看，整个农民教育成长路径通畅，三个阶段以中等农业职业教育为核心进行衔接，以资格证书作为考核评价的标准，且根据学习情况和年限设置了相应的层次递进的能力证书。

（二）澳大利亚：公私协同，以课程为载体的多类型农民职业教育与培训模式

澳大利亚的农民教育体系完善且结构完整，主要分为三大类：农民义务普及教育、中等农民职业教育和高等农民人才教育。农民义务普及教育主要包括农区学校和远距离农民培训。中等农民职业教育主要由继续教育学院和私人培训机构组成，主要针对的是在职农民或者农民就业前培训，目标是培养实用型人才。高等农业人才的培养主要由大学和高等农业职业技术学院负责，主要培养高级农业人才和科技人才。澳大利亚农民教育培训主体分为政府部门和私人部门。政府部门包括技术与继续教育学院、农业学院、高等院校等；私人部门包括企业（内部培训）、注册培训机构等。

澳大利亚职业农民教育体系除了学历教育、证书教育，学位教育也是其中一个重要组成部分，以综合大学为代表的教育主体提供了各种高质量的农业学位教育项目，推动了澳大利亚职业农民教育的纵深发展。其提供的教育项目分为本科阶段、研究生阶段和博士阶段三种类型，申请者可以选择单学位或双学位课程进行学习，学习方式有全日制和非全日制之分。

根据就业前景以及国家实际情况，提供相应的短期课程、证书课程、文凭课程以及农科学位课程。其中私人组织的课程需要接受澳大利亚技能质量监督署的评估，通过后才能进行农民职业教育。

（三）加拿大：区域特色，以高等农职院校为依托的多元农民职业教育和培训模式

加拿大的农民职业教育和培训主要依托各省的高等农业职业教育学院，这类学院的办学形式十分灵活，包括学历教育、职业培训等，学制从一年到四年不等，有文凭、证书、学士、研究生班等多种形式。其中最具有代表性的是成立于1913年的位于阿尔伯塔省的奥兹农学院，该学院通过常规课程、继续教育、在线和混合课程在阿尔伯塔省内外提供可获得的教育机会。无论是在读学

生还是毕业生，奥兹农学院都提供相应的课程，它还致力于支持终身教育，包括为所有年龄和教育水平的学生提供教育课程。绿色证书计划是阿尔伯塔省农业和林业局为本省农业领域开发人力资源的一种手段，不同专业学员可以选择其中一个专业，在培训师的指导下掌握计划中的所有技能。该计划强调以行业生产为导向，学员通过学徒制的学习方式获得相关农业技能。

可以看到，加拿大的农民职业教育和培训以省为单位实施，以本国农业实际情况为出发点，发展具有区域特色的农民培训项目。这些项目面向实际工作岗位，强调以能力培养为核心，面向不同主体，选择多样且方式灵活；同时，在能力培养的基础上，关注农民职业态度的培养，促进其综合能力的提高。

（四）韩国：多元主体，以农民类型为依据的全方位多阶段农民职业教育与培训模式

韩国的农业职业教育主要在三类系统中实施：教育系统、农林系统、农协组织系统。

在教育系统中，韩国的农业教育贯穿于各个层次的教育中。在初等教育阶段，农业常识教育是必不可少的内容。韩国的中等教育包括四种类型的学校：普通高中、职业高中、自治高中、特殊用途高中。其中，职业高中通过实践教学和技能发展指导，根据自己的特点开展实用课程，如制造业、农业/生活产业、工业、商业和信息、渔业/海洋科学、家政学/商业，因而职业高中成为韩国农业职业教育的摇篮。高等农业教育主要有两种形式：一是专科大学的农学系，二是综合大学的农学院。农业大专的教育目标是培养具有农业知识和理论的、农业科学化所需的核心人才。

农林系统是教育系统外负责农业职业技术教育的两大主体之一，该系统内的农业职业技术教育包括三个层次：针对农村青少年，发挥着启蒙农民意识、修养教育作用的4H教育；针对农业后备劳动者，以培养和扶持大批年轻力壮的农民从事农业为使命的农、渔民后继者教育，以及着重培养具有较高农业生产经营管理水平，且具有国际市场竞争力的专业农业大户的专业农民教育。三者的专业化程度逐层递增。其中专业农民教育由韩国国立农业专门学校实施，按"三明治"的方法进行三年的课程设置。从4H教育到农、渔民后继者和专业农民教育，其教育模式都是政府根据本国农业发展各个阶段对技术和农业劳动者素质的不同要求确定的。

农协是农民组成的团体，韩国农民中90%是农协会员，农协基层组织有1300多个，遍布全国。农协通过技术与实践体验培训及交流，负责对组织系统内的农民开展教育培训。韩国农协分为两个层级：中央农协和各级地方农

协。中央农协面向农民开展的职业教育依托于专门的农协大学、研修院和农业指导者教育院。目前在农协教育培训层面，韩国已经形成以农协大学、农协中央教育院和农村生活指导研修院为主体，以各地教育院、新农民技术大学和农业经营技术支援团为支系的教育培训体系，它们承担了除政府和部分私立学校外的大部分农业职业教育与农民教育任务。

韩国农民职业教育依托教育、农林及农协组织三个系统，各系统根据受教育主体的情况，提供不同类别、不同层次的农民职业教育；教育与培训内容根据阶段不同，由浅入深，从"三农"意识到职业农民预备役的培养，再到专业农民培训以及根据农民需求提供的技术与实践培训，逐层递进，培养具备农民精神与意识，兼具专业技能与实践能力的职业农民。

二、四国职业农民教育和培训的支持与保障体系

尽管不同国家根据本国实际构建了具有不同特色的职业农民教育和培训模式，但是不同国家在支持与保障职业农民教育和培训的顺利开展方面具有相对一致性。政策法规、经费投入、体系衔接与资格认定是四国职业农民教育支持与保障体系的一致着力点。

（一）政策法规保证农民职业教育和培训的开展与激励

政策法规是职业农民教育和培训模式构建与推进的基石，无论哪一种形式的职业农民教育和培训都离不开政策法规的引导与支持，四国都力图通过立法保证农民职业教育的制度化、规范化和常态化。

德国联邦、各州及农业行业协会三个层面均出台了相应的政策法规来保障农民职业教育和培训的开展。在联邦层面，出台了包括《职业教育法》《企业法》《农民师傅考试要求规定》等在内的多项法律，对职业教育的范围、技术标准、参与成员权利与义务、考核制度、职业资格准入制度和领导机构等进行了明确的规范与界定。从各州政府层面来看，在联邦层面法律的基础上，各州政府制定了《巴伐利亚州农林类学校职业教育法》《职业考试规定》《跨企业培训计划框架》等具有框架性和实施性的法律法规，进一步细化职业农民培育的规范。农业行业协会主要承担对企业农业职业培训进行监管的职责，并在政府授权下颁布具体的实施标准、条例、规章，如《毕业考试条例》《劳资协定》《社保费用规定》等，以保证农民职业教育的具体实施。

澳大利亚农民职业教育相关政策法规由联邦和州两个层面构成。联邦层面政策法规主要针对具体的农民职业教育问题，州层面则更为全面。在联邦层

面，有《澳大利亚劳动力技能改善法》《职业教育与培训法》《澳大利亚技术学院法》等法律法规对农民职业教育的具体问题进行规定。

早在 1913 年，加拿大就颁布了《农艺教育法》，后来又先后颁布《失业人员及农业补助法》《国家林业计划》等法律法规，以此来促进和保障农业职业教育的发展。

1963 年韩国政府出台《农村振兴法》并先后修订 6 次，可谓韩国农业职业教育法律的标志性成果以及里程碑式成就。该法提出农民职业教育发展是一个"终身教育的过程"，以学校教育为主，其他力量参与其中，并对农民职业教育的内容、培养目标、培养期限、培养方式、培养内容、经费支持做了详细阐述，为农民职业教育的发展提供了法律依据与基础。20 世纪八九十年代，韩国出现了高学历、高素质人才离开农村的现象，为摆脱农业后继无人的困境，韩国政府重视"二代农民"和青年农民的培养。为了保障后继农民受农业教育、留下务农，韩国政府先后颁布《兵役法》《农、渔民后继者育成基本法》《农、渔民后继者培养基金法》《农、渔村发展特别措施法》。此外，鉴于农村留守人员多为女性，韩国制定了支持女性农民的基本计划，提供专项培训与扶持政策来提升女性社会地位，提高女性的农业参与度，充分发挥了女性在农业发展中的作用。

总的来说，不同国家通过顶层设计也就是政策法规来引导与规范农民职业教育和培训的方向、标准、内容，关注多样化的培训主体，强调职业农民身份准入的合法合规性。

（二）经费投入支持农民职业教育和培训的实施与推广

农民职业教育和培训的实施与推广离不开经费的支持，四国对农民职业教育和培训经费的来源、用途等均进行了规定，以保证农民参与职业教育和培训的权利与积极性。

德国农民职业教育和培训的经费主要来自政府与企业两个主体。与加拿大和韩国不同的是，德国农业企业在教育中发挥着主导作用，企业一般承担职业教育经费投入的 75%。同时为了保证企业参与的积极性，政府也会对企业采取相应的优惠政策，如税收减免等。联邦和州层面的政府财政共同承担学校运行与维护所需的经费。

澳大利亚农民职业教育和培训的经费支持同样可以分为政府和企业等相关主体两部分。一方面，联邦与州政府根据《澳大利亚劳动力技能改善法》签订职业教育和培训的经费协议，明确双方的经费投入责任与要求；另一方面，在《职业教育与培训资助法》等法律中明确规定将商业、行业和市场化运作引入澳大利亚农民培训和教育之中。此外，澳大利亚政府将接受农民职业教育和培训纳入国民保障体系，确保农民接受教育和培训的权利。

为了保证农民职业教育和培训的顺利开展，加拿大政府在农民职业教育和培训上提供了大量的经费。一方面，为提供农民培训的学校提供足够的资金，保证教育与培训的基础设施建设，同时为相关教师提供丰厚的报酬与充足的教育科研经费；另一方面，政府也为受训者提供了奖学金补贴等。

与加拿大相似的是，韩国政府也为正规农业类院校提供基础教学保障，免除农民接受职业教育和培训的费用。不同的是，加拿大的教育经费主要来自联邦及各州政府，而韩国农民职业教育和培训经费的来源则更为多样，除国家财政外，农林部门划拨、农协融资、企业征收等多样化的资金来源为韩国农民职业教育和培训提供了充足的资金保障。

可以看到，四国农民职业教育和培训的经费主要由政府承担，也有如德国等国家由企业等非政府组织承担主要经费的情况。但是，四国一致的做法是为接受农民职业教育和培训的学员提供保障，这种保障不仅包括经费层面的，更有从社会保障、民生保障等多方面出发的支持政策。

（三）体系衔接确保农民职业教育和培训的多样化与针对性

长期稳定、衔接通畅的农民职业教育和培训体系在促进农民职业能力的持续提升，提高农民的文化素质与专业素养，促进农民职业发展中起着关键作用。通过上下贯通、层次分明的农民职业教育和培训体系，可以为不同类型、不同需求、不同阶段的职业农民提供有针对性的多样化培训。

德国农民职业教育和培训从纵向上看上通高等教育、下达中等教育，主要包括农业预备职业教育、农业中等职业教育、农业进修职业教育三个阶段，不同阶段有相应的教育目标、教育内容、承担教育的学校机构、教育对象等。在农业预备职业教育阶段，学生需要学习文化知识、基础性农业理论知识和农业实践能力；农业中等职业教育以"双元制"为依托，主要针对农业领域的14个"绿色职业"开展具有实践性的农民职业教育和培训。农业进修职业教育阶段包括适应性进修与晋升性进修两部分，适应性进修以维持、更新职业行动能力为目标；晋升性进修则以传授高级职业资格、拓展职业行动能力、实现职业晋升为目的，将"三级阶梯"与高等职业教育的"三级学位"相衔接。

澳大利亚的农民职业教育和培训体系是融义务教育、职业教育与高等教育为一体，由企业深度参与的完整框架体系。该框架由农民义务普及教育、中等农民职业教育和高等农民人才教育三种教育类型组成。三类教育内部根据教育和培训对象的不同包含不同层次的学历课程与证书课程。

在加拿大，必须获得"绿色证书"才能成为职业农民以及农业经营者。该证书为学生提供进入农业学徒初级阶段的机会，并可以学习技术员级别和主管级别的内容，而且通过进一步学习可以达到绿色证书农场经理级别。在农学院中，也有证书课程与文凭课程两种针对不同需求受教育者的课程。

从纵向上看，韩国的农业教育贯穿于各个层次的教育中，从初等教育开始进行农业常识教育，如环境美化、植物栽培等；在初中阶段，以"实科"教育为主，包括农村生活、家庭生活、渔村生活等；在高中阶段，职业高中中的农业高中成为韩国农业职业教育的摇篮，帮助学生迈出成为职业农民的第一步；在高等教育阶段，农业教育分为专科大学农学系和综合大学农学院，提供更高层次的农民职业教育。从横向上看，在农林系统中，韩国农民职业教育和培训分为三个层次，第一个层次是针对农村青少年的 4H 教育；第二个层次是针对农业后备劳动者的农、渔民后继者教育；第三个层次是培养具有较高农业生产经营管理水平，且具有国际市场竞争力的专业农业大户的专业农民教育。农协则根据协会内不同成员的需求及特点提供不同类型的教育和培训。

综合来看，四国的农民职业教育和培训体系基本以政府为主导，以农业院校为载体，以企业、协会等其他教育和培训主体为辅助，学校教育在其中起着重要作用，不同层次的学校及培训部门为不同需求的职业农民、学生提供可持续、可发展、可上升的教育和培训。

（四）资格认定保障农民职业教育和培训的质量与效果

农民职业教育和培训最终需要反哺实践，实现农民、农业、农村的振兴与发展。因此，农民职业教育和培训的质量与效果需要相应的评价和保障体系制度，而农民资格认定与证书则是其中的重要一环。

德国基于 EQF 的国家资格框架构建了包含专业能力和个人能力两个维度、五个层级的国家资格框架，在该框架下，德国职业农民在三年中等职业教育毕业后取得"农业专业工人"资格，结束一年制的高级农业学校或通过农业师傅考试，获得"农业师傅证书"与经营管理农场及招收学徒的资格。此证书获得者通过深造两年制的高级农业学校课程，毕业后获得"农业企业管理师证书"和"农业技师证书"。此后如果能够通过附加考试，便可进入农业高等学校深造。

2013 年版的澳大利亚资格框架将高中教育、职业教育和培训、高等教育三个阶段的 14 种资格类型划分为 10 个等级。在此基本框架下，农业领域的资格等级同样类型多样，包括农业企业管理高级文凭、有机耕作四级证书、农业文凭等。以农业文凭为例，澳大利亚农民职业教育和培训是以课程为基础的，因此，要想获得农业文凭，需要完成 10 个选修单元并通过相应的考核。

加拿大将"绿色证书"作为保证农民职业教育和培训质量的手段。"绿色证书"分为农业生产技术员、农业生产指导员以及农业生产管理员三个等级，学生完成某一专业所有三门课程并达到规定的标准后，即可获得该专业的技术员级别绿色证书。考核一般在校外进行，学生在工作现场的表现是由校外教师与现场监督员共同评估的，其中校外教师负责评审学生的成绩以获得最终分数。

韩国的资格认定主要分为学校教育与农民培训两部分。在学校教育中，通过专科大学的学习，在毕业时可获得二级技师资格，成绩优秀者可获得免试转入四年制本科大学三年级的资格；在农民培训中，有专门针对资格认定的农民资格认定职业培训。

三、四国农民职业教育和培训体系构建的关键议题

综合四国的农民职业教育和培训体系来看，各国虽然在体系构建的细节上有所不同，但大体方向一致，主要有四个关键议题：学校农民职业教育体系衔接顺畅，层次多样；第三方机构作为相关主体起着弥补学校教育的不足及进行第三方评价的作用；资格框架与证书制度作为保障制度不可或缺；地方特色是确定农民职业教育和培训方式与内容的重要依据。

（一）学校农民职业教育体系的设计

可以看到，在学校农民职业教育体系的设计上，四国都已建立较为完善的农民职业教育和培训体系，各国基本都形成了初、中、高农民职业教育的衔接，将文化教育与专业教育相融合，在政府的引导下，综合企业、行会等主体，共同推进农民职业教育，设置相应的毕业要求与门槛，并与资格证书制度相联系，培养了一批有文化、懂技术、善经营的职业农民。例如，德国农民不仅受过高等教育，还接受过三年及以上的农业职业教育。

在课程体系及教学的设计上，各国均强调以能力培养为核心，面向实际工作岗位，如加拿大的能力本位模式和以行业需求为核心的课程开发体系、澳大利亚农民职业教育和培训中不断更新的培训包、德国"双元制"农民职业教育，以及韩国高等农业职业教育中对课堂教学与现场实习 50：50 的比例规定，都显示了四国学校农民职业教育对实践能力培养的重视和对岗位实际的关注。

此外，学校体系中的农民职业教育一方面为有志成为职业农民的受教育者提供可衔接的学历、学术教育；另一方面，如韩国、德国等，在基础教育阶段

嵌入农民农业意识的培养，大大增强了受教育者对农民、农业的了解，帮助受教育者建立了正确的职业观，提升了其对该职业的热情与关注度。

（二）第三方机构的补充功能

除学校教育外，四国基本都存在官方认可或认证的第三方机构作为学校农民职业教育的补充。这些机构通常为专门的职业农民培训机构，部分机构如韩国农协同时还为会员提供销售和供给业务、银行和贷款业务、保险业务和咨询服务等。这些机构一般会提供证书、资格认定等类型的培训课程，旨在作为学校农民职业教育的补充，为有需要的农民提供与生产经营和管理更为贴近的教育培训。例如，澳大利亚的注册培训机构提供包括农业二级证书、园艺二级证书在内的一系列资格证书认定服务，还帮助学习者掌握在使用或不使用杀虫剂的情况下管理害虫等农业知识技能。❶ 韩国农协提供的培训则更为多样，包括经营管理、金融信贷、新型农业生产技术、新村领袖等多个层级、多方面的培训。第三方机构在农民职业教育和培训体系中起着重要的补充作用，多主体协作提供不同层次和需求的农民职业教育，为职业农民提升自我，获取相应资格证书，提高技术技能水平与经营管理能力，促进乡村建设与发展等提供帮助。

（三）资格框架与证书体系的保障

资格框架与证书体系是四国保障农民职业教育和培训质量的关键环节，同时也是农民职业教育和培训课程体系与内容设计的重要参考。例如，加拿大的"绿色证书"，德国的"专业农民"证书、"农业师傅"证书，澳大利亚的农业二级证书等各类资格证书为课程的设计与开发提供了参考。加拿大专门针对"绿色证书"开发了一系列的课程与考核方式，澳大利亚的农民职业教育和培训院校、机构也会提供相应的证书课程供有需要的农民及学习者选择。资格框架与证书体系确立了职业农民的准入门槛以及从事不同经营和管理的要求，确保农民职业教育和培训的含金量；同时也为农民职业教育和培训指明了基本的方向，从顶层设计上保障了农民职业教育和培训的质量。

（四）对地方特色的关注与嵌入

职业农民作为农村经济发展的主力，对促进乡村振兴和农业农村现代化起着重要作用，因此，对职业农民的培养具有相当重要的现实意义。从四国的农

---

❶ Training. gov. au. 6717 – Farm Information Services Pty Ltd ［EB/OL］. ［2022 – 09 – 30］. https：//training. gov. au/Organisation/Details/deccc8d4 – 1ed0 – 4288 – a640 – a8b61b6340b6？tabIndex = 2.

民职业教育和培训中不难看出各国对地方特色的关注，以及在教育和培训内容中的嵌入。例如，加拿大绿色证书计划就是阿尔伯塔省农业和林业局为本省农业领域开发人力资源的一种手段；高等农业职业教育学院也是以省为重点，支持当地民众学习的机构，其与当地农场等有着密切的合作。德国的情况与加拿大类似，地方高等教育学院在与企业的密切合作中为当地职业农民培育助力。韩国则重点关注地方农村发展，大力发展农民后继者教育，并通过地方农协机构提供职业农民所需要的教育和培训服务。关注地方特色并将相关内容嵌入农民职业教育和培训体系中，使四国的农民职业教育和培训更加具有针对性，同时能够更好地培养地方农业农村发展所需的农业人才，还为防止农村人才流失打下了基础，为乡村振兴培养了更多具备专业农业知识与技能、具备乡村情怀与认同感的职业农民。

第六章 新型职业农民来源构成及其培育模式

　　新型职业农民培育有基本规律可以遵循，因而可以构建具有一定共通性的培育形态。然而，新型职业农民的来源具有多样性，既可以是留守农民，也可以是返乡农民工和学生、转业军人，还可以是有志于助力现代农业发展的城市人口。在留守农民中，既可以是青壮年农民，也可以是老年人或者残障人员。由于培育对象来源不同，其呈现出多样化的人口学、教育特征等，必须基于这些培育对象的特点，探索构建多元化、个性化的新型职业农民培育模式。

第一节 留守农民：新型职业农民培育的现实选择

　　城镇化带来了流动的机会与空间，随着大量农村富余劳动力向城镇和非农产业转移，农民也被分化为进城务工的农民工和留守乡村的留守农民。可以说，留守农民是伴随城镇化而产生的我国特有的一个社会群体，是城镇化发展的"附属品"。学界和政府部门普遍认为快速城镇化对乡村劳动力的虹吸作用导致乡村成为一个脆弱的、没有主体性的"留守社会"，使乡村振兴需要依靠外源性的资源输入。过度依赖外部资源的输入而放弃对乡村社会内部资源的开发与挖掘主要缘于忽视乡村社会的主体性，将乡村"留守社会"误解为衰败而非常态。❶ 单纯依靠外部输入难以维持乡村社会的可持续发展，外源必须依托内源主体的发展才能奏效，因此，挖掘乡村"留守社会"的内源性资源，开发乡村留守社会主体的人力资源，对留守农民进行职业教育和培训，充分发挥留守农民的积极性和主动性，是关乎农业现代化发展和乡村振兴的重要内容。然而，现行户籍制度下的乡村留守农民是一个庞大的群体，包括留守儿童和高龄老人，并非所有的乡村留守农民都能成为乡村振兴的主力。那么，哪些

---

❶ 申端锋，杨盼盼. 适度积极：乡村振兴的路径优化［J］. 中共天津市委党校学报，2018（5）：70-75.

留守农民能够成为乡村振兴的主力？他们具备哪些特征？他们可以成为什么类型的职业农民？应该如何对他们进行教育培训？对此类问题的研究是乡村留守社会内源性发展的关键。

一、留守农民的内涵与构成

产业振兴是提高农民收入，实现乡村振兴的物质基础。提升农民农业收入需要将农民与市场连接起来，这就需要各地依据当地的资源和农产品特色，因地制宜地打造优势产业、特色产业和主导产业，推动农业一二三产融合发展。产业发展的关键需要依靠人，尤其是"有文化、懂技术、善经营、会管理"的职业农民。然而，随着城镇化的快速发展，大量农村青壮年劳动力流向城镇和非农产业，留守在农村的主要是老人、儿童和妇女，他们由于信息闭塞、缺乏一定的人力资本，在信息化时代逐渐被视为乡村建设和产业发展的"边缘群体"，成为乡村社会发展的"负担"。

事实上，留守农民是一个庞大的社会群体，国家统计局第七次全国人口普查数据显示，目前我国居住在乡村的人口为50979万人，占总人口的36.11%。他们中有些是因为缺乏一定的人力资本或者年龄过大难以在城镇就业而留在农村，如留守儿童和农村高龄老人等，目前我国60岁及以上农村人口就有1.2亿人；还有一些虽然有文化、懂技术、较年轻，但因为要照顾老人和孩子而被迫留守，如农村留守妇女等；还有些是因"乡土情结"而主动留守，如因不舍土地撂荒而流转土地进行规模经营的专业大户等。从留守意愿来看，这些人口包括主动留守农村从事农业生产经营的农民和出于种种原因被迫留守农村的农民。从留守群体来看，这些人口包括农村老人、儿童、妇女及年轻的农业劳动者。由于务工市场要求和种养模式等不同，农村老人在55岁左右就基本失去了参与工业劳动的机会，但是，这个不具备工业劳动优势的群体仍然具有充足的务农经验和农业生产能力，能够承担农业生产中各个环节的劳作，因此，根据农村老人的年龄阶段、生理特征和种养方式不同，还可以将农村老人分为低龄老人、中龄老人和高龄老人。[1]

对于乡村社会而言，留守在乡村的农民群体才是真正意义上的乡村振兴的主力，他们真切地体会了城镇化、市场化和信息化发展对乡村社会结构和产业结构变化的影响。但是，并非所有的留守农民都是现代农业发展和乡村建设的

❶ 孙明扬. 中国农村的"老人农业"及其社会功能 [J]. 南京农业大学学报（社会科学版），2020，20（3）：79-89.

主力，因此，本书中的留守农民主要是指城镇化进程中出于种种原因未能外出务工而长期坚守乡村从事农业生产经营活动的农村劳动力，是具有劳动行为能力的群体，主要包括农村留守妇女、从事规模生产经营的农村青壮年劳动力、农村低龄老人和部分农村中龄老人等。他们是农业可持续发展和新农村建设的主要力量，通过对他们进行教育培训，可以提升他们的能力和素质，使其成为助力产业发展的职业农民，这是乡村振兴战略得以实现的关键。

二、培育留守农民成为新型职业农民的优势

首先，留守农民具备浓厚的"乡土情怀"。乡村振兴战略提出"产业兴旺、生态宜居、乡风文明、治理有效、生活富裕"的总要求，其中"产业兴旺"是乡村振兴的重点内容，而实现"产业兴旺"的前提是农业的适度规模化生产经营。农村土地资源分散、土地流转难是制约我国农业产业规模化生产经营的瓶颈问题，要使有限的土地资源配置得更为合理，实现土地价值的最大化和规模效应，就要促进农地从抛荒农户或者低效农户向高效农户转移。乡村社会是一个"熟人社会"，乡土社会秩序的维护在很多方面与现代社会秩序的维护是不同的。留守农民由于长期生活和居住在农村，他们在乡村代际发展的过程中成为乡村农耕文化的"传承者"、乡土文化情怀的"捍卫者"，他们比任何人都懂得土地孕育的智慧，他们对乡村的感情比任何人都要深。留守农民在乡村这样的"熟人社会"中往往比外来人员更容易流转到同乡农户的土地，因此，将留守农民培育成职业农民，通过土地互换、土地股份合作、土地银行等多种方式适度规模经营是促进乡村产业振兴的重要途径。

其次，留守农民具备丰富的"务农经验"。伴随着城镇化的发展，我国农村地区出现了很多"基于代际分工的半工半农"家庭结构分工模式，即家庭中代际分工明确，在中青年子女进城务工或经商获取务工收入，中老年父母留在生活成本较低的乡村务农获取务农收入。据统计，这种"半工半农"式的家庭结构是目前我国西部农村最为普遍的模式。● "半工半农"家庭生计模式直接导致留守老人成为农业发展的主力。留守老人长期扎根农村从事农业生产经营活动，积累了丰富的务农经验，尤其是在粮食生产方面的经验，而且随着机械化在农业领域的不断普及与应用，农业生产对体力劳动的要求越来越低。因此，通过对农村务农老人进行教育培训，将其培育成职业农民发展乡村产

● 贺雪峰. "老人农业 + 中坚农民"的结构：中西部农村社会结构发生了哪些变化 [J]. 人民论坛，2019（14）：52–54.

业，不仅可以提高农业生产经营效率，而且可以在提高农村老人农业收入的同时，使其获得生活意义和生命价值，使最终实现现代农业的转型升级成为可能。

最后，留守农民具有强烈的"致富期望"。党的十九大报告指出，我国的社会主义现代化建设要分两个阶段完成，乡村振兴战略作为国家现代化建设的重要组成部分必须服从国家现代化战略的总体部署。目前处于现代化建设的第一阶段，"大国小农""老人农业"是我国现阶段现代化建设的基本国情和农情❶，乡村振兴战略需要以这部分缺少城镇就业机会而从事农业生产的中老年农民为主体，推动农业农村的可持续发展，保障农产品的有效供给。只有如此循序渐进地进行长期建设，才能逐步实现规模化经营对小农经营的取代，在2035 年前后基本实现现代化，进入更高阶段的乡村振兴。乡村振兴的最终目标是农民"生活富裕"，这就需要解决发展不充分不平衡的问题，尤其是留守农民的增收问题。因此，各地需要立足乡村发展的阶段特征和区域禀赋，充分发挥农民的主体作用，增强乡村的"造血"功能，持续深化乡村全面改革，转变乡村经济发展方式、优化乡村社会发展结构、提高乡村发展系统全要素生产率和公共资源配置效率，推动乡村在新型工农城乡关系重构中的全面振兴，进而实现全体人民共同富裕。

三、培育留守农民成为新型职业农民的现实困境

（一）留守农民的人力资本困境❷

目前我国大部分地区农业存在经营规模偏小，精深加工程度偏低，结构有待优化，产业链上下延伸不足等情况，与文化、旅游、教育、康养等产业互动不多，一二三产业融合水平不高，农户与经营主体利益联结松散，农业其他价值功能发挥不彻底，农产品附加值低，产业价值链增值效应较低，传统产业高阶演进困难较多。制约乡村高质量发展的最主要因素是人才，尤其是长期坚守乡村从事农业生产经营的留守农民的素质。诺贝尔经济学奖获得者舒尔茨的人力资本理论指出，蕴含在人身体内部的知识和能力等人力资本的提高在经济增长中的作用与贡献远超土地、劳动力数量增长等实物资本。❸ 经济学家厉以宁

---

❶ 张红宇. 大国小农：迈向现代化的历史抉择 [J]. 求索，2019（1）：68 – 75.
❷ 吕莉敏. 新型职业农工培训效果评价研究 [D]. 上海：华东师范大学，2022.
❸ 舒尔茨. 论人力资本投资 [M]. 梁小民，译. 北京：商务印书馆，1990：3.

认为，随着我国低成本、传统型人口红利的消失，职业教育和培训是提升劳动者人力资本的一种新型人口红利。❶

改革开放以来，我国城镇化进程不断加速，大量农村青壮年劳动力流向城镇和非农产业就业，农业成了"四化同步发展"的洼地，亟须提升农业从业者的知识、技能和素质水平，通过提高农业生产效率来弥补农业劳动者数量的不足，以人力资本红利代替人口数量红利。然而，目前我国留守农民群体存在一定问题，主要表现在：一是总量不足。随着青壮年农村劳动力外流，留守在农村从事农业生产经营的劳动力数量严重不足，农业现代化发展面临着"农民荒"问题。❷ 课题组对全国范围内的 1433 名新型职业农民进行调研，其中留守农民仅有 219 名，占调查人数的 15.28%。二是结构失衡。有学者调研发现，外流的农村劳动力主要为"80 后""90 后"的青壮年男性❸；贺雪峰教授团队在农村地区的实地调研显示，当前我国务农劳动力平均年龄在 50 周岁以上❹。这在一定程度上说明留守在农村，正在从事农业生产经营的农民多为老年人。三是素质堪忧。课题组的调查显示，留守农民以初中及以下文化程度为主，占 72.5%；33.64% 的新型职业农民没有任何职业技能等级证书，具有高级技能等级证书的仅占 6.56%；还有 55.70% 的留守农民没有获得新型职业农民证书。四是后继乏人。在农村成长起来的许多新生代农村青年对土地非常"陌生"，进城务工"跳出农门"已经成为许多农村新生代劳动力结束求学生涯之后的首选。留守在农村务农的农民素质已然成为国民素质的"洼地"，高科技成果难以转化，高效设施难以利用，严重制约了农业农村现代化的发展。相关统计数据显示，仅有 21.10% 的职业农民正在接受学历教育，农学类专业本科生的招生比例从 1998 年的 6.0% 下降到 2017 年的 1.7%。❺

（二）留守农民的职业教育和培训困境

职业教育和培训是释放人力资本红利最直接、最有效的途径，人力资本红利的开发是培育一批留得住、用得上，以农业为职业的职业农民的重要途径，

❶ 厉以宁. 经济发展的优势 [J]. 中国流通经济, 2012 (12)：65 - 68.

❷ 陈池波, 韩占兵. 农村空心化、农民荒与职业农民培育 [J]. 中国地质大学学报（社会科学版），2013 (1)：74 - 80.

❸ 张新民, 秦春红. "农民荒"与新生代农民培育 [J]. 职教论坛, 2012 (25)：78 - 80.

❹ 贺雪峰. 如何应对农村老龄化：关于建立农村互助养老的设想 [J]. 中国农业大学学报（社会科学版），2019, 36 (3)：58 - 65.

❺ 农业部科技教育司, 中央农业广播电视学校. 2017 年全国新型职业农民发展报告 [R]. 北京：中国农业出版社, 2018.

一般来说，人力资本需要不断进行教育培训才能获得提高。职业教育和培训作为一种生产性投资，能使隐藏在人体内部的能力得以增长，并能直接贡献于组织生产力的提高，这比单纯的物质投资能够带来更多的利润，产生更大、更长期的经济效益和社会效益。然而，在实践中，我国职业教育和培训在农村人力资本开发中的作用依然没有得到充分发挥，影响了将留守农民培育成职业农民的进程，具体存在以下问题。

1. 对象遴选"随意化"

近几年，虽然我国的新型职业农民培育政策都在强调"遴选培育对象"的重要意义，但在实践中，自上而下过重的"培育任务"以及"摊派式"的任务分解方式导致不论是农广校层面还是农业院校层面，开展的新型职业农民教育培训或多或少都存在"拉壮丁""凑人头""代训"等现象。调研中的一些教育培训实施主体表示：由于"任务太重""人数太多""项目经费下达太晚，时间太紧"等种种原因，为了完成数量任务指标，无法精准选取教育培训对象。

现行的新型职业农民教育培训仍然处于初级阶段的"粗放型全员扫盲培训"，没有突出对重点人群的教育培训。主要表现在：一是在遴选程序上，部分村干部重视程度不够，在没有进行广泛宣传与摸底调查的基础上应付性填报，随意性强。调研发现，各培训主体普遍认为培训任务过重，没有那么多符合条件的、真正有需求的受训农民，能完成上级下达的任务就不错了，如果再筛选培育对象，就根本完不成任务。例如，访谈中一些培训主体说道："上级要求的培训人数太多，导致我们一方面招生困难；另一方面，人多了培训内容难以精准，培训方式也难以多样化。""我们最希望的是每年培训人数少一点，做得精一点，目前虽然有相当一部分人是真的想要学东西，但是那种'拉壮丁''凑人头'的情况还是存在的。""根本找不到那么多农民来培训，有的乡镇实在找不到人，就只能村干部自己来'凑人头'。""现在最大的障碍就是任务量太重，我们想把它做好，但是没有那么多精力来做。一定要把人数降下来，才可以把这些经费用在真正想接受培训的农民身上。"笔者在随班听课过程中也验证了各位教育培训主体的说法，的确发现了村干部"凑人头"或者由亲戚"代训"的现象，问其原因时，村干部说："镇上对我们有考核，我们找不到那么多人，只能自己来凑数了。"代训亲戚表示："我退休了，时间比较多，由于集中培训时间较长，侄女（农场主）需要打农药、除草等，无法离开那么久。"

二是在遴选标准上，笔者调研的区域尚未建立起遴选标准，即使是部级项目，也只是把年龄作为唯一的遴选标准。事实上，并不是所有的农民都能成为新型职业农民。人力资本理论表明，人力资本投资的收益率受年龄和文化程度等因素的影响，会随着被投资人文化程度的提升而提升，随着年龄的增加而降低。对年龄偏大、文化程度偏低且经营规模过小的农民进行综合素养培育的价值不大，通过教育培训可能会提高他们的农业生产技能，但若希望大幅提升他们的创新能力，引领现代农业发展，其可能性极小。例如，访谈中有教育培训主体说道："培训班想要达到什么样的目的，选择的人员很重要。因为如果选一些年纪大、地也不多的人来上课，他们是不可能进行一些尝试和改变的，就算给他们讲一些好的技术，他们也只是听听而已，不会去实施。"

2. 师资能力"难胜任"

师资是新型职业农民教育培训的重要资源，是教育培训工作取得实效的关键。然而，实践中，无论是新型职业农民教育培训的理论教师还是实践师资，都存在难以胜任职业农民培训工作的困境。笔者认为，理论教师难以胜任职业农民教育培训工作主要缘于农民培训师资选聘的"临时化"，因为目前我国承担新型职业农民教育培训的机构主要是农广校和农业院校的继续教育学院，这些机构只是一个独立于知识体系之外的组织机构，并不是农民教育培训知识生产者的专业机构，因而几乎没有专任的教育培训教师，主要通过付费的方式临时聘请其他院系和部门的人员作为教育培训师资，完成预设的相关课程或者讲座，这种基于"临时性雇用关系"的培训效率显然是要受到质疑的。笔者在访谈中也有不少教育培训实施主体反映师资是他们最大的难题，经常因为找不到合适的师资而只能压缩或者调整培训计划。

通过到实践基地（田间学校）"边看边学"、"做中学"、与成功农民面对面交流等方式，可以帮助农民快速了解先进的农业生产理念和模式、掌握先进的农业生产方式和经营管理策略，改善农业生产结构和农产品品质，从而提高农民的经济收入，为农村和区域经济发展提供新动能。然而，笔者调研发现，由于实践教师缺乏一定的教育教学技能，难以有效输出自身的丰富经验，使实践教学在新型职业农民职业能力提升中的功能得不到充分的发挥。我国应遴选一些产业特色优势明显、设施设备良好、能够承担教育培训工作、具有较强示范引领作用的家庭农场、农业企业、专业合作社等作为实践教学基地。例如，江苏省的实践基地（田间学校）是对照省、市级《新型职业农民培育示范实训基地（田间学校）建设规范》（以下简称《规范》）"六有"标准进行自主申报、政府批准挂牌而成立的。对申请成功的实践基地（田间学校），政府会给予一定的政策扶持或者补助，然而正是由于政策红利的诱惑和《规范》缺乏对实践基地师资等"软实力"的明确规定，一部分不具备"软资质"的农场（合作社）也成了实践基地（田间学校）。具体而言，《规范》对实践基地

（田间学校）的选择虽有"师资团队"的明确规定，但对"师资团队的能力与水平、责任和义务"并没有具体的要求，"有"仅仅是最基本的条件，并不能等同于师资团队"能胜任"。由于《规范》只强调实践基地（田间学校）的"硬实力"而忽视"软实力"，使得"能胜任"的实践师资缺失，导致难以高质量地完成实践教学任务。

3. 现场观摩"形式化"

现场听取"成功农民"的介绍和实地观摩交流，宣传先进典型，帮助农民对农场（合作社）的创办、发展和转型等有更深刻的认识，有助于拓展农民从农新理念和新思路。然而，实践中，由于农场主的能力差异和农业同质性、易模仿性等原因，新型职业农民培训的现场观摩成了"旅游观光"或者"农产品售卖"。笔者在实地调研中发现，有的农场主在现实利益的驱使下把接待观摩学习当作销售农产品的好时机，在现场观摩宣传介绍时将推销农产品作为重点，而不是主要介绍农场、自身职业发展经历，也不是针对农业生产销售中遇到的问题进行交流。在访谈中，培训主体和农民都说道："受农场主能力限制，目前现场观摩很多时候都达不到预期的效果，农场主做得很好，但是他不会说，所以学员过去了就是在那儿看看。再加上人数比较多，也无法与农场主进行一对一的深入交流。""到做得好的同行那里现场学习这种形式很好，但是现在的参观大多是走马观花，一些真正核心的关键技术人家是不会和你讲的。"

4. 跟踪服务"匮乏化"

教育培训主体通过开展跟踪服务可以了解受训学员参加培训的感受、解决受训农民在生产实践中遇到的实际问题以及今后的打算，有助于巩固教育培训成果，是新型职业农民教育培训工作的重要环节。新型职业农民教育培训项目要求"为受训农民提供至少一个生产周期的信息服务、技术指导和生产经营指导"，希望通过跟踪服务了解教育培训实效，精准把握每一位受训农民的实际需求，便于改善和调整教育培训方案。然而在实践中，由于种种原因，训后跟踪服务往往流于形式。访谈中，就有教育培训主体说道："其实跟踪真的很重要，我们也很想做好，但是由于种种原因，我们也是力不从心。首先，我们不光要做培训，还有很多教学和管理工作，根本没有时间和精力再去做跟踪指导，能把手头的工作做完就不错了。其次，学校对我们做培训的教师也没有单列类似于服务型教师职称评审办法，又不把每年承担的培训工作量作为职称评审的指标，这也在一定程度上打击了我们的积极性。再次，跟踪服务主要是农广校在做，由于人手问题，也做不到。最后，农业每种产业、每个季节的需求都不同，跟踪指导时间不能规定得太死。可实际上，每年的培训任务时间很短，很难做到。"

5. 效果评估"随意化"

一般来说，职业教育和培训的完整流程应该包括需求分析、方案制定、教材开发、对象和师资选拔、活动组织实施和效果评估等内容。效果评估是教育培训工作的必要环节，也是提升教育培训质量的重要途径。新型职业农民教育培训效果评估是有针对性地改进教育培训质量、提高农民素质的有效路径。然而，实践中新型职业农民教育培训效果评估工作尚未引起重视，主要表现在以下五个方面：一是对是否需要评估比较随意。效果评估作为教育培训工作的必要一环，迄今为止还有些地方没有开始对新型职业农民教育培训效果进行评估。二是评估指标的选取随意。有些地方评估指标的选取随意性和主观性很强，仅将完成教育培训的人数作为衡量教育培训效果的指标。三是评估方法随意。有些地方的评估问卷完全根据个人经验编制，没有采用相关分析、因子分析等规范的分析方法，问卷的信效度低，导致测量结果缺乏可信度。四是评估过程随意。有些地方为了得到较好的评估结果，评估程序不规范，评估过程封闭，缺乏公众监督，评估结果不符合实际情况。五是评估流于形式。有些地方的评估仅仅是为了使材料符合要求，并没有将评估结果运用到改进培训方案中。因此，需要尽快规范教育培训流程，运用科学的方法建立新型职业农民教育培训效果评估标准，分析新型农民教育培训效果的关键影响因素，提升新型职业农民教育培训的实效，切实有效地提高农民素质，为乡村振兴提供高素质人才支撑。

四、培育留守农民成为新型职业农民的策略

（一）协同开展留守农民需求调查，做到精准培育

留守农民是当今我国乡村社会现实的生活、生产主体，也是目前我国乡村振兴真正的"在场"农民。因此，必须根据现代农业发展的要求，对其进行适应新的生产力要求的培训，使其成为适应乡村新产业新业态新模式的新型职业农民。然而，由于留守农民的组成比较复杂，因而对其培训既要有共同性，也要有差异性，掌握需求、分析需求特点是对留守农民开展新型职业农民培训的一个必要前提和重要基础。为此，从事新型职业农民培训的职业院校、社区教育中心，在设计留守农民培育项目、确定培训内容、选择培训组织形式前，都应该首先进行留守农民需求调查。

需求调查应该注意以下三点：一是调查工作应由政府部门或者县级职教中

心或者相关涉农高职院校牵头，由教育、劳动、人社、妇联等部门成员共同组成调查研究小组；二是职业院校等培训机构要对调查数据进行精准分析，梳理出留守农民参加职业教育和培训的需求特点，作为培训决策的参考；三是要对留守妇女以及中青年留守农民的需求进行重点分析，他们具有较高的接受新型职业农民培训的积极性，而且他们的受教育程度相对较高，具有更高的接受现代农业技术培训的可能性。

（二）基于留守农民的人口学特征，实施分类培育

对留守农民的人口学特征进行精准分析与归类，是对其进行精准分类培训的基础。从性别上说，女性与男性留守农民在生活和生产中扮演的角色不一样，因而其通过参与培训成为新型职业农民的积极性和意愿有差异，对从事现代农业生产的职业选择也不一样，应依据这些特点确定培训方案，培训内容、培训时间等应具有差异性。就年龄而言，留守中青年农民与留守老年农民对新型职业农民培训的认知、意愿不尽相同。对于愿意留在农村的中青年农民，其成为创业型新型职业农民的积极性较强，因而接受职业教育和培训的自觉性、主动性较强；而留守的老年农民总体而言积极性较弱，虽然其中的一部分人也有意愿通过新型职业农民培训掌握新技术。但他们的文化程度一般较低，接受数字技术等培训的心理积极性较弱。特别是由于留守农民的文化程度以及技术技能基础存在差异，其接受新型职业农民培训的可能性不一样。所以，在实际组织新型职业农民培训时，必须基于留守农民的人口学特征，分类设计培训方案。也就是说，要基于不同培育对象的特点，确定培训目标，制定培训菜单，选择教学方法和教学组织形式等，如此才能提升培训的成效和调动留守农民参与新型职业农民培训的积极性。

（三）注重基础职业素养补偿培训，提升培育成效

留守农民之所以成为留守一族，其原因是复杂多样的，而比较共性的原因是其存在某一方面或者整体素养的缺陷，制约了其向城镇转移，或者转移后难以成功就业，因而不得不返回农村继续从事传统农业生产。由于职业素养的缺损，或者整体文化水平和技术的不足，使得他们即使留守在农村，要成功经营现代农业生产也是困难重重。为此，职业院校等培训机构在对留守农民进行职业教育和培训的过程中，必须基于其掌握的文化素养、技能素养、数字素养以及社会素养等方面存在的不足，有针对性地开展相应的补偿培训。特别需要注意的是，针对留守农民开展的无论是哪种类型的新型职业农民培训，都必须强化基础数字素养的补偿培训。这是数字时代的要求，也是数字乡村建设对新型

职业农民的基本素养要求。

（四）发挥乡村精英的引领示范作用，倍增培育效益

相对来说，留守农民的整体文化素养、技能素养、数字素养偏低，对于接受现代农业呈现出来的新产业新业态新模式往往显得被动或者接受力不强。然而，在留守农民中不乏一些"新乡贤"，他们中的一些人是返乡创业农民工，还有一些是返乡大学生和退伍军人等。这些人可谓乡村精英，他们在农村有一定的威信和号召力，可以对周围的留守农民起到较强的示范带头作用。因此，职业院校等在对留守农民进行新型职业农民培训时，一方面，可以请他们进行创业经验或者职业生涯经历的介绍，他们的所见所闻更容易对留守农民产生影响；另一方面，在现场教学中，可以组织留守农民多到这些乡村精英的创业基地现场参观学习。这些标杆的现身说法和创业示范，无疑能够更好地促进留守农民通过职业教育和培训成为新型职业农民。

第二节 返乡农民工：新型职业农民培育的理想选择

自乡村振兴战略提出以来，与其相关的文件层出不穷。2019年，农业农村部等发布的《国家质量兴农战略规划（2018—2022年）》（以下简称《战略规划》）中明确提出要年均培育新型职业农民100万人次，鼓励返乡农民工加入职业农民队伍，投身质量兴农建设。[1] 2021年，中共中央办公厅、国务院办公厅印发的《关于加快推进乡村人才振兴的意见》指出，要坚持把乡村人力资本开发放在首要位置，引导城市人才下乡，鼓励农民工创办领办家庭农场、农民合作社，加快发展面向农村的职业教育。[2] 由此可见，要实现乡村振兴战略，关键在人才，必须培育一支爱农业、懂技术、善经营的新型职业农民队伍。新型职业农民的培育对象有多种来源，返乡农民工是重要的来源之一，因此，探讨如何通过职业教育和培训将返乡农民工培育成新型职业农民，具有十分重要的现实意义。

---

[1] 国家质量兴农战略规划（2018—2022年）［EB/OL］.（2019 - 02 - 20）［2022 - 08 - 13］. http：//www. moa. gov. cn/nybgb/2019/201902/201905/t20190517_6309469. htm.

[2] 中共中央办公厅 国务院办公厅. 关于加快推进乡村人才振兴的意见［EB/OL］.（2021 - 02 - 23）［2022 - 08 - 13］. http：//www. gov. cn/zhengce/2021 - 02/23/content_5588496. htm.

一、返乡农民工的核心特征及培育价值

就返乡农民工内涵而言，一般是指在农村拥有户口和土地，进城务工从事非农业生产一定时间后，由于自身、家庭、社会等种种因素的影响，离开城市返回原籍农村或户籍所在县域及乡镇所在地的一类群体。返乡农民工是我国经济社会发展催生出的一个新群体，较之传统留守农民和城市工人有着明显区别，对返乡农民工的特征进行研究，有助于发现其培育价值，从而更好地提出职业教育和培训策略。

（一）返乡农民工的核心特征

1. 数量变化特征：逆流现象明显，返乡创业渐成趋势

随着乡村振兴战略的持续推进，乡村就业、创业条件和环境越来越好，农村比较经济收益也在不断提高，越来越多的农民工选择回户籍所在乡镇或农村就业和创业，进而引发返乡农民工人数不断增加，甚至在一些地区出现了一定程度的农民工"返乡潮"。国家统计局公布的农民工监测调查报告显示，2021年全国农民工总量比2020年增长2.4%，其中，外出农民工增长1.3%，本地农民工增长4.1%。[1] 本地农民工增速高于外出农民工和农民工总量增速，农民工回流态势明显增强。《人民日报》报道，截至2020年7月底，全国新增返乡留乡农民工就业1300多万人[2]；在乡村产业带动下，2021年有1420万返乡农民工在家门口稳定就业，农民全年人均可支配收入增速高于城镇居民[3]。这场农民工返乡就业创业回流运动的到来为新型职业农民队伍注入了新的活力，成为乡村振兴的重要力量。

2. 返乡动机特征：返乡动机具有多样性，返乡创业为主因

返乡农民工包括主动返乡和被动返乡两类群体。主动返乡农民工通常能率先关注到国家的乡村振兴政策，敏锐地捕捉到回乡就业或创业的机会和机遇，有较强的创业意识和较开阔的思维；在乡村振兴战略等惠农政策的引领下，为了探寻更好的就业和创业机会，追求自我价值的实现，同时因为具有一定的资

---

[1] 国家统计局. 2021年农民工监测调查报告 [EB/OL]. （2022 – 04 – 29）[2022 – 08 – 13]. http：//www. stats. gov. cn/xxgk/sjfb/zxfb2020/202204/t20220429_1830139. html.

[2] 人民网. 农业农村部：新增返乡留乡农民工就业1300多万 [EB/OL]. （2020 – 08 – 07）[2022 – 08 – 13]. http：//country. people. com. cn/n1/2020/0807/c419842 – 31814714. html.

[3] 人民网. 1420万返乡农民家门口就业 [EB/OL]. （2021 – 01 – 21）[2022 – 08 – 13]. http：//hb. people. com. cn/n2/2022/0121/c194063 – 35105632. html.

产积累和打工经验，他们主动返回乡村。被动返乡的农民工一般年龄较大，文化程度不高、再学习能力不强，信息获取渠道单一，务工时从事的工作岗位比较基层，掌握的生产技术相对简单，因此，在城乡二元结构的城市推力与亲农情结的乡村拉力共同作用下被迫回乡。

3. 人力资本特征：以文化程度较高的中青年为主，社会资本较为丰富

作为乡村振兴背景下的城乡逆流群体，返乡农民工成员的人力资本特征复杂。有关研究发现，在年龄结构上，返乡农民工以"80后"为主力，大多数属于中青年；文化水平集中在初中学历和高中学历；从务工经历来看，外出务工时间大多为5年及以上，行业主要集中在工业、商业、建筑业、服务业、农业等。相关统计数据表明，有48.2%的农民工在返乡前从事过工业行业相关工作，17.1%的农民工在城市务工期间所在行业为商业，70.0%的人从事过建筑行业，62.5%的人从事过服务业，14.7%的人从事过农业行业。❶务工经历使返乡农民工在经济上具有一定的资产积累，在技术技能方面具有专业化的一技之长或经营能力，在思想方面具有先进的生活思维与理念，在心理方面具有积极乐观的"三观"与强烈的乡村情感依附。❷

（二）返乡农民工的时代价值

1. 返乡农民工是发展农村新产业新业态新模式的主体力量

我国农村正在呈现三产融合的趋势，新产业、新业态、新模式正在成为我国乡村振兴背景下日渐兴盛的生产方式，由此对现代产业经营主体提出了新的更高的素质要求。传统农民难以适应和胜任三产融合发展要求，而返乡农民工在城市务工期间，在学习技术和积累资金的同时，还逐渐培养了商业化、市场化思维，接触了现代营销模式和管理经验。因此，农民工在返乡后往往会选择用现代技术种植经济作物、对农产品进行加工制造、使用互联网进行直播销售等方式。这将农村原有的单一型产业结构转变为多元型产业结构，能够填补乡村某些产业的空白，促进农村产业形态多样化。此外，由于他们具备从事现代农业生产的资本，因而，只要通过适当的职业教育和培训就可以较好地适应新产业新业态新模式的发展要求。

2. 返乡农民工是新型职业农民的主要来源之一

乡村振兴战略顺利实施的关键是农村人才资本积累，核心是人才振兴，而

---

❶ 贺景霖. 务工经历、社会资本与农民工返乡创业研究 [D]. 武汉：中南财经政法大学，2019.

❷ 姜姝. 乡村振兴背景下"城归"群体的生成机制及其价值实现 [J]. 南京农业大学学报（社会科学版），2021，21（3）：140－147.

人才振兴的前提是有人口作为基础，如此才有培育新型职业农民的可能性。然而，目前我国农村的留守人口主要为妇女、老人、儿童、残障人员，农村正面临劳动力妇女化和老龄化、高素质青年人才持续流失的局面。课题组通过调研发现，在参加新型职业农民职业教育和培训的1433名学员中留守农民有219名，其中，留守妇女、留守老人占比分别为30.59%、56.16%。由此可以看出，农村存量人力资源的现实状况并不乐观。然而，返乡农民工的回流能够使人力资源、资金、信息、现代化技术与理念等流向农村，为农村注入新的活力；同时，返乡农民工自身具备的人力资本、社会资本等优势使其成为新型职业农民的重点培育来源，经过职业教育和培训后，他们可以通过创业带领更多农村留守农民实现脱贫、预防返贫或者就业增收，促进农业农村现代化、智慧化转型。无疑，返乡农民工是激活乡村活力、助力乡村振兴的关键力量。课题组调研数据显示，在参加培训的新型职业农民中，从农前身份为返乡农民工的人数占19.33%，从农前身份为留守农民的人数占15.28%，从农前身份为村干部（含大学生"村官"）的人数占25.12%（见表6-1）。以上三类人群为新型职业农民培育对象的主要来源，显而易见，返乡农民工是新型职业农民的重要来源之一。

表6-1　成为新型职业农民前的身份（职业）

序号	身　份	数量/人	占比/%
1	村干部（含大学生"村官"）	360	25.12
2	返乡农民工	277	19.33
3	个体投资业者（含个体工商户）	238	16.61
4	留守农民	219	15.28
5	城市其他行业从业者	144	10.05
6	企业中高级管理人员	66	4.61
7	其他	57	3.98
8	退伍军人	46	3.21
9	大学生	26	1.81
合　计		1433	

二、培育返乡农民工成为新型职业农民的比较优势

返乡农民工兼有农村生活和务工经历以及城市务工经历，经常往返于城乡

之间，对城乡经济、社会发展均较为熟悉，其特有的人力资本、心理资本、社会资本等比较优势使其具备了向新型职业农民转型的可能性，进而保障其成为乡村振兴背景下新型职业农民的职业效能，具体表现在以下三个方面。

（一）人力资本：学历与年龄显现相对优势，务工务农经历凸显独特优势

其一，返乡农民工在文化水平与年龄结构方面具有比较优势。由调研数据可知，在成为新型职业农民前身份为农民工的人群中，文化程度为大专或本科及以上的占 6.13%，中专或普通高中的占 25.27%，年龄在 50 周岁及以下的占 60.65%；而在成为新型职业农民前身份为留守农民的人群中，文化程度为大专或本科的占 5.02%，中专或普通高中的占 22.37%，年龄在 50 周岁及以下的占 43.83%。由此可见，返乡农民工与传统的留守农民相比，文化水平相对较高，年龄结构较为年轻。文化程度与年龄结构不仅影响认知能力，还影响思维能力与再学习能力，因此，返乡农民工在转型为新型职业农民的过程中比留守农民更具优势。

其二，返乡农民工既保留传统农业生产技能，又易于掌握现代技术技能。调研数据显示，有 47.29% 的返乡农民工从事农业生产的时间长达 10 年及以上，有 76.17% 的返乡农民工从事农业生产的时间长于 4 年。这说明返乡农民工在外出打工之前，往往都从事过农业生产与农业经营，以往的务农经验使其依旧保持着与留守农民几乎无差别的农业精耕细作技术。经过城市职业历练之后，返乡农民工的观念与眼界更加开阔，对新事物的认知和适应能力变强，能够较快地掌握现代农业装备与技术，更能接受市场化、信息化、标准化的生产技能，故返乡农民工在成为新型职业农民的过程中能够较快地获得职业技能等级证书。课题组的调研结果也证实了这一点，从农前身份为返乡农民工的新型职业农民中 70.76% 的人获得了职业技能等级证书，而从农前身份为村干部的返乡农民工只有 56.39% 的人获得了职业技能等级证书。

其三，返乡农民工的城市职业经历使其掌握了更为丰厚的人力资本。有关调查显示，有 64% 以上的农民工在返乡前从事过与销售有关的工作，具备营销知识与推销能力；有 72% 的返乡农民工积累了一定的库房管理、行政管理等管理经验。❶农民工的城市务工经历不仅能帮助其积累营销与管理经验，还能锻炼其沟通交流、市场洞察、组织协调等能力，这些能力与新型职业农民需要具备的素质具有内在一致性。另外，农民工外出务工所储蓄的工资或者收获

---

❶ 郭群成. 返乡农民工创业行为研究［D］. 咸阳：西北农林科技大学，2011.

的"第一桶金"是其新型职业农民启动资金的重要来源。

（二）心理资本：创业基础品质与动机较强，职业认同感较高

第一，返乡农民工具有较强烈的创业动机以及吃苦耐劳的性格特质。由于城乡户籍二元制度，使农民工在医疗、子女教育等方面享受不到与城市居民相同的待遇，农民工在城市中缺乏安全感和归属感，难以真正融入城市。在乡村振兴背景下，随着国家各种利农政策的出台与落实，农民工更加注重亲情回归，追求精神归属与自我价值的实现，再加上农民工具备吃苦耐劳等性格特质，一些人毅然决然地选择返乡从事农业生产活动，希望在农村这个主战场上实现自我理想。❶ 在外在因素推动与内隐深层因素的共同作用之下，返乡农民工显现出了强烈且坚定的返乡创业动机以及坚持不懈的执着精神，这正是新型职业农民应该具备的动力与品质。

第二，返乡农民工对成为新型职业农民的认同感较高。课题组调研发现，有 76.17% 的返乡农民工从事农业时间长达 4 年及以上，有 31.05% 的农民工在成为新型职业农民前所学专业为农学，有明确的从农心理指向，因此，大多数返乡农民工接触过农业一线生产或农学学习，具备一定的新型职业农民职业文化素养、职业技能和职业行为规范，对新型职业农民的职业认同感较强。他们愿意将新型职业农民看作一种社会职业而非制度身份，愿意摒弃自给自足的思维，为实现自己作为一个新型职业农民的理想而努力。这会对其将农业作为终身职业的信念注入持久定力，提升其自信心、体面感和自我效能感，助力乡村振兴。

（三）社会资本：务工经历拓宽社交网络，务农经历稳固地缘关系

一方面，返乡农民工的务工经历增加了其社会网络关系的广度和深度。农民工在城市务工或较频繁地转换工作时，必然会与更多行业的人进行交际，从而拓宽社交关系网络，获得更多的信息资源，在无形之中开阔了视野、更新了观念。这些社会网络关系不仅有助于农民工将城市资源带回农村，还有助于其畅通城乡市场，扩大经营规模。

另一方面，返乡农民工曾经的农村生活经历既可以助力其维持稳定的邻里人际关系，又可以此为基础拓展新的社会关系。由于返乡农民工在农村一般有过多年生活经历，熟悉家乡的环境，所以其回农村后的社会适应能力较强，能

---

❶ 马建富，吕莉敏. 返乡农民工创业资本积累的职业教育支持策略选择 [J]. 教育发展研究，2017，37（21）：67-74.

够有效地利用家乡的社会资源获取所需要的生产物资，且在对农村发展的切入点挖掘能力及市场需求的敏感度上具有比较优势，这为其转型成为新型职业农民打下了一定的基础。此外，因为返乡农民工的父母与亲戚通常久居农村，农民工在返乡前频繁往返于城乡之间，故其亲缘和地缘关系网络依旧稳固，在从事农业工作中易于找到与之合作的职业群体，获取稀缺的商品或服务，达到潜在的利益规模。

三、培育返乡农民工成为新型职业农民的现实困境

要想实现乡村振兴战略的目标和任务，除了吸引农民工从城市向农村回流，更重要的是需要基于返乡农民工培育一支高素质的新型职业农民队伍，以促进和引领农村的发展。培育新型职业农民，离不开职业教育和培训；与此同时，返乡农民工也希望通过参加职业教育和培训，提升现代化农业发展所需要的农业专业知识水平、专业技术技能以及营销管理能力。然而，目前基于返乡农民工培育新型职业农民的工作仍存在一些问题，影响和制约了返乡农民工参与新型职业农民培训的积极性。课题组的调研显示，当前的职业培训供给与返乡农民工的职业培训需求之间存在一定的矛盾和差距，如图 6-1 所示。

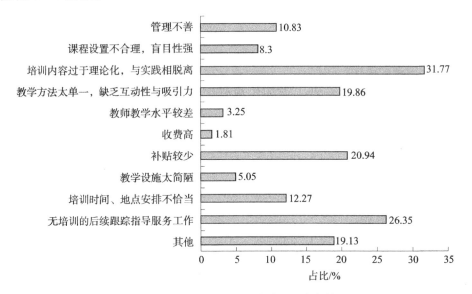

图 6-1 返乡农民工认为当前培训中存在的问题

（一）缺乏顶层设计，针对返乡农民工的专项培训较少

现有的新型职业农民培训缺乏针对返乡农民工群体的专项培训，未能根据返乡农民工群体的特征与需求制定区别于留守农民、个体工商户等群体的培训方案。课题组从培训组织单位、培训内容、培训方式以及授课教师等维度展开大样本调查，通过数据比较分析各类群体和返乡农民工群体接受过的培训情况。调查发现，在培训组织单位方面，各类群体的培训组织单位都是以政府部门为主，以农广校、涉农中等职业学校、农业企业或农业合作社、社区教育中心、成人教育中心为辅，且这几类培训单位的贡献度大致相当（见表6－2）；在培训方式上，培育返乡农民工所采用的教学方式与培育留守农民、村干部、大学生、个体工商户等群体的教学方式毫无二致，且每种教学方式所占的比例都大致相当（见表6－3）；在授课教师来源方面，返乡农民工的授课教师与其他各类群体的授课教师来源和比例都较为一致（见表6－4）。如上所述，现有新型职业农民培训供给端在培训组织单位、培训方式、授课教师等多个方面都没有将返乡农民工与其他群体区别开来，并无针对返乡农民工的专项培训。

表6－2 不同群体培训组织单位对比

返乡农民工培训组织单位			所有群体培训组织单位		
序号	单位	数量/人次	占比/%	序号	单位	数量/人次	占比/%
1	政府部门（农委）	123	44.40	1	政府部门（农委）	841	58.69
2	涉农中等职业学校	83	29.96	2	农广校	498	34.75
3	社区教育中心、成人教育中心	77	27.80	3	涉农中等职业学校	492	34.33
4	农广校	74	26.71	4	农业企业或农业合作社	319	22.26
5	农业企业或农业合作社	74	26.71	5	社区教育中心、成人教育中心	302	21.07
6	社会专业培训机构	47	16.97	6	涉农高等职业院校	233	16.26
7	涉农高等职业院校	33	11.91	7	社会专业培训机构	200	13.96
8	其他	8	2.89	8	本科高校	40	2.79
9	本科高校	6	2.17	9	其他	20	1.40

表 6 - 3　　不同群体培训方式对比

返乡农民工培训的主要方式				所有群体培训的主要方式		
序号	方式	数量/人次	占比/%	序号	方式	数量/人次	占比/%
1	课堂授课	223	80.51	1	课堂授课	1232	85.97
2	田间现场示范与指导	129	46.57	2	田间现场示范与指导	693	48.36
3	外地参观技术交流	107	38.63	3	外地参观技术交流	681	47.52
4	视频直播	97	35.02	4	视频直播	471	32.87
5	网络技术和远程教育	55	19.86	5	网络技术和远程教育	319	22.26
6	定点咨询	26	9.39	6	定点咨询	100	6.98
7	其他	2	0.72	7	其他	11	0.77

表 6 - 4　　不同群体培训授课教师对比

返乡农民工培训的授课教师来源				所有群体培训的授课教师来源		
序号	来源	数量/人次	占比/%	序号	来源	数量/人次	占比/%
1	市县、乡镇涉农部门的专业技术人员	189	68.23	1	市县、乡镇涉农部门的专业技术人员	1042	72.71
2	高校、科研院所教授、专家	133	48.01	2	高校、科研院所教授、专家	827	57.71
3	职业学校教师	118	42.60	3	职业学校教师	631	44.03
4	乡村"土专家"	77	27.80	4	乡村"土专家"	333	23.24
5	涉农企业家	40	14.44	5	涉农企业家	315	21.98
6	省级政府官员	19	6.86	6	省级政府官员	87	6.07
7	其他	5	1.81	7	其他	18	1.26

(二) 培训内容无差异，缺乏针对性与实践性

第一，先期调研缺失，培训方案设计缺乏层次性和差异性。导致这一问题的主要原因是培训组织单位在制定培训内容前缺乏先期的、针对各类人群的需求调研，不能准确把握不同人群职业培训需求的差异。因此，未能对留守农

民、返乡农民工、退伍军人等不同群体实施分类、分段、分层次的针对性培训。课题组调研结果如图6-2与图6-3所示，从中可以发现，培育返乡农民工的课程内容与培育其他群体的课程内容极为相似，侧重点也没有太大差异。这说明在培训内容上没有针对返乡农民工群体进行设计，没有考虑返乡农民工由于务工经历、文化基础等差异导致的在各种技能提升方面的需求差异，现有培训难以满足返乡农民工的差异化需求。

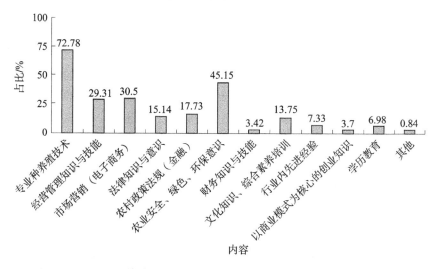

图6-2　所有群体接受过的新型职业农民职业教育和培训的主要内容

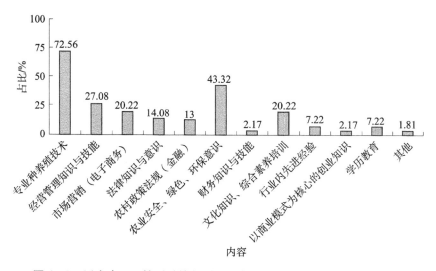

图6-3　返乡农民工接受过的新型职业农民职业教育和培训的主要内容

第二，培训内容偏重理论知识，缺乏全真模拟训练。在培训内容的选择和设计上，缺乏需求调研，培训师资不足，导致培训内容缺乏实践操作的一体化设计，重理论而轻实践，其结果就是返乡农民工在接受培训之后很难直接将知识运用到实际中。调研数据显示，认为"培训内容过于理论化，与实践相脱离的"占比为31.77%，高居榜首（见图6-1）。

（三）培训方式传统、单一，缺乏实时性与吸引力

第一，教学方式传统，缺乏以信息化技术为基础的教学方式创新。固守传统思维或培训经费和资源有限，导致现代化教学设备与教学手段缺失。在数字化技术高度发展的今天，现有的职业培训方式仍然以传统的课堂授课为主，缺乏实时实践操作的可能性，这必然导致新型职业农民难以获取第一手学习资源和行业信息。课题组关于培训方式的调查设计为多项选择，通过人次频数和百分比的排序与数据差异反映职业培训方式的供需差异。由表6-5可知，返乡农民工接受过的培训方式中，课堂授课的占比高达80.51%，而定点咨询与网络技术和远程教育等现代化培训方式的占比分别仅有9.39%和19.86%。这种以课堂授课为主的培训方式缺乏实时性与灵活性，难以体现返乡农民工在培训中的主体地位。

表6-5　职业培训方式供需对比

序号	参加过的职业培训的主要方式 培训方式	数量/人次	占比/%	序号	期望的职业培训方式 培训方式	数量/人次	占比/%
1	课堂授课	223	80.51	1	课堂授课	185	66.79
2	田间现场示范与指导	129	46.57	2	田间现场示范与指导	164	59.21
3	外地参观技术交流	107	38.63	3	外地参观技术交流	107	38.63
4	视频直播	97	35.02	4	视频直播	92	33.21
5	网络技术和远程教育	55	19.86	5	网络技术和远程教育	57	20.58
6	定点咨询	26	9.39	6	定点咨询	46	16.61
7	其他	2	0.72	7	其他	3	1.08

第二，缺乏具有多样性和吸引力的教学方式，降低了课堂教学有效性。本调研中19.86%的返乡农民工表示，新型职业农民职业教育和培训中最大的问题是"教学方法太单一，缺乏互动性与吸引力"（见图6-1）。此外，虽然返乡农民工以往接受过的新型职业农民职业教育和培训方式与其期待的培训方式较为吻合，但仔细对比后可以发现，期望培训方式为课堂授课的人数明显减

少，期望培训方式为田间现场示范与指导以及定点咨询的人数显著增加。由此可见，返乡农民工希望增加新颖的、实操性较强的培训方式，减少传统的、单一的课堂授课。

（四）考核评价机制不健全，跟踪服务机制不完善

当前，培训组织单位主要以政府所属的部门为主，以农广校、涉农中高职院校为辅，而这些实施培训的部门多为体制内单位，开展培训往往只是为了完成上级量化指标，具有较浓的行政性和业绩性色彩，且培训性质多为公益性培训，所以不管培训效果如何，最终结果都能处于"完成"状态。因此，地方政府在意识上更多是把培训作为独立的工作任务，而没有把考核评价机制和跟踪转化服务作为整体培训工作的一部分，这在很大程度上影响了培训效果，降低了提供跟踪回访服务的内在动力。再加上标准化的考核指标本身难以合理设置，诸如思想道德、技术技艺等要素无法单纯地通过量化进行科学的评估，跟踪回访机制也因受到农业生产地区性、季节性的影响而很难完善，这便造成培训机构只重视培训任务是否完成而忽视培训效果与后续回访服务。在本次调研中，返乡农民工对跟踪服务的满意度仅为 9.75%，在九项服务的满意度调查中位列倒数第三，并且有 26.35% 的返乡农民工表示在新型职业农民职业教育和培训中最大的问题是"无培训的后续跟踪指导服务工作"。

四、基于返乡农民工培育新型职业农民的有效策略

针对上述基于返乡农民工培育新型职业农民的职业培训困境，那么要提升基于返乡农民工培育新型职业农民的有效性，就必须结合返乡农民工所具备的人力资本、心理资本、社会资本等优势，改善培训方案，创新培训模式，健全评价机制。

（一）考量需求差异，分层分类分段进行培训

第一，根据返乡农民工自身人力资本存量的差异提供多层次培训。培训机构需要以返乡农民工年龄、学历、务工经历等的差异为重要依据，构建初级、中级、高级三个层次的培训体系，为不同层次的返乡农民工打造适合他们的特色课程模块。不同层次的培训内容和目标要求不一样，但需要有一定的衔接性。初级培训的内容与目标较为基础，主要包括农业基础知识、营销基础知识、管理基础知识、专业基础技术、农业生产技术等。中级培训的内容与目标

在初级培训的基础上适当拔高，需要增加现代科技知识、生态农业知识、政策法律知识、信息获取与利用能力、市场分析能力、产品推销能力的培训。高级培训的内容与目标在中级培训的基础上根据其胜任素质要求，增加环境美化知识、人员管理能力、接受新技术能力、生产示范能力、技术辐射能力的培训。❶ 与此同时，培训机构还应提供一套"入学测试题"，返乡农民工可以通过测试来选择和确定培训层次，以更好地提升培训效果。当然，返乡农民工也可以根据自身年龄、文化水平、外出务工时间、外出务工行业等特征自主选择合适的培训层次。

第二，根据不同区域的农业特色优势与产业结构提供分门别类的培训。《关于加快推进乡村人才振兴的意见》中指出要加快培养农业生产经营人才，重点面向从事适度规模经营的农民，分层分类开展全产业链培训。一个城市的涉农行业及其产业结构会因为局部区域的地区优势与特色资源的不同而有所差异，甚至每个乡镇之间或每个村之间的产业都会有所差异。部分地区适合种植大麦、花生、玉米等传统农作物；而有的地区盛产鲜花、瓜果，适合建设旅游农业；还有的地区交通便利，有特色产销基地，适合借助电商打造全产业链农业。因此，应该以县域中心为培训主体，根据当地的特色农业与农业产业链作业流程给返乡农民工提供有针对性的技能培训。以玉米种植产业链为例，从生产管理到加工销售，应依托产业链作业流程来打造课程内容。根据玉米种植整条产业链的作业全过程，培训内容应包括玉米科学选种与耕作、农机驾驶与维护、田间气象监控、病虫防治、机械化收割、玉米仓储与运输、电商采购与销售等。由于不同产业的培训内容有相似之处，可按照课程属性将培训内容分为管理型技能培训和操作型技能培训：管理型技能培训适合采用大班制授课模式，主要培训返乡农民工关于农产品产销经营、精准农业经营管理等方面的综合通用能力；操作型技能培训适合采用小班制授课模式，培训返乡农民工具体的涉农产业操作技能，如海带和紫菜养殖技术、黄瓜大棚种植技术、花生选种与耕作技术等。

第三，根据新型职业农民自身成熟阶段与涉农企业发展阶段提供多阶段培训。为仅具备成为新型职业农民的意愿但还未开始行动的返乡农民工提供引导性培训，主要引导其明确目标，基于经济特点和区域产业结构，结合自身优势与劣势选择适宜的新型职业农民准入类型和创业项目；为自身处于初创阶段或农场发展阶段为初期的返乡农民工提供提升性培训，主要培训其现

---

❶ 马建富，吕莉敏，陈春霞. 职业教育视阈下的新型职业农民培育研究［M］. 北京：科学出版社，2015：12.

代农业知识、农业生产技术、营销管理基础知识、经营管理能力等；而对于自身处于成熟阶段或农场已具备一定规模的返乡农民工，培训侧重点应该是产业发展能力、领导决策能力、利用政策和拓展市场的能力、规避风险的能力等。

（二）抓住数字乡村建设契机，打造数字平台农村产业链培育模式

由调研分析可知，返乡农民工在人力资本、心理资本、社会资本方面有发展为新型职业农民的相对优势。其一，返乡农民工的年龄大多在60周岁以下，其中50周岁以下的占60.65%；文化水平以初、高中为主，掌握着一定的传统农业生产技能且易于掌握现代生产技能，具备适应"互联网＋"农业发展形式的能力。其二，返乡农民工有外出务工经历，有相对前瞻性的思维和开阔的视野，对营销模式、产业结构等较为熟悉，有更强的接受能力。因此，适合利用"数字平台农村产业链培育模式"将返乡农民工培养为新型职业农民，尤其是生产经营型新型职业农民。

1. 模式背景

2019年5月，中共中央办公厅、国务院办公厅印发的《数字乡村发展战略纲要》（以下简称《战略纲要》）中明确指出数字乡村是乡村振兴的战略方向，要实施新型职业农民培育工程，为农民提供在线培训服务，因地制宜发展数字农业，发展"互联网＋"特色主导产业。❶《战略纲要》中也指出，要充分依托已有设施，构建"农业云"管理服务公共平台，实施互联网现代农业行动，提高农业主要品种全产业链数字化覆盖率。可见，利用数字化平台开展农民在线培训服务，发展"互联网＋全产业链"是必然趋势。因此，在数字乡村战略的引领下，构建数字平台农村产业链培育模式，通过打造数字平台，将新型职业农民培训与农业产业链运作结合起来，实现农民培训与产业创业指导一体化，不失为理想之举。

2. 模式内涵

数字平台农村产业链培育模式是指通过搭建数字乡村培训平台，形成集素质培训、跟踪回访、生产技术指导、产业服务、发展援助于一体的培育产业联动闭环，将职业教育和培训与新型职业农民创业后续发展紧密结合，实现培训

---

❶ 中共中央办公厅，国务院办公厅. 数字乡村战略发展战略纲要［EB/OL］.（2019－05－16）［2022－08－13］. http://www.gov.cn/zhengce/2019－05/16/content_5392269.htm.

与产业发展之间的无缝衔接。❶ 该模式的重要特征是基于数字平台集成培训与跟踪服务,创新培训教学和服务组织形式,从而达成倍增培训效能的目的。笔者以人工智能、大数据分析等相关数字技术为支撑,借鉴国内外较为成熟的数字化培训平台,针对返乡农民工与新型职业农民的特征和需要,构建了一个名为"农学帮"的数字化平台,内容涵盖素质培训、产业服务、培育援助三大板块。

3. 模式功能

该模式依托"农学帮"数字化平台来实现,包括素质培训、产业服务、培育援助等功能。素质培训板块下设培训前调研、培训中讲坛、培训后服务三个模块。培训前调研模块包括需求调研、培训报名与公告通知三个功能;培训中讲坛模块包括培训资料、培训签到、课程直播、实时答疑、课程回放五个功能;培训后服务模块包括培训作业、学习档案、电子证书、考核评价、跟踪回访、意见收集六个功能。产业服务板块下设前沿动态、数字课程、示范引领三个模块。前沿动态模块包括政策文件、资讯动态、产业数据三个功能;数字课程模块包括专题讲座和零星微课两个功能;示范引领模块包括案例精选和研修成果两个功能。培育援助板块包括专家连线、反馈申报、社交圈三个模块。专家连线模块包括在线咨询与技术上门服务两个功能;反馈申报模块包括专家服务反馈、平台意见反馈、其他建议反馈三个功能;社交圈模块包括留言板、我的圈子两个功能(见图6-4)。

4. 培育对象

培育对象为年龄一般在60周岁以下,文化水平为初中及以上,有一定的网络使用能力,具有外出务工经历的生产经营型新型职业农民。

5. 培育内容

培育内容为生产经营型新型职业农民胜任素质、生产项目转化及产业链延伸的相关知识与技能。

6. 培育措施

第一,依托数字化平台开展新型职业农民胜任素质培育课程。培训组织单位在素质培训前通过"农学帮"平台的"需求调研"功能对返乡农民工展开调研,了解返乡农民工现有的知识技能水平、培训需求、发展意愿与发展阶段等,精细化分类培育对象,设置有针对性的培训计划、内容、目标与师资。培训安排好后通过"公告通知"功能发布培训通知与"入学测试题",返乡农民

❶ 高芳. 舟山新型职业农民数字化培育体系构建研究[J]. 浙江海洋大学学报(人文科学版),2022,39(3):50-56.

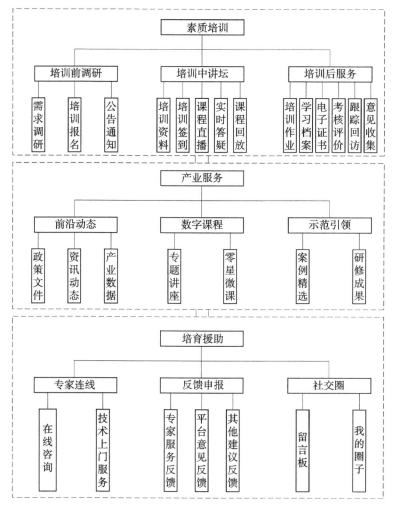

图6-4 数字平台农村产业链培育模式框架

工根据测试结果以及自身需求确定培训项目，并通过"培训报名"功能进行报名。报名审核通过后，可在"培训资料"功能中下载本次培训需要使用的材料，提前进行预习。当培训形式为线上培训时，学员通过"农学帮"平台的"培训中讲坛"模块上课，在培训中有任何疑问可以通过"实时答疑"功能咨询教师和助教；当培训形式为线下培训时，会将课程录像并上传到"课程回放"中，学员可以反复观看。培训时的作业与考核测试题，以及学员通过考核后获得的电子证书，都会发布在"培训后服务"模块中，学员的学习记录也会在"学习档案"中呈现。另外，培训的跟踪回访和学员意见收集也会通过"农学帮"平台辅助进行。

第二，多主体共建产业指导微课，助力新型职业农民学以致用。政府部门、农广校、涉农中高职院校、社区成人教育中心、涉农企业以及社会专业培训机构等多个主体组成数字课程建设团队。此团队要从产业链视角出发，依据各个农业产业链的作业流程，开发多套集生产、管理、加工、销售为一体的产业指导系列微课与专题讲座。在线录播微课的呈现形式形象直观、生动有趣，应加入田间生产操作示范、车间加工示范、电商销售流程示范等直观教学内容。另外，"农学帮"平台的"前沿动态"模块不仅会为返乡农民工提供最前沿的政策文件、产业资讯动态与数据，还会将优秀学员的研修成果以及产业链运作成功案例上传至平台，供返乡农民工学习。

第三，为返乡农民工提供随时随地的培育援助和反馈交流平台。返乡农民工在各个发展阶段遇到任何问题，都可以通过"农学帮"数字平台的"专家连线"模块在线咨询有关专家，如有必要也可以申请技术上门服务。当然，也可以使用"留言板"功能，查询是否有其他学员存在同样的问题，向其请教，或者从"我的圈子"功能中向有关群友寻求帮助。此外，返乡农民工可以通过"反馈申报"功能即时反馈自己的建议，打破学员、培训机构、政府等有关单位之间的信息传播壁垒。

（三）健全评价机制，完善和强化跟踪服务

在健全评价机制方面，需要在政府的统筹指导下分别制定针对培训机构的评价体系及针对学员的评价体系。针对培训机构的评价体系可以通过引入竞争机制和淘汰机制来迫使各培训主体提高培训质量与效果。该评价体系主要通过学员对培训单位的满意度评价表来体现，包括对培训机构组织管理、课程内容、教学方式、授课教师等方面的评价。针对学员的评价体系可以参照新型职业农民胜任素质模型与职业技能等级认证标准来制定，从生产经营能力、营销管理能力、商业识别能力、开放式创新能力等多个维度对返乡农民工进行考核。该评价体系通过学员自评表、组内互评表、课后检测试卷等来体现。学员自评表与组内互评表的评价较为主观，此类表单可以作为培训参考资料在课前发给学员；课后检测试卷与结课检测试卷的评价较为客观，此类试卷可采取闭卷的形式来检测每节课或每门课程结束后学员对知识的掌握情况。培训部门应巧妙地利用数字化培训平台，通过在线形式对返乡农民工进行及时的效果评价，返乡农民工通过考核后，由当地政府部门实行统一的在线认证与管理，颁发电子证书，并将所有评价结果上传至新型职业农民电子学习档案中进行留存。

在完善跟踪服务方面，《关于加快推进乡村人才振兴的意见》中指出要加

强训后技术指导和跟踪服务，充分利用现有网络教育资源，加强农民在线教育培训。因此，可以依托数字化培训平台，实现数字化跟踪返乡农民工转型为新型职业农民的全过程。政府部门、职业培训机构、优秀农业企业、农广校、职业院校等多个主体应共同打造包含高校专家、专业技术人员、乡村"土专家"以及涉农企业家在内的职业培训跟踪服务团队，为返乡农民工提供线上线下一体化的市场分析、生产指导、技术转化、人力资源服务、营销策划、法律法规等方面的指导、转化、策划、诊断等服务。同时，应该建立导师辅导制度，跟踪服务团队的每位导师负责 1~2 名返乡农民工的针对性答疑指导服务，与每个接受完培训的返乡农民工建立个体性联系，掌握当前返乡农民工在农业生产过程中的真实需求，通过网络远程指导和直接上门等方式及时帮助他们解决问题。此外，政府主管部门还应该构建数字化平台跟踪服务反馈渠道，以便返乡农民工能及时反映其对评价机制与跟踪服务的意见，只有这样才能保证评价机制与跟踪服务始终与返乡农民工的需求相匹配，最大限度地提高培育效果和质量。

第三节　农村籍退役士兵：新型职业农民培育的积极选择

　　培养新型职业农民实质上就是通过内训和外引，提高农民队伍的综合素质，使农民具有较高的科学文化素质、现代农业经营管理能力和现代化农业生产技能，能够持续不断地为乡村振兴战略提供智力支持和人才保障。在新型职业农民队伍构成人员中，农村籍退役士兵是一股不容忽视的重要力量。

一、退役士兵是新型职业农民的重要人选

（一）乡村振兴呼唤农村籍退役士兵

　　"我国新型职业农民队伍建设单靠现有的留守农民很难实现，需要通过政策扶持农业农村的发展来吸引一批返乡下乡人员加入。"❶ 其中，农村籍退役士兵是新型职业农民队伍的重要来源。农村籍退役士兵是与城镇籍退役士兵相对应的一个概念，农村籍退役士兵是指具有农村户籍，在农村地区出生并长期

---

　　❶　吕莉敏，石伟平. 基于新型职业农民培育的农民工返乡创业扶持政策研究：对2012年以来相关政策的分析 [J]. 职业技术教育，2019（4）：62–68.

生活，通过全国招收入伍后退出现役的义务兵和士官。本书所研究的退役士兵主要是指退伍义务兵。这类退伍士兵除了个别规定的特殊情况，均属于自主就业的范畴。最近几年，我国每年约有 50 万士兵退出现役，其中约有 40% 的农村籍士兵。如何安置这些退役士兵，为他们设定相应的退役后路径，是党和国家需要考虑的事情。根据相关政策，退役士兵在特别艰苦地区和特殊岗位服役的，在服役期间荣获过相关奖励的，可以安排工作，但是大多数退役士兵不符合这一安置政策，不能依靠政府分配工作，只能获取一次性自主就业金，自主择业就业。2011 年 10 月公布的《退役士兵安置条例》强调要突出退役士兵就业的自主性，鼓励其自主择业和自主创业。可以预见，未来将会有越来越多的退役士兵走向社会，退役士兵自主就业的比例将越来越大，地方政府面对的安置压力也会越来越大。

乡村振兴战略的提出，为退役士兵尤其是农村籍退役士兵打开了一片广阔的就业创业市场。相比于城镇籍退役士兵，农村籍退役士兵更有可能成为新型职业农民。农村籍退役士兵如果留在城市，将面对巨大的城市生活压力和生活成本，由于没有真正适合社会需求的一技之长，退役士兵参与社会岗位竞争缺乏相应能力。目前，农村籍退役士兵大多从事与建筑业、运输业、工商制造业、服务业等相关的行业，在就业过程中面临着内部和外部的较大竞争压力。也就是说，农村籍退役士兵融入城市难、地位被边缘化，在城市就业竞争中处于弱势。其实农村籍退役士兵理想的就业去向之一是农村。农村籍退役士兵出生、成长在农村，"根"在农村，对于农村怀有深厚的感情，返乡建设家园有更多的情感优势，更加愿意扎根农村。随着农村经济的发展，农村基础设施逐步完善，城乡差距日益缩小，新农村的开发建设使农村面貌有所改善，这些因素都吸引了农村籍退役士兵返乡创业就业。

我国正处于传统农业向现代农业转型的时期，农村需要大批懂技术、会管理、能经营的青年劳动者。乡村振兴战略给农村籍退役士兵返乡发展带来了契机，返乡发展是农村籍退役士兵实现自我价值的有效途径，解决乡村振兴战略中优质人力资源短缺问题的有效途径之一就是将部分愿意返乡的农村籍退役士兵培养成新型职业农民。因此，农村籍退役士兵是新型职业农民的重要来源，他们的返乡与培育新型职业农民的要求不谋而合。鼓励和吸引农村籍退役士兵返乡成为新型职业农民，是准确把握乡村振兴内涵，补齐农村人力资源短板的重要举措。整体来看，由"军人"到"农人"的转变，是我国新型职业农民培育过程中的新现象。农村籍退役士兵返乡成为新型职业农民，能够加快乡村振兴人才队伍建设，优化农业从业者结构，突破乡村振兴发展的人力资本瓶颈。从长远来看，农村籍退役士兵必将成为新型职业农民队伍的重要来源，也必将成为乡村振兴建设的中坚力量。

（二）农村籍退役士兵成为新型职业农民的优势

之所以说农村籍退役士兵是新型职业农民的优质人选，是因为无论是从自身素质还是国家政策方面均占有独特的优势。

第一，从农村籍退役士兵自身来看，其思想意识和能力相对留守农民而言较高。在思想意识层面：其一，农村籍退役士兵具有较强的自我价值实现意识。军营生活对退役士兵的心智进行了锤炼，使其对自我的认同感较强，大多具有强烈的自我价值实现意识和独立的个性，敢于承担社会责任。其二，退役士兵的团队合作意识强。部队是一个十分注重团队合作的地方，以集体利益为重，部队的团队合作训练强于一般群体，这使退役士兵创业就业具有独特的优势。其三，退役士兵具有强大的心理素质。部队特别注重对士兵心理素质的锻炼，系统性的军事训练使士兵能够承受各方面的压力，具有坚忍不拔的顽强意志。其四，愿意返乡的农村籍退役士兵具有投身家乡建设的稳定性，对家乡具有强烈的归属感和认同感，有机会返乡发展，可以真正找到"家"的感觉，更具有稳定性，更容易成为新型职业农民中的稳固骨干力量。在能力层面，农村籍退役士兵的学历相对较高。近年来，具有高中及以上学历的农村籍退役士兵的比例越来越高，很多农村籍退役士兵在部队期间参加高等教育自学考试或高等学历继续教育而获得大学学历，这为他们成为新型职业农民打下了文化知识基础。同时，部分农村籍退役士兵在服役期间参加技能培训等非学历继续教育，技术岗位兵种的农村籍退役士兵具有一定的技术技能基础，这也是他们成为新型职业农民的有利条件。

第二，从国家政策来看，退伍士兵退役安置情况直接关系到现代军队的建设水平及稳定性。长期以来，我国高度重视退伍士兵的教育培训工作。2018年4月16日，中华人民共和国退役军人事务部（以下简称"退役军人事务部"）在北京正式成立；2021年1月正式开始实施的《中华人民共和国退役军人保障法》（以下简称《退役军人保障法》）第四章第31条第2项规定："国家采取措施加强对退役军人的教育培训，帮助退役军人完善知识结构，提高思想政治水平、职业技能水平和综合职业素养，提升就业创业能力。"第36条规定："国家依托和支持普通高等学校、职业院校（含技工院校）、专业培训机构等教育资源，为退役军人提供职业技能培训。退役军人未达到法定退休年龄需要就业创业的，可以享受职业技能培训补贴等相应扶持政策。军人退出现役，安置地人民政府应当根据就业需求组织其免费参加职业教育、技能培训，经考试考核合格的，发给相应的学历证书、职业资格证书或者职业技能等级证书并推荐就业。"这些都说明国家高度重视退役士兵培训就业工作。2019 年 3 月,《政府工作报告》中强调,要"扎实做好退役军人、农民工等重点群体就业工作"。2019 年,《国务院关于印发国家职业教育改革实施方案的通知》中明确提出,"支持适合的退役军人进入职业院校和普通本科高校接受教育和培训"。党中央和国务院的一系列法规、政策要求和部署,为农村籍退役士兵成为新型职业农民奠定了坚实的政策基础。农村籍退役士兵返乡既受内隐因素的作用,更受外在政策因素的推动。农村籍退役士兵返乡成为新型职业农民必将受到越来越多的关注和支持。

二、面向退役士兵培育新型职业农民存在的问题

为了更深入地探究面向农村籍退役士兵的新型职业农民培育体系存在的问题,课题组于 2021 年 11 月进入江苏省退役士兵技能培训基地——江苏省盐城生物工程高等职业技术学校和江苏省农林职业技术学院,专门对在两所学校参加培训的农村籍退役士兵开展调查,共发放 300 份问卷,回收有效问卷 287 份,有效回收率为 95.7%。问卷调查的部分数据与本子课题直接相关,其余数据归总课题组另作他用。同时,课题组对盐城市和句容市人社局、退役军人事务局、财政局、教育局和农业农村局工作人员开展了深度访谈,发现目前存在三大层面的问题,如图 6-5 所示。

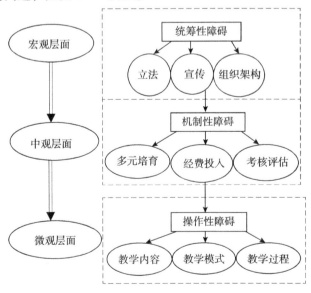

图 6-5　面向农村籍退役士兵的新型职业农民培育体系存在的问题

（一）宏观层面：统筹性障碍

当前，在面向农村籍退役士兵的新型职业农民培育过程中，宏观层面存在统筹性障碍，制约了培育工作的顺利开展。

1. 立法方面

立法方面的主要问题是法律法规供给不充分。目前，我国关于退役士兵培训的法律法规都比较宏观，虽然现行的《退役军人保障法》、《中华人民共和国国防法》（以下简称《国防法》）、《中华人民共和国兵役法》（以下简称《兵役法》）、《退役士兵安置条例》等法律法规都涉及退役士兵职业教育和培训工作，但是这些规定仅仅是对于士兵安置培训提出的粗线条框架性规定，缺乏具体且职责明确的法律条文，指导性不强，并没有针对退役士兵培训提出具体规定，而且缺乏配套文件和实施细则，落实缺少抓手。同时，不同层级的法律和政策规定存在不衔接的地方。另外，各级政府尚未对新型职业农民培育立法予以足够重视，尤其是针对退役士兵、下岗职工、返乡大学生等主体参与新型职业农民培育方面的规定缺失，具体如何实施更是亟待说明。

2. 宣传方面

面向农村籍退役士兵的新型职业农民培育在宣传上还做得不够，新闻媒体宣传和推介力度不足，政策方针的宣传不到位，典型人物及典型事迹宣传欠缺，没有营造出尊重和重视的社会氛围。由于宣传力度不够，农村籍退役士兵对新型职业农民培育缺乏全面客观的了解，绝大多数农村籍退役士兵对新型职业农民培育的知晓度较低，对新型职业农民的了解大多停留在表面，缺乏深层次的理解和认识。本调查显示，仅有23%的农村籍退役士兵"非常熟知或比较熟知"新型职业农民培育相关内容，但缺乏宣传导致农村籍退役士兵对新型职业农民培育的认可度不高，很难产生参加新型职业农民培育的意识。

3. 组织架构方面

从政府管理部门的角度看，面向农村籍退役士兵的新型职业农民培育涉及退役军人事务、财政、人社、农业农村以及教育等众多部门，理应由退役军人事务部门牵头统筹。然而，退役军人事务部刚刚成立，相关业务推进还不够流畅，和其他部门的关系还没有理顺，职能整合作用发挥得不够充分，相关职责还未落实到位。同时，各部门之间存在职能交叉问题，缺乏统筹和协调，导致出现了一定程度的混乱。

（二）中观层面：机制性障碍

1. 多元培育机制

在面向农村籍退役士兵的新型职业农民培育中，涉农院校、农业企业、农科所、农技站等主体的分工各异，所扮演的角色、承担的责任应该各不相同，互补互助。然而，现有的面向退役士兵的新型职业农民培育项目主要是政府主导型，以公办职业院校和农广校为主，准入门槛较高，审批程序复杂。企业、社会培训机构和技能培训组织参与较少，尚未形成培育主体多元参与格局。由于社会组织机构未能有效参与，社会资源难以通过有效渠道进入培育领域，社会资源作用发挥有限，难以满足退役士兵的多样化培训需求。

2. 经费投入机制

培育经费是保证面向农村籍退役士兵的新型职业农民培育工作持续、高效运转的重要基础。然而，当前培训经费来源渠道少，投入保障薄弱，制约了面向农村籍退役士兵的新型职业农民培育工作的落实。目前，尽管各级政府对面向退役士兵的新型职业农民培育给予了经费支持，培训所需经费来源主要是省拨资金和本级财政预算，退役士兵可以免费接受培训，但是其经费投入力度明显不够，就退役士兵的数量而言，人均经费仍然不足。而且，目前我国退役士兵就业培训经费实行国家和省市分级负责制，这在一定程度上造成了区域性差异，部分欠发达地区未将培育经费纳入本级财政的专项预算，经费投入稳定性、持续性较差，培育经费缺乏，用于培育的财政拨款存在挪用或者"缩水"现象。

3. 考核评估机制

面向农村籍退役士兵的新型职业农民培育具有长期性和艰巨性，有必要严格按照培育标准要求，形成一套完整的测评标准，进行合理评估，通过对培育对象的跟踪评估，明确培育工作中的不足，使培育效果得以长效保持。然而，当前缺乏科学的考核评估机制。目前面向农村籍退役士兵的新型职业农民培育开展绩效评价的不多，极少对培育计划、内容、师资、方式进行评估，也未制定准确可行的评价标准，对培育目标是否实现、培育的组织实施是否收到预期效果等缺乏有效评价。同时，反馈机制不健全，使政府难以及时把握培育效果。另外，培育信息追踪有待加强。培育结束后，退役士兵就业跟踪服务工作略显单薄，很少针对培育后的学员开展专门的就业信息追踪，在一定程度上导致培育工作流于形式。

（三）微观层面：操作性障碍

1. 教学内容缺乏针对性

由于没有对农村籍退役士兵的实际需求进行深入分析，直接简单套用原先普通农民的培育方案，忽视了农村籍退役士兵的个体差异，缺乏对农村籍退役士兵的知识、能力、素质和需求的科学区分与贴近，导致教学内容缺乏针对性，课程形式主义比较严重。教材编制相对滞后，内容固化，更新速度缓慢，与现实脱节，针对当地农业特色等方面的培训内容较少，教学内容较难真正满足农村籍退役士兵参与新型职业农民培育的实际需求，导致农村籍退役士兵参训积极性不高。调查发现，仅有3%的农村籍退役士兵对培训的教学内容"非常满意"或"比较满意"。

2. 教学模式陈旧

教学模式陈旧表现在多个方面，其中一个主要方面就是偏重理论教学，忽视实践教学。当前教学模式集中于传统面授的单一方式，偏向于班级集体授课形式，侧重于理论讲授和系统知识的传授，实践环节薄弱，弱化了现场教学和观摩学习等环节。调查数据显示，83%的农村籍退役士兵认为教学模式"非常陈旧"或"比较陈旧"。这表明农村籍退役士兵更愿意接受实践技能等方面的指导。

3. 教学过程没有体现多元性特点

退役士兵是一个多元、复杂的群体，他们入伍前的身份不一，退伍后的理想多样，对参与新型职业农民培育的学习期待具有多元性。然而，由于在教学过程中没有考虑农村籍退役士兵对知识需求多元性的特征，侧重于对专业技能的培育，对生产经营和社会服务方面的内容鲜有涉及，导致部分农村籍退伍士兵认为教学与需求脱节。调查发现，76%的农村籍退役士兵认为培训内容与就业需求"非常脱节"或"比较脱节"。这使得农村籍退役士兵对培训内容形成一种可学可不学的消极心态，参训完成率较低，有研究指出："某市每年3000名退役士兵中，仅有282名完成了职业培训，仅占当年总人数的15%。"[1]

三、服务退役士兵的新型职业农民培育体系的构建

农村籍退役士兵是新型职业农民队伍中的重要力量。为了响应国家号召，各地已陆续开展面向农村籍退役士兵的新型职业农民培育工作。在此背景下，

---

[1] 刘妍. 退役军人职业教育的问题和对策 [J]. 教育学术月刊，2014（8）：39-44.

如何推进面向农村籍退役士兵的新型职业农民培育，加强对农村籍退役士兵的农业技能培训，为愿意返乡的农村籍退役士兵提供一条畅通的路径，直接关系到国防建设、社会稳定和乡村振兴战略实施，是一个迫切需要解决的重大课题，也是一项复杂的系统工程。因此，有必要从宏观、中观和微观三个层次构建面向农村籍退役士兵的新型职业农民培育体系。

（一）宏观层面：加强统筹

1. 立法与规划方面

法律法规的完善是面向农村籍退役士兵的新型职业农民培育工作落实的基础。纵观世界各国的退役士兵就业培训工作，无不上升至法律法规层面。例如，美国逐步完善了一套退役士兵安置培训法规体系，颁布实施了《军人重新适应法》等法律，通过法律为退役士兵就业培训提供保障。要推进我国面向农村籍退役士兵的新型职业农民培育工作，也必须在立法上下功夫，制定相关法律法规，健全相关政策和配套保障措施，准确把握培育目标定位和方向，有计划、系统地制定面向农村籍退役士兵的新型职业农民培育法律法规。也就是以立法形式规定国家、各省市在推动农村籍退役士兵参与新型职业农民培育中所承担的职责，明确农村籍退役士兵参与新型职业农民培育的相关流程，包括从退役到参加培训，直至就业的所有环节。同时，进一步细化《退役军人保障法》《国防法》《兵役法》《职业教育法》《农业法》《退役士兵安置条例》等法律的相关规定，明确在退役士兵参与新型职业农民培育过程中责任主体的权利、义务，对培育的组织与管理、培育机构和经费投入进行明确规定，从法律上确保农村籍退役士兵参与新型职业农民培育持续发展，为农村籍退役士兵成为新型职业农民提供法律保障。各级权力机关也应保障面向农村籍退役士兵的新型职业农民培育法律法规的贯彻。另外，在规划方面，各级政府要分级制定面向农村籍退役士兵的新型职业农民培育的中长期规划，引导各相关主体循序渐进地开展面向农村籍退役士兵的新型职业农民培育实践。尤其是基层政府要贯彻落实党和国家有关退役军人教育培训工作的方针，完善面向农村籍退役士兵的新型职业农民培育规划，提升相关主体的参与积极性和自愿性，加强相关部门的协同配合意识，形成由上到下一体化的面向农村籍退役士兵的新型职业农民培育的规划体系。

2. 宣传方面

政府部门要通过多种渠道、多种方式加大对面向农村籍退役士兵的新型职业农民培育的宣传。完善培育信息网站，建立自上而下的培育信息传送体系，做好对培育重要性的宣传工作，"进一步提高退役士兵对教育培训政策的知晓程度。加大宣传力度，利用网络、报纸、电视、微信等多种方式，全过程、全维度宣传退役士兵免费教育培训政策"。❶ 加强宣传，着力提高农村籍退役士兵对于政策的熟知率和参加率，让农村籍退役士兵了解到新型职业农民培育对自身素质和技能提升的重要性，激发其接受培育的需求。还可以通过典型宣传的形式，通过成功人士的现身说法，激发退役士兵参与培育、投身乡村建设的热情，使其能够安心地在农村发展。

3. 组织架构方面

面向农村籍退役士兵的新型职业农民培育是一个复杂的工程，需要多方力量共同参与。有必要建立一个专门机构具体负责这项工作，"建立跨越传统职能的部门或机构来统筹推进与服务协调"。❷ 同时，应充分发挥退役军人事务机构的职能作用，探索成立退役军人职业教育和培训联盟。由退役军人事务部牵头，职业院校、其他相关政府部门、农业企业共同参与，为联盟成员提供常态化信息分享和交流服务，提供面向农村籍退役士兵的新型职业农民培育协作共享服务。

（二）中观层面：完善机制

要吸引更多的农村籍退役士兵返乡创业，加入新型职业农民队伍，需要形成并完善一个推动农村籍退役士兵参与新型职业农民培育的机制。

1. 多元共育机制

农村籍退役士兵参与新型职业农民培育离不开社会力量的广泛参与和支持，需要政府、院校、企业、培训机构及退伍士兵等多方力量的共同努力，有必要整合社会培训资源。"建立起一个由政府、涉农企业（行业）、农科类职业院校等为主体的社会支持体系。"❸ 要充分利用市场竞争，通过政府采购等手段，集中筛选培训资质高、信誉好的机构担负培训任务，放开各类培训机构准入限制，由农村籍退役士兵自主选择，政府与其签订培训协议，财政支付培训费用。也可以由农业职业院校牵头，联合政府、部队、农业企业等共同建立军民融合学院，探索联培联育的军地农业人力资源开发共用模式，将新型职业农民培育延伸到部队内部，打通壁垒，统一标准，有机衔接现役士兵教育培训

---

❶ 丁耀，文东茅. 退役士兵职业教育和技能培训情况实证研究 [J]. 职业技术教育，2014（7）：68−73.

❷ 马新星，朱德全. 现代学徒制培育新型职业农民的逻辑框架 [J]. 国家教育行政学院学报，2019（9）：87−95.

❸ 马建富，黄晓赟. 新型职业农民职业教育培训社会支持体系的建构 [J]. 职教论坛，2017（16）：19−25.

与退役士兵教育培训。军民融合学院要主动承接项目，通过多渠道、多层次、订单式等方式开展面向农村籍退役士兵的新型职业农民培育。

2. 经费投入机制

落实费用是推动农村籍退役士兵参与新型职业农民培育的重要环节。尽管国家及各省份对农村籍退役士兵参与新型职业农民培育安排财政转移支付，但还是有必要进一步扩大资金投入渠道，加强对农村籍退役士兵参与新型职业农民培育资金的支持。在国家层面综合衡量各地经济发展和财政收入实际，由中央财政按各地实际合理划拨相应经费。各级基层政府应将培育所需经费纳入本级财政预算，确保经费能够足额、及时到位。明确各级财政的投入比例，形成中央、省、市、县各级财政合理分担的投入机制。与此同时，在强化以政府资金为主的基础上，加强财政投资导向功能，引导社会资金投入，调动社会力量投资参与培育的积极性，在财政、税收等方面对开展培育的企业和社会培训机构等给予一定的优惠，逐步形成以政府为主、社会为辅的多元化投入格局。另外，优化经费使用，健全经费管理制度，提高经费的使用效率。明确经费的使用范围、使用重点和方向，保障经费及时、足额地落实到位，提高经费使用的透明度。

3. 考核评价机制

培育考核评价是通过系统地整理和收集信息，对培育目标实现程度进行分析和价值评断的过程，对培育质量和成果进行客观性、公正性评价，做到公平与效率兼顾。有必要将考核评价贯彻于面向农村籍退役士兵的新型职业农民培育工作的始终，建立经常性的监督机制，促进培育工作的落实。对于机构考评，应建立健全年度考评机制，完善指标体系，"将教育培训合格率、职业资格证书获取率、推荐就业率等作为考核评估的一项重要指标"。❶ 定期组织考核评估，落实淘汰机制。按参训退役士兵的学习情况进行考评，确保参训率、合格率和就业率达到目标。对于考核不合格的人员，推迟结业或暂缓发放补贴等。

（三）微观层面：优化操作

在面向农村籍退役士兵的新型职业农民培育过程中，不但要重视培育的宏观统筹和中观机制，而且必须重视培育过程的微观操作。也就是优化培育需求调研，完善教学方式和内容，突出农村籍退役士兵在新型职业农民培育中的主

---

❶ 陈文芳. 新时代预备退役军人教育与就业意愿研究［J］. 中国职业技术教育，2019（19）：88－96.

体作用。

1. 优化需求调研

政府部门在开展培育活动之前，应通过实地访谈、调查等方式，了解农村籍退役士兵参与新型职业农民培育的需求，并根据调研结果制定相应的培育计划及课程，以保证能真正满足农村籍退役士兵的需求；同时，应定期对农村籍退役士兵参与新型职业农民培育的满意度、效果进行回访，根据反馈结果及时调整培育计划、培育形式及培育内容等。

2. 实行差异性培训

从当前培育情况分析，面向农村籍退役士兵的新型职业农民培育大多采用传统形式，即不区分个人特点、学习兴趣、学习能力，采用统一标准开展培育。针对农村籍退役士兵群体内部的巨大差异和需求的多元化现状，必须把农村籍退役士兵培育从按计划培训转为按需求培养，仔细研究农村籍退役士兵的具体情况，为不同特点的退役士兵提供不同的技能学习机会，把提高农村籍退役士兵适应岗位能力和职业技术作为核心内容，对农村籍退役士兵实施分层分类、定制培训。注重因材施教，从无差别培训转为精准化培训，以农业岗位工作任务为主线，针对不同特点的农村籍退役士兵"量身定做"培训项目。

3. 丰富课程教学内容

在开展培育工作时要创新课程教学内容，更好地满足农村籍退伍士兵的培育需求。在传统农业职业技能知识培训的基础上，增加职业道德、心理辅导、政策解读等内容，课程教学内容应注重实用性。问卷调查显示，95%的农村籍退役士兵对实用技术培训"非常渴望"或"比较渴望"，因此，课程教学内容既要具有一定的基础性，更要符合实际需要，内容设置应与相关职业技能鉴定考核相结合，让退役士兵在学习专业技能的同时，获取相关技能证书。

4. 改革课程教学形式

课程教学组织形式应多样化。农村籍退役士兵的文化程度不同，接受和理解能力不同，就业愿望不同，这就要求根据对象特点采用不同的方法。可以采取课题讲授、远程教育、网络学习、现场示范等形式，将正式培训和非正式培训相结合；通过一对一、手把手的教学，进行贴身式培训，以田间地头为课堂、以实践为主进行培训。问卷调查显示，对于远程培训，89%的农村籍退役士兵表示"非常喜欢"或"比较喜欢"。因此，应借着数字乡村建设契机，进一步提升培训数字化、网络化、智能化水平，利用移动网络和多媒体等现代信息技术进行专业知识、技能等的培训，激发士兵参与培训的兴趣。

第四节　涉农专业大学生：新型职业农民培育的长远选择

2012 年中央一号文件明确提出要大力培育新型职业农民，启动实施新型职业农民培育试点工作，但是，"我国新型职业农民队伍建设单靠现有的留守农民很难实现，需要通过政策扶持农业农村的发展吸引一批返乡下乡人员加入"。❶ 在新型职业农民众多的来源中，涉农专业大学生是一支核心力量，要通过对其进行大规模的农业实用技术培训和职业技能培训，"提高一批、吸引发展一批、培养储备一批有文化、懂技术、善经营、会管理的新型职业农民"❷，使涉农专业大学生成为乡村振兴战略坚实的人力基础。

一、涉农专业大学生是新型职业农民的优质人选

（一）涉农专业大学生成为新型职业农民意义重大

随着城镇化的推进，农村劳动力加速转移，农村空心化问题日益凸显。我国农村青壮年劳动力大规模地向非农产业转移，导致农业从业者整体素质偏低，老龄化、妇女化、低文化问题显现，从事农业生产的人员数量减少、素质较低、后继乏人。同时，我国农业存在经济效益低、农产品附加值低等问题。当前农业发展急需高素质人才加入，而涉农专业大学生具有较高的农业素养和农业科技水平，能够满足农业现代化生产的基本要求。因此，将涉农专业大学生培育成新型职业农民，是解决谁来种地、如何高效种地问题的根本途径，这对于涉农专业大学生职业发展和农业发展都具有重要的现实意义。

首先，有利于缓解就业压力，推动涉农专业大学生职业发展。大学生作为一个特殊群体，其就业问题是我国社会就业问题的重中之重。当前，我国高校毕业生面临复杂、严峻的就业形势，结构性失业正趋于常态化，就业矛盾会在一段时期内长期存在。涉农专业大学生面临的就业压力相对较大。新型职业农

❶ 吕莉敏，石伟平. 基于新型职业农民培育的农民工返乡创业扶持政策研究：对 2012 年以来相关政策的分析［J］. 职业技术教育，2019（4）：62－68.

❷ 农业部关于印发《"十三五"全国新型职业农民培育发展规划》的通知［EB/OL］. （2017－12－27）［2023－02－06］. http：//www. moa. gov. cn/nybgb/2017/derq/201712/t20171227_6131209. htm.

民培育给涉农专业大学生返乡发展带来了契机，为涉农专业大学生的就业、成才提供了广阔的舞台。这有助于缓解涉农专业大学生的就业压力，也是涉农专业大学生实现自我价值的有效途径。从长远发展来看，新型职业农民是一个具有良好发展前景的职业，尽管当前由于多种原因，新型职业农民尚未成为热门职业，但可以预计，在不久的将来，随着社会对于新型职业农民的重视，新型职业农民的社会地位必将越来越高，经济收入也将水涨船高，新型职业农民具有很大增值潜力，有助于涉农专业大学生未来职业发展。

其次，有利于优化农业生产者结构，确保农业生产后继有人。农民作为农业生产的主力军，直接影响农村经济发展和农业现代化进程。我国农业发展需要一批懂农业、爱农村的高素质农民，然而，当前我国农民队伍数量不够且质量较低，制约了农业生产经营活动的有效开展。从目前我国农民的年龄结构来看，农民老龄化现象严重，2022年5月中国社会科学院发布的《中国乡村振兴综合调查研究报告2021》显示，全国人口中60岁及以上人口的比重达到了20.04%，完全达到了"老龄化社会"的标准，而农村地区的老龄化程度远超全国情况。农村的青壮年大多数不愿意务农而选择外出打工，部分地区弃农的青壮年农民有增无减，农村务农者有所流失，导致农业生产后继无人，快速培育一批高素质农民充实农民队伍显得非常迫切。2014年，中央农村工作会议曾经指出，要把培养青年农民纳入国家实用人才培养计划，制定大中专院校毕业生到农村经营农业的政策措施，吸引年轻人务农，大力培育新型职业农民。涉农专业大学生是新型职业农民的重要来源之一，是新型职业农民的典型代表。涉农专业大学生与培育新型职业农民的要求不谋而合，鼓励和吸引涉农专业大学生返乡成为新型职业农民，是准确把握乡村振兴内涵，补齐农村人力资本短板的重要举措。面向涉农专业大学生的新型职业农民培育，通过加大先进的农业技术以及专业的经营管理理念培育力度，让涉农专业大学生返乡务农，有助于充实、稳定农村人才队伍，满足现代农业对高层次农村实用人才的需求，提高农村劳动者的科学素质，改善农村人才队伍的结构和促进农村经济发展，为乡村振兴提供人力资源，确保农业发展后继有人。

最后，有利于转变农业生产方式，推动农业现代化进程。"要加快农业农村现代化进程，将农业发展方式转到依靠科技进步和提高劳动者素质上来，培育新型职业农民是基本保障。"❶ 现代农业要求用现代科学技术改造传统农业，

---

❶ 马新星，朱德全. 现代学徒制培育新型职业农民的逻辑框架［J］. 国家教育行政学院学报，2019（9）：87-95.

完善农业产业链、实现农业升级，这一过程的实现离不开农业科技人才的有力支撑。作为农业现代化主体的农民，其素质的高低直接决定着农业现代化的兴衰成败。因此，要通过引进专业人才尤其是涉农专业大学生，加强系统培育，以培养懂科学、有技能、会管理的立足农村的专门人才为目标，将涉农专业大学生培育成新型职业农民，从而优化农民队伍，提升农业产业科技含量，提高农业生产效率，最终转变农业生产方式，推动农业现代化。

（二）涉农专业大学生是新型职业农民的优质人选

涉农专业大学生作为现代农业人力资源的重要力量，拥有成为新型职业农民的潜质，尤其是涉农专业大学生具有情感优势以及自身素质优势，使其成为新型职业农民的优质后备人选。

从情感优势来看，涉农专业大学生之所以选择涉农专业，一部分是由于其来自农村，从小在农村生活；另一部分非农专业大学生则是喜欢农业，热爱农村。也就是说，涉农专业大学生对于农业有感情、有热情、有激情，相对而言，更加愿意成为农民、投身农业、扎根农村，因此，更容易成为新型职业农民中的稳固骨干力量。

从素质优势来看，随着农业科技的持续发展和农业生产要求的不断提升，现代农业对于从业者的素质要求越来越高。相比传统农民，涉农专业大学生的素质较高，更能适应现代农业的发展需求，他们知识丰富、理论基础扎实、学习能力强、接受新事物的速度快，具备一定的创造性思维和创新精神等。同时，其合作意识与心理素质也比较强。大学特别注重对合作意识与心理素质的培养与锻炼，系统性的学习使涉农专业大学生能够承受多方面的压力，培养了优良的合作意识与顽强的心理素质。上述素质优势使涉农专业大学生更容易成为懂技术、善管理的高端农业人才，从而能够影响和带领更多的农业从业者成为新型职业农民，改善农村的人才结构，缓解农业高端人才短缺的现象，真正解决"谁来种地""如何种好地"的问题，加快乡村振兴人才队伍建设，突破乡村振兴发展的人力资本瓶颈。

二、涉农专业大学生培育新型职业农民的机制问题

当前，我国农村经济发展呈现出更快更好的发展态势，支农惠农政策的不断落实使农村基础设施不断优化，为劳动力回流提供了吸纳空间，在一定程度上提高了涉农专业大学生返乡的积极性。随着返乡就业创业涉农专业大学生数量的增多，部分有知识、有技术的涉农专业大学生返乡创办家庭农场、农业企

业和合作社等新型农业经营主体，而且带动一批农民就业，使新型职业农民队伍结构得到一定程度的优化。但是，整体上看，我国农村对涉农专业大学生的吸引力有待进一步提高，涉农专业大学生成为新型职业农民的愿望普遍不强烈，大部分涉农专业大学生把考研或者到城市就业作为优先考虑的目标，主动选择到农村就业创业的人数比例偏低。涉农专业大学生成为新型职业农民的积极性之所以普遍不强，在很大程度上是由于政府统筹层面、培育机构的培训层面和院校引导层面存在机制性问题。

（一）政府统筹机制缺位

首先，协调统筹混乱。目前，承担面向涉农专业大学生培育新型职业农民管理的政府部门主要有农业农村、教育、人社、财政、科技部门等。例如，教育部门主要利用乡镇职教中心、涉农院校开展培育活动，农业农村部门主要利用农广校、农技站结合实用技术实施培训。各部门的新型职业农民培育管理自成体系，条块分割、多头管理、各自为政，存在一定的职能交叉，部门之间缺乏必要的沟通与协作。没有建立真正的牵头机构，治理体系缺位，缺乏统筹和协调，存在一定的随意性，在一定程度上造成了重复培训和无效培训。

其次，法律法规缺乏。相关法律法规缺失，从中央到地方尚未对新型职业农民培育立法予以足够重视。新型职业农民培育只是零散地出现在相关的法律条款中，从法规覆盖广度和深度来看，还不能满足新型职业农民培育的需求。同时，现有的《中华人民共和国农业法》《中华人民共和国劳动法》《中华人民共和国职业教育法》仅仅对农民培训作出了宏观层面的规定，缺乏具体的、职责明确的法律条文，缺少具体该如何实施的细则，各种配套的奖罚制度并不完善。另外，法律法规执行力度不够，很多法律法规条款在基层执行过程中存在形式主义问题，在执行有关法规时"缺斤少两"，削弱了法律法规执行的完整性和严肃性。

再次，经费投入不足。培育经费是保证面向涉农专业大学生的新型职业农民培育工作持续、高效运转的重要基础。当前培育经费主要由政府财政支持，上级财政部门将资金依次拨付到下级财政部门，就目前情况来看，其经费支持力度明显不够。各级政府提供新型职业农民培育专项配套资金比例不够，很少将培育经费纳入本级财政的专项预算，经费投入稳定性、持续性较差，部分地区甚至还存在挤占、挪用培育经费的情况，导致培育培训拨款"缩水"；同时，培育经费来源渠道单一，过度依赖政府投入，缺乏社会资金的投入，单一的资金来源并不适应培育的需求。

最后，考核评价低效。面向涉农专业大学生的新型职业农民培育具有长期性和艰巨性的特点，有必要通过对培育绩效进行评估，使培育产生的效果得以持续。当前，缺乏科学的评估体系、独立的评价机构、准确可行的评价标准，更缺乏及时的评价反馈。评价范围和评价责任也不明确，对培育目标是否实现、培育的组织实施是否收到预期效果等缺乏有效评价，导致面向涉农专业大学生的新型职业农民培育工作流于形式。

（二）培育机构培训机制僵化

尽管涉农专业大学生在校期间已经进行了相关农业知识的学习，但是距离成为真正的新型职业农民的标准还较远，其在转型的过程中，还需要不断加强学习和训练。目前，培训机制中的培训主体、培训内容、培训方式和培训师资队伍均存在一定问题。

首先，培训主体缺乏多元性。培训主体是面向涉农专业大学生培育新型职业农民的实施载体。在培训过程中，农广校、涉农院校、农业企业、农技站、农科所、社会机构等培训主体应该分工各异，所扮演的角色、承担的责任都各不相同。目前，新型职业农民培育多数由农广校和涉农院校承担，挤压了企业与社会力量的参与空间。企业和社会等培训主体较少，市场参与度不高，不能满足新型职业农民培育的多样化需求。由于社会力量未能有效参与，社会资源难以通过有效渠道进入农民培训领域，社会资源作用发挥有限，多元化培训主体参与格局没有形成。

其次，培训内容缺乏针对性。一方面，涉农专业大学生对新型职业农民培育内容的要求愈发多样化，除了传统的种养殖技术，还包括农产品生产加工、现代农业发展、农业经营管理等。另一方面，由于在培训开展前没有进行实际需求调研分析，直接套用原先的方案，导致培训内容缺乏区域性、时代性和可操作性；局限于专业技能培育，对生产经营型和社会服务型方面的培训内容鲜有涉及。另外，培训内容更新速度缓慢，侧重于系统知识的传授，缺乏实操性，针对当地农业特色等方面的培训内容较少。

再次，培训方式缺乏灵活性。涉农专业大学生是一个多元化、复杂的群体，他们对参与新型职业农民培育的学习期待也是多元化的。当前教学方式集中于面授的单一方式。一般是以专题讲座为主，培训方式偏向于集体授课形式，弱化了现场教学和观摩学习等环节。在培训过程中没有考虑涉农专业大学生对学习形式多元化的要求，分层分类培训机制不健全，忽视了个体差异，缺乏对涉农专业大学生的能力素质和需求的科学区分，培训方式缺乏灵活性。

最后，培训师资队伍缺乏适配性。要保障面向涉农专业大学生的新型职业农民培育高质量实施，必须适配一支数量充足、结构合理、水平高超的师资队伍。当前，教师数量不足，教师数量与农户数量比例失调。同时，教师队伍不稳定，大部分教师属于兼职教师，流动性强，专职教师力量薄弱，教学的连续性难以得到保证。另外，缺少真正了解农村基层情况的教师，特别是双师型教师。部分教师并未真正从事过农业生产活动，专业知识和实践水平无法满足培育的实际需求。

（三）院校引导机制乏力

为了更好地了解院校，尤其是涉农专业院校在引导涉农专业大学生成为新型职业农民方面存在的问题，课题组于 2021 年 11 月在江苏省的南京农业大学、扬州大学、江苏农林职业技术学院、苏州农业职业技术学院、江苏农牧科技职业学院五所涉农专业院校开展了问卷调查，调查对象均为毕业届涉农专业学生，共随机发放问卷 500 份，回收有效问卷 476 份，有效回收率为 95.2%。通过调查发现，院校引导机制乏力表现在两个方面。一方面，院校政策宣传不到位。院校对新型职业农民培育政策不够重视，宣传覆盖广度、深度和推介度不够；关于新型职业农民的新政策、新方针、典型人物及典型事迹宣传欠缺，没有营造出尊重农民和重视农业的氛围。调查显示，涉农专业大学生对于新型职业农民培育政策的了解程度偏低，认为院校相关宣传频率"比较高"或"非常高"的比例仅为 11%；对于"院校举办新型职业农民典型事迹和人物报告会次数"，92% 的学生选择"比较少"或"非常少"。院校政策宣传不到位导致绝大多数涉农专业大学生对新型职业农民培育政策知晓度较低，了解的内容也不够全面，对于"三农"相关就业政策"比较了解"或"非常了解"的学生只占 16%，学生或多或少对相关政策存在误解。

另一方面，院校职业规划开展不扎实。涉农专业大学生规划意识不强，心智和思想相对不成熟，对于自己未来的发展目标没有清晰的认识，对未来的职业规划和对农业的看法存在一定的片面性，急需接受正确的职业规划引导。然而，虽然院校开设了职业规划课程，但是专门针对涉农专业大学生的职业规划较少，尤其是将职业规划和新型职业农民联系起来进行培训的情况更少。本调查显示，涉农专业大学生对于院校将新型职业农民培育与职业规划融合的满意度为"比较低"或"非常低"的比例为 87%。这导致涉农专业大学生对农民职业认知模糊，对农民职业信念淡薄，对农民群体的认可度也不高，对自身从事农业职业的认知不到位，从而进一步导致涉农专业大学生返乡成为新型职业农民的意愿普遍不强。

三、基于涉农专业大学生培育新型职业农民的模式构建

面向涉农专业大学生的新型职业农民培育是一项系统性较强的工程，需要统筹协调多方利益，面向区域农村发展的需要，准确把握培育目标定位和方向，健全相关培育模式和配套保障措施，有计划、系统地推进相关工作。有必要从政府、培育机构、院校层面入手构建培育模式，推动涉农专业大学生成为新型职业农民，培养其服务乡村振兴战略，实现涉农专业大学生与新型职业农民培育有效对接的新局面。

（一）强化政府统筹模式

为了积极响应国家号召，我国各省份已陆续开展面向涉农专业大学生的新型职业农民培育工作。在此背景下，政府如何运用自身资源积极推进面向涉农专业大学生的新型职业农民培育，是一个迫切需要解决的重大课题。政府是培育的统筹者，拥有极强的组织协调能力，能够统筹各个部门，顺利组织开展培育工作。因此，政府是推动面向涉农专业大学生的新型职业农民培育的核心因素。"政府需要进一步加大政策的引导与调控力度，引导和吸引大学生入职农业领域，成为新型职业农民。"❶ 当前，政府应该从协调统筹、法律法规、经费投入和考核评价出发，全面强化统筹模式。

第一，协调统筹方面。面向涉农专业大学生的新型职业农民培育是推进乡村振兴战略过程中的一项系统化工程，必须做好全面协调统筹规划。需要明确教育、人社、发改、农业农村、财政、科技、税务等政府部门的职能，按照各自的职责明确分工，加强合作；建立联席会议制度，协调各部门，统筹规划制定、机构联动、经费安排、资源整合，最终形成分级管理、地方为主的协调统筹机制。另外，应强化政府的主导作用，做好顶层设计，把新型职业农民培育列入政府的长期规划。

第二，法律法规方面。实施立法是建立机制的前提。面向涉农专业大学生的新型职业农民培育需要依靠法律法规和制度支持，要从法律法规层面对培育进行全面规定，调整培育主体的内外部关系，规范培育活动，为培育创造良好的法律环境和依据。"我国必须结合国情以及各区域实际，加快制定新型职业

---

❶ 张燕. 大学生入职新型职业农民的意愿、机制与路径选择［J］. 延安大学学报（社会科学版），2018（2）：82－86.

农民培育专门法。"❶ 同时，进一步完善《中华人民共和国农业法》《中华人民共和国农业技术推广法》《中华人民共和国教育法》和《中华人民共和国职业教育法》等的相关条款，对新型职业农民培育的组织与管理、培育机构和经费投入进行明确规定。地方政府应在国家相应政策的指导下，结合本地区实际情况，因地制宜，制定切实有效的配套政策和实施细则，并加大法律法规执行力度。

第三，经费投入方面。政府的经费投入是提高面向涉农专业大学生的新型职业农民培育积极性的根本保障。例如，法国政府实施"青年安置计划"，对到农村就业创业的大学生补助一定的资金，并推出不同比例的贷款贴息补助，鼓励银行对在农村就业创业的大学生投放更多的农业贷款，对这些学生的各类税收连续 5 年减免，极大地提高了法国大学生到农村就业创业的积极性。我国要加强政府财政支持，确保政府财政投入的主导地位；明确各级政府的出资责任，将中央财政资金与地方资金统筹使用，将培育经费列入地方政府的财政预算。设立新型职业农民培育专项资金，加大专项启动资金和专项配套资金投入力度，对所拨经费实行集中管理、专款专用，提高资金使用效率。

第四，考核评价方面。考核评价是面向涉农专业大学生的新型职业农民培育的最终环节，是对整个培育过程的检验。为了避免培育出现"虎头蛇尾"的现象，要依据实际情况设置考核评价制度。例如，设置考核评价的标准，严格考核评价的流程，在考核评价过程中通过设定不同级别，采用不同的方式进行考核评价。同时，要建立一套科学的评价指标体系，"既要重视对培训结果的评价，更要注重对培训过程的评价，要更多通过对来自受训者满意程度等外部评价来综合衡量培训绩效"。❷ 另外，还要对培育效果进行跟踪考评和及时反馈。

（二）完善培育机构的培训模式

第一，提升培训主体的多元性。国外经验表明，"由多个培训机构组成的网络有助于农民获得相关的知识技能，有助于农民的成长"。❸ 有必要充分利用社会力量办学，面向社会，联合其他教学主体，发挥农业企业、社会培训机

---

❶ 马建富，黄晓赟. 新型职业农民职业教育培训社会支持体系的建构 [J]. 职教论坛，2017 (16)：19 – 25.

❷ 马建富，黄晓赟. 新型职业农民职业教育培训社会支持体系的建构 [J]. 职教论坛，2017 (16)：19 – 25.

❸ PRATIWI A, SUZUKI A. Effects of farmers' social networks on knowledge acquisition：Lessons from agricultural training in rural Indonesia [J]. Journal of Economic Structures, 2017 (69)：66 – 78.

构和非营利组织在新型职业农民培育中的作用。以政府为主导统筹全局，依托农广校、农技站、农业院校、农科所、涉农企业、社会机构等设立新型职业农民培训基地，最终实现一主多元的联合育人机制，各主体相互配合、有效沟通、优势互补，以便满足新型职业农民的多样化需求。例如，在政府协调下，"苏州农业职业技术学院与苏州市农委联合设立农民社区学院总院，并挂牌成立苏州市职业农民学院，在现代农业示范园区设立农民社区学院分院，在农业企业、专业合作社、农场、生产基地设立农民社区学院教学点"❶，取得了很好的效果。

第二，提升培训内容针对性。涉农专业大学生的培育不同于其他形式的农民培育，培训内容要具有针对性。有必要从乡村振兴实际出发，进行科学的判断，立足于农村发展的实际，充分考虑现代农业发展对农业人才的需求，精心选择教学内容。除了农业生产必需的技术，还要培训与之相关的农业经营管理和农业政策法律方面的知识，还可以将职业资格考证内容融入课程中。

第三，提升培训方式灵活性。僵化的培训方式无法满足新型职业农民培育的要求，应改变传统的课堂讲授方式，采用讲解和操作展示相结合的方式。不仅要强调知识讲授的系统性，更要强调操作性。培训过程要注重学员参与，增强培训的互动性和实践性。培训时间安排要分段进行，根据农业生产周期，合理安排培训时间，错开农忙时节，实行分段式分班培训，以提升培训效果。还可以实施田间课堂培训，以农业实用技术为培训内容，组织专家、教师到田间授课，培训方式主要是进行田间培训、现场咨询、入户指导等。另外，应推行基地化办班，即安排学生到新型职业农民孵化基地进行实习，基地为学生提供技术培训和指导、农业政策等方面的咨询服务，使学员通过边学、边看、边练，提升生产经营技能。

第四，提升教师队伍适配性。建设一支业务能力强、专业素质高、结构合理、适配度高的专兼职师资队伍，是面向涉农专业大学生的新型职业农民培育的关键。有必要建立省、市、县三级新型职业农民培育师资库，选拔一批具有农业情怀，具有较强的教学和实践能力，熟知农业形势和政策的优秀教师；同时，拓宽师资库来源渠道，尤其要加大实践经验丰富的专家、基层农技人员、农业生产能手的比例。另外，应定期举办新型职业农民培育教师培训班，创造条件鼓励教师积极参加交流学习，不断提高教师的业务能力和水平。

---

❶ 程宇. 苏州农业职业技术学院新型职业农民培养模式［J］. 职业技术教育，2017（17）：1.

（三）健全院校引导模式

第一，加强相关政策的宣传。可以开设新型职业农民讲座或者形势政策课程，开展新型职业农民相关知识竞赛活动，提高学生对政策的知晓度，要让涉农专业大学生充分了解国家关于农村基层就业创业的政策。利用校园宣传栏、网站、微信公众号等媒体，多途径、多渠道、多层次地进行宣传，强化"农业大有作为""农村大有发展"的理念，提高新型职业农民的吸引力。大力宣传大学生投身农业，成为新型职业农民的典型事迹和典型人物，让学生看到新型职业农民发展的广阔空间。利用假期组织学生下乡调研，加深学生与农村的情感联系，转变其对传统农业和农民的看法，增强其职业认同感，树立"知农""爱农""为农"的思想，提升涉农专业大学生成为新型职业农民的积极性。

第二，开展职业生涯规划教育。帮助涉农专业学生考虑个人与国家、眼前利益与长远发展等之间的关系，帮助学生对自己的知识、能力和素质形成清晰的认识。调整学生的就业期望值，扩大其就业视野，引导其改变传统的就业观，拓宽其就业思路。增强大学生的时代责任感和紧迫感，使其树立去农村自主创业、实现个人价值的信念。培养学生投身乡村振兴建设的理想，增强其对农村和农业的自豪感、归属感，让涉农专业学生下得去、用得上、留得住。

第三，开设涉农专业大学生订单班。院校需要思考如何在"供给端"培养适应乡村振兴战略需求的新型职业农民，为当地的农业企业、农村专业合作社、家庭农场等培养后备人力资源。可以由政府牵头，农业龙头企业与院校合作，开设新型职业农民订单班。采用"定向"培养以及"委托"培养等多种方式，列入高校招生计划，与新生签订协议，将其作为新型职业农民后备生进行培育。学生在校期间可以享受津贴和相关待遇，毕业后优先进入农业龙头企业就业，充实、壮大新型职业农民队伍，确保现代农业后继有人。

第五节 残障人员：新型职业农民培育的潜在选择

"十三五"时期，我国新型职业农民培育总量已经超过2000万人。❶《国

务院关于印发"十四五"推进农业农村现代化规划的通知》提出"培育壮大新型农业经营主体""推进农村创业创新"。❶ 那么，新型职业农民从何而来？除了国家重点关注的留守农民、返乡农民工、大中专毕业生等，农村残障人员这一群体显然也不可忽视。通过职业教育和培训赋能残障人员成为新型职业农民已然成为一种积极选择，是加快乡村振兴建设的创新举措。

一、培育残障人员成为新型职业农民的价值追求

农村残障人员、新型职业农民、职业教育和培训三者之间存在强相关性，即现代技术的发展推动农村残障人员向新型职业农民转型，职业教育和培训是促进残障人员角色转型的主要途径，成为新型职业农民后的残障人员将助力乡村振兴并创造新的人口红利。

（一）技术赋能：从乡村振兴的"边缘者"到"参与者"

"促进残疾人全面发展和共同富裕"是新时代发展残疾人事业的重大目标。目前，我国残障人员总数超 8500 万，其中农村残障人员近 6500 万，❷ 他们的处境关乎乡村振兴战略和共同富裕目标的实现。但一直以来，农村残障人员是容易被忽视的群体，难以与社会产生积极的互动，其参与乡村振兴建设更是艰难。目前，学术界关于农村残障人员参与乡村振兴的研究近乎空白，现有针对残障人员的研究多是从"积极社会福利""福利多元主义""社会支持"等视角展开，过多专注于残障人员的生理性缺陷，将残障人员视为社会福利"被动的接受者"。

新修订的《职业教育法》明确提出"扶持残疾人职业教育的发展""支持残疾人教育机构、职业学校、职业培训机构及其他教育机构开展或者联合开展残疾人职业教育"。❸ 可以看出，职业教育和培训是开发残障人员人力资源的必然选择。一方面，职业教育的普惠性、大众性、开放性特点，能够让每位农村残障人员都有机会、有条件公平且充分地接受教育和培训，加之现代技术的发展为残障人员营造了一个更为包容和便捷的环境，让残障人员的人力资源再

---

❶ 国务院关于印发"十四五"推进农业农村现代化规划的通知［EB/OL］.（2022 - 02 - 11）［2022 - 09 - 01］. http：//www. gov. cn/zhengce/content/2022 - 02/11/content_5673082. htm.

❷ 精准扶贫惠及我国 900 万农村残疾人［EB/OL］.（2015 - 11 - 05）［2022 - 09 - 01］. http：//www. gov. cn/fuwu/cjr/2015 - 11/05/content_5005111. htm.

❸ 中华人民共和国职业教育法［EB/OL］.（2022 - 04 - 21）［2022 - 09 - 01］. http：//www. moe. gov. cn/jyb_sjzl/sjzl_zcfg/zcfg_jyfl/202204/t20220421_620064. html.

开发成为可能。另一方面，农村职业教育作为一种"乡村治理术"，具有技术理性的核心，它所涉及的往往是可具化、可实施的工具性知识，能够直接指导个体进行劳动生产。农村残障人员作为乡村振兴、共同富裕的"边缘群体"，对其进行适宜的职业教育和培训，将其培育成新型职业农民，正是通过技术赋能助力他们获得相应的农业知识和技能并参与乡村治理，巩固农村脱贫地区的产业基础，推动乡村振兴战略的落实与落细。

（二）内外增能：从传统认知的"无用者"到"可行者"

基于乡村振兴的时代背景，助力农村残障人员成为新型职业农民，职业教育和培训发挥着不可替代的作用。一是有利于促进农村残障人员的心能建设，实现内在增能。一些残障人员对自身存在消极认识，自我效能感偏低，而接受职业教育和培训使其成为新型职业农民的过程，正是农村残障人员心理资本逐渐累积的过程，也是对外界刻板印象的回击。一方面，通过引领农村残障人员参与职业教育和培训，帮助他们增进对自身的清晰认知，提高其参与培训的积极性；另一方面，农村残障人员从职业教育和培训中不断汲取知识、掌握技能的过程能够帮助他们激发潜能，使其对完成培训和未来成为新型职业农民充满信心。

二是有利于提高农村残障人员的可行能力，实现外在增能。农村残障人员生活贫困、社会地位低，正是其基本可行能力被剥夺的表现。职业教育和培训所具有的工具性与人本性的价值取向，能够基于农村残障人员的特殊需要开展持续性、针对性的培训，深化他们对农村、农业、农民的认识，使其牢固掌握农业生产知识、技能、经验等生产要素；并且新型职业农民培育作为国家重点扶持的事业，有一定的利好政策和较大的发展空间，残障人员能够从培育中获取更多的社会资源和更大的就业选择空间，极大地增强了其可行能力。

（三）资本积累：从人口红利的"消耗者"到"创造者"

随着我国人口抚养比和老龄人口比重的上升，社会人口年龄结构发生了改变，有学者预测，到 2050 年前后，我国的人口红利会消失，人口机会窗口将关闭。❶ 面对人口红利渐行渐远的事实，如何挖掘新的人口红利是当前的重要课题。农村地区在早前城镇化的冲击下出现了农业边缘化、农村空心化、农民老龄化的现象，农村人口红利即将消失殆尽。但随着乡村振兴战略和一系列农

---

❶ 王广州，刘旭阳. 中国人口机会窗口与人口红利变化历程研究［J］. 中国特色社会主义研究，2022（2）：64－78.

村扶持政策的大力推进，我国新的人口红利又将来自农村地区，农村残障人员正是其中颇具潜力的群体。

残障人员基数大，其人力资源尚待开发。目前，在全国就业残障人员中，15～59 岁残障人员的就业率保持在 13% 左右，中度、轻度残障就业者所占比例不到 8%。❶ 在农村残障人员中，有大量人员正处于劳动年龄且有能力、有意愿参与社会劳动，如果能将这些人力资源转变为具有优势的人力资本，将是挖掘新人口红利的理想选择。职业教育和培训作为一种高效的"投入—产出"行为，能够帮助农村残障人员快速且牢固地掌握相关农业生产技术，提高农村劳动生产率，助力他们成为新型职业农民，并为他们带来较为丰厚的经济收益。农村残障人员实现从资源"消耗者"到"创造者"的身份转变，既能释放残障人员的人口数量红利，又能创造新的人力资本红利。

二、培育残障人员成为新型职业农民的 SWOT 分析

基于 SWOT 模型❷分析培育农村残障人员成为新型职业农民的优势、劣势、机会、威胁，能够为后续培育模式的构建提供现实支撑。

（一）农村残障人员培育的优势与机会

1. 优势（S）

首先，农村残障人员扎根农村地区，具有浓厚的乡土情怀。在新型职业农民的胜任素质中，"爱农业"这一维度至关重要，浓厚的农业职业情怀和从"农"志趣是成为新型职业农民的关键。相较于返乡农民工、转业人员、大中专毕业生等"城归"群体，农村残障人员对农村的依赖性和归属性更强。农村残障人员自幼生在农村、长在农村，因身体残障、行动受限等不利条件，大部分时间与农为伴，是农村给予他们生存空间，是农业支撑他们的日常生活。因此，农村残障人员对农业农村有特殊的情结，将他们培育成新型职业农民有强烈的情感源动力支持，也更能激发出他们参与乡村建设的内生动力。

其次，农村残障人员具有比较优势，蕴含着无限的内生优势。从比较优势的视角来看，农村残障人员是培育新型职业农民的现实选择。一是残障人员的

---

❶ 张华晴. 科技赋能背景下农村残疾人就业困境及应对策略研究 [J]. 黑龙江人力资源和社会保障, 2021 (15): 146－150.

❷ SWOT 模型中的 S 表示优势（Strengths），W 表示劣势（Weakness），O 表示机会（Opportunities），T 表示威胁（Threats）。

就业稳定性更高、更加吃苦耐劳，就业能力开发可享受政策扶持。❶ 在新型职业农民培育中，农村残障人员更加珍惜职业教育和培训的机会，他们有清晰的目标和角色定位，更能集中精力专注于培训。二是残障人员具有一些身体功能的补偿效应。例如，听力障碍的人员不易受噪声干扰，适合从事农业技术生产线工作；肢体残障人员适合长时间坐姿工作，如农村电商客服等。三是农村残障人员身上蕴藏着大量未开发的人力资本，如学习潜力、生活韧劲等，这些原生态的生产要素尚处于闲置状态。通过适宜的职业教育和培训，激发其潜能和力量，农村残障人员将成为一支不可忽视的新型职业农民队伍。

2. 机会（O）

首先，共同富裕的推动使残障人员培训利好新政策涌现。自实施乡村振兴战略以来，国家高度重视农村残障人员的实用技术培训和新型职业农民的培育工作，相继出台了一系列促进残障人员共同富裕的职业教育支持政策。纵观整个政策体系，其主要包括两个方面：教育政策支持和地方财政支持。在教育政策方面，国家陆续颁布了相关政策文件，如《"十四五"残疾人职业技能提升计划》《中华人民共和国乡村振兴促进法》等，提出"遴选和培育一批残疾人实习实训基地""整合残疾人线上培训资源，探索'互联网＋职业培训'模式"❷"开展农业技能培训、返乡创业就业培训和职业技能培训"❸，涉及残障人员和新型职业农民的培育模式、培训体系、培育师资、考核保障等方面，构建了较为完整的培训框架和制度规范。在地方财政方面，新型职业农民培育财政支持力度持续加大，专项财政资金从 2014 年的 11 亿元逐年递增至 2021 年的 23 亿元，增长幅度高达 109.09%。❹ 2020 年，全国农村残障人员实用技术培训共投入约 2 亿元资金，❺ 鼓励政府购买职业培训服务。在国家推行利好政策的背景下，要寻找农村残障人员和新型职业农民培育的突破点，并进行有效结合，促进培育发展。

其次，现代技术的支撑打开残障人员美好生活新局面。由于农村残障人员

❶ 杨娣. 比较优势视野下的残疾人就业能力开发 [D]. 厦门：厦门大学，2012.

❷ 中国残联教就部. 关于印发《"十四五"残疾人职业技能提升计划》的通知 [EB/OL]. (2022 – 03 – 15) [2022 – 09 – 01]. https：//www.cdpf.org.cn/zwgk/zcwj/wjfb/81ffe97ef4be4cb0b12eb5febbb84b69.htm.

❸ 中华人民共和国乡村振兴促进法 [EB/OL]. (2021 – 04 – 30) [2022 – 09 – 01]. http：//www.gov.cn/xinwen/2021 – 04/30/content_5604050.htm.

❹ 张祺午，荣国丞. 乡村振兴战略下我国新型职业农民培育质量标准体系构建的若干思考 [J]. 职业技术教育，2021，42（18）：13 – 18.

❺ 中国残疾人联合会. 农村贫困残疾人实用技术培训 [EB/OL]. [2022 – 09 – 01]. https：//www.cdpf.org.cn/zwgk/zccx/ndsj/fp/2020fp/43132e2db2aa4a00b711ccfefecf822f.htm.

存在生理和心理缺陷，加之农村基础设施落后、教育资源不足等现实问题，削弱了他们的社会参与权，但现代技术的进步能够有力打破这一局面。其一，现代技术弥补了残障人员因生理缺陷而导致的社会实践能力不足。各种扶残助残的高科技产品，如智能轮椅、语音识别系统等，大大提升了残障人员的生活质量，消除了"残疾"给残障人员带来的活动障碍和资源限制；同时，科技的发展带动了农村地区信息社会化服务体系的完备，所有信息公开流动且流动速度加快，提高了市场运行规则的公平性，使农村残障人员市场活动的参与机会相对公平。其二，"互联网＋教育"的升级发展为农村残障人员创造了更多学习机会。开放在线教育平台上可以实现资源网络化、教材数字化、学习自主化以及教学平等化，残障人员能够随时随地汲取海量的教育资源。其三，科技的进步推动形成农村残障人员互联网就业的新格局。《"十四五"推进农业农村现代化规划》指出"加快农村电子商务发展，深入推进'互联网＋'农产品出村进城工程，实施'数商兴农'"❶。农村电子商务作为互联网就业形式之一，具有工作任务简单、工作方式和工作地点灵活等特点，能够以一种"新农具"的形式为农村残障人员提供就业加持。

最后，现代农业的发展创造残障人员就业岗位新机遇。随着现代农业的迅猛发展，一二三产业逐渐紧密融合，形成了乡村特色产业、乡村休闲旅游业、乡村信息产业等特色鲜明、类型丰富的乡村产业体系，并辐射带动产生了大量新型的农业岗位，如农产品推广、农产品质量安全监测、农村信息技术服务等，工作职责涉及现代农业的方方面面。而在众多的岗位中，必定存在农村残障人员能够从事的工作岗位，成为残障人员就业的新选择，例如，农村电子商务快速推进，催生出许多新型的"互联网＋"职业农民岗位，涉及直播、物流、供销、快递等电商运营全过程，农村残障人员在现代技术的支持下，有较大的就业选择空间。再如，在第一产业和第二产业的融合过程中，形成了农产品加工这一产业链，如某农村农产品质检员的岗位职责如下：负责农产品的进料检验，严格执行验收标准；熟悉各种检验工具；做好检验产品的状态标识，负责产品质量信息的传递、反馈、处理与跟踪工作。从岗位职责来看，这一岗位的技术含量不高且行动范围小，听力障碍和肢体残障较轻的农村残障人员在经过专业化的职业教育和培训后，完全有能力胜任这一岗位。

---

❶ 国务院关于印发"十四五"推进农业农村现代化规划的通知［EB/OL］．（2022－02－11）［2023－03－12］．https：//www.gov.cn/zhengce/zhengceku/2022－02/11/content_5673082.htm.

（二）农村残障人员培育的劣势与威胁

1. 劣势（W）

第一，受教育少，职业化程度低。全国第二次残疾人抽样调查数据显示，18 岁及以上的农村残障人员中，从未上过学的比例为 49.1%，小学教育程度的比例为 36.0%，中专、大专教育程度的比例不足 1.0%。[1] 偏低的教育程度和文化素质使其在接受职业教育和培训时会遇到更多学习阻碍。此外，因小农经济思想在农村地区根深蒂固，农业从业者自身并不认为农民是一种专门的职业，也没有参与职业资格培训的意识。农村残障人员对农业生产接触得较少，他们更缺乏对职业培训和新型职业农民的认识，农业技能水平偏低，进而影响了自身的职业化发展。

第二，身体受限，心理动能不足。《残疾人残疾分类和分级》标准中，把残疾分为视力残疾、听力残疾、言语残疾、肢体残疾、智力残疾、精神残疾和多重残疾七类，残障人员遭受着不同程度的行动限制，心理弹性差，成为其就业的显著弱势。有研究显示，成年残障人员在认知效能、自我认识、适应能力、情绪体验等心理健康维度得分较低[2]，心理能力建设情况不容乐观。在农村地区，国家发放的福利性生活补助、护理补贴是农村残障人员的主要生活来源，这些补助滋生了他们"坐、等、靠、要"等思想。

2. 威胁（T）

第一，就业机制不健全，缺失机会公平。权利公平、机会公平、规则公平是社会公平保障体系的重要组成部分，其中机会公平是实现当今社会教育公平、就业公平的关键因素。《2020 年残疾人事业发展统计公报》显示，有 45.7 万人次农村残障人员接受了实用技术培训，扶贫基地安置 5.6 万名残障人员就业，[3] 虽然国家每年都会开展农村残障人员的实用技术培训，建设扶贫基地帮助残障人员就业，但惠及的农村残障人员人数较少。另外，就目前来看，教育制度、就业扶持规则等都是为健全人设计的，缺乏全纳教育的理念。2021 年，全国共有 14559 名残障人员被普通高等院校录取，占该年龄段残障人员总量的比例较低，全国城乡持证残障人员新增就业 40.8 万人，大部分为按比例就业、

---

[1] 2007 年度全国残疾人状况监测主要数据报告 [EB/OL].（2009 – 05 – 15）[2022 – 09 – 20].
http://www.gov.cn/fuwu/cjr/2009 – 05/15/content_2630951.htm.

[2] 闫洪丰，胡毅，黄峥，等. 成年残疾人心理健康现状评估与分析 [J]. 残疾人研究，2013
（4）：5 – 10.

[3] 中国残疾人联合会. 2020 年残疾人事业发展统计公报 [EB/OL].（2021 – 04 – 09）[2022 –
09 – 01]. https：//www.cdpf.org.cn/zwgk/zccx/tjgb/d4baf2be2102461e96259fdf13852841.htm.

集中就业、公益性岗位、灵活就业等。❶ 这些就业形式的岗位多处于次要劳动力市场，残障人员主要从事一些技术含量较低的手工业、服务性行业，缺少进入主要劳动力市场的机会。

第二，社会支持偏弱，缺乏公共服务。作为特殊群体，农村残障人员接受新型职业农民培育需要社会群体的支持和公共服务的保障。但目前来看，社会支持体系构建不完善，阻碍了残障人员接受职业教育和培训的脚步。其一，政府公共产品投入不足，社会无碍障环境建设偏弱。农村地区缺乏一定的政策倾斜和物质支持，无法为残障人员提供医疗、教育、就业等方面的充足服务资源，致使农村残障人员在日常出行、信息交流、享受服务中遇到许多现实阻碍。其二，在企业支持方面，2013 年，中共中央组织部等 7 部门印发的《关于促进残疾人按比例就业的意见》提出，"对残疾人能够胜任的岗位，在同等条件下要鼓励优先录用残疾人"。❷ 但现实执行情况并不理想，部分企业宁愿以缴纳残保金的方式将残障人员拒之门外，对残障人员的"暗"门槛和"隐"歧视依旧存在。其三，农村地区是按照地缘所形成的熟人社会，村民对于残障人员固有的思想观念会影响他们对接受教育培训的选择；加上农村社区组织管理能力不足、社会资源单一等问题，难以满足残障人员的教育、就业等需求。

第三，残障人员被忽视，缺少政策引领。随着城市虹吸效应的加强，越来越多的农村"精英"劳动力外流，导致农村人口结构进一步劣化，农村整体发展水平偏低。国家就"三农"问题提出乡村振兴战略，并颁布了较多利好政策文件吸引农民工返乡，如《返乡下乡创业培训专项行动》《关于支持农民工等人员返乡创业的实施意见》等，农民工被认为是培育创业型新型职业农民的理想选择。除返乡农民工外，新型职业农民培育的政策文本中还将中高等院校毕业生、农村务农青年、退役士兵、科技人员等列为重点培育对象，而农村残障人员这一群体未被提及。

三、基于农村残障人员培育新型职业农民的模式构建

通过对农村残障人员的就业能力进行分析，结合现行的新型职业农民培育

---

❶ 中国残疾人联合会. 2021 年残疾人事业发展统计公报 [EB/OL]. (2022 – 03 – 31) [2022 – 09 – 01]. https: //www. cdpf. org. cn/zwgk/zccx/tjgb/0047d5911ba3455396faefcf268c4369. htm.

❷ 中国残疾人联合会. 中共中央组织部等 7 部门关于促进残疾人按比例就业的意见 [EB/OL]. (2013 – 08 – 29) [2022 – 09 – 01]. http: //www. gov. cn/fuwu/cjr/2013 – 08/29/content_2630797. htm.

政策文本，从培育形式这一层面出发，探讨与农村残障人员适切性较高的两种新型职业农民培育模式，分别是"互联网＋居家"培训模式以及"工作室制＋订单式"培育模式。因农村残障人员在年龄、残障类型、残障程度、文化素质、心理素质等方面的差异较大，故本书只选择处于适龄劳动年龄（18～65周岁）、初中以上学历、有培育意愿的中度和轻度肢体残障、言语残障、听力残障和视力残障的人员进行讨论。

（一）"互联网＋居家"培育模式

"互联网＋居家"培育模式是指农村残障人员利用计算机、移动电子设备、传真机等现代信息化工具，在日常生活场所进行在线职业教育和培训，通过互联网技术实现与职业学校培训教师的远程交流。这种培育模式对于残障人员而言有两大优点：其一，与传统的线下培训模式相比，"互联网＋居家"培训可以满足弹性化时间和自由化地点的需求，减少残障人员因肢体障碍、视听困难而增加的出行成本，为他们提供便捷条件和安全保障；其二，"互联网＋居家"的培训模式为残障人员营造了一个相对公平的学习环境，在一定程度上消除了残健人员之间的交流鸿沟，有效维护了残障人员的心理资本。

根据农村残障人员不同的年龄、残障类型、需求差异等，并结合互联网技术的发展、农村地区的产业特色，构建以农村电商就业为主和以涉农学历教育为主的"互联网＋居家"培育模式。

1. 以农村电商就业为主的培育模式

近年来农村电商迅猛发展，派生出大量的互联网工作机会，如在线客服、农产品直播、农村电商物流、电商平台自主创业等，这些工作打破了工作的时空限制。同时，这些借助互联网的岗位技术含量低、内容上手快，对从业者的身体素质要求不高，不仅面向一般劳动者，农村残障人员同样可以胜任，见表6-6。

表6-6 以农村电商就业为主的新型职业农民培育模式

模式要素	具体内容
培育目标	农村电子商务方向从业者
培育主体	政府相关部门、职业培训学校、电商平台
培育对象	肢体残障、听力残障人员等
培育内容	与农村电子商务相关的知识和技能等
培育形式	居家＋线上培训，短期培训

（1）培育主体。构建政府相关部门、职业学校、电商平台"三位一体"

的培育主体结构。其中，政府提供政策资金支持，并通过购买服务的方式吸纳职业培训学校参与新型职业农民的办学；职业培训学校是培育的执行主体，负责培育的课程规划、具体实施、育后跟踪服务等一系列完整的流程；电商平台为农村残障人员提供实训平台和后续的网络技术支持。

（2）培育对象。农村电商相关岗位对从业人员的技能、知识和身体条件要求较低，因此，中度、轻度肢体残障、听力残障和言语残障的适龄农村残障人员皆可参与。

（3）培育内容与课程设置。参照农业农村部印发的《高素质农民培训规范（试行）》对农民技能培训模块的要求，应将培训课程体系分为综合素养课、专业能力课、能力拓展课三类。❶ 农村电商模式的培育课程主要由职业培训学校承担，包括职业道德、电子商务实务、农产品营销、网店操作技能、互联网创新创业等理论课程和网上开店、直播带货等实训课程，而且这些培育内容要根据市场需要随时变化。

（4）培育形式。以居家的线上培训和短期培训为主，培训学校的教师利用新型职业农民培训平台，如"知农云课堂""云上智农"等进行理论授课，并在电商平台开展全真环境的工作模拟和服务指导，以期农村残障人员能够在短时间内掌握电子商务技能。

2. 以涉农学历教育为主的培育模式

农业农村部发布的《新型农业经营主体和服务主体高质量发展规划（2020—2022年）》中提到，大力发展职业教育，突出强调农业后继者的职业教育，开展农民中高等职业教育等学历教育。❷ 在我国农村地区，有较多青年残障人员接受完义务教育后便辍学打零工以补贴家用，他们的人力资本处于尚待开发的状态，对他们进行涉农专业的学历教育，是培养更多具有较高学历的农业青年接班人的有效途径。

在以涉农学历教育为主的"互联网＋居家"培育模式中，中等、高等职业院校利用网络在线教育的形式，对青年残障人员进行学历教育的定向培养。残障人员可以在家通过互联网与授课教师实时交流，并在教育平台上观看直播和录播课程，完成全部的学习任务，通过考核后即可获得学位证书，这种模式

---

❶ 德清县政府. 农业农村部科技教育司关于印发《高素质农民培训规范（试行）》的通知［EB/OL］.（2020－09－25）［2022－09－01］. http：//www.deqing.gov.cn/hzgov/front/s134/lhjs/cgtgzs/snbt/nyscfzzj/xxzynmpy/20200925/i2777888.html.

❷ 农业农村部关于印发《新型农业经营主体和服务主体高质量发展规划（2020—2022年）》的通知［EB/OL］.（2020－04－23）［2022－09－01］. http：//www.moa.gov.cn/nybgb/2020/202003/202004/t20200423_6342187.htm.

打破了传统学历教育需要在校学习的限制（见表6-7）。

表6-7 以涉农学历教育为主的新型职业农民培育模式

模式要素	具体内容
培育目标	农业经营者、农业研究人员等高素质农民的后备人才
培育主体	中等、高等职业院校，涉农企业等
培育对象	有志向的青年残障人员
培育内容	基础文化课、涉农专业核心课等
培育形式	居家＋线上教育，长期教育

（1）培育主体。中等、高等职业院校和涉农企业作为培育主体，合作开展残障人员的涉农学历教育。职业院校作为残障人员的培育单位，负责制订培养计划、课程标准、教学目标和考核方式等；涉农企业参与校企合作，为残障人员提供在线实习、指导和毕业后就业的机会。

（2）培育对象。学习能力与年龄存在一定的相关性，学历代表了一定的学习接受性。[1] 在涉农专业学历教育人员的遴选上，选择年龄在30岁以下、初中及以上学历并有学历提升意愿的农村青年残障人员。

（3）培育内容与课程设置。涉农学历教育的培育课程涉及广泛，与职业学校的其他课程模式相同，分为公共文化课、专业基础课和专业核心课，其中公共文化课包括思想政治、信息技术、公共外语、职业生涯规划等，专业基础课和核心课包括农业基础理论、农业创新创业以及与所学专业高度相关的农业课程。

（4）培育形式。以居家的线上培训和长期培训为主，中等、高等职业院校教师通过"学习通""腾讯课堂"等在线平台进行授课，并采用菜单式的培训形式，给学员提供丰富的选修课程。学历教育模式的培育周期较长，一般为3~5年。

（二）"工作室制＋订单式"培育模式

"工作室制＋订单式"培育模式是以工作室为依托，以真实涉农项目为驱动，在政府的统筹协调下，由职业培训学校与涉农企业签订培养订单，残障人员在学校完成培训后可直接进入涉农企业工作。这种"工作室制＋订单"的培育模式对于农村残障人员而言具有独特的优势。

---

❶ 周晶，赵振国，郭力平. 5~7岁儿童数学过程性能力的发展水平与年龄特点［J］. 学前教育研究，2020（12）：72-81.

其一，"工作室制＋订单式"培育模式更适应残障人员的学习特点。该模式以工作室为教学实施场地，工作室依据培育需要设立在农业生产车间中。农村残障人员可以亲临工作场地，接触真实的岗位内容。培训教师对所有课程的教学与指导均可在车间完成，实现教室车间化、车间教室化。其二，工作室有不同的培育方向，可满足多种需要，农村残障人员可以根据自身的身心状况、兴趣偏好、能力水平等自由选择相应的工作室。其三，"工作室制＋订单式"模式遵循准就业的岗位要求实施教学，从而保证培训期间所学课程内容与职业标准相对接、教学过程与生产过程相融合，有利于实现毕业即就业的角色转化，避免了残障人员在找工作时易遭遇的一些隐性就业歧视（见表6-8）。

表6-8 "工作室制＋订单式"的新型职业农民培育模式

模式要素	具体内容
培育目标	涉农企业的现代化产业工人（农产品加工、质量安全监测等）
培育主体	职业培训学校、涉农企业
培育对象	绝大多数残障人员
培育内容	与涉农企业密切相关的农业知识和技术、职业技能
培育形式	现场＋线下培训，短期培训

（1）培育主体。职业培训学校、涉农企业是主要培育主体。政府负责划定培育指标、拨发培育资金，职业培训学校根据不同的农业岗位类型组织成立新型职业农民培育工作室，并与涉农企业对接培育需求，制定培育规划。工作室的教师团队应由职业培训学校的专业教师和企业能工巧匠组成，分别负责指导残障人员的理论与实践学习。

（2）培育对象。该模式主要培育现代化的农业产业工人，涉及的工作岗位比较广泛，有基于互联网的农业信息推广、农业生产线工作以及农场管理等，因此绝大多数的残障人员都能找到相对适合的岗位。

（3）培育内容与课程设置。该模式采用模块化的课程结构，残障人员先完成统一的专业基础课，如农业生态环保、农业政策法规、农业自动化技术等，而后根据不同的残障类型及培育需求下设多个岗位方向，结合大量具体的工作任务和项目安排专业技能课程。

（4）培育形式。以现场的线下培训与短期培训为主。残障人员的培育任务主要在企业车间内的工作室完成，职业学校的培训教师和企业带教师傅带领农村残障人员深入农业生产一线，以真实的企业项目为依托对残障人员开展实训。

四、促进残障人员成为新型职业农民的策略

新型职业农民培育是一个持续深入的工程，由于农村残障人员这一培育对象的特殊性，必然存在培育周期长、难度大等问题。这就需要新型职业农民培训学校创新培育路径，多措并举，为残障人员的新型职业农民培育工作提质增效。

（一）强化心理建设，提高残障人员参与培育的主动性

1. 加强残障人员心理能力建设，使其明确新型职业农民的角色

面对农村残障人员自身心理动能不足、对新型职业农民和现代农业认识较少的困境，如何改变残障人员的观念成为新型职业农民培育的当务之急。各培育主体应该帮助农村残障人员摆脱"残疾等于残废"的"旧残疾人"观，从"问题视角"转变为"优势视角"，明确自我定位。职业培训学校作为新型职业农民培育的主体，要发挥正确的社会引领作用，通过科学技术手段对农村残障人员的职业能力、发展潜力进行评估，按照评估结果为他们提供适宜的心理教育和农业技术培训。同时，在残障人员接受新型职业农民培育的过程中，积极、正面的看法和举动会对他们产生较大影响，因此，培训教师要多给予农村残障人员一些鼓励和支持，帮助其掌握学习内容、树立培育信心，将"扶智"与"扶志"相结合。另外，农村残障人员应该学会培养自我效能感，经常给自己积极的心理暗示，及时肯定自己取得的阶段性成果，相信自己的能力和潜力。

2. 树立残障人员就业成功典型，激发残障人员参与培育的积极性

目前，大量农村残障人员已通过实用技术培训实现了就业。在告别绝对贫困后，为了投入乡村振兴建设、实现人生价值，通过接受职业教育和培训成为新型职业农民是残障人员的极佳选择。但相较于农业实用技术培训，农村残障人员培育的起点高、强度大、先例少，没有成熟的国内外经验可供借鉴，残障人员对新型职业农民、现代农业的认识也较为浅薄，培育难度较大。职业培训学校可以挑选一批优秀的涉农专业毕业生，为残障人员树立从事新型职业农民工作的先进典型，促使更多有能力的农村残障人员参与新型职业农民培育工程。在选择优秀培育典范时，要根据不同的培育类型，有针对性地进行选取。职业培训学校可以借鉴返乡创业农民工、涉农学生等的成功培育经验，如评选十佳创业之星、设立优秀农民导师机制等，激发残障人员的学习热情。

（二）构建适切体系，优化残障人员培育全过程

1. 基于现代技术，精准制定培养方案

农村技术治理手段的进步，为因人、因势、因地制定新型职业农民培育规划、提高农村残障人员职业教育和培训的效率带来了新的机遇。第一，职业培训学校要动态瞄准农村残障人员，及时更新和维护残障人员的各项信息，包括残障情况、康复状况、心理状态以及培训需求等，有针对性地设计和调整新型职业农民培育方案，并在方案实施过程中进行实时反馈。第二，利用大数据、云计算等现代技术手段，预测农业发展的重点产业、新兴热点以及趋势走向，职业培训学校要依据这些技术要素，并结合当地农业特色和残障人员的特殊需求，设计适合农村残障人员的培养方案。

2. 准确把握差异，实施多类型培训

农村残障人员在年龄、残障类型、心理素质、文化程度、学习需求和社会经历等方面具有强异质性，并且服务农业岗位类型多种多样，包括农业技术检测、农产品加工、农产品营销等，不同岗位类型的培训内容、培训形式、培训地点差异较大。因此，制定多类型、多层次的农村残障人员培训课程体系是进行新型职业农民培育的关键一步。职业培训学校必须重点甄别培训对象，根据农村残障人员的特点和农村产业需求进行分类培训，从"端菜式"培训转变为"点菜式"培训。一般来说，对于残障程度较低的青壮年，一部分可以鼓励参加涉农学历教育，重点加强农业知识、农业技能、政策法规、心理素质等全方面、综合性的教育培训，为其今后成为高素质的骨干新型职业农民夯实基础；另一部分可以进行农业技术和生产管理方面的培训，提高其适应市场发展以及农业管理的能力。对于有一定社会阅历和学习意愿的残障人员，可以开展农产品营销方面的培训，打造线上、线下的营销渠道；对于年龄偏大、文化基础薄弱的残障人员，主要进行以农业服务业、家庭手工业为主的实用技能培训，帮助他们掌握专门的、较为简单的农业技术。需要注意的是，在培训时要充分发挥农村残障人员的比较优势，寻找与现代农业岗位的契合点，认真地筛选和设计培训内容，如听力障碍的农村残障人员可以从事农产品质量检测、精细加工等需要高度专注力的工作，发挥他们不受外界声音干扰的优势。

3. 借助网络平台，创新培训形式

针对农村残障人员的职业教育和培训，不仅要设计符合残障人员实际需求与农村特色的培训内容，还要选择他们乐于接受、便于学习的培训方式，而互联网这一强大的交互平台正好可以实现这一目的。其一，职业培训学校的教师要合理利用线上教育平台，做好课前准备、课中教学和课后指导工作。在线培

训形式是目前的主流趋势，既能满足多元化的学习需求，也能有效规避残障人员的行动限制。为了保证农村残障人员在线学习的质量，培训教师要选择优质的网络培训课程资源，具备培训内容因人而异、因时而异、因农村地区产业特色而异的精准意识，为农村残障人员定制和选择有针对性的培训课程，避免出现网络课程千篇一律、内容参差不齐的现象。另外，应充分利用好 QQ 群、钉钉、微博等在线交流平台，为农村残障人员提供随时随地向培训教师以及全国各地的农业专家请教技术问题的服务支持工作，并及时为他们答疑解惑。其二，职业培训学校要通过互联网平台搭建全真的就业环境，提高培育质量。在农村电商直播带货、网络店铺运营等培训课程中，要让农村残障人员在真实的电商平台上进行实战演练，参与完整的直播和开店流程，提高其销售口才和店铺操作技能。

4. 完善育后跟踪，建立反馈机制

在完成所有新型职业农民培育环节后，培育后的反馈跟踪服务机制必不可少。第一，面对农村残障人员学习能力有限、难以将理论联系实际的问题，职业培训学校要积极联合涉农企业，制定"职业培训＋后续跟踪服务"方案，为残障人员提供持续的咨询、指导、跟踪等支持。第二，农业现代化发展迅猛，新技术、新手段层出不穷，为了避免培训内容难以跟上时代发展的情况，职业培训学校需要加强与农业技术推广中心、互联网公司之间的联系与合作，做好残障人员日常工作中一对一的定向指导，及时为残障人员组织新一轮的技术培训。

（三）优化制度配置，完善残障人员培育内外部环境

1. 多元主体参与，构建培训共同体

无论是专门的新型职业农民培育，还是农村残障人员的实用技术培训，均涉及多个主体，如农业农村部、职业培训学校、涉农企业、残联等，应推进培育主体之间的衔接配合，形成多方合力。首先，农广校、职业培训学校作为新型职业农民培育的执行主体，应积极引导涉农企业、电商平台等社会组织参与农村残障人员的培育工作，在培训场地、设备、师资等多方面通力合作，构建更为完善的新型职业农民培育体系。其次，上级政府要做好顶层设计，统筹规划农村残障人员的培育模式，明晰扶贫办、人社部、新型职业农民培育小组等政府组织的职责。政府应颁布相关培育利好政策，对参与培育的学校、企业等给予物质与精神文明层面的奖励。最后，农村残障人员作为特殊群体，残联应在其培育过程中发挥好桥梁与服务的作用，做好前期的教育宣传和后续的劳动就业工作，并解决好培育过程中出现的各种突发问题。

2. 强化制度创新，优化社会化服务

新型职业农民的培育是一项长期且艰巨的工作，尤其是以农村残障人员为培育对象，提高了培育的难度，需要通过立法的形式来保障农村残障人员的培育经费、培育流程，明确相关机构的责任与义务，使培育更具体系化和制度化。第一，要强化残障人员职业教育和培训的法治体系。对各培育主体进行严格监督，细化到每一项工作职责，包括制定残障人员参培标准、选用培训教材、选定师资队伍、制定培训计划、监控培训过程、检验培训结果和培育资金使用情况等，实行全过程管理，做到奖惩分明。第二，完善农村残障人员的社会化服务。农村基础设施与公共服务水平与城市相比存在较大差距，要进一步加大社会化服务的覆盖面，为农村残障人员配套好宽带设施、计算机、智能手机等学习工具，以及轮椅、盲文识别器、助听器等生活用具，努力打造无障碍学习环境。

第七章　新型职业农民培育的支持体系

无论是乡村振兴还是共同富裕，关键都在于培养与乡村产业结构相吻合，能够满足乡村治理需求的多类型、多层次的新型职业农民。新型职业农民的培育有赖于构筑一个由职业院校、涉农企业以及中央和各级政府等共同组成、协同发力的支持体系。这个体系包括面向新生代培养后继新型职业农民的培养体系、促进在职农民素养提升的职业培训体系，以及支持和激励职业院校、涉农企业等协同开展新型职业农民培育的政策支持体系。

第一节　涉农院校新型职业农民培养体系的构建

各类中高等职业院校是新型职业农民培养的规范化教育载体，其中涉农高等院校和涉农职业院校在我国新型职业农民培养过程中发挥着不可或缺的核心作用。对于涉农院校来讲，新型职业农民培养体系主要包括课程体系、教学体系和考评体系。这三大体系互相促进、互相制约，有机融合在一起，共同推动新型职业农民培养。

一、课程体系构建

课程体系是依据一定的教育价值观念，为了实现专业人才培养目标，由特定的课程目标、课程内容、课程结构和课程活动方式组成，不同部分按照一定的规则和顺序进行组合而构成的一个完整的体系。课程体系是整个教育活动的指导思想，是培养目标的体现和支撑。科学合理的课程体系能够满足教学的需要，决定学生所能获得的智能结构。

课程体系在院校新型职业农民培养过程中处于核心地位。涉农院校要想提高人才培养质量，就要构建好课程体系，在课程内容设置上要具有针对性和实用性，在结构安排上应实施分层分类，便于交叉融合；在培训过程中采取定制化的方式，重点突出涉农专业学生优势；在课程内容上不断进行过程性的动态优化调整，兼顾理论与实践；在教材体系建设前期，要凸显理论与实际情境相结合的开发观念，满足多元主体的需求。努力构建一种既能适应市场需要，又能服务地方经济和个人发展的课程体系，能够全面有效地培养涉农专业人才的综合能力。

（一）坚持分层分类

课程体系构建的基本要求是使涉农院校学生获得能够在社会生产活动中实际运用的实践技能，其首要目的是满足不同层次学生的现实需求。不同层级、不同类别的课程，其课程内容有着较大的差异，涉农专业对应的岗位所需的能力素质要求也存在差别。涉农院校需要针对农业岗位所需职业能力以及学生特征进行分析，进一步提升课程内容的针对性，使学生可以将理论知识转化为操作技能，同时加深对专业的理解，为后续接受更高层次的教育打下基础。

1. 以需求分析为前提，指引课程设置

涉农院校应基于现代农业发展对农业人才的需求，确定新型职业农民的培养路径。要根据农业从业人员的市场调查信息，科学地调整课程设置。对新型职业农民课程内容的相关需求进行分析时，需要考虑三个方面：国家职业资格标准、职业能力、学情。通过分析可以掌握课程设置的实际需要，从而指导课程目标、课程内容、课程评价标准的制定。

职业资格标准的分析和职业能力的分析都属于职业分析范畴，在课程体系构建过程中，首先，要根据国家职业资格标准对新型职业农民的职业资格标准作出明确规定，并且分析相应的基础要求和技能要求，为分层培养职业农民和内容选择提供依据。其次，要通过了解市场涉农岗位对新型职业农民提出的具体职业能力要求，依此划分可供学生选择的不同种类课程。学情分析是对学生身心特征进行分析，主要包括对学生原有经验知识与技能、学习特点等的分析，这是划分课程层次的重要起点。例如，中高职学生与普通学生不同，他们已经具备了一定的农业知识基础，但其自主学习能力较差，学习构建主要以原有知识经验为基础，关注如何促进学生更好地理解课程内容，提升课程难度，对课程层级划分提出了较高要求。

2. 划分层级，强化学生能力

第一，尊重农业生产客观规律和学生身心发展规律。分层分类课程实施的前提是基于农业生产客观规律安排相应的课程，依据学生的身心发展规律制定精细化的课程内容，从而构建完善的课程体系，保障教学活动的灵活开展。具体而言，即构建初级、中级、高级三位一体的纵向层级化课程体系。初级课程主要培养学生最基本的农业生产知识或技能；中级课程开始拓展职业农民的思维，注重培养农业相关市场意识；高级课程旨在提升学生的农业生产经营能力，使其能够进行规模化经营。

第二，渐进式地加大课程深度。由于不同层级的课程需要与未来更高层次的院校涉农专业对接，所以划分不同难度和深度的课程显得尤为必要，院校应将知识点和技术技能由浅入深、由点到面地铺开，在此过程中体现新型职业农民课程设置的渐进性，逐步有序地强化学生基础，使其向更高层次发展。

第三，学习方式有所区分。虽然不同层级的涉农课程目标和课程内容不同，但是其课时和学生的学习时间是相同的。这就意味着选择不同层级的课程，学生的学习方式会有所不同。有的课程是学生在教师带领下通过讲练结合的方式学习展开，有的课程以小组协作学习为主要学习方式，有的课程以课题研究的方式展开。越是层级高的课程，越要求选修的学生有较强的自律性和学习规划能力。

3. 明确类别，满足学生兴趣

第一，构建通识课程、专业课程、实践课程相互协调的横向课程体系。通识课程培养学生的现代农业生产经营理念和人文素养，培养学生掌握与农业生产生活相关的基础性知识；专业课程具有专业性，重在教授学生从事相关生产经营领域的基础知识及技能；实践课程则可以通过农业生产实训基地、涉农企业实习以及行业参观实践等多种形式，使学生精通并灵活运用相关的专门知识和技能。

第二，合理安排，服务农业生产。新型职业农民培养以服务农业生产为首要目标，课程的分类需要考虑生产季节性安排，尤其是对于农业生产类课程，要结合作物的季节习性，以便学生在相应的时间进行实地训练。由于不同专业的学生可能对同一学科不同方面的内容感兴趣，在设置课程时，可依据专业结构的不同，科学合理地组合不同种类的课程。

（二）定制培训

课程体系构建应依托涉农专业或者行业的属性，结合不同层次受训学生的特点，以"订单式"人才培养理论为基础。涉农院校可以借助不同平台提供定制化培训，拓宽学生的成长渠道，使学生能够适应岗位需求，为优化涉农专业课程设置提供更多可能。

1. 定制培训的模式

（1）涉农院校与涉农培训机构合作。

涉农培训机构是对学校学生和企事业单位员工进行实习培训的专门机构，目的是利用业余时间，全面快速地提高学生的实践能力和职业素养。"这种培训结合了课堂教学和学生待岗实习的优势，模拟真实工作的环境，采用来源于实际工作中的真实问题和案例，教学过程高度重视学生参与的主动性，使学生的知识技能、实践经验和合作意识在短时间内得到迅速提高。"❶ 涉农院校应当与培训机构共同制定满足双边需求的具体标准与要求，鼓励学生积极报名参与，协助培训机构评估学生的综合素质，并对选中的学生进行系统培训，为他们提供在涉农企业实习的机会。

（2）涉农院校与企业直接合作。

校企合作模式可以充分整合学校的科研优势和企业的资源优势。一方面，涉农企业以市场为导向，强调农业生产技术的创新性和实践性，学校则更加注重理论创新及其在实际农业发展中的应用，两者可以实现优势互补。另一方面，学校根据涉农企业未来发展的趋势，不断加强学生的实践操作能力和技术应用能力，为企业的长远发展储备人才；企业则协助学校建立与市场需要紧密联系的实训基地，为基地提供涉农专业需要的仪器设备，同时派遣企业内部的高级技术人员向学生传授相关技术、介绍生产经营和管理经验。

2. 定制培训的实施要求

（1）提高平台合作层次。

涉农院校与企业或机构可以进一步搭建更高层次的平台，共同提高人才培养质量。要在双方已有合作的基础上，探索课程设置方式的调整，通过借鉴、调整和补充，进一步优化培训模式。涉农院校可以借助政府、企业在农业生产基地建设以及技术应用方面的优势，进一步加强与涉农企业的合作，从而搭建自主的实训平台和科研实践平台。

（2）不断丰富专业培训内容。

新型职业农民培训课程的设置与改革，不仅要建立在对现代农业经济发展现状分析的基础上，也要建立在学生个体未来可持续发展的基础上。仅仅关注专业理论知识很难解决当今农业迅速发展带来的挑战和提出的要求，因而需要不断丰富和拓展培训的内容。在培训工作中，学校、培训机构和企业既要一如既往地提升学生的专业素质，又要关注学生的身心素质、科学文化素质和涉农

---

❶ 黄晓敏. "定制培训"模式在理工科大学的应用：以河南科技大学信息工程学院为例 ［J］. 河南科技学院学报，2019，39（4）：31-35.

岗位职业素养。可以在课程设置中融入人文内涵，提升学生的人文素养，开阔学生的眼界，丰富学生的人文情怀，提升学生的职业道德素养。

（3）重视培养学生的创新能力。

创新精神的培养对我国当下学校教育发展和企业转型升级具有至关重要的意义。在以后的培训过程中，企业、培训机构需要提升学生的研究探索能力，给学生提供更多参与技术研发的机会，鼓励学生积极参加各种科研项目和技能比赛，持续提升学生的创新意识，培养他们的创新能力。

（三）动态调整课程内容

涉农院校与农业产业的联系较为紧密，"这在本质上就决定了新型职业农民的课程必须紧紧跟随产业的发展现状及未来趋势而设立，并随着农业产业的转型而变化，充分地体现课程内容的产业性和实践应用性"❶。涉农院校可通过校企定期双向调研的方式对已有专业的课程内容进行动态优化调整以适应时代变化。在调整课程内容上，提高实践性课程的比例，设置多样的选修课，结合实际工作过程对课程内容进行适宜的调整和变动。合理的课程内容直接影响着专业人才的技能养成与未来职业发展，动态调整课程内容能够促使涉农院校专业适应经济社会发展和不同学习者的需要，确保农业教育服务农业创新。

1. 内容紧跟农业发展，满足社会需求

课程内容设置需要满足经济社会需求，适时缓解就业压力。涉农院校的课程设置与改革，既要具有国家规定的统一性，又要具有与农业经济发展相适应的灵活性。在市场经济深入发展的背景下，农业现代科学技术的发展使社会经济生活发生了变化，国家需要不同类型的新型职业农民。

涉农院校中涉农专业因其行业特殊性，课程内容要紧跟时代潮流，把握本专业的前沿动态和趋势，淘汰不适合经济社会发展的陈旧内容。适当扩大涉农专业的广度，推动学生掌握多种技能，以便其在就业时有较强的岗位适应能力。可以尝试构建校企定期双向调研的课程体系，校企双方共同组成课程建设委员会深入农业生产一线调研，了解行业未来发展趋势，进一步确立面向涉农专业的岗位群，准确分析岗位群具备的职业能力和职业标准，通过对区域涉农行业职业岗位典型工作任务的分析，提出培养从业者今后可持续发展能力的具体要求，最终优化整合课程内容，设计相应的单元课程。

2. 动态调整课程设置，符合学生需要

课程内容设置需要满足学生个体需要，提高人才质量。课程内容是涉农专

---

❶ 黄泰良. 产业需求视域下农科研究生培养改革研究［D］. 武汉：华中农业大学，2021.

业人才培养改革创新的建设重点，人才质量的不断提升，离不开课程内容的不断优化。例如，在中职学校中，一些学生缺乏明确的学习目的，对理论课不感兴趣，但对实际操作比较感兴趣，因此，学校在安排课程内容时，可以邀请校外专家或用人单位的技术专家一起研究讨论，共同确定课程内容。

在课程内容初步确定以后，按照岗位工作过程和学生认知规律对课程内容进行优化组合。在课时安排上，以实践课程为主，为学生参与实践课程提供更多机会。"在课程设置中还可以增加选修课在课程体系中的比例，设置多样的选修课以满足学生的不同需要。"❶ 广泛设置选修课是借鉴世界发达国家职业教育发展的先进经验，对于涉农职业教育来说，可以结合本地区经济发展的实际情况，开设切合学生真实需要的选修课，使学生有更多的选择。

（四）加强教材开发

1. 涉农教材的特征

从涉农专业自身的特点出发，针对院校教师和学生的实际情况，教材开发应当强调对实践能力的培养，以实用为主，力求使教材达到学生实际理解和运用农业生产技术的能力。在保持教材适用性的基础上，开发过程中应充分体现出如下特征。

（1）前瞻性。在教材编写过程中，应当及时了解涉农专业正在使用或即将普及的新兴农业生产技术，掌握现代高新技术在农业生产生活中的应用，同时要吸收和反映新知识、新工艺、新技术、新标准，及时反映涉农产业的变革与技术革新的最新发展动态，这样既能体现涉农专业紧密联系行业的实际需求，又能反映专业生产技术的应用发展趋势。

（2）实践性。突出实践性是编写涉农专业教材的基本要求。在内容的编写重点上，应突出实践操作，将教材内容与工作岗位对人才培养的知识要求、技能要求结合起来。在内容的编排上，要解决教材内容繁难偏旧、与实际脱节、滞后等问题，注重理论在具体运用中的要点、方法和技术操作，通过目标描述、任务分析、相关知识技能训练和完成任务，逐层分析、归纳总结，使教师能够在模仿中掌握要领、操作程序、技能要点，配合单元实训环节充分地发挥创新性。

（3）适用性。教材应注重体现适用性。具体而言，教材中不同的学习任务和专题内容需要考虑不同群体与个人的需求。另外，由于涉农专业学习具有经验学习、参与学习、自我学习等特点，在遵循教育基本规律和原则的前提

---

❶ 徐磊. 农村中等职业学校学生职业能力培养研究［D］. 湘潭：湖南科技大学，2011.

下，教材编写应简明扼要、科学实用、便于理解。涉农专业教材还应当包括课后习题、能力考核评价及单元实训等。结合多种媒体一体化的教学资源，如多媒体教材课件、视频、图片资料等，为培训教师提供丰富的教学参考。

（4）科学性。课程体系构建要规范、科学，这有利于优化新型职业农民培养模式。科学的涉农专业教材开发需要经过充分、合理的调查论证，广泛听取来自农业生产岗位、深入了解农业市场人才需求的专家的建议。教材内容要切合当地经济发展实际，强调技能训练、产学结合。在教材开发方面，也可以在相关涉农专业设置专业指导委员会，教材的开发由委员会讨论协商而成。

2. 涉农教材的开发流程

（1）强化涉农教材体系建设。教材是院校面向学生教学和传授知识的直接工具，开发和使用涉农教材，首先要构建符合学生实际情况的教材体系，并且不断吸收和反映农业生产、标准、工艺和技术方面的最新进展，也要反映产业变革与技术革新的前沿动态。具有较强岗位针对性的教材，能够提高涉农专业学生学习的积极性和自主性。

学校涉农教材的编写首先必须符合国家职业技能标准，邀请行业企业专家和一线农业技术人员参与并审核，"只有这样的教材，才能满足涉农学生对课程内容的基本需求。涉农专业的教材要充分利用国家专业教学资源库、国家精品课程等优质数字化教学资源，满足教师、学生、企业员工自主学习的要求"❶。

（2）以职业能力培养为中心开发教材。学校要确立以职业能力培养为本位的教学思想，办学理念要从以理论知识传授为中心向职业能力培养方面转变。在办学思路转变的情况下，课程设置以及教材开发也要从学科本位向职业能力本位、突出实践操作能力转变。强调理论与实践并重，能够体现职业性和应用性，使学生具备实践动手能力，进一步把这些理论知识转化为职业能力。

（3）研发符合学校实际的校本课程。院校涉农专业应当结合自身实际和当地优势，研发能够体现办学特色的校本课程。"然而职业学校尤其是农村地区的院校，在师资力量和科研力量上存在薄弱环节，可通过结合临近市、县之间的职业学校双向互动、区域内中高职衔接合作等方式"❷，在原有课程的基础上不断派生延展出创新点，以推动本校教材开发的突破与进步。

---

❶ 周晨露. 职业学校涉农专业实践教学研究 [D]. 上海：上海师范大学，2019.
❷ 蒙玲. 广西农村中等职业学校涉农专业建设研究 [D]. 桂林：广西师范大学，2019.

二、教学体系构建

教学体系是由若干组成教学活动的要素通过相互影响、相互作用而构成的一个整体。从系统的视角看待教学，可将教学看成一种由教师、学生、课程、条件等因素构成的有机整体，从理论基础与实践教学相结合的视角，可归纳为教学理念、教学目标、教学内容、教学方法、教学评价五部分内容。针对教学体系的构成要素，从不同的视角考察就会有不同的结论，要尽可能合乎逻辑，全方位地考察各个教学活动所涉及要素之间的关联并加以组织，以便优化教学结构，发挥教学体系的整体功能。

农业技术的不断发展，要求涉农工作岗位的层次和内容不断更新，传统的工作岗位逐渐被新兴的岗位代替，对人才的培养也要与时俱进。人才培养具有周期性和滞后性的显著特征，涉农院校在涉农专业的教学体系构建上要有长远的眼光。在教学形式上要保持灵活性和多样化，打破时间和空间的局限，理论结合实践，通过构建灵活的、包含多种形式的教学体系，让学生掌握岗位领域内的多种技能，使其在就业时有较强的岗位适应能力。

（一）网络教学

随着信息时代的到来和网络的普及，信息化技术已经开始在教学的各个方面得到广泛利用。培养视野更加开阔、技术更加完备的优秀劳动力，是今后涉农专业发展的大方向。网络教学的开展可以拓宽教师和学生的视野，帮助学生及时把握最新农业动态，方便快捷地找到所需的专业知识，并且可以共享其他学校的优秀教学资源。涉农专业网络教育系统的建立，不仅能够方便教师的教学与学生的学习，保障学校的教育教学质量，还可以帮助各院校高效快速地培养新型职业农民，更好地服务农村经济建设。

1. 网络教学内容

网络教学内容的选定既要符合新型职业农民培养相关文件的规定，又要贴近农业发展现状，满足涉农从业人员的实际需求。其主要内容分为通识内容和专业内容。通识内容包括新型职业农民培育、新型职业农民的素质与能力、现代农业综合开发、资金筹集与成本管理、农产品质量安全与经营管理等。专业内容视培训专业的不同可有不同安排。网络教学可以借助多媒体技术来演示和模拟，直接把农学中抽象的概念形象化，帮助学生从视觉上切实认识理解科学规律，最大限度地调动学生的学习热情和积极性。

开展信息化网络教学，要精心设计制作多种媒体资源，打好教学基础。在进行信息化网络教学设计时，要以学生为中心，注重学生的特点和需求。在课程内容中多插入图片、案例和时事，减少文字罗列，既保证课程内容有足够的信息量，又便于学生理解。在教学设计中，应充分利用现代信息技术和信息资源，科学地安排教学过程的各个环节。

2. 网络教学的基本要求

（1）积极开展线上讨论与互动。首先针对农业生产中的经营、技术等方面的问题进行讨论，以了解学生现有的知识水平和关心的问题，确定教学内容和组织方法。在讨论环节，要加强教学互动，增强学生学习的主动性。讨论环节可贯穿学习的整个过程，不仅可以在网络直播课堂上进行讨论，还可以在课程网站、社群等平台上展开讨论。另外，应配备专业的教师进行课后答疑。

（2）基于平台提供个性化指导。在网络教学的过程中要对现场教学进行录像，将授课视频、多媒体课件、微课等资源上传到网络课程平台，便于学生反复观看。教师在课程网站、社群等平台上解答学生疑问，提供学习辅导。通过网络上学生的反馈，以及学生对所学课程的掌握程度，为学生提供个性化辅导，有针对性地进行指导，以解决学生能力参差不齐的问题。

（3）提高教师的信息化教学能力。针对网络教学授课教师，需要定期组织信息化网络教学能力培训工作，帮助教师熟练掌握课程网站的使用方法，并能及时地在课程网站上完成布置作业、发布讨论话题等任务，提升教师对教学环节的把控能力。教师还应当帮助学生组织计算机操作、手机操作培训，确保学生能够接受信息化教学。

（二）田间课堂培训

1. 田间课堂的含义

田间课堂培训作为一种将教学地点设在农村的田间地头，以田间实践活动为主，重视田间农业生态系统分析的教学形式，"改变了办培训班的单一模式，在耕种的大忙季节，从涉农部门派出农技骨干力量，分片深入乡村开设田间课堂"[❶]，再由专业指导教师带领学生到农田、果园、养鸡场、养猪场等田间地头开展现场讲解示范。其将课堂讲授与田间实地考察相融合，能够丰富涉农专业的教学内容，突出教学重点，帮助学生更好地了解农业现状，形成生态意识、标准化生产意识以及经营意识，从而做到因材施教，提升涉农专业的吸引力。

---

❶ 张海. 开设田间课堂 实施定向培训 文山县多措并举培养新型农民［J］. 农村实用技术，2008（7）：5.

2. 田间课堂的实施要求

（1）采用"双师制"教学模式。田间课堂培训可采取"双师制"教学模式，"双师"即辅导员和专家。辅导员是联系专家、班主任和参训学生的纽带，是课堂讲授和田间指导的主持人，是教学、班级建设等活动的组织者。专家是涉农产业内具有较高的理论水平、丰富的实践操作经验、较好的课堂讲授技巧和基地现场指导能力的教师，主要负责教学实践过程中的专题讲授、实践指导、决策分析、问题点评等内容。专家不一定是学校的学者型人才，也可以是具有丰富实践经验的农民。农民在长期生产实践中积累的实践经验是科学知识的重要补充。将相关实践经验与专业技术人员的理论知识有机地结合在一起，能够帮助形成本专业或产业完整的知识体系，基于本模式形成的田间课堂教学内容能够更好地培养新型职业农民。

（2）合理设置田间课堂班级体制。田间课堂培训具有时效性和针对性，在班级体制设置上可实行小班制，人数一般为 20 ~ 50 人，分成多个学习小组，便于参训人员集中学习。主要产业在全培育期内培训至少 10 次，平均每周或每半月培训一次，课前由教师带着学生进行实地调研，每次培训帮助学生列举至少 5 个当前农业生产经营中存在的问题，以问题为导向，注重实操性。这种班级体制设置容易被院校应用推广，根据相关案例，培训推广效果较好。

（3）建立完善的教学效果评估体系。田间课堂培训需要建立完善的教学评估体系。每次培训后，一般由辅导员组织课堂教学效果评估，各组应当采用合理的评估方法进行课堂评估，改变传统培训中的"填鸭式"讲授。教学评估应当根据课堂学习情况，以培训背景、培训优点、存在的不足、意见建议等内容，为各组客观、公平、公正地打分，各组要阐述打分依据和标准，各组平均分就是本次教学的综合得分，这种做法能够有效地对田间课堂教学过程进行综合效果评估。

（三）基地化办班

中高等职业院校在培养新型职业农民的过程中，应当立足于涉农专业服务农村经济的宗旨，采用不同的教学方式，深入挖掘专业自身具备的优势和特色。不同层次的院校在培养涉农人才时，应选择适合本地区农村经济发展的基地化办班的方式，尤其是中高职院校，在校内培养学生技术技能时，可聘请当地农村专业户或与农业产业集团签订合同，由其定期来校对学生进行实践与技术培训。这种方式借助相关校企合作基地的优势，有效补充教学内容，帮助学校立足农业产业化，面向农业现代化，培养特色人才。

1. 基地化办班的实施过程

基地化办班的教学目标是培养社会需要的高技能、高经营型人才。在教学过程中应抓好两个方面：一是理论知识的传授，二是实践教学的引导。教学过程以实践性为主要特征，农学结合，根据农业生产需求设置教学计划，贯穿人才培养的全过程。

在理论知识传授方面，要结合现代科技进行辅助教学，将现代科技和教学过程相融合，充分运用现代信息和网络技术提高教学质量。以农学专业为例，可以农业示范园、农业高新区以及农业高科技实验基地为基础，教师依据完善的实训基地和运作制度整合教学内容，让学生最大限度地学习知识、掌握技能。

建立农业实训基地是引导实践教学的重要前提。例如，动植物病理学等的教学要在农业实训基地展开。学生可以亲临现场进行动态学习，"可以根据季节和生产需要安排半年或一年，一般集中在最后一学期，每个班级的每门专业核心课程安排 2 周或 4 周直接到基地（或农户）集中进行"[1]。学习过程也要采用现代技术进行辅助教学，如多媒体辅助手段、实物投影技术等，让学生在最短的时间内掌握最多的信息，生动、形象地学习知识，提高教学实效。

2. 基地化办班的实施要求

农业实训基地为农村经济建设提供支持，但在基地建设中存在两个弊端：一是过多地强调教学目标，将实训基地完全部门化，依靠大量的人力、物力来支持基地运转；二是过多地强调生产经营，将实训基地企业化，忽视了人才培养的最初目标。因此，农业实训基地的建立要遵循一定的规则，既要保证其人才培养的根本目标，又要保障其自给自足的经营能力。

第一，主管部门统筹安排，集中管理。首先，农业实训基地的建设需要较多的经费投入，涉及众多部门。"政府可以对接收学生进行基地化实习的单位给予一定的补贴和优惠政策，厚植企业承担职业教育责任的文化环境，促进职业学校和行业企业形成命运共同体"[2]。其次，要建立目标明确、经营完好的实训基地，必须建立相应的建设和管理机制，这需要多个部门的通力协作，从而最大限度地保证教学体系的顺利运行。

第二，以学生为主体，让学生充分参与教学过程。以作物栽培学课程为例，学生通过课外学习，走进现实生活，主动去观察和学习，培养学生的动手

---

[1] 陈会丽. 农业高职院校课程设置及改革的问题研究 [D]. 石家庄：河北师范大学，2007.

[2] 王继平，景李虎，朱达，等. 学习贯彻全国教育大会精神推进职业教育现代化发展：笔谈一 [J]. 中国职业技术教育，2018（31）：5－13.

能力、观察能力和协调能力。

第三，基地实训与学生创业相结合。以南通科技职业学院的"众创空间"运营模式为例，该模式是在教师的指导下，学生通过创业项目等形式进入基地实习，基地为其提供学习、训练场所。同时，学生要接受基地的企业化管理方式，以实现人才培养和基地经营的双赢。

（四）分段式教学

1. 分段式教学的含义

分段式教学主要是指接受学生学习存在个性差异的事实，根据学生学习的个性化需求推行分层教育模式。❶ 通过区分不同的学习层级，划分各个教学区段，减轻教师的教学压力，确保课堂教学能够高效稳定地进行。分段式教学在国外较为普遍，其通常将一堂课的教学过程分为循序渐进的不同阶段来进行，强调教学的层次性与系统性。基于此，按理论和实践紧密结合的要求实施分段式教学，能够有效培养涉农专业学生将知识运用于实践的能力。

在分段式教学中需要注意的是，由于不同年级的学生在认知能力、心理状态、知识结构等方面都存在差异，教学要符合学生的认知规律与认知能力的发展，并且实践环节应贯穿整个学习阶段的教育。以怀化职业技术学院的"四段式"人才培养模式为例，每个阶段都融合了理论与技能的学习，突出教育教学过程的实践性和职业性，提高人才培养的质量。

2. 分段式教学的实施过程

（1）初步学习阶段。首先应指导学生充分认识所学专业及专业知识范围，产生专业认同感，充分了解所学专业的人才培养方案及毕业时的就业方向，结合职业生涯规划课程的学习，将职业生涯规划与专业认知学习相结合。在课堂教学中，教师不能只注重知识传授，也要注重理论与实践的结合，在"理论课堂"上，可以通过增加案例教学、实物演示的比重以及充分运用现代化的多媒体等手段来丰富理论教学的内容，从而提高学生对知识的理解和运用能力，初步建立对专业和职业的系统认知。

（2）自主参与阶段。院校涉农专业要与地方农业经济的发展情况相联系，深入探索产学研一体化的教学方式，使教学方式更具特色。在第二课堂上要注重校企合作，利用企业的资源优势，让学生实际参与其中，不断提升知识内化、迁移和继续学习的基本能力。为了保证涉农专业学生的知识技能得到有效

---

❶ 刘晓茹. 论分段式培养中职酒店管理专业学生的服务意识 [J]. 现代职业教育，2019（26）：100－101.

提升，教师应定期总结学生的学习情况，分析学生的学习诉求，针对教学中的问题进行探讨，营造以人为本的教学氛围。

（3）职业准备阶段。涉农专业教师应当加强学生的就业观教育，认真组织学生开展寒暑假的社会实践、志愿服务、涉农企业见习等多种形式的实践活动，及时了解他们在农业领域中就业创业的意向。学生通过参与这些活动，可以及时发现自身优势及不足，不断修正自己的职业规划，并在今后的学习中弥补不足。

（五）参观式教学

1. 参观式教学的含义

参观式教学是指教师根据一定的教学内容和目的，选择具有典型教育功能的基地或工作场所，组织学生参观，从而获取并验证所学知识或者技能的一种教学方法。作为体验式教学的一种形式，参观式教学使学生通过实地体验、观察反思、抽象概括和主动应用等体验式学习，加深对所学专业知识的理解，促使学生重新构建自己的知识体系。教学环节中适当地增加参观教学内容和环节，是培养新型职业农民的现实需要，既有益于补充课堂教学，也有益于提高学生参与学习的积极性。

2. 参观式教学的特点

（1）注重理论联系实际。现场参观能够让学生亲身感受和运用课堂讲授的理论知识，深化理论认知。参观式教学既直观又生动，可使学生充分获得真实的感性认识，而感性认识是理解理论知识的基础，是上升为理性认识的依据。在参观式教学过程中，学生能够将理论与实际相结合，这有助于培养学生的观察力、注意力和思维能力。

（2）以促进学生主动参与为主。在传统课堂讲授过程中，学生以听为主，缺乏对教学内容的思考和创造，不利于学生逻辑思维、批判思维、发散思维等创新思维的发展。院校采用参观式教学，转变学生被动接受者的身份，使学生能够主动融入教学情境。教学双方直接面对面地沟通和交流，既有利于学生积极性、主动性的发挥，又能保证教师的教学更加符合实际，满足学生的个性化需求。

（3）强调丰富的教学内容。参观式教学把教学内容从抽象的概念、判断和推理等逻辑形式，转换为生动的实例、模型、图像和景观，使教学内容具体化、形象化，为学生感知、理解和记忆知识创造条件，既丰富了教学内容，又可以激发学生的兴趣。

3. 参观式教学的实施过程

（1）准备阶段。教师在教学前必须从相关企业或者现场取得相应的支持，与其共同制定参观式教学的流程与计划，确定参观引导人员与参观守则，引导学生学习有关理论知识，做好知识上的准备。

教师向学生阐明具体的学习目标与任务，明确参观过程中所要掌握的基本知识和技能要求，根据教学内容的特点，列举参观式教学过程中需要解决的问题，帮助学生尽可能地理解参观式教学目标的基本内涵。

（2）指导阶段。在参观过程中，教师要将示范和讲解相结合。教师和参观引导人员要做好指导工作，借助现场的实地教学场景，引导学生将课内学过的理论知识具体化，并拓展学生的思维，启发其验证、概括、总结相关概念，并在实际操作中切实认识到科学发展规律。教师在讲解时要做到条理清晰且重点突出，清楚地讲解农艺设备、材料、工具可能发生的故障、操作规程等。

（3）总结阶段。参观式教学结束时，要抓住教学过程中的主要问题进行解答或者说明，并予以全面总结。总结时，要依据学生参与培育的农产品的生长情况或工作流程，评定学生的成绩，全面总结学生的实践情况，指出其优势与不足。对技能熟练度较高的学生，要注意总结他们的经验，并及时鼓励和推广。最后，教师还要填写教学日志，作为实践教学资料加以保存。

（六）场景教学

1. 场景教学的含义

"场景教学是一种要求学习者在不同的场景中进行思想交流、表达交流，从而乐于合作探究、掌握知识技能并培养思维、创造力等素养的教学方式。"[1] 场景教学可视为情境教学的一种延伸，由于场景是不断变化的，要求教师根据不同知识内容对应的不同情境来创设不同的教学场景，帮助学生在实际应用场景中进行实践学习，这有利于弥补传统教学"重视理论，轻视实践"的不足，同时也使理论知识应用于特定场景得以实现。

2. 场景教学的实施过程

（1）对接一线企业岗位需求。首先要梳理好相关的学习环境，考察涉农产业与企业人力物力资源的调动是否能够解决实际场景中出现的问题，了解真实工作环境对涉农专业学生的知识水平、操作技能、沟通能力等方面的要求。其次要明确教学目的，选择难易适度的学习课题，结合实际岗位需求，培养学

---

❶ 武法提，黄石华，殷宝媛. 场景化：学习服务设计的新思路［J］. 电化教育研究，2018，39（12）：63－69.

生应对各个场景的能力。

（2）渐进引导学生构建知识。场景教学在促成知识构建、创设情境和互动学习方面有极大的优势。在教学过程中，教师也要从教授知识变为以指导和辅助学生为主，帮助学生通过自主探索和发现来完成知识的构建，将新事物与已有经验相结合。课堂活动可以采用小组讨论的形式，教师引导各个小组之间展开讨论或辩论，将课程场景化呈现，促进教师、学生与课程内容的互动。

（3）灵活构建仿真教学场景。针对企业实际工作流程和工作场景，结合企业用工的具体要求，通过相关虚实交互技术建立仿真教学场景。根据教学内容需要变换教学环境或设置教学情境，强调以问题为导向的项目学习方式，合理采用角色模拟的方式，注重知识掌握和技能培养，激发学生的学习热情，培养其合作研究意识。

三、考评体系构建

涉农中高等职业院校培养新型职业农民，不仅要构建完备实用的课程体系和灵活多样的教学体系，还要构建科学的考评体系，掌握新型职业农民培养的状况，科学合理地监控与评价涉农专业人才的培养质量，引导培养过程不断创新，从而培养出适应国家需要、市场需求和个体可持续发展需要的高素质涉农专业人才。为此，要结合多主体的考核方式，将学生的职业道德、技术水平和能力作为考核的主要内容，并建立全面且明确的评估标准，调整适应现代农业发展以及学生个体可持续发展的评估流程，确保有多部门、全方位、全环节的保障，从而最大限度地提升人才培养质量，彰显新型职业农民培养的成效。

（一）明确考核评估主体

1. 政府层面

首先，政府应当加强对各级院校新型职业农民培养的指导，在宏观上进行引导和调控，出台相关法律法规和政策，促进新型职业农民的培养与农业产业的发展深度融合，对培养的取向和质量进行评价与把控。其次，教育主管部门、人力资源等部门应对涉农专业教育教学质量的监控与评价进行改革，运用科学的方法对涉农专业的相关岗位技能、专业能力等进行深入调研并量化质量标准，以此指导、监督、评价涉农专业的教育质量，并严格执行职业资格证书准入制度，使国家职业资格证书制度框架与农村经济社会现实需求有效对接。

2. 社会层面

涉农企业对自身真正需要什么样的涉农人才及其具体标准有着明确的意

向，他们对院校培养的学生是否能够胜任公司中的具体岗位、学生所具有的优势和劣势与工作岗位的匹配度等都可以做出大致的预判。为此，要建立由企业、行业协会、职教评估机构、毕业生、家长等利益相关方组成的多元评价机构，定期对涉农专业教学目标、专业建设方案、就业质量、用人单位满意度、课程有效性等进行评估，并及时地根据评价结果修订人才培养方案、调整教学内容、改革教学方法，坚持走政府、行业企业、其他社会机构与涉农院校合作育人、合作发展的道路，从而有效提高专业教学水平和人才培养质量。

3. 学校层面

应在校内建立起一套完善的教师管理评价机制。教师作为学生学习和成长的引路人，其德行至关重要。因此，学校要重视师德师风考核评价，采取量化评价和质性评价相结合的方式，建立教师个人信用记录，完善奖优罚劣机制，通过明确教师行为规范，落实立德树人的根本任务。❶

通过学生对教师的评价，可以了解学生对该教师授课风格、教学态度、教学能力等方面的满意度，有利于提高学生上课的积极性和学习效果。同时，评价可以体现教师的特长，能够给教师提供改进工作方法的反馈信息，帮助教师确立自我发展目标和专业发展方向。学校可以给学生发放一份综合性的教学评价表，内容涉及上课准时情况、教学方式、媒体运用、教学态度、教学方法、师德表现、教师和学生的关系等方面，了解学生对教师的看法。在评价主体上，不应只看学生的评价，还要结合同事、领导及教师对自己的评价意见。在教学地点方面，要重视对实践基地教学和管理的评价，即实践基地是否能为学生的实习、实训提供稳定的师资保障，实践教学过程能否满足实践方案中所规定的教学规范等。

（二）研制考核评估标准

建立一套能够动态监控培训效果的考核评估标准是考评体系构建中非常重要的一部分。学校应当与行业协会、企业加大合作力度，与企业共建教学质量监控体系与教学质量评价体系，将培养效果作为衡量人才培养质量的核心指标，为学校培养新型职业农民提供更好的指引。学生可以通过相关指标更好地了解市场需求和行业发展情况，从而有目的地开展学习和进行就业选择，切实提高自身的综合能力。

中高等职业院校涉农专业考核评估标准应由四个部分组成：教育培训、培养效果、平台搭建、社会影响。完善的考核评估标准便于及时发现培养体系建

❶ 李纵擎. 新农科背景下农林高校教师教学能力研究［D］. 武汉：华中农业大学，2021.

设、管理、运行中存在的问题，并同步提出解决问题的对策和建议，保障培养体系的可持续发展。

1. 教育培训

（1）培训制度体系建设。用于考核各部门是否按照乡村振兴战略规划的大方向，建立"省级统筹、规范管理、一体多元"的制度体系。

（2）培训任务部署情况。用于考核院校或者相关农民教育培训机构是否按照我国新型职业农民培养发展规划的要求，内容全面地表述新型职业农民的综合素质、专业技能和实践操作培训任务。

2. 培养效果

（1）学生或学员技能掌握情况。主要考核相关院校或者相关农民教育培训机构的培训效果，学生或学员是否在规定的修业年限中修满学分，是否获得培训结业证书或专业技能证书。

（2）学生或学员满意度。用于考核涉农专业学生、学员针对课程调整、组织管理、师资、教学方式等的评价，根据打分均值掌握学生对总体培训效果的满意度。

3. 平台搭建

（1）信息化平台搭建情况。通过相关在线平台，考核学生对信息化平台的接受能力，确保平台能够在线查询基地化组班情况、授课教师、课程设置、可选用的基地以及在线评价情况，根据平台运行和创新能力按项计分。

（2）校企合作建设情况。考核校企合作建设实训基地、创业孵化基地，制定田间课堂培训方案，加强双师型队伍建设，合作选编适用于本地区的涉农教材的情况。

4. 社会影响

（1）经济效益及社会反映情况。考核院校涉农专业对本地区现代农业发展所产生的经济效益情况以及对农技人员的帮扶情况。

（2）宣传情况。考核院校或者相关农民教育培训机构对新型职业农民培育工作信息上报宣传情况，以及在中央主要媒体、省报头版头条、简讯、农业农村部相关网站刊播综合性报道情况。

（三）严把考核评估流程

新型职业农民培养体系综合考核评价要坚持科学规范性和系统性相结合的原则，遵循基本规则和步骤。具体过程中要坚持以下基本程序。

1. 考核准备阶段

在规定时间以前，由相关部门下发考核通知，确定考核对象，依据考核标准制定实施方案；被考核单位按照要求进行自查自评，将自查自评结果上报考核相关单位。根据考核对象的不同情况，做好相应的考核规划，在一定范围内发布考核工作预告，同时在一定范围内，对被考核单位工作目标及其完成情况进行公示。

2. 考核实施阶段

各级部门组织工作启动后，要做到以下四点：第一，明确考核监管职责，安排考核工作人员，建立考核小组，开展考核指导和新型职业农民资格认定管理；第二，考核实施前期，充分利用院校原有监管体系，采用数据采集和实地调查等多种方式开展调查研究；第三，深入了解培养工作进展情况，开展培养工作实绩指标考核，可采取查阅资料、现场查看、汇报座谈等方式，针对本地区的优秀培养案例，基于一定时期内的社会评价调查情况进行推荐；第四，考核院校培养工作实绩，对培养效果完成情况进行量化评分。

3. 考核总结阶段

组织召开新型职业农民培养考核评价工作委员会会议，进行综合性评价。首先，总结培养工作情况，对于培养效果较好院校的教学方式进行经验总结并予以推广；其次，根据各方意见查找自身不足，及时反思，提出解决方案；最后，根据会议总结情况，形成综合考核材料。

4. 重点环节

在开展考核指导环节，考核评价小组应当协同工作、明确分工、层层负责，确保考核任务落到实处。要坚持统一性原则，确定考核对象、明确考核内容、规范考核步骤，将培养效果作为新型职业农民培养资格认定、考核奖惩的首要要求。

在案例推荐环节，要根据实绩分析、实地调查和汇报座谈情况，注意突出案例优势；坚持定性与定量相结合的原则，衡量相关案例的实效性。在考核过程中，要完善周期性考核评议机制，确保案例具有可推广性。

在调查研究环节，坚持普遍性和特殊性相结合的原则，到涉农院校的农民教育培训、实训基地等机构查阅和核实院校培养管理制度、台账、培训资料等，通过上级相关部门评价、涉农企业评价、学校内部评价和学生评价，结合当地经济社会发展状况，有针对性地进行横向和纵向比较。

在综合评价环节，综合运用实绩分析、社会调查、现场查看等环节形成的丰富资料及指标考核责任单位、政府、企业、行业、学校等主体的评价情况，按照科学合理的综合评价办法，通过召开综合评价分析会，经过集体研究讨论达成一致，形成既有定性评价，又有定量结果，同时包括优势和不足的综合评价意见与相关考核材料。

（四）考核评估保障

良好的考核评估保障是涉农院校涉农人才培养的重点，涉农人才培养涉及政府、学校、企业三个主体，因此，学校要联合用人单位以及地方政府，联系当地农业发展实际和市场需求共同制定涉农专业相关的组织机制及制度保障，共同改善涉农院校涉农人才培养的政策环境。

1. 组织保障

规范有序地开展新型职业农民培养考核工作，是社会经济发展规划的重要内容，其间要发挥好政府的监督作用。❶ 通过政府资金的支持，首先，构建专业的考核评估专家库，每年定期对新型职业农民培养质量进行考核；其次，通过组建独立的第三方新型职业农民培养考核评价专业机构，对培养全过程进行跟踪评估，及时发现并纠正培养过程中出现的问题，在有效提升培养质量的过程中形成质量标准。

2. 机制保障

（1）对多元培养主体实行动态管理机制。定期组织培养过程、培养效果检查，并随机进行抽查。对于培养内容、培养过程设置负面清单机制，将培养效果不佳的培训内容纳入负面清单。建立政府培训部门和专业培训机构联合考评机制，并制定相应标准，形成政府和民间机构联合定制的新型职业农民培养考核评价体系。

（2）形成新型职业农民培养过程性评价自我诊断机制。在新型职业农民培养过程中，通过教育实施、过程监控、质量评价和持续改进，针对培训对象、培训内容、培训环节等进行检测与反馈，并制作自我打分表，以利于后期检查。自我诊断有利于明确新型职业农民培养质量标准，并在检测与反馈中进行检验和调试。

3. 制度保障

政府宏观统筹地方与国家的关系、地方教育与地方经济的关系、涉农院校与其他层次院校的关系。积极开展新型职业农民教育培养模式的试点工作，不断完善职业资格的认证体系、就业准入制度，制定切实可行的法律法规和政策，合理引导职业院校新型职业农民培养模式的落实。

中高等职业院校是教学的主要实施者，首先要积极构建外聘专家和校内专家相结合的督导组织来加强对教学的监控与指导，制定并完善以院校为核心、政府引导、企业（村、场）和行业协会共同参与的考评保障制度规范。其次

---

❶ 马建富. 新型职业农民培育中政府的角色及作为［J］. 中国职业技术教育，2016（18）：64－68.

要创新改革听课谈话制度、操作技能竞赛制度、教学信息反馈制度等制度。各院校涉农专业要根据教育实践，不断完善本专业的教学管理制度、学生评价制度、教学质量管理规范、教学信息反馈制度等校内教育教学管理制度。相应的制度规范要科学、客观，具有可操作性，还要特别注重结合学生满意度等外部评价来综合衡量培训绩效。

第二节　成人教育新型职业农民培训体系的构建

农业农村的现代化，根本在于农民的现代化，而要实现农民的现代化，关键在于对传统农民进行改造，使传统农民能够进入现代农业，让农民成为有吸引力的职业。❶ 对传统农民进行改造主要是对其进行人力资本的开发与再开发，主要途径是职业教育和成人培训。通过有针对性的补偿性教育与专业培训，提升乡村振兴人才供给的数量与质量，优化乡村振兴的人才结构。❷ 相关数据表明，2003—2020 年，我国农村成人文化技术培训学校累计培训结业6.73 亿人次，是 2020 年乡村就业人数的 2.34 倍。农村实用人才培育、高素质农民培育等政策也为乡村振兴培养了大量人才，2020 年我国农村实用人才总量达到 2254 万人，其中高素质农民 1700 万人，为目前我国乡村振兴人才培育和保障做出了重要贡献。❸ 而成人教育新型职业农民培训作为重要组成部分，发挥了至关重要的作用。基于此，我们要构建科学的成人教育新型职业农民培训体系，保障和提升成人教育新型职业农民培训的质量。

一、成人教育新型职业农民培训体系的内涵和作用

（一）成人教育新型职业农民培训体系的内涵

成人教育是终身教育体系中成人阶段一切教育的总和。它以成人为特定的

---

❶ 张海鹏，郜亮亮，闫坤. 乡村振兴战略思想的理论渊源、主要创新和实现路径 ［J］. 中国农村经济，2018（11）：2–16.

❷ 马欣悦，陈春霞. 乡村振兴战略中职业教育相关政策的研究：基于政策文本分析的视角 ［J］. 职业技术教育，2022，43（6）：26–32.

❸ 罗仁福，刘承芳，唐雅琳，等. 乡村振兴背景下农村教育和人力资本发展路径 ［J］. 农业经济问题，2022（7）：41–51.

教育对象，以成人的学习需求为起点，可以立足当下，也可以面向未来，面向成人的全面、可持续发展。在联合国教科文组织发布的《学会生存：教育世界的今天和明天》中，将成人教育经典地描述为："成人教育可能有很多定义。对于今天世界上许许多多的成人来说，成人教育是替代他们失去的基础教育；对于那些只受过不完全教育的人来说，成人教育是补充初等教育或者职业教育；对于那些受过高等训练的人们来说，成人教育是为他们提供进一步的教育。成人教育也是发展每一个人的个性的手段。"❶ 由此可以看出，成人教育的内容既包含储备性知识，又包含补偿性知识，还包含发展性知识。

新型职业农民是有知识、善经营、懂管理的新型农民与充分进入市场、具有职业特性的职业农民的有机结合❷，是以市场化为导向、专业化为手段、规模化为基础、高素质为特征的群体❸。开展新型职业农民培训是实现社会主义新农村建设、现代农业发展、四化同步发展和乡村振兴战略等和解决农村空心化问题的关键。❹

成人教育新型职业农民培训既是新型职业农民培育的重要组成部分，也是终身教育的重要组成部分。为了区分于职业院校新型职业农民培养，本书将成人教育新型职业农民培训限定于继续教育范畴，主要涉及以提升从业能力和综合素质为目的的短期培训等教育活动。这种培训主要面向在职农民和返乡农民工等，可以是为从事农业生产而做准备的储备性知识培训，也可以是为适应产业升级、技术转型、设备更新、标准变化、管理模式变革的补偿性知识培训，还可以是学员自身丰富知识涵养、提升文化品位、获取创新能力的发展性知识培训。

成人教育新型职业农民培训体系作为服务全民终身学习的现代教育体系的重要组成部分，要为新型职业农民不断提供继续教育和学习的机会，涉及方方面面，不仅有科学、完备的培训供给，还有科学的质量评估和认定机制，形成从提供充分供给的学习机会到有效认定学习成果的认定机制。在此过程中，辅以科学的培训质量评估、不断改进的科学的培训体系。

---

❶ 联合国教科文组织国际教育发展委员会. 学会生存：教育世界的今天和明天［M］. 华东师范大学比较教育研究所，译. 北京：教育科学出版社，1996.

❷ 曾一春. 完善制度设计，强化实践探索：关于培育新型职业农民的几点认识［J］. 农机科技推广，2012（7）：10－13.

❸ 庄西真. 从农民到新型职业农民［J］. 职教论坛，2015（10）：23－28.

❹ 吕莉敏. 新型职业农民培训效果评价研究［D］. 上海：华东师范大学，2022.

（二）构建成人教育新型职业农民培训体系的必要性

我国农业正值转型发展关键阶段，农业生产技术装备革新、农业生产方式转变，这些新的变化都对农民的技能和素质提出了新的要求。要适应这种转变，必须实现技能提升，那么，新型职业农民培训的质量必然要符合变革的要求。当前，美国、德国、日本等都建立了相对完备的职业农民职业培养体系，虽然我国在新型职业农民培训方面发布了一些政策和规定，但是这些政策和规定还没有形成一个完整的体系。

第一，构建成人教育新型职业农民培训体系是建设服务全民终身学习的现代化教育体系的需要。《中国教育现代化2035》明确提出，要"建成服务全民终身学习的现代教育体系"，其中就包括为每个人的终身生涯不断提供继续教育和学习机会。[1] 而成人教育新型职业农民培训就是要为农民的终身生涯源源不断地提供受教育和学习的机会，故而构建科学的成人教育新型职业农民培训体系是构建完善的终身学习体系的重要内容，也是服务全民终身学习的现代教育体系的重要内容，其对建设技能型社会具有重大而深远的影响。构建科学的成人教育新型职业农民培训体系，让成人教育新型职业农民培训更加优质、公平，乡村振兴人才的培养、评价、认定制度更加完善，利益相关者的权责更加清晰，培训更加高效，营造人人皆可成才、人人尽展其才的良好环境。

第二，构建成人教育新型职业农民培训体系是新农业发展、乡村振兴的需要。目前制约我国乡村振兴目标实现的正是农民人力资本积累不足。[2] 在脱贫攻坚时期，农村成人教育有效地发挥了人力资本的作用，提高了农村贫困人口的收益水平，提升了农村人口的技能水平。在乡村振兴战略背景下，农村成人教育从技能扶贫转变为培养新型职业农民，成人教育新型职业农民培训成为新型职业农业发展的内生力量，是实现农业现代化的重要保障。在培养、培训新型职业农民的过程中，不仅要注重数量，源源不断地为乡村振兴输送所需人才，更要注重人才培养的质量。新型职业农民培养是一个涉及多方行为的系统工程，通过构建科学的成人教育新型职业农民培训体系，各利益相关方协同发力，构建有效的培训模式、质量评价与持续改进机制和技能认定机制，实现高

---

❶ 杨进. 谈构建全民终身学习体系的国际趋势［J］. 宁波大学学报（教育科学版），2021，43（5）：2-7.

❷ 马建富，蔡巧燕. 助力乡村人才振兴：职业教育发展的理念、作为与策略［J］. 职业技术教育，2021，42（18）：7-12.

质量培训。

第三，构建成人教育新型职业农民培训体系是实现新农人终身发展的需要。人的终身发展离不开终身学习。成人教育新型职业农民培训是传统农民更新从农知识和提升职业技能的重要途径。人的全面发展和幸福生活离不开全民技能素质的提升，这是党和国家在全面建成小康社会后，持续巩固和提升人民群众生活福祉的重要条件，有利于促进人人学习和享有技能，提高生活品质，提升人民群众的获得感、幸福感、安全感。

二、现行成人教育新型职业农民培训体系的症结

（一）成人教育新型职业农民培训结构体系不够完善

新型职业农民教育培训结构体系主要包括层次结构、类型结构、专业结构、布局结构和办学结构等。目前，我国成人教育新型职业农民培训结构体系不够完善，主要表现在：第一，成人教育新型职业农民培训层次结构和类型结构还不够合理，层次区分不够明确，类别划分不够清晰，在培训开展中会造成重复培训的现象，影响培训的操作性和实效性。第二，农科类培训课程资源开发不足，发展不景气，基于农村社会经济发展、农业现代化和新型职业农民需求的成人教育课程体系尚未完全建立。第三，农民职业教育与培训机构布局不合理。当前，涉农学校逐渐减少且基本分布在地级市，县级及以下城市的农村学校较少，农村地区仅有农广校的教学点，教育资源短缺对居住分散、需求多样化的农民来说，选择恰当的时间、地点、形式和内容参与培训显得十分困难。第四，农村职业教育缺乏活力，培训模式相对单一，难以满足农业现代化的快速发展对农民数量和质量的要求。❶

（二）成人教育新型职业农民培训教学体系不够合理

新型职业农民教学培训体系包括教学场地、师资队伍、教学内容、教学形式、教材建设、课程设置、教学组织和管理等。目前，我国成人教育新型职业农民培训的教学体系还不够合理，主要表现在：第一，成人教育新型职业农民培训政出多门，涉及农业、人事、妇联、教育、扶贫、民政等多部门，各部门各自为政、资源分散，尚未形成合力。第二，培训机构地位不高，很多地方负

---

❶ 吕莉敏，马建富，陈春霞. 基于农村人力资源开发的新型职业农民培训体系构建［J］. 机械职业教育，2018（3）：14－17.

责农民培训的成人学校没有独立的法人地位，没有独立的教学场所和实训场地。第三，一些地区没有根据当地社会经济发展、新兴产业、特色产业对人才的需求进行调研并开发编写具有本土特色的教材。第四，农民培训内容不实用。农民培训内容要符合农民致富增收的需求，与当地优势产业相结合，加强经营管理和市场营销技术培训，要讲求培训的全面性和系统性。但是，目前的农民培训内容与农民需求存在一定的脱节。第五，农民培训形式不够灵活。农民培训要充分考虑交通、食宿和时间成本，为了方便农民学习，提高培训效率，农民培训机构要选择农民最需要的技术，用农民最喜欢的方式对农民进行培训。❶

（三）成人教育新型职业农民培训政策体系不够健全

在成人教育新型职业农民培训中，当前产教融合、校企合作难以向"产教融合"方向深层推进，这固然有涉农企业、产业界或者职业院校各方面的原因，但是与国家和政府层面的政策支持不足、保障缺位、作用力不强也密切相关。制度配置和政策创新的重要作用在于对各相关行为主体的行为进行规范和激励。就推进产教融合培育新型职业农民而言，政策和制度的重点就是要最大限度地激励涉农企业以及各种经营主体作为主要办学主体，积极参与新型职业农民培育的全过程，其中具有规制性的政策主要是使涉农企业明确自己在新型职业农民培育中的职责、权利和义务，促使其扮演好自身的角色。然而，由于企业是以尽可能追求经济利益最大化为目的，因而其能否作为重要办学主体与职业院校协同办学，在很大程度上取决于这种产教融合、校企合作培育新型职业农民的模式会对其产生多大的正向作用和经济效益，会给其增加多大的人才培养成本，以及存在多大的风险。这些增加的成本、风险能否得到相应的补偿，是涉农企业关心的问题。

一般来说，企业更愿意将投资用于内部员工培训，而不愿意参与对社会劳动者的全面培训和一般技能培训，大中型农企更是如此。因为这些企业十分清楚，它们必须防止企业相互"挖人"的现象，而且一般技能培训不符合自身利益需求，因而，这些企业参与成人教育新型职业农民培训的积极性自然就不高。然而，对于企业的这些担忧，却没有法律和政策层面的相关规定与健全的体系为其解忧，在一些文件中只有一些泛泛的、缺乏制约性和激励性的规定，作用甚微。例如，2018 年中共中央、国务院印发的《乡村振兴战略规划

❶ 吕莉敏，马建富，陈春霞. 基于农村人力资源开发的新型职业农民培训体系构建［J］. 机械职业教育，2018（3）：14－17.

（2018—2022 年）》指出，要"创新培训组织形式，探索田间课堂、网络教室等培训方式，支持农民专业合作社、专业技术协会、龙头企业等主体承担培训"。这里虽然有对企业参与行为要给予"支持"的描述，但如何支持等问题尚未明确。❶

三、成人教育新型职业农民培训体系的构建

党的二十大报告提出"必须坚持人民至上"的重要思想，而要实现乡村振兴、共同富裕，关键在于提高低收入群体的收入，为低收入群体提供更多创收的机会，完善重点群体就业支持体系，建立终身培训制度。实施成人教育新型职业农民培训，在新生代农民继续教育工作中投入更多资源来增强教育实效，促进新型职业农民的长远发展，是丰富低收入群体技能、提高低收入群体收入、增进民生福祉、提高人民生活品质的重要途径。实施成人教育新型职业农民培训，要坚持人民至上，坚持以人为本，将新型职业农民的根本需要作为基本依据，构建横向联通、纵向贯通、面向人的可持续发展的成人教育新型职业农民培训体系，如图 7 - 1 所示。

（一）确定层次分明、类型多样的培训目标体系

成人教育具有个体发展功能和社会发展功能两个基本向度，一方面作为满足人类自身不断发展所需要的工具，另一方面又作为满足社会物质生产所需要的工具。因此，成人教育不仅要以人的可持续发展需要为基础，也要以社会的可持续发展需要为基础。那么，在培养、培训新型职业农民的过程中，不仅要注重数量，源源不断地为乡村振兴输送所需人才，更要注重人才培养的质量和结构，避免新型职业农民人才队伍的结构性短缺和过剩。为了达成这一目标，必须根据现代农业发展需要和农民实际基础，建立层次分明、类型多样的培训目标体系，对新型职业农民开展分层、分类、分型的成人教育培训。

建立成人教育新型职业农民培训目标体系，前提是积极探索新型职业农民注册登记制度，通过不断完善新型职业农民信息管理系统，建立新型职业农民队伍动态管理机制。通过分析政策导向、现实需要和农民实际，确定本地区成人教育新型职业农民培训对象，并对培训对象和培训目标进行分类。基于目标分类开发培训资源，设置分层、分类的课程内容，从而增强培训的针对性和实效性。

---

❶ 马建富，李芷璇. 产教融合视域下新型职业农民培育型态的重构 [J]. 职教通讯，2021（1）：44 - 52.

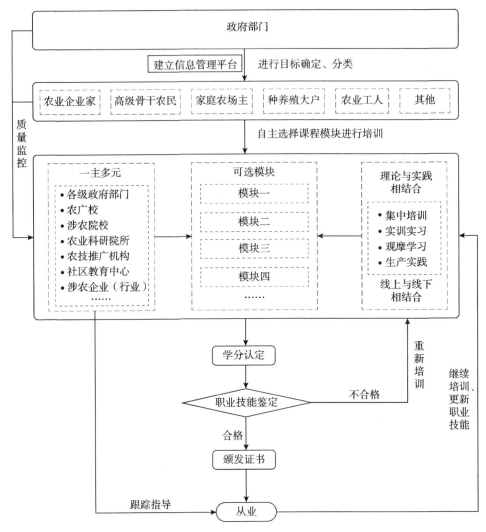

图 7-1　成人教育新型职业农民培训体系

（二）组建一主多元、多方协同的培训育人共同体

构建科学合理的成人教育新型职业农民培训体系，目标在于使成人教育新型职业农民培训取得更好的效果，其终极目的在于提高新型职业农民的培养质量，更好地服务农民，帮助农民实现自身发展。那么何为质量？人才资源研究

专家叶忠海教授认为，适应、适合就是质量。❶ "需求导向质量观"指出教育的质量是以满足利益相关者的需求与愿望为导向，具体表现为教育的外部适应性。而新型职业农民的培养，不仅关系到农民自身的成长发展，也关系到农村社会的民生福祉、农村经济的健康发展以及乡村振兴战略和共同富裕的实现，关系到政治、经济、生活的方方面面，利益相关者众多。因此，成人教育新型职业农民培训必须符合农民个体的期望以及农民发展的需求，必须符合岗位的需求和现代农业发展的要求，同时必须与国家和地区发展所需的新型职业农民的数量与质量相匹配。但从利益相关视角出发，各利益相关者的诉求往往并不一致，即从单一主体出发开展成人教育新型职业农民培训并不一定能够适应各相关者的需要。因而，根据全面质量管理理论，成人教育新型职业农民培训应强调多方参与。应构建以政府为主体，农广校、社区教育中心、社会公益组织、涉农企业、社区学院、行业相关培训机构等深度参与，政府、企业、学校多方协同的"一主多元"的成人教育新型职业农民培训育人共同体，明晰主体责任，横向联通，建立多层级培养机制，形成成人教育新型职业农民培训的社会支持网络。

（三）创新形式灵活、内容丰富的教学培训体系

成人教育新型职业农民培训要向产业化、市场化等多元方向转变，打破地方、部门和行业的界限，加强政府与农业企业、合作社、家庭农场以及科研机构的开放合作❷，育人共同体在制定成人教育新型职业农民培训方案时，应从多维标准考虑。育人共同体各主体间可以通过交流与合作，共同开发培训资源，实现资源交互与共享，根据现代农业发展需求和农民自身发展需求及时更新培训内容，增强培训的精准性和有效性。育人共同体间应建立有效的互通互联机制，开发可供农民选择和组合的培训模块，避免重复培训而造成资源浪费。通过多样化、多元化的培训形式，使受训者在接受成人教育新型职业农民培训时能够更好将理论与实践相结合、线上与线下相结合、集中培训与分散学习相结合，进一步提高培训的效率与效果，在农民完成一阶段培训进入工作时持续为其提供跟踪服务，动态化管理新型职业农民工作开展情况，进一步提高技能培训与市场需求的适配性以及个体发展性，从而获得培训收益的最大公约数；同时"三产融合"催生出新产业、新业态、新模式，是现代农业发展的

---

❶ 叶忠海. 现代成人教育学原理 [M]. 北京：中国人民大学出版社，2015：31.

❷ 马建富，吕莉敏，陈春霞. 职业教育视域下的新型职业农民培育研究 [M]. 北京：科学出版社，2015：87.

新趋势，对新型职业农民提出了更高的要求。而成人教育新型职业农民培育对象来源的类别、层次和需求的差异性，对培训方式也提出了改革创新的要求。伴随着互联网、大数据、云计算、智能装备等现代信息技术的迅猛发展，以及数字乡村建设的推进，为农民提供灵活便捷、智能高效的在线教育培训、移动互联服务和全程跟踪指导成为可能。通过智能技术赋能成人教育新型职业农民培训将进一步弥补传统培训的不足，进一步提升培训的效率，更好地满足农民个人的发展需求和岗位需求。

1. 贯彻产教融合、产出导向、能力本位的培训理念

成人教育新型职业农民培训必须以职业农民适应岗位的需求为导向，同时必须与职业农民的生产经营和服务过程相吻合，必须与现代农业实际生产过程，以及新产业、新业态、新模式的发展和运作过程相一致，如此才能使所培养的新型职业农民真正具备"现代性"特质，真正适应现代农业发展的要求，因此，产教融合是成人教育新型职业农民培训的必然选择。成人教育新型职业农民培训应实现教学和培训机制的创新，将教学模式、教学内容、教学方法、教学评价等诸多要素嵌入产教深度融合的教学平台。[1] 成人教育新型职业农民培训不仅要深化产教融合，还要根植"产出导向""能力本位"教育理念。"产出导向"最早提出于美国，[2] 它强调以学生为中心，以产出为导向，以质量改进为价值引领，既体现以人为本的理念，又迎合产业发展的需求。以新型职业农民培训产出目标驱动整个培训过程，以预估培训结果，通过培训产出来重构教育内容，[3] 企业导向，供需对接，理实一体，学训结合，双师协同，优势互补。从现代农业发展的岗位需求出发，以新型职业农民能力培养为核心，以职业能力培训为基础，根据工作任务分析所需的综合能力来设计学习内容，并将此作为制定培训目标以及开展培训效果评价的标准，接受培训的农民可以对照能力标准开展自我评价，注重新型职业农民的个体成长和个性发展。

2. 积极运用信息化、网络化、智能化的培训手段

伴随着信息化、网络化、智能化的现代科技的发展，互联网、大数据、虚拟现实（VR）和人工智能（AI）等技术为线上线下协同开展成人教育新型职业农民培训创造了条件。运用互联网、大数据等技术可以更加精准地掌握农民的文化教育程度、技能基础、从业经历等，精准地了解职业农民的培训需求，

---

[1] 马建富，李芷璇. 产教融合视域下新型职业农民培育型态的重构 [J]. 职教通讯，2021（1）：44-52.

[2] SPADY W. Choosing Outcomes of Significance [J]. Educational Leadership, 1994, 51 (6): 18-22.

[3] 龙奋杰，王建平，邵芳. 新建本科院校推行成果导向工程教育模式的探索与实践 [J]. 高等工程教育研究，2017（6）：76-80.

对培训对象进行精准的遴选与分类，由此为成人教育新型职业农民培训提供精准的职业教育服务和供给模式。通过线上线下融通的成人教育新型职业农民培训模式，可以改变原来单一的、难以考虑不同农民培训需求的弊端。基于对不同层次、不同基础、不同需求的职业农民情况的精准掌握，可以科学合理、供需相当地构建多样化的课程模块，为不同需求和不同学习层次的职业农民提供更加适配的课程菜单，使受训农民可以根据自身情况自主选择需要的课程和内容。此外，学校专业教师和众多涉农企业农艺师、园艺师、经纪人、管理者可以通过互联网平台为参加培训的职业农民提供涉农专业的各类实践案例，并可以通过互联网与参加培训的职业农民实现跨时空的交流，由此真正为参加培训的职业农民提供个性化服务。[1] 通过运用信息化、网络化、智能化的培训手段，实现智能技术赋能成人教育新型职业农民培训，为职业农民提供多元化、个性化、灵活性的培训服务。

3. 搭建多层次、多类别、多形式的培训平台

深化成人教育新型职业农民培训产教融合，推进校园与田园对接，教师与师傅组成一体化的教学创新团队。政府、学校、企业共同构建"互联网＋"新型职业农民培训模式，打造成人教育新型职业农民培训云平台。根据不同基础的培训对象和培训目标，云平台可以设置不同的培训层级与类别，以实现新型职业农民的分型培养。不同的受训农民选择进入不同的层级和模块进行学习，完成相应的学习任务，达成相应的学习目标，完成考核，进行在线认定。不同层级和模块间可以通过制定相应机制进行转换或互认。平台提供多种形式的线上课程资源，使受训农民能够更好地理解教学内容，能够根据提供的最新技术、案例进行学习和解决实践中的问题。在平台上，受训农民可以观看课程回放、进行线上交流、上传成果等，使成人教育新型职业农民培训可以不受时间、空间的制约，随时随地进行学习。通过建立培训平台，受训农民可以根据自己的实际情况调节培训的时间，选择培训的内容，使平台在实现优质资源共享的同时，更加适应不同个体的需求，更加具有针对性和实效性，进一步提升培训效率；同时，平台自主开班、自主开设课程、自主考核管理，最终实现在线教育培训、在线认定扶持、信息化管理、农技服务跟踪等功能，更加细化、系统化地掌握培训的实际情况，更有利于调节培训的政策与内容。

4. 提供有针对性、实用性、终身发展性的培训内容

提供符合新型职业农民需要、面向新型职业农民发展的培训内容，办好令

---

[1] 马建富，李芷璇. 产教融合视域下新型职业农民培育型态的重构 [J]. 职教通讯，2021 (1)：44－52.

农民满意的新型职业农民培训，能够提高受训农民的培训满意度，从而提升培训的效果，进一步提高受训农民的获得感、幸福感、安全感，使农民生活更加幸福美好。

（1）面向岗位的职业技能。

在成人教育新型职业农民培训中，因材施教对促进人力资源的优化配置和技术作为第一动力的有效转化具有重要意义。根据劳动分工，可将新型职业农民分为四种人群，分别施以不同的技术教育。

领导者——"知技术"。农业企业主或乡村干部同时扮演出资人、策划者、决策者、领导者的角色。他们作为"乡村精英"，是新兴职业农民的典型代表，是乡村振兴的实践和行动主体，他们具有先进的理念、知识、视野或品格，并可能有相当强的技术专长，他们有发展事业的需要和对当地自然与民俗的深入了解。对他们的教育，应由政府、高校、科研院所等实施，如种植白芹的 C 先生与江苏大学、扬州大学建了产学研合作基地；种植乌饭树的 F 先生与江苏省林业科学研究院、江南大学建立了紧密关系；研究孟河文化的 D 先生与乌克兰国家艺术学院建立了合作关系，网罗常州高校的人文学者参与研究。同时，他们最需要的是"知技术"，需要自己沉下去、接地气、访民情，了解乡风民俗、人口素质、自然条件等状况，理解技术、运营、管理、市场等在当时、当地的存在方式和运用策略。

管理者——"懂技术"。管理者不仅要具备管理的基本素养，还要有基于具体管理对象的有效管理方法，要持续拓展知识视野。因此，需要对他们进行系统的、有层次的、有针对性的教育培训，这些培训可由社区教育机构或职业教育机构完成。通过职业教育与培训，使他们能够做到：①因地制宜、因时制宜地选择合理的运营模式，如"农工商一体企业""公司＋农户""小农联合体""专业化＋业务外包"等；②合理运筹人力资源的开发，与乡村社区和区域经济相协同，促进城乡一体化体系的建设，实施有效的内部管理制度，对农时季节的特征进行准确把握；③建立有效的鼓励技术创新的机制，从根本上找到本企业发展的重点与难点，确定发展主题，选择组建团队，开展重大攻关项目，破解当下难题。

技术师——"会技术"。技术师是指掌握与所从事产业相关的专业知识和技能的人，他们主导着技术实施和生产过程，保证产品的质量和产量，同时，他们有职业发展的需要。要想提高和更新技术师的技术，就要对他们进行有针对性、阶段性、持续性的新技术教育和培训，这些新技术教育和培训可由行业业务主管部门、校企结合、院所基地相关专家完成。通过职业教育与培训，使他们能够做到"四会"：①会学，能够及时获取产业升级的新信息，掌握技术发展的新趋势，学会新工具、新技术、新方法；②会做，能够准确、熟练地掌握重要技术环节的生产技术；③会用，能够对相关的技术、工具、生产资料进行科学合理的调配，根据自然条件和管理条件的不同进行变通使用；④会教，在自己准确、熟练掌握新技术方法的同时，能够把相关技术的操作方法教授给生产一线的操作工。

操作工——"干技术"。操作工是一个企业的主体，他们最贴近产品的生产一线，而且人数最多，流动性最大，岗位变化最快，因此，操作工的知理、达标、高效对企业发展具有重要影响。作为一线的操作工，他们的工作场所在企业、在车间，接触企业中最先进的生产设备，了解最新的产业需求，因此，要由企业对他们进行或即时的或集中的职业教育与技术培训，使他们明晰生产中的道德伦理、法律界限，明确生产中的工作任务性质与目标要求以及产品的质量标准，让他们在生产过程中、在操作时能够熟练运用技术，规范操作，了解自己在生产环节中的角色，从而保障产品的质量。而对一些专业性较强的岗位，人员应该尽量稳定，要组织他们到社区教育机构或职业院校进行更加专业的职业教育与培训。❶

（2）面向生活的乡村文化。

文化作为一种精神力量在社会的有效治理中具有不可替代的作用。乡村文化作为乡村秩序的基石，呈现了农民特有的人际交往模式，也为农民在乡村生活中的思维逻辑与行为选择提供了依据。❷ 成人教育新型职业农民培训不仅要注重技术赋能，还要深化文化育人，使作为乡村文化传承者与守护者的新型职业农民在乡村社会的长期发展中塑造乡村文化，从而实现乡村文化振兴。在成人教育新型职业农民培训中进行乡村文化熏陶，潜移默化地使新型职业农民在传承优秀乡村文化的过程中重拾文化自信，滋养其敬业精神和乡土情怀；同时能够为他们创新工作理念与方式提供新思路、新素材，许多新生代农民受到优秀乡村文化的启发，在从事各类就业创业活动的过程中基于优秀乡村文化进行创新，同时较高的文化素质也能使其更好地适应农业的市场竞争和转型升级。这既能体现传承与创新对新型职业农民发展的促进作用，也能体现成人教育传承与创新乡村优秀文化，将优秀文化融入课程体系，发挥文化育人的作用，增强教育实效。与此同时，面向生活的乡村文化教育可以帮助农民丰富知识涵养，提升文化品位，提高生活品质，进一步满足其日益增长的精神文化需求。

---

❶ 陈朝阳. 乡村振兴中的职业教育与培训［J］. 现代职业教育，2019（7）：236－288.

❷ 吕莉敏. 基于乡村振兴的高素质农民内涵、特征与功能研究［J］. 当代职业教育，2022（1）：17－25.

（3）面向未来的学习能力。

立足当下的同时也要未雨绸缪。在科技高速发展、技术更新迭代迅速的今天，高素质的新型职业农民应该是发展型的新型职业农民。成人教育新型职业农民培训必须坚持以人为本的理念，以成人新型职业农民的终身发展为价值取向，深化成人教育培训对未来学习能力的培养和发展潜力的激发作用。因此，在开展成人教育新型职业农民培训时，培训内容既要立足扎实的专业知识、精湛的专业技能，也要着眼于培养新型职业农民的学习能力以及发展潜力，从而使其通过各种方法和渠道学习农业生产经营所需的新知识与新技能，以满足规模化、专业化和标准化的现代农业生产经营要求；通过不断提升自己的经营管理能力、市场能力、决策能力、创新能力等职业能力，满足迅速发展的现代农业对从业者提出的新要求。面向未来新型职业农民开展系统、全面而优质的成人教育培训，以满足新型职业农民面对乡村社会发展，对新的科技文化知识、新的生产生活方式、新的价值观念和行为规范的需求，以促进新型职业农民的可持续发展和保障乡村的可持续发展。

（四）建立多方参与、纵向贯通的全程治理体系

依托横向联通的育人共同体，成人教育新型职业农民培训要实现从"单维管理"向"多元治理"转变。"治理"是一个过程，在这个过程中，将输入资源转化为产出成果。各级政府部门、横向联通育人共同体、受培训新型职业农民群体应当纵向贯通参与整个培训"输入—过程—产出—反馈"的全过程，通过"共治"达到"善治"。

1. 建立横向互通、纵向累计的学分认定机制

育人共同体对新型职业农民培训的目标、培训方案的制定、培训内容的开发等进行协同策划，从多维视角出发对培训过程进行整体规划，以实现各方利益的最大化。在培训目标分类、多方协同提供培训资源以及受训者自主选择培训模块的基础上，建立横向上可以互联互通、纵向上可以持续累计的学分认定机制。当受培训新型职业农民完成一轮成人教育新型职业农民培训后，根据受训者参加培训的完成度给予其相应的学分。接受不同层次、不同类型、不同模块的培训内容而获得的学分可以不断在系统中进行分类积累，在一定的换算方式下可以进行相互转化。

2. 建立科学合理、形式灵活的技能鉴定机制

在建立学分认定机制的基础上，地方政府部门制定认定管理办法，以职业素养、教育培训情况、知识技能水平、生产经营规模和生产经营效益等为参考要素，明确认定条件和标准，按初、中、高三个等级对新型职业农民开展认定

工作。职业技能鉴定相应等级认定为合格的颁发证书，不合格的需要重新参加未达标项目的培训，达到相应要求后重新鉴定。通过职业技能鉴定后，可持合格证书从事相应的工作。从业后，育人共同体继续对该新型职业农民进行跟踪服务与指导，该新型职业农民也可以在从业过程中继续参加成人教育新型职业农民培训，以更新现有知识和技能，获得更高等级的认定证书或者其他类别的证书。

3. 建立横向联通、纵向贯通的质量监控系统

各级政府部门应设立质量监控系统，对成人教育新型职业农民培训过程进行协同监控、质量评估，并结合社会发展需求和科学技术进步的现实情况，及时把握培训中存在的问题，持续进行培训质量改进。在育人过程中，共同体需要提高质量改进意识，依据存在的问题进行原因分析，并及时进行教育质量改进路径和方案探究，形成具有可行性的改进策略，对教育过程进行不断改进，从而保障过程质量；同时，育人共同体须针对不同培训对象及需要制定不同的培训目标，分类、分层地开展成人教育新型职业农民培训，促进不同类型、不同层次教育与培训间的对接融通，推进农业相关职业资格认证制度，保障教育与培训的标准与质量。❶ 建立以各级政府部门为主导，育人共同体以及受训新型职业农民群体参与的多方协同的、科学的质量评估和认定机制。

第三节　职业教育和
培训政策支持体系的创新架构

人才队伍建设是社会工作政策发展的重点内容，社会工作者、社会工作服务对象的利益保障以及社会工作服务传输的规范性都需要政策的规定。❷ 在乡村振兴背景下，由于我国农业的弱质性地位和高风险、低收益特征，将来"谁来当农民""谁来振兴乡村"等社会问题的解决需要依赖政策的改善，尤其是发展农业农村的生力军——农民的职业化及其职业发展全过程的教育和培训更离不开各级政府政策的支持，因而新型职业农民队伍建设以及农民职业发展是各级政府政策关注的焦点。❸

❶ 罗仁福，刘承芳，唐雅琳，等. 乡村振兴背景下农村教育和人力资本发展路径［J］. 农业经济问题，2022（7）：41-51.

❷ 仝秋含. 人才队伍建设：政策发展的重点及其配套政策的缺位 基于2009—2018年社会工作政策的内容分析［J］. 社会工作与管理，2019（6）：102-109.

❸ 吕莉敏. 新型职业农工培训效果评价研究［D］. 上海：华东师范大学，2022：30-40.

一、新型职业农民职业教育和培训政策的积极效应

新型职业农民职业教育和培训工作的效果与全面而系统的政策配置、有效而及时的政策落实密不可分，各级政府主要通过补贴、经费投入、资源配置、差异化执行等方式扶持高素质农民的培育及其专业化发展。

（一）系统化的政策配置壮大了高素质农民队伍

第一，通过组建新型职业农民职业教育和培训领导小组，成立专门机构，促进高素质农民队伍建设。各级政府应将新型职业农民职业教育和培训工作当作民心工程列入考核范围，自上而下地形成强有力的组织推动机制，层层落实，推进新型职业农民职业教育和培训工作的有效开展。例如，江苏省成立了省级新型职业农民指导站，在省级指导站的引领下，各级地方政府也开始成立专门负责新型职业农民职业教育和培训的市级指导站（如昆山、泰兴）专门负责新型职业农民职业教育和培训工作。昆山还成立了首个可以抱团向政府争取农业、金融和税收等方面政策促进共同发展的新型职业农民协会，在"三农"发展、生产指导、产品营销和培训交流方面发挥了作用。

第二，通过加大经费投入，开发新型职业农民职业教育和培训资源，促进高素质农民队伍建设。新型职业农民职业教育和培训作为政府主导的民生工程，政府投入应占绝对主导地位，并且逐步形成长效投入机制。除了中央财政补助，各省市每年应安排专项资金用于新型职业农民职业教育和培训的实训基地建设、教学资源开发、师资选聘、教育培训等，保障新型职业农民职业教育和培训工作的有效开展。例如，江苏省在高素质农民教育培训体系建设方面投入将近300万元，主要用于师资队伍、实训基地和教学媒体资源建设。❶

第三，通过政策倾斜，拓宽高素质农民来源，促进高素质农民队伍建设。为了应对农村优质劳动力短缺的局面，各级政府通过资金吸引、政策扶持、制度完善等措施缩小城乡差距，吸引高素质人才到农村就业创业。例如，江苏淮安设立了"4＋1"现代农业产业发展财政引导资金；❷苏州建立了职业农民住房公积金制度等。

---

❶ 齐乃敏，蒋平，崔艳梅. 江苏省新型职业农民扶持政策现状、存在问题及对策［J］. 安徽农业科学，2018，46（36）：229－232.

❷ 周桂瑾，吴兆明. 乡村振兴战略下江苏省新型职业农民培育：现实基础、瓶颈问题与优化路径［J］. 职业技术教育，2020（33）：15－21.

（二）差异化的政策实施提升了新型职业农民职业教育和培训的质量

为了推进新型职业农民职业教育和培训工作提质增效，2020年农业农村部科技教育司颁布了《高素质农民培训规范（试行）》，对培训对象、培训模块、培训师资、培训形式等作出了明确规定。为了提升高素质培育质量，各地纷纷探索针对不同层次、不同类别新型职业农民职业教育和培训的差异化扶持政策。

第一，针对对农业有情感、有经验的"老农"，实施免费培训和学费补助政策。考虑到部分农民年龄偏大、居住分散、农忙等特点，各地探索出免费派教师"送教下乡"，在产业链上"现场教学"等方式，实现农业生产周期与农民培训同步，生产与实践相融合；而对于有学历提升需求的"老农"，则安排其到农广校或者中职涉农专业进行"半农半读"，每人每年可享受一定的学费补助。

第二，对于有学历、能创新的"知农"，各地通过免学费、定向培养等方式提升他们的学历。例如，苏州实施职业农民免费上大学政策，委托农业职业院校和农业高校通过"定点招生、定向培养、协议就业"的方式，全额补贴学费，培养了超过1000名大专及以上学历的高素质农民。❶昆山市通过"获证后补助"的政策，鼓励高素质农民通过弹性学制的方式参加中高等农业职业教育，提升学历层次。

第三，针对有乡村情结、想创业的"新农"，各地在土地流转、资金扶持、税费减免、金融支持等方面出台优惠政策，实施"返乡创业培训五年行动计划"，鼓励他们"凤还巢"。例如，为了吸引更多涉农专业大学生返乡创业，江苏省对涉农院校毕业生开展创业专题培训项目；对已经返乡创业人员则通过组织境外培训学习、开展电子商务培训等形式，更新农民理念，提高农民能力。

（三）全方位的配套政策促进了高素质农民的持续发展

第一，高素质农民认定管理政策。高素质农民作为一种职业，需要一定的入职门槛。各地纷纷按照产业和区域特点，探索出台了符合区域特色的高素质农民认定管理办法，科学制定认定条件、认定标准、认定程序等。《2021年全

---

❶ 江苏省农业委员会. 强化政府主导作用整省推进新型职业农民培育［J］. 农民科技培训，2016（8）：12－13.

国高素质农民发展报告》显示，已有18.34%的高素质农民获得了国家职业资格证书。

第二，促进新型职业农民职业教育和培训与产业发展融合的支持政策。例如，苏州市立足本市现代农业发展实际，先后发布了《关于加快培育新型职业农民的意见》《苏州市新型职业农民社会保险补贴办法》《苏州市新型职业农民教育培训基地建设管理实施意见》《关于加快推进新型职业农民认定管理工作的通知》等政策文件。

第三，制定高素质农民职称评定办法。乡村全面振兴的关键是解决现代农业发展中新技术、新品种、新模式推广应用的"技术恐慌"和新的研究成果在农业领域应用的"本领危机"问题。高素质农民职称评定不仅能深化社会对农民职业的认知，促使高素质农民成为令人向往和羡慕的职业；还能增强新型职业农民的专业感和职业自信，实现农业研究成果的有效转化。《乡村振兴战略规划（2018—2022年）》明确提出要"深化农业系列职称制度改革"。各地纷纷出台乡土人才专业技术资格评审政策，《2021年全国高素质农民发展报告》显示，已有40.13%的高素质农民获得农民技术人员职称。

第四，制定高素质农民评优政策。为了加快推进乡村振兴计划，发挥优秀农民的示范带头作用，各地出台了一系列评优评先政策促进农民的专业发展。例如，句容、镇江、昆山等地都开展了多届"十佳新型职业农民"评选活动，南通举办了"新型职业农民标兵"评选活动，等等。

二、新型职业农民职业教育和培训政策的实践困境

多年的研究与实践使新型职业农民职业教育和培训政策不断完善，但实践中仍然存在一些阻碍高素质农民形成和成长的因素。新型职业农民职业教育和培训政策的缺位、错位和不到位会影响农民、培训机构的积极性与主动性，进而影响高素质农民培育的效果。

（一）机制缺失，影响新型职业农民培训效能

第一，联动机制缺失，农民培育资源分散。新型职业农民职业教育和培训是一项复杂的长期工程，横向上涉及多个部门，纵向上涉及不同行政单位。虽然从中央到地方每年都投入大量的人力、物力和财力培育高素质农民，但由于缺乏部门联动机制，各部门之间的结构封闭使"资源分散"，培育工作缺乏可持续发展的"生命力"。主要表现在：一是不同部门的职责和分工不明确，导致农民培育资源"血脉不畅"，信息不对称，存在多头培育和重复培育现象；

二是各地经济发展水平的差异和领导认识的不同，使不同区域或者同一区域的不同地区对实训基地、师资库、教材等培育资源建设的重视程度不同。

第二，竞争机制缺乏，农民培育动力不足。农广校是我国新型职业农民职业教育和培训的主要阵地，但有些地方的农广校只有一两名工作人员，挂靠在科教、农委或其他部门，人力、物力、财力不足，自身专业设置和教学条件难以胜任新型职业农民职业教育和培训工作。❶ 由于缺乏培训机构选拔竞争机制，自上而下的任务分配消解了其参与农民培育的动力，主要表现在：一是农广校具有先天资源优势，不需要通过竞争就能被动接受培训任务，不管培训效果如何，都可以"旱涝保收"，这在一定程度上降低了培训机构提升培训质量的动力；二是农广校"对上不对下"的"任务完成式"培训形式也在一定程度上消解了农民的参训积极性。

（二）项目设计欠佳，制度建设与能力建设分离

新型职业农民职业教育和培训作为一项政府工程，具有纯公共产品的性质，政府以具体的项目和工程为引领，充分发挥其在宏观调控和资源配置等方面的比较优势。然而，各级政府在设计新型职业农民职业教育和培训项目和工程时存在制度建设与能力建设分离的现象。在项目推进过程中，由于难以对区域差异进行细分与定位，容易造成"一刀切"的格局，培训过程又涉及大量的人力、财力和物力，监管难度大，这就使各级政府十分注重制度建设。但是，即使政府为农业从业者清除了制度障碍，他们的能力依旧跟不上，仍然无法适应现代农业发展的诉求，他们可能就会成为政府公共政策长期关注的对象与持久的负担。❷ 实践中农民冲破重重障碍，实现了规模化、专业化生产，凭借自身较高的人力资本成功越过制度藩篱的例子也不少，因此，新型职业农民职业教育和培训项目除了要关注制度扶持，更应关注农民的能力建设，未能兼顾制度建设与能力建设的新型职业农民职业教育和培训项目，难以促进高素质农民的形成与成长，难以使农民成为一种"体面职业""向往职业"而被社会接纳。

---

❶ 杨璐璐. 乡村振兴战略视野的新型职业农民培育［M］. 北京：中国社会科学出版社，2018：222.

❷ 翁杰，郭天航. 中国农村转移劳动力需要什么样的政府培训：基于培训效果的视角［J］. 中国软科学，2014（4）：73–82.

（三）政策体系低效化，缺乏对涉农企业应有的规制和激励❶

在新型职业农民培育中，产教融合、校企合作之所以难以由"校企结合""校企合作"的状态向"产教融合"方向深层推进，固然有涉农企业、产业界或者职业院校各自的原因，但与国家和政府层面的政策支持、保障缺位，作用力不强也有非常密切的关系。

1. 政策的模糊性影响政策执行力

在新型职业农民培育过程中，要调动涉农企业的积极性，就必须有政府法规和政策层面明确而积极的指引，确保各办学主体行为既有政策和法规可依，又能使政策执行落地。然而，就目前的相关政策来看，一方面是政策缺位，自2012年国家层面提出新型职业农民培育要求以来，历年颁发的中央一号文件几乎都涉及新型职业农民培育问题，但是，鲜有关于如何通过促进校企合作、产教融合培育新型职业农民的政策规定。另一方面，政策的规定比较笼统，不够明确，缺乏刚性。相对而言，2017年颁发的《"十三五"全国新型职业农民培育发展规划》是对校企合作、产教融合培育新型职业农民涉及比较多、比较细的文件，但可操作性依然不强，对参与新型职业农民培育的主体缺乏明确的、刚性的规定。例如，该规划指出，要"充分发挥市场机制作用，鼓励和支持有条件的农业企业、农民合作社等市场主体，通过政府购买服务、市场化运作等方式参与培育工作"；要"鼓励农业园区、农业企业发挥自身优势，建立新型职业农民实习实训基地和创业孵化基地，引导农民合作社建立农民田间学校，为新型职业农民提供就近就地学习、教学观摩、实习实践和创业孵化场所"；要"综合运用项目、信贷、保险、税收等政策工具，引导各类社会力量参与新型职业农民培育工作"。以上诸如"鼓励和支持有条件的……""引导……"等描述性规定的弹性过大，制约性不足，给行为主体在政策执行中"讨价还价""推卸责任"留下了余地，其即使不执行政策，也不存在被追责或受惩罚的风险。

之所以会出现因政策模糊而导致政策执行无力的问题，可能的原因之一是，在推进新型职业农民培育之初，人们对于新型职业农民培育需要的相关政策支持体系研究得不深、不透，对许多问题还把握得不准，只能先出台一些尝试性的政策。这种现象主要表现为所出台的政策语言表述的原则性和模糊性，导致新型职业农民培育的利益相关方往往从有利于各自利益的立场去解读政

---

❶ 马建富，李芷璇. 产教融合视域下新型职业农民培育型态的重构 [J]. 职教通讯，2021（1）：44－52.

策，进而导致政策执行打折扣的现象，降低了政策的执行效果。另外，由于缺乏惩罚性的政策规定，进一步降低了政策的刚性和执行力度。

2. 政策的宽泛性影响企业行动力

制度配置和政策创新的重要作用就在于对各相关行为主体的行为进行规范和激励。就推进产教融合培育新型职业农民而言，政策和制度的重点是能够最大限度地激励涉农企业以及各种经营主体作为主要办学主体，积极参与新型职业农民培育的全过程，其中具有规制性的政策主要是要使涉农企业明确自己在新型职业农民培育过程中的职责、权利和义务，促使其扮演好自身的角色。然而，由于企业是以尽可能追求自身经济利益最大化为目的，因此其能否作为重要办学主体与涉农职业院校协同办学，在很大程度上取决于这种产教融合、校企合作培育新型职业农民的方式会对其产生多大的正向作用和经济效益，会给其增加多少人才培养成本，以及存在多大的风险（如师生在企业实践过程中可能发生的安全事故等）。这些增加的成本、风险能否得到相应的补偿，是涉农企业必定会关心的问题。

一般来说，企业更愿意将投资成本和资源用于内部员工培训，而不愿意投资更多参与对社会劳动者的全面培训和一般技能培训，大中型农企更是如此。因为企业十分清楚，它们必须防止由于企业相互"挖人"现象的存在，以及一般技能培训不符合自身利益需求而给企业带来损失，因而，这些农企参与新型职业农民培育的积极性不高。然而，对于企业的这些担忧，却没有法律和政策层面的相关规定为其解忧，有关文件中只有一些泛泛的、缺乏制约性和激励性的规定，作用甚微。

3. 政策的碎片化影响政策协同力

自 2012 年国家层面提出要培育新型职业农民以来，我国各级政府、各地区为了推动校企协同、产教融合培育新型职业农民，陆续出台了一系列政策。这些政策文件确实对校企协同、产教融合培育新型职业农民起到了一定的促进作用，但一方面，由于这些政策具有"碎片化"特点，散落在各相关文件中；另一方面，部分文件和政策出自各个政府部门，政策的一致性受到质疑，导致政策执行陷入窘境。也就是说，这些政策的系统性、协同性不强，从客观上导致了政策的整体合力不够，因而未能实现政策出台的初衷。

（四）配套政策不到位，农民职业化进程缓慢

我国农民"身份世袭"的特征，使得"让农民成为一种令人向往的职业"还有很长的路要走。虽然很多地区已经开始对高素质农民进行职业资格认定，但是，由于地方经济发展的差异和地方领导的认识不同，有些区域仍然存在各

项配套政策不到位的现象，影响了农民的职业化进程。主要表现在：一是职业资格重认证、轻扶持。高素质农民职业资格证书缺乏相应的政策支持和社会保障，不仅削弱了农民的积极性，也降低了职业资格证书的含金量。二是实训基地重认定、轻管理。调研发现，为了提升新型职业农民职业教育和培训质量，各地纷纷出台新型职业农民职业教育和培训实训基地或田间学校遴选标准，并且对照标准遴选了部分实训基地，但很少有地区对遴选出来的基地及其师资进行指导、动态管理和培育，导致一些基地难以胜任新型职业农民职业教育和培训工作。

三、新型职业农民职业教育和培训政策支持体系的创新

新型职业农民职业教育和培训作为一项由政府主导的系统工程，离不开各级政府的政策支持，具体而言，主要包括通过资金投入、政策支持等方式，支持新型职业农民职业教育和培训项目的开发、实施与优化，保障新型职业农民职业教育和培训工作的有序、有效开展。

（一）加大新型职业农民职业教育和培训项目开发的资金支持力度

"因需而制"的职业教育和培训设计可以大大提高受训农民的兴趣，增强他们对培训所学的吸收和转化能力，使他们在相同时间内能够有效地利用更多的学习资源。因此，需要加大项目开发前的资金支持力度。新型职业农民职业教育和培训项目的专项开发经费主要用于以下四个方面。

一是支持项目开发前的调研。职业教育和培训主体通过对各利益主体的调查，包括对政府、教育培训主体、受训农民等的全面调查，了解和分析新型职业农民应该具备怎样的素质结构、实践中新型职业农民的职业教育和培训存在哪些问题，确定造成新型职业农民知识和技能短缺的真实原因，找到可以通过职业教育和培训解决的合理需求，通过归纳出同一类型、同一层次新型职业农民的共同需求，制定职业教育和培训需求，并且通过对需求的归类整理设计相应的课程模块，确定每次职业教育和培训的目标、内容和形式。

二是支持学员遴选标准的建设。新型职业农民职业教育和培训不同于其他人群的教育培训，新型职业农民的年龄跨度大、文化程度参差不齐，从事的产业千差万别，因此，新型职业农民的职业教育和培训需求也各不相同，为了实现新型职业农民职业教育和培训的精准性，各职业教育和培训主体需要在广泛宣传与摸底调查的基础上，建立规范的新型职业农民遴选程序和明确的遴选标准。

三是支持学员信息管理系统的完善。完善的新型职业农民管理系统有助于各职业教育和培训主体快速了解新型职业农民的教育培训情况和需求，有助于开发符合受训农民实际需要的教育培训课程。因此，各级政府要通过资金支持，不断完善新型职业农民信息管理系统，积极整合农业农村数据资源，构建农业农村发展的数据共享平台。通过数据共享，横向上实现部门联动，建立起政府牵头、部门协作的工作机制；纵向上实现省、地市、市县（区）三级职业农民教育培训数据互通，有效避免重复培训、多头统计，为精准化培训的实施提供依据。

四是支持制度建设和能力建设并重的项目开发。新型职业农民的形成和成长离不开土地制度、准入制度和社会保障制度等一系列制度的支持，同时需要加强新型职业农民的能力建设，使其具有较高的人力资本。只有制度建设和能力建设齐头并进，才能促进新型职业农民的形成与成长，农民才能成为一种"体面职业""向往职业"而被社会接纳，乡村振兴才能得以实现。因此，在设计开发新型职业农民职业教育和培训项目时，应该由国家牵头，省级共建，做好顶层设计，明确培育目标，制定培育标准，使新型职业农民职业教育和培训工作有章可循、有据可依。

（二）完善新型职业农民职业教育和培训项目实施的政策扶持

新型职业农民职业教育和培训作为政府主导的公益性项目，各级政府政策的配置是项目得以有效、有序开展的前提与基础。各级政府除了通过经费的投入扶持新型职业农民职业教育和培训项目的开发与实施，还要出台各类政策和制度，支持新型职业农民职业教育和培训工作的顺利开展。

一是整合新型职业农民职业教育和培训资源的政策制度。新型职业农民职业教育和培训涉及教育、农业、妇联等多个部门，只有各部门联动，才能最大限度地发挥合力。因此，各级政府应出台相应的政策制度，整合新型职业农民职业教育和培训资源，以省、地市为单位，整合区域范围内的农民教育培训资源，成立省级和地市级两级新型职业农民职业教育和培训实训基地、师资库、教材库等，满足省内新型职业农民职业教育和培训理论教学与实践教学的需求。在职业教育和培训资源共享方面，各部门可以通过联席会议制度，明确分工与职责，营造良好的相互学习与沟通环境，打破信息"壁垒"，加强配合协作，形成新型职业农民职业教育和培训合力。

二是规范新型职业农民职业教育和培训市场的政策制度。首先，规范化、多元化的职业教育和培训市场是各教育培训主体提升核心竞争力、提高教育培训质量的基础，因此，各级政府要积极出台支持多元开放的新型职业农民职业教育和培训市场的政策机制。各级政府首先要面向社会各类公立和私营培训机构招标，根据培训的产品和效益权衡利弊，确定新型职业农民职业教育和培训实施机构。其次，各级政府要根据新型职业农民职业教育和培训目标，制定《高素质农民培训机构认定管理办法》，从基础建设、制度建设、师资团队、教学特色、管理方式等方面制定具体的认定指标，对培训机构的资质（包括理论教学机构与实训基地）与等级进行认定。最后，新型职业农民职业教育和培训认定管理部门可以委托有评估资格的社会机构作为第三方，定期从基础设施、师资队伍、组织管理和培训质量等方面对具备培训资质的机构进行监控与评估，根据培育效果对培训机构实施动态管理，优胜劣汰。

三是支持新型职业农民形成与成长的差异化政策。首先，出台针对不同类别的新型职业农民职业教育和培训的支持政策。针对生产经营型、专业技术型和社会服务型受训农民，以及不同产业类别、经营形式、经营规模的新型职业农民给予差异化的支持政策。其次，制定针对不同层次新型职业农民的职业教育和培训支持政策。各级政府可以出台针对初级、中级、高级不同层次职业资格证书的要求，使获得不同等级证书的新型职业农民享受不同档次的配套政策。最后，出台新型职业农民"学历＋技能"的职业教育和培训支持政策。在注重对高素质农民的短期专题教育培训的同时，也要出台支持新型职业农民学历提升的相关政策。❶

（三）政策配置反映企业关切，提升新型职业农民培育效率

产教融合培育新型职业农民需要政府的支持和正确的舆论导向，而政府提供适宜的政策是关键。应该说，在新型职业农民培育过程中，从中央到地方各级政府都出台了一些政策，但由于政策出台的过程缺乏对产教合作各方，尤其是涉农企业等对政策的关注点及其需求的研究，有些政策或是隔靴搔痒，或是可操作性不强。因此，在未来的政策制定过程中，一方面要对以往的政策进行全面梳理和反思，另一方面要基于新时代高素质新型职业农民培育的需要，进行政策的配置、矫正和创新。

1. 关注企业对政策的诉求点

要有效、有力地推动涉农企业真正以主体身份参与新型职业农民培育，使政策发力精准，就必须基于涉农企业利益诉求制定相关政策。也就是说，产教融合政策的制定与执行，不仅应该考虑如何选择最优的政策路径，还应权衡最

---

❶ 马建富，李芷璇. 产教融合视域下新型职业农民培育型态的重构［J］. 职教通讯，2021（1）：44－52.

优政策路径与新时代背景下产业界主要诉求的匹配度。❶ 但是，由于涉农大中型企业、家庭农场、农民专业合作社、社会服务机构等的规模、性质存有差异，利益诉求不同，所以，这些不同涉农企业或者农业经营主体在参与新型职业农民培育过程中会表现出不同的参与行为。然而，不管哪种类型的涉农企业，其对职业院校培育新型职业农民的利益诉求或者关切都集中体现为对职业农民技能素质培养的要求。所以，只要不同规模、不同类型的涉农企业或者经营主体对所需高素质职业农民的技能诉求得到了政策的关注和法律层面最基本、最贴切的回应，就可以在一定程度上增强政策的效力，也就更容易推进产教融合向深层发展。所以，产教融合政策应顺应"三产融合"对新型职业农民素质提升的要求，更加强调政策对高技能素质提升的偏好。

2. 研究政策维度的交叉点

毫无疑问，真正有效能的产教融合政策应是"政策关注度"和"生产复杂度"的有机结合与优化组合，并在动态调整过程中实现两者的最优组合与最佳平衡。产教融合政策困境缘于不同占比的"政策关注度"和"生产复杂度"形成的各项政策在政策区域中的"越位""错位"与"脱轨"。❷ 各类涉农企业，尤其是大中型企业对简单的农业生产技能培训的积极性不高，只有那些对企业转型、升级，对现代农业发展具有重要意义的关键技术或者管理技能的培训，以及各企业自身的特殊技能培训，它们才会有更高的投资积极性。对于那些一般技能或者通用技能的培训，由于是各种涉农企业都需要的，因此，如果企业投资于这些一般技能的培训，就存在所培训的农民随时有可能主动离职或者被其他农企"挖人"的可能性，而组织培训的企业则要承担这些通用技能培训的成本。也就是说，在这种情况下，从事技能培训的企业将承担"双重成本"——自我培训的成本和竞争对手"挖人"带来的衍生成本。完全竞争市场上企业对一般技能的获取策略，抑制了企业投资一般技能培训的积极性，如此循环往复，逐渐形成"恶性循环"，使企业对一般技能的培训有着天然的抵触心理。❸ 这就要求在政策制定过程中，必须考虑如何既能使农民基本的、一般的技能得到培训，又能够让各类涉农企业积极参与新型职业农民培育。为此，可以考虑通过分层制定政策的办法来达成此目的。具体来说，就是

---

❶ 潘海生，宋亚峰. 职业教育产教融合政策框架建构与困境消解 [J]. 吉首大学学报（社会科学版），2019（4）：69–76.

❷ 潘海生，宋亚峰. 职业教育产教融合政策框架建构与困境消解 [J]. 吉首大学学报（社会科学版），2019（4）：69–76.

❸ 朱健，李颖凤，等. 职业分类与高校本科专业目录互动演进关系研究 [J]. 贵州师范大学学报（社会科学版），2018（2）：57–63.

对于与职业农民相关的基本素养、通用技能的培训，主要由政府投资，由产教、校企共同实施；而对于各类农企自身所需要的特殊技能或者涉及企业转型升级的高级技能培训，主要由各企业承担。所有与产教融合培育新型职业农民相关的政策，一旦有了明确的、具有可操作性的规定，将更有利于调动农企和各类经营主体参与新型职业农民培育的积极性，产教融合向深层发展也将更加顺畅。

3. 明确政策内容的关键点

对于产教融合培育新型职业农民的相关政策，应周全地考虑其内容与内涵。就政策与法规内容的规定而言，必须突出以下重点：第一，必须明确产教或校企双方的地位。就新型职业农民培育的跨界性特征及其培育过程中遇到的障碍而言，必须确立校企和产教的双主体地位，这是产教融合培育新型职业农民顺利实施的前提条件。第二，必须明确产教、校企双方在新型职业农民培育中的职责，对职责的落实要有可操作的法律层面或者政策激励措施的规定。产教、校企是对等的主体，但各自的职责不同，必须加以明晰。第三，必须使产教、校企等利益相关方，都能在产教融合培育新型职业农民过程中真正获益。第四，必须把握政策规定和创新的侧重点，主要包括新型职业农民培育方案共定、教师—师傅共教、实训基地（平台）共建、教师专业化共促等。其中涉及的政策较多，如教师和师傅在校企的双向流动政策，基于混合所有制、股份制等建设实训基地和产学研平台的政策，等等。这些政策的创新与突破无疑能够促进产教融合向深层推进，从而培育出高素质的新型职业农民。

（四）健全新型职业农民职业教育和培训项目效果评估的配套制度

我国每年都会投入大量的人力、物力和财力开展新型职业农民职业教育和培训，效果评估是各级政府评判项目目标达成度的有效措施。因此，各级政府要尽快制定相关制度，确保及时了解新型职业农民职业教育和培训的效果，并用于后续项目的改进。

一是确定新型职业农民职业教育和培训效果评估标准。政府主导的新型职业农民职业教育和培训不同于一般企业的员工培训，也不同于普通的农民技能培训，为了准确地了解新型职业农民职业教育和培训的效果，需要开发一套既关注培育"效率"，又关注培育"效益"；既关注受训农民个体，又关注高素质农民群体；既关注受训农民对培育的满意度，又关注受训者知识技能的掌握情况、思维观念的更新情况，以及培育对乡村社会经济发展的影响等情况的培育效果评估标准。

二是建立新型职业农民职业教育和培训效果与扶持政策的联动机制。各级政府应适时引入第三方评价机构，搭建新型职业农民职业教育和培训效果反馈平台，畅通新型职业农民职业教育和培训效果反馈通道。一方面，将培育效果与培训机构的培训任务挂钩；另一方面，将培育效果与受训农民的政策扶持挂钩，提升培训机构和受训农民双方的积极性。